# WARUM?

PETER HAYES ist emeritierter Professor für Geschichte und Deutsch sowie für Holocaust Studies an der Northwestern University in den USA. Außerdem ist er Vorsitzender des Wissenschaftlichen Beirats des United States Holocaust Memorial Museum. 2010 erschien von ihm (gemeinsam mit Eckart Conze, Norbert Frei und Moshe Zimmermann) *Das Amt und die Vergangenheit*, 2004 *Die Degussa im Dritten Reich*.

Peter Hayes

# WARUM?

## EINE GESCHICHTE DES HOLOCAUST

Aus dem Englischen von Ursel Schäfer

Campus Verlag
Frankfurt/New York

Die englischsprachige Originalausgabe *Why? Explaining the Holocaust*
erschien 2017 bei W. W. Norton & Company (New York).

ISBN 978-3-593-50745-3 Print
ISBN 978-3-593-43688-3 E-Book (PDF)
ISBN 978-3-593-43762-0 E-Book (EPUB)

Umschlaggestaltung: Guido Klütsch, Köln
Lektorat: Regine Strotbek
Satz: Campus Verlag GmbH, Frankfurt am Main
Gesetzt aus der Scala
Druck und Bindung: Beltz Bad Langensalza GmbH
Printed in Germany

www.campus.de

In dankbarer Erinnerung an inspirierende Lehrer:

Mary Faherty

James McGillivray

Athern Park Daggett

John C. Rensenbrink

Timothy W. Mason

Henry Ashby Turner jr.

# Inhalt

# Warum noch ein Buch über den Holocaust?

SIEBZIG JAHRE NACH seinem Ende entzieht sich der Holocaust immer noch unserem Verständnis. Trotz (oder vielleicht wegen) der Produktion von rund 16 000 Büchern, die die Library of Congress unter diesem Schlagwort verzeichnet, trotz immer neuer Museen und Gedenkstätten, trotz jährlich neuer Filme zu dem Thema und trotz einer Vielzahl von Bildungsprogrammen und Kursen fehlt offenbar immer noch eine kohärente Erklärung, warum im 20. Jahrhundert eine so schreckliche Schlächterei im Herzen des zivilisierten Europas möglich war. So lauten die vielleicht am häufigsten im Zusammenhang mit dem Holocaust verwendeten Adjektive denn auch »unvorstellbar«, »unverständlich« und »unerklärlich«. Diese Begriffe zeugen von einem Reflex, sich zu distanzieren, einem beinahe instinktiven Rückzug in Selbstverteidigung. Zu sagen, man könne den Holocaust erklären, erscheint gleichbedeutend mit seiner Verharmlosung. Wer bekennt, dass er ihn nicht begreifen kann, bekundet seine Unschuld – seine oder ihre Unfähigkeit, sich so etwas Schreckliches vorzustellen, geschweige denn, etwas Derartiges zu tun. Insofern ist es kein Wunder, dass Verständnislosigkeit die übliche Haltung angesichts der Monstrosität des Holocaust ist, auch wenn sie es verhindert, aus dem Thema zu lernen.

Selbstschutz ist jedoch nicht der einzige Grund, warum es den Menschen immer noch schwerfällt, den Holocaust verstandesmäßig zu begreifen. Ein weiterer Grund ist die Komplexität der Aufgabe. Den Holocaust zu verstehen erfordert, zahlreiche mit ihm verbundene Rätsel zu lösen. Seit fast drei Jahrzehnten unterrichte ich amerikanische Studenten zu dem Thema, und in der Zeit habe ich viele Vorträge vor wissenschaftlichem und allgemeinem Publikum gehalten. Dabei bin ich zu der Einsicht gelangt, dass Menschen, die sich mit dem Thema herumschlagen, acht zentrale Fragen besonders schwierig finden. Manche betreffen Taten, andere betreffen Versäumnisse, und wieder andere betreffen beides. Alle erfordern eine Klärung, die berücksichtigt, dass sie miteinander verflochten sind, bevor man die Katastrophe verstehen und darüber Rechenschaft ablegen kann. Jedes Kapitel dieses Buchs untersucht eines dieser acht zentralen Themen, die in Form einer Frage angeschnitten werden. Das Buch als Ganzes spiegelt meine Überzeugung wider, dass sich der Holocaust genau wie jede andere menschliche Erfahrung erklären lässt, auch wenn das nicht einfach ist.

Bei der Beantwortung dieser Fragen bringe ich ein Fachwissen ein, das bei Holocaust-Forschern eher ungewöhnlich ist. Ich bin gelernter Wirtschaftshistoriker. Das heißt nicht, dass ich primär materielle Gründe für den Mord sehe (tatsächlich sage ich, dass die materiellen Gründe gegenüber den ideologischen Motiven zweitrangig waren). Aber mein Hintergrund sensibilisiert mich für Zahlen und ihre Bedeutung, und ich nutze oft die Erklärungskraft von Zahlen. Ein weiteres Merkmal meiner Darstellung sind ihre dialektischen Ursprünge. Dieses Buch soll nicht eine These des Autors belegen, es ist vielmehr die Frucht eines Prozesses von Geben und Nehmen über viele Jahre des Lehrens und Vortragens hinweg, in denen ich gelernt habe, welche Aspekte des Themas die Menschen besonders dringlich geklärt haben wollen und warum. Deshalb habe ich mich bei meiner Lektüre und meinem Nachdenken darauf konzentriert, die verlässlichsten Quellen zu identifizieren, die die Forschung zu bieten hat, und mich dann bemüht, dieses Wissen möglichst gut zugänglich zu machen und möglichst einprägsam zu vermitteln.

Neben dem Wunsch, Erklärungen zu geben, verfolgt dieses Buch noch ein weiteres Ziel: Es will die Wahrheit erzählen. Der verstorbene Historiker Tony Judt hat geschrieben: »Da es uns unmöglich ist, das Verbrechen [den Holocaust] zu erinnern, wie es wirklich war, laufen wir zwangsläufig Gefahr, es zu erinnern, wie es nicht war.«[1] Rund um das Thema sind zahlreiche Mythen entstanden. Manche sollen uns trösten, dass alles hätte ganz anders kommen können, wenn nur eine Person oder Institution tapferer oder klüger gehandelt hätte. Andere sollen bevorzugten oder überraschenden Tätern oder sogar Historikern neue Schuld aufladen. Dieses Buch zerstört viele Legenden – von der Vorstellung, der Antisemitismus habe Adolf Hitler in Deutschland an die Macht gebracht, bis zu der Überzeugung, viele Haupttäter seien nach dem Holocaust der Bestrafung entgangen. Im letzten Kapitel werden die verbreitetsten Mythen vorgestellt und entlarvt, einschließlich der immer wieder laut vorgetragenen Behauptung, der Holocaust habe gar nicht stattgefunden.

Das Buch spannt folgenden Argumentationsbogen: Der Holocaust war das Produkt einer bestimmten Zeit und eines bestimmten Orts, nämlich Europas unmittelbar nach der industriellen Revolution, den Erschütterungen des Ersten Weltkriegs und der bolschewistischen Revolution. Vor diesem Hintergrund wurde aus einer alten Feindseligkeit gegen die Juden und das Judentum, die tief in einer religiösen Rivalität wurzelte und in der Begrifflichkeit der modernen Wissenschaft aktualisiert wurde, ein an Besessenheit grenzender Aberglaube, dem zufolge die Juden zur magischen Lösung aller sozialen Probleme aus der Zivilgesellschaft eliminiert werden müssten. Die Verwerfungslinien der Umbrüche brachten diese Überzeugung in den 1930er Jahren in Deutschland an die Macht, aber die Ermordung der Juden Europas war weder von der deutschen Geschichte vorprogrammiert noch ein ausschließlich deutsches Projekt. Das Massaker nahm unter spezifischen politischen und militärischen Bedingungen Gestalt an und verschärfte sich zum Teil deswegen, weil es zu den Zielen vieler anderer Europäer passte, zumindest während der kurzen extremen Phase, als der größte Teil des Mordens geschah. Die Opfer der Schlächterei waren weitgehend machtlos, und die Zuschauer hatten mit ihren eigenen, für sie drängenderen Sorgen zu kämpfen. Die Falle, die während der NS-Zeit rund um die europäischen Juden zuschnappte, schloss sich so fest, dass nur einer Minderheit die Flucht gelang, meistens nur knapp und in letzter Sekunde. Danach zögerte die Mehrheit der Länder des alten Kontinents anzuerkennen, woran sie mitgewirkt hatten, aber sie errichteten auch zahlreiche Barrieren, damit sich so etwas nicht wiederholen kann. Heute, siebzig Jahre später, stehen diese Barrieren unter Druck.

Mittlerweile kann fast niemand mehr mit dem Tempo der Holocaust-Forschung mithalten und neue Erkenntnisse in eine allgemeine Interpretation einfügen. Überholte Vorstellungen bestehen fort, während zugleich neue irreführende sich festgesetzt haben. Deshalb brauchen Menschen, die sich für das Thema interessieren, eine gründliche Bestandsaufnahme, die direkt darauf abzielt, die zentralen und anhaltenden Fragen zu beantworten, warum und wie sich das Massaker an den europäischen Juden entfaltete. Genau dies bietet das vorliegende Buch.

# WARUM?

## KAPITEL 1

# Ziele:
# Warum die Juden?

AUSBRÜCHE VON FEINDSELIGKEIT gegen Minderheiten wurzeln fast immer zugleich in Ideen – in dem, was die Mehrheit über die Minderheit denkt – und in Umständen: der Art und Weise, wie oder unter welchen Bedingungen die beiden Gruppen zu einem bestimmten Zeitpunkt interagieren. Um zu erklären, warum im 20. Jahrhundert die Juden das Ziel mörderischer Absichten wurden, müssen wir uns beide Arten von Wurzeln ansehen.

## Antisemitismus

Um die Feindschaft gegen Juden zu bezeichnen, wird heute üblicherweise der Begriff Antisemitismus verwendet. Einer meiner akademischen Lehrer im Studium sagte immer, problematisch daran sei, dass ein einziges Wort für eine Reihe unterschiedlicher Einstellungen benutzt werde – und alles abdecke, von groben Witzen über Juden bis hin zu dem Wunsch, sie umzubringen.[1] Sein Einwand war berechtigt, aber eine Arbeitsdefinition ist trotzdem möglich. Meine lautet so: Antisemitismus ist die kategorische Beschuldigung der Juden, kollektiv widerwärtige und/oder destruktive Eigenschaften zu verkörpern. Mit anderen Worten: Antisemitismus ist der Glaube, dass die Juden abstoßende und/oder zersetzende Eigenschaften besitzen, die sie von Nichtjuden unterscheiden. Die Abstammung ist ausschlaggebend, Individualität ist eine Illusion.

Diese Haltung hat eine lange Geschichte. Ein berühmtes Buch von Robert Wistrich und ein viel gesehener Dokumentarfilm zu dem Thema heißen *The Longest Hatred* (Der älteste Hass). Der Titel ist jedoch aus zwei Gründen irreführend. Erstens reicht der Hass gegen die Juden in der westlichen Kultur zwar weit zurück, aber er war nicht zu allen Zeiten und an allen Orten gleich stark ausgeprägt; und zweitens hat er sein Erscheinungsbild erheblich verändert. Der Begriff, mit dem wir heute Vorurteile oder Hass gegen Juden ausdrücken, illustriert beide Punkte. Das Wort »Antisemitismus« tauchte erst 1879 auf. Seine Verbreitung wird üblicherweise Wilhelm Marr zugeschrieben, einem deutschen Agitator, der damit eine neue Form der Judenfeindschaft beschreiben wollte, die sich von früheren unterschied. Wie andere »Ismen«, die im 19. Jahrhundert in großer Zahl entstanden, sollte auch der Begriff Antisemitismus suggerieren, dass es sich bei der neuen Feindschaft um eine politisch und wissenschaftlich begründbare handle. Beachtenswert ist, wogegen sich das Anti richtete: nicht gegen die Juden, sondern gegen etwas namens Semitismus. Was war das? Anders als andere Ziele von »Anti«-Bewegungen des 19. Jahrhunderts (wie zum Beispiel Antisozialismus, Antikommunismus, Antikatholizismus, Antivivisektionismus, ja sogar Antidisestablishmentarismus, das heißt Widerstand gegen die Aufhebung des Status der anglikanischen Kirche als Staatskirche) drückte dieser Begriff nicht die Ablehnung eines Glaubenssystems aus, das sich selbst so bezeichnete, vielmehr erfand er das gegnerische Phänomen. Selbsternannte »Antisemiten« borgten sich eine Kategorie aus der Linguistik, und das in irreführender Weise. Sie behaupteten, gegen Semiten zu sein – Sprecher einer Sprache aus der semitischen Sprachfamilie, die sich in Syntax und grammatikalischer Struktur von der sogenannten indoeuropäischen Sprachfamilie, die in Europa dominierte, unterschied. Doch tatsächlich galt die Ablehnung nicht allen Semiten, denn die Araber wurden üblicherweise nicht mit eingeschlossen, obwohl Arabisch eine semitische Sprache ist. Auch die neuzeitlichen Sprecher des Aramäischen, der Sprache von Jesus, waren nicht gemeint, obwohl Aramäisch ebenfalls eine semitische Sprache ist. In den späten 1930er und frühen 1940er Jahren gestand das NS-Regime implizit ein, dass der neue Begriff eine Lüge war, denn Deutschland bemühte sich, arabischen Regierungen zu versichern, dass es ihre Bevölkerungen weder als Bedrohung noch als Untermenschen betrachtete.[2]

Der neue »Ismus« war gegen die Juden gerichtet, und indem sich die Antisemiten auf die Sprache der Vorfahren der Juden konzentrierten und alle unter einem abstrakten, pseudowissenschaftlichen Euphemismus zusammenfassten, behaupteten sie, a) die Juden eindeutig von allen anderen Menschen abgrenzen, b) ihr Anderssein in ihrer Natur und Denkweise finden und c) belegen zu können, dass die Ablehnung der Juden nicht nur ein Vorurteil war, sondern die Antwort auf eine nachweisbare Realität, auf die man politisch reagieren müsse.

Bis vor Kurzem folgte die englische Schreibweise unwissentlich der Argumentation der Antisemiten, denn die übliche Schreibung von »anti-Semitism« mit Bindestrich und Großbuchstabe danach impliziert, dass es irgendwo so etwas wie »Semitismus« gebe. In der Sprache, aus der der Begriff stammt, dem Deutschen, kommt dieser Fehler nicht vor; Antisemitismus wird in einem Wort geschrieben. Heute sind Personen und Institutionen wie etwa das United States Holocaust Memorial Museum für diese Feinheit sensibilisiert und achten auf die Schreibung in einem Wort. Aber weder die Rechtschreibkontrolle von Microsoft Word noch das *Oxford English Dictionary* sind schon so weit.

Die Art und Weise, wie sich der Antisemitismus im Lauf der Zeit entwickelt und verändert hat, hängt in erster Linie mit der jeweiligen Stärke seiner xenophoben und schimärischen Formen zusammen. Identifiziert wurden beide Formen von Gavin Langmuir, einem renommierten Mediävisten, im vorliegenden Buch werden sie leicht abgewandelt.[3] Für die xenophobe Form des Antisemitismus sind die Juden in einigen *beobachtbaren* Hinsichten *anders*, und ihre Anhänger legen unterschiedliche Grade von *Unbehagen* mit diesem Anderssein an den Tag. Die schimärische Form sieht die Juden als *Gefahr* für andere in mancherlei *fantasierter* Hinsicht, und ihre Anhänger wollen als Reaktion *etwas dagegen unternehmen*. Die Ursprünge der Wörter unterstreichen die Unterschiede: *Xenos* ist das griechische Wort für »Fremder, Gast«, *chimera* bezeichnet im Griechischen ein mythisches, feuerspeiendes Ungeheuer mit dem Kopf eines Löwen, dem Körper einer Ziege und dem Schwanz einer Schlange.

Die Einstellung der antiken Römer gegenüber den Juden illustriert die Folgen dieser Unterscheidung am besten. Der römische Geschichtsschreiber Tacitus kritisiert die Juden, »weil in den Kreisen der Juden unerschütterlich treuer Zusammenhalt« herrscht, »während allen anderen Menschen gegenüber feindseliger Haß hervortritt«. Die Römer mochten oder verstanden bestimmte jüdische Sitten nicht, wie etwa den Monotheismus, zu dem auch gehörte, dass die Juden sich weigerten, die römischen Kaiser als Götter zu verehren; den Sabbat, der bedeutete, dass sie jede Woche nur an einem und immer dem gleichen Tag nicht arbeiteten; das Gebot der Endogamie, wonach Juden nur untereinander heiraten durften; und die Beschneidung männlicher Säuglinge als Symbol für und Erinnerung an einen besonderen Bund mit Gott. Aber die Römer betrachteten die Juden nicht als besonders oder durch und durch gefährlich, außer insoweit sie sich der Befehlsgewalt des Römischen Reichs widersetzten. Selbst nach der Zerstörung des Tempels in Jerusalem im Jahr 70 unserer Zeitrechnung durch die Armee des späteren Kaisers Titus und der Niederschlagung von drei aufeinander folgenden Revolten gegen die römische Herrschaft, die nach 136 zur fast vollständigen Vertreibung der Juden aus dem alten Judäa führten, konnten einzelne Juden weiterhin römische Bürger werden und wurden das auch. Als solche übten sie viele verschiedene Tätigkeiten aus.[4]

Einige antike ägyptische und griechische Texte bringen zwar Feindseligkeit gegen Juden zum Ausdruck, aber heftige Feindschaft gegen und Furcht vor den Juden entstand erst mit dem Aufstieg des

Christentums. Das Verhältnis der Anhänger beider Religionen hat schon immer ein seltsames Paradox widergespiegelt: Die beiden Glaubensrichtungen waren sehr ähnlich und zugleich sehr verschieden, was zu scharfer Konkurrenz führte. Die Juden betrachteten die neue Religion im Kern als Häresie, als irrige Abweichung von ihrer Theologie. Und die Christen waren der Ansicht, sich zu einer neuen, verbesserten Version dieser Glaubenslehre zu bekennen, einer, die die alte in den Schatten stellte, die als Relikt einer früheren Ära überwunden werden sollte.

Die Christen übernahmen zentrale Aussagen des Judentums und rückten dann von ihnen ab. Erstens verkündeten sie den Monotheismus, erklärten aber Jesus zum Sohn Gottes und damit als göttlich. Dann gingen sie weiter zur Lehre von der Dreieinigkeit, eines Gottes in dreierlei Gestalt. Zweitens akzeptierten sie, dass die hebräische Bibel Gottes Wort offenbarte, und integrierten sie als Altes Testament in ihre Bibel, aber dann fügten sie die Evangelien hinzu (die »Frohe Botschaft«) und andere Bücher als neue Offenbarungen des göttlichen Willens. Drittens passte das Christentum jüdische Vorstellungen von Auserwähltheit und dem Bund zwischen Gott und seinem Volk an neue Absichten an. Die Juden glaubten, sie und Gott hätten eine Reihe besonderer Vereinbarungen oder Pakte geschlossen; die berühmtesten sind die mit Abraham und Mose, in denen Gott versprach, die Juden zu seinem auserwählten Volk und »einem Licht unter den Völkern« zu machen, wenn sie seinen Gesetzen gehorchten. Die Gesetze bestanden anfänglich aus den Zehn Geboten und wurden dann zu 613 zentralen Gesetzen oder *Mitzwot* weiterentwickelt – 248 Geboten und 365 Verboten –, die in der Thora niedergelegt sind, den ersten fünf Büchern der Bibel, die bei den Christen Pentateuch heißen. Diese Gesetze deckten alles ab: von Vorschriften, was man essen und anziehen darf, bis hin zu Regeln, wie man sich zu waschen und zu beten hat. Die Christen sagten, Jesus habe einen neuen Bund verkündet, der an die Stelle des Bundes mit Mose getreten sei, die alten Gesetze seien nun überholt und dem auserwählten Volk könne jeder angehören, der sich zu Christus, den Lehren der Bibel und den neuen Schriften bekenne.

Ein Weg zum Verständnis dessen, was dann folgte, ist, sich daran zu erinnern, dass die Juden das Volk waren, das nein sagte. Als eine neue Art der Beziehung zu Gott angeboten wurde, sagten sie, sie blieben lieber bei ihrer alten. Diese Ablehnung stand am Anfang von vielen Jahrhunderten der Rivalität und wechselseitigen Vorwürfe, während beide Gruppen um Anhänger wetteiferten, bis im 4. Jahrhundert unserer Zeitrechnung das Christentum die offizielle Religion des Römischen Reichs wurde und damit anscheinend den Kampf gewonnen hatte.

Das bringt uns zu Abbildung 1, die versucht, in schematischer Form drei miteinander verwobene Sachverhalte darzustellen: erstens die sich entwickelnden und sich überschneidenden Formen der Feindschaft, die sich in Europa in aufeinanderfolgenden Phasen entfalteten, nachdem das Christentum zur dominierenden Religion geworden war; zweitens die sich verändernden Definitionen des Problems, das die Juden angeblich darstellten; und drittens die sich wandelnden Rezepte zur Lösung dieses Problems.

ABBILDUNG 1: DIE SICH ÜBERLAPPENDEN SCHICHTEN DES ANTISEMITISMUS

| PARADIGMA/ ZEITALTER | SORGE/PROBLEM | LÖSUNG | ANMERKUNGEN |
|---|---|---|---|
| Glaube/Kirche (4. bis 18. Jahrhundert) | Religion/ Glaubensinhalte | Segregation, dann Konversion | verwurzelt in Ablehnung und Rivalität sowie in konkurrierenden Behauptungen über die Offenbarung; schizophren: bewahren/ bestrafen/überleben lassen/leiden lassen; Erniedrigung und Segregation; Dämonisierung in Krisen: Ritualmordvorwurf, Luther; besteht fort insbesondere in orthodoxen Ländern |
| JUDEN IN DUNKELHEIT | | | |
| Vernunft/ Aufklärung (18. und 19. Jahrhundert) | Kultur/Traditionen (Gesetz/ Ritual/Kleidung) | Emanzipation, dann Integration | Voltaire: Freiheit von Vergangenheit und Dogma Liberalismus/Code Napoléon |
| RÜCKWÄRTSGEWANDTHEIT DER JUDEN | | | |
| Wissenschaft (19. und 20. Jahrhundert) | Rasse (Blut/Gene) | Quarantäne, dann Vernichtung | nicht volitional, materiell, unveränderlich; darwinistischer Essenzialismus; Veterinärpolitik: Völker = Rassen |
| JUDEN ALS UNGEZIEFER | | | |

Die Zeitangaben in der Tabelle zeigen, dass sich in den einzelnen Zeitabschnitten unterschiedliche Rahmen für die Kritik an den Juden entwickelten. Aber das bedeutet nicht, dass neue Rahmen die alten vollständig verdrängten. Manche Menschen blieben in den 1940er Jahren Antisemiten aus Gründen, die der ersten Phase zugehörten; tatsächlich sind bis heute manche Menschen aus diesen angeblichen Gründen Antisemiten. Eines der interessantesten aktuellen Bücher über den Holocaust, *A World Without Jews* (Eine Welt ohne Juden) von Alon Confino aus dem Jahr 2014, argumentiert, dass der Wunsch der Nationalsozialisten, die Juden auszurotten, einer säkularisierten Version der christlichen Behauptung entsprungen sei, das Christentum habe historisch das Judentum abgelöst. Statt eine neue Religion zu verbreiten, die eine ältere ablösen würde, wollten die Nationalsozialisten eine vollkommen neue Vorstellung von Moral propagieren. Confinos Position ist nicht ganz neu. Ähnlich beschrieben Sigmund Freud und Maurice Samuel die Wurzeln des Antisemitismus am Vorabend des Holocaust und Léon Poliakov und Norman Cohn die des nationalsozialistischen Rassismus kurz danach.[5] Aber diese Denker verstanden, dass die Nationalsozialisten weniger versuchten, sich über die jüdisch-christliche Moral zu erheben, sondern sie vielmehr beseitigen oder aufheben wollten. Die nationalsozialistische Moral war von der Art »zurück in die Zukunft«; sie forderte anzuerkennen, dass das einzige Gesetz des Lebens das ursprüngliche Gesetz des Dschungels sei und das einzige Maß für das Gute das physische Überleben.

Dass sich die Rechtfertigungen für den Antisemitismus im Lauf der Zeit veränderten, bedeutet nicht, dass das Vorurteil intellektuell differenzierter wurde, dass die späteren Phasen informierter und intelligenter waren – obwohl die Wissenschaft in hohem Ansehen stand. Man stellte einfach nur eine Behauptung auf.

Der erste horizontale Block in Abbildung 1 bezieht sich auf die lange Ära der europäischen Geschichte, in der der vorherrschende Rahmen des Denkens religiös war und die zentrale Frage, die die Ideen und politischen Entscheidungen prägte und legitimierte, lautete: »Was will oder fordert Gott?« Das größte Dilemma des Christentums in der langen Phase der Diskriminierung der Juden bestand darin, dass die Kirche einen theologischen Balanceakt zwischen zwei widersprüchlichen Verpflichtungen den Juden gegenüber vollbringen musste, wie sie in der »Lehre vom Zeugnis der Juden«[6] verankert waren, die der heilige Augustinus, der Bischof von Hippo in Nordafrika, zu Beginn des 5. Jahrhunderts formuliert hatte: Verfolgung und Bewahrung. Auf der einen Seite, so lehrte Augustinus, müsse die Kirche die »Ablehnung der Juden« und die »Erwählung der Christen« beweisen, indem sie erstens hervorhebe, dass die Juden für Christi Tod verantwortlich seien, wie in den späteren Evangelien behauptet wurde, und indem sie zweitens das Leben der Juden auf Erden noch isolierter und elender gestalte als greifbares Zeichen dafür, welche Folgen es hatte, wenn man das Christentum ablehnte. Diesem Teil der christlichen Theologie entsprechend mussten die Juden leiden, weil sie religiös unwissend waren – in geistiger Dunkelheit verharrten.

Auf der anderen Seite war Jesus Jude, und die Juden waren einmal Gottes auserwähltes Volk gewesen. Augustinus lehrte, dass sie nicht umgebracht werden durften wie andere religiöse Gruppen, die den Wahrheitsanspruch des katholischen oder orthodoxen Christentums bestritten oder davon abwichen. Vielmehr musste man den Juden erlauben weiterzuleben, allerdings unter elenden Bedingungen, bis zum Tag des Wunders, an dem sie das Licht sehen und konvertieren würden, denn dies würde das Jüngste Gericht und die Ankunft des Himmlischen Königreichs ankündigen. Das ist die Erklärung für eine bemerkenswerte Ironie dieser Geschichte, das Überleben der Juden. Sie waren die einzige religiöse Minderheit, deren Glauben im christlichen Europa legal blieb, deren Anhänger nicht automatisch und immer umgebracht wurden wie die Katharer, die Lollarden und andere Dissidenten, bis die Reformation die Christen im Westen spaltete und die katastrophal blutigen und letztlich unentschiedenen Religionskriege des 16. und 17. Jahrhunderts Katholiken und Protestanten vor Augen führten, dass sie zusammenleben mussten.

Augustinus' Worte bedeuteten über viele Jahrhunderte hinweg, dass die Christen die Juden verdammten und den Kontakt mit ihnen einschränkten, damit der christliche Glaube nicht ausgehöhlt werden konnte. Wenn man die Juden in den Rang von Parias verwies, so hoffte die Kirche, würden sie irgendwann konvertieren. In den letzten Jahrhunderten des Römischen Reichs verloren die Juden zunächst das Recht, christliche Sklaven zu kaufen, dann auch das Recht, sie zu behalten, wodurch das Rückgrat ihres Reichtums damals, das nun einmal Sklaven bildeten, gebrochen wurde. Ein Gesetz nach dem anderen erging und verbot den Juden, Anhänger zu werben, Taufen rückgängig zu machen, mit Christen zusammenzuleben und Christen zu heiraten, öffentliche Ämter zu bekleiden und Synagogen zu bauen. Die Trennung von Christen und Juden wurde im christlichen Europa mit unterschiedlicher Härte, aber immer strikter durchgesetzt. So kam es schließlich zu einer Ghettoisierung der Berufe und Wohnviertel von Juden, die sie in bestimmte, üblicherweise verachtete oder gefährliche Tätigkeiten wie Geldverleih oder Gerberei drängte und an bestimmte erlaubte, im Allgemeinen wenig begehrte Orte.

Während sich all dies entwickelte, musste die Kirche erkennen, dass sie nicht gleichzeitig die Feindseligkeit gegen die Juden schüren und Gewalt gegen sie verbieten konnte. Die einfachen Menschen verloren regelmäßig die theologischen Gründe aus dem Blick, warum die Anhänger jener Religion, die die göttliche Natur Christi leugnete, anders als alle anderen Häretiker und Ungläubigen behandelt werden sollten. Sie ließen ihrem Hass auf die Juden immer wieder freien Lauf, besonders in schwierigen Zeiten. Erzwungene Konversionen und Vertreibungen gab es bereits im 7. Jahrhundert, dann kam eine ruhige Phase, bis der Hass gleich nach der Jahrtausendwende wieder aufflammte und sich rund um den ersten und zweiten Kreuzzug (in den Jahren von 1095 bis 1149) in einer Welle von Angriffen ausbreitete. In der Regel waren es Ausbrüche eines Mobs, denen sich die örtlichen Priester und Honoratioren in den Weg stellten. Aber solche Ausbrüche wurden zur üblichen Reaktion auf krisenhafte Ereignisse. Im England des 12. Jahrhunderts besann man sich auf eine legitimierende Legende: die Anklage, die Juden würden Blut trinken und Ritualmorde begehen. So wurde das Verschwinden oder der Tod christlicher Kinder den Juden angelastet, die angeblich ihr Blut für die Herstellung des Matze-Brots zu Ostern und für andere rituelle Zwecke brauchten.[7] Gerade weil dieser Vorwurf eine plumpe Projektion einer korrumpierten Form des katholischen Glaubens an die Transsubstantiation auf die Juden war – des Glaubens, dass Hostie und Wein während der Messe zum realen Fleisch und Blut Christi werden –, entfaltete er eine starke Wirkung und gab den Vorwand für unzählige Massaker ab, zuerst in England und dann in weiten Teilen Europas.

Am Ende des Mittelalters hatte sich der Zusammenhang zwischen gesellschaftlichen Krisen und Massakern auf der einen Seite und der Vertreibung und Ermordung von Juden auf der anderen Seite fest etabliert. Wann immer widrige Entwicklungen eintraten und die Menschen keine Erklärung fanden, machten sie die Juden als Handlanger Satans dafür verantwortlich. Zu Massakern an Juden kam es beispielsweise nach der italienischen Hungersnot 1315 bis 1317 und dem Ausbruch der Pest im Rheinland 1347. Solche Panikausbrüche in der Bevölkerung, in Verbindung mit dem Wunsch der Herrscher, jüdisches Eigentum an sich zu reißen, hatten zur Folge, dass Juden 1290 aus England und Süditalien vertrieben wurden, 1306 und erneut 1394 aus Frankreich, 1492 und 1497 aus Spanien und Portugal und ebenfalls im 15. Jahrhundert aus vielen deutschen Städten.

Als Segregation und Erniedrigung immer mehr zunahmen, setzte sich auch in der Massenkultur zunehmend ein herabwürdigendes Bild der Juden durch. In den Passionsspielen, die zu Ostern im christlichen Europa aufgeführt wurden, ging der Befehl zur Kreuzigung Christi von den Juden aus und nicht von Pontius Pilatus. Chaucers *Canterbury-Erzählungen*, geschrieben um 1386, schildern im Kapitel »Die Erzählung der Priorin« einen von Juden begangenen Ritualmord. Die Geschichte von Shylock, der ein Pfund Menschenfleisch haben will, tauchte im 14. Jahrhundert in Italien auf; sie bildet den Kern von Shakespeares Schauspiel *Der Kaufmann von Venedig*, das 200 Jahre später, am Ende des 16. Jahrhunderts, entstand.

Nach 1400 fanden sich in Kirchen immer häufiger Bilder von Juden, die von Säuen gesäugt werden; die erste gedruckte Darstellung des Juden mit Hakennase und krummem Buckel, die zur stereotypen

Karikatur des Juden wurde, ist in einem Buch aus dem Jahr 1493 enthalten.

Zur Zeit der Reformation im 16. Jahrhundert war der Hass auf die Juden weit verbreitet, und er kristallisierte sich um zwei zentrale Behauptungen heraus: erstens, die Juden seien parasitäre Profiteure, die den Christen ihren Reichtum abpressten; und zweitens, die Juden seien unverbesserliche Werkzeuge Satans, begierig, seinen Zielen zu dienen und den Frommen zu schaden. Martin Luther drückte diese Vorurteile am drastischsten aus, als er feststellte, dass die Juden zu seiner Version des Christentums genauso wenig übertreten wollten wie zu der Version, die reformiert zu haben er beanspruchte. Er drängte die Christen, die Synagogen der Juden, ihre Schulen und Häuser niederzubrennen und alle Juden, die nicht konvertieren wollten, Zwangsarbeit leisten zu lassen. David Nirenberg schreibt über Luthers Judenhass: »Wie so viele Propheten vor ihm starb [Luther buchstäblich] im Kampf gegen die Juden.« Im Winter 1546 reiste er in seine Geburtsstadt Eisleben, um die Menschen dort davon abzubringen, Juden, die aus anderen Städten geflohen waren, Zuflucht zu gewähren. Er zog sich eine Erkältung zu, hielt aber trotzdem einige wütende Predigten gegen die Juden, die sich als die letzten seines Lebens erwiesen, und starb. Sogar Luthers Zeitgenosse, der gelehrte Humanist des 16. Jahrhunderts Erasmus von Rotterdam, ein Mann, der gemeinhin als einer der unvoreingenommensten Denker seiner Zeit galt, schrieb: »Wenn es christlich ist, Juden zu hassen, sind wir alle sehr christlich.«[8]

Dabei dachten nicht alle so. Mitte des 16. Jahrhunderts nahmen die Niederlande die aus Spanien geflohenen Juden auf, genau wie zuvor schon die Könige von Polen die aus dem Rheinland vertriebenen Juden aufgefordert hatten, nach Osten zu ziehen. Im 17. Jahrhundert änderte England seine Politik und öffnete seine Grenzen wieder für Juden. Obwohl viele Juden die Gebiete verließen, die heute Italien und Deutschland bilden, verschwanden sie nicht vollständig von dort. Und trotz Luthers Wüten gegen sie verhielten sich andere Protestanten, insbesondere Calvinisten, respektvoll gegenüber einem Volk, das sie als ihren religiösen Vorfahren betrachteten.

Mit anderen Worten: Die Feindseligkeit gegen Juden nahm manchmal xenophobe und manchmal schimärische Formen an, aber bisweilen schlummerte sie auch. Bis ins 18. Jahrhundert war die Judenfeindschaft aus unterschiedlichen religiösen Gründen, mittlerweile verstärkt durch jahrhundertelange Segregation und Verurteilung, in Europa häufig und verbreitet, aber nicht universell. Und zumindest theoretisch war sie nicht mörderisch. Als Problem erachtete man, was die Juden glaubten oder nicht glauben wollten; die Lösung bestand darin, dass sie ihre Haltung änderten und konvertierten. Das Mittel, um sie dazu zu bewegen, war Grausamkeit gegen sie, aber im Allgemeinen nicht Mord. Sie sollten leiden, aber sie sollten auch überleben.

Das bringt uns zum zweiten horizontalen Block in Abbildung 1, der Ära, in der die Herrschaft der Religion über das Denken in Europa ihrem Ende zuneigte. Der Übergang wird schön und treffend in einer Zeile von Alexander Popes Gedicht »An Essay on Man« (»Vom Menschsein: Ein philosophisches Gedicht«) aus dem Jahr 1734 ausgedrückt: »Erkenn Dich selbst, erforsch nicht Gottes Kraft! / Der Mensch ist erstes Ziel der Wissenschaft.« Das ist der passende Sinnspruch für das Zeitalter der Aufklärung, auch bekannt als das Zeitalter der Entdeckungen und als Vorläufer des Zeitalters der Revolution. In diesen neuen Zeiten lautete die alles bewegende Frage: »Wie können die Menschen die Welt verbessern?« Natürlich müssen Etiketten und Verallgemeinerungen dieser Art mit Vorsicht behandelt werden, aber grundsätzlich kann man sagen, dass das 18. Jahrhundert eine neue Ära einläutete, deren Schlagworte Freiheit und Befreiung waren, oder wie es im Schlachtruf der Französischen Revolution hieß: »Freiheit, Gleichheit, Brüderlichkeit«. Freiheit hieß nicht nur Befreiung von politischer Tyrannei, sondern auch von geistigen Fesseln wie jenen, die Religion und Tradition angelegt hatten. Alexander Popes Mahnung war gleichbedeutend mit einem Aufruf, die geistige Energie nicht länger auf Dinge wie die Theologie zu richten, sondern die Aufmerksamkeit stattdessen auf die menschliche und natürliche Welt zu lenken. Einzelne herausragende Individuen hatten das bis zu einem gewissen Grad schon seit Beginn der Renaissance getan, aber

Popes Weckruf verkündete einen Kurswechsel, eine Verlagerung des geistigen Gravitationszentrums der westlichen Welt.

Sinnbildlich für diesen Wandel steht der französische Philosoph François-Marie Arouet, besser bekannt unter seinem Schriftstellernamen Voltaire, der sich über all jene mokierte, die glaubten, sie lebten in der »besten aller möglichen Welten«, und seine Leser anspornte, ihre Köpfe zu benutzen, um die Gesellschaft zu verbessern. Er kritisierte alle traditionellen Religionen scharf und attackierte die katholische Kirche und das traditionelle Judentum gleichermaßen heftig, weil sie das Denken der Menschen einschränkten und an überkommenen Ritualen festhielten. Voltaire betonte, dass der Mensch zu Verbesserungen imstande sei, und verkörperte damit den Optimismus seiner Zeit. Er unterstützte auch eine neue Form der Feindschaft gegen die Juden, die sie im übertragenen Sinn »mit Freundlichkeit töten« wollte: Ihrer Andersartigkeit sollte dadurch eine Ende gemacht werden, dass man sie von ererbten Einschränkungen wie Ghettos und der Zulassung nur zu bestimmten Tätigkeiten befreite.

In der Theorie ähnelte diese Form der Judenfeindschaft stark den früheren, nur dass ihr die religiöse Fundierung und Methode fehlten. Das Problem bestand nicht länger in dem, was die Juden glaubten, obwohl viele Denker des 18. Jahrhunderts das Judentum dafür kritisierten, dass es übermäßig darauf fixiert sei, alte Gesetze und Rituale zu befolgen. Das Problem war die angeblich rückständige Kultur des intensiven Talmudstudiums und der strikten Beachtung traditioneller Praktiken; beides hinderte die Juden vermeintlich daran, frei zu sein und ihren vollen Beitrag zur Gesellschaft zu leisten. Und Abhilfe versprachen nicht länger Grausamkeit und Leiden, sondern Freundlichkeit und Chancen – das Zuckerbrot, nicht die Peitsche. Die Juden mussten aus ihrer Andersartigkeit herausgelockt und zu einer säkularen Form der Konversion gebracht werden: nicht unbedingt zu einer Änderung der Religion, sondern zu einer Änderung all dessen, was die Anhänger einer Religion kennzeichnet, bis sie sich nicht mehr von den anderen unterscheiden würden. Sie zu nützlichen Mitgliedern der Gesellschaft zu machen war das anfängliche Ziel der Emanzipation – der Aufhebung von Vorschriften, wo sie zu wohnen hatten und welchen Tätigkeiten sie nachgehen durften –, die der österreichische Kaiser Joseph II. in den 1780er Jahren verfügte und nach ihm die Französische Revolution und Napoleon Bonaparte. Aber letztlich sollten sie assimiliert werden.

Diese Strategie hatte bemerkenswerten Erfolg, zumindest in Westeuropa. Trotzdem verschwanden das Judentum und die Unterschiede zwischen den Gebräuchen und Heiratsmustern von Juden und Nichtjuden nicht. Viele, die sich die Emanzipation der Juden auf ihre Fahne geschrieben hatten, waren von den Ergebnissen enttäuscht, genau wie viele, die die Juden nicht mochten, ebenfalls enttäuscht waren, wenn auch aus anderen Gründen.

Das bringt uns zum dritten horizontalen Strich in Abbildung 1, dem Strich, der den Zeitabschnitt nach der Erfindung des neuen Worts *Antisemitismus* markiert. Diese Erfindung bedeutete eine unheilvolle qualitative Veränderung, insofern sich die neue Form der Feindschaft nicht darauf richtete, was die Juden glaubten und wie sie sich verhielten, sondern darauf, was sie angeblich wesensmäßig und unveränderlich waren. Antisemiten stimmten – wie es die Klassifizierung der Juden nach ihrer ursprünglichen Sprache implizierte – generell darin überein, dass die Natur der Juden, ihre ererbten und gemeinsamen Qualitäten, nicht nur verhinderte, dass sie so wurden wie andere Völker, sondern bewirkte, dass sie andere Völker und ihre Gesellschaften zersetzten. Man konnte die Juden nicht ändern, sondern sie nur in Schranken halten und dann eliminieren. Wir können dies als die Biologisierung des Antisemitismus bezeichnen. Sie fiel mit einer Verschiebung bei den zentralen Fragen des geistigen und politischen Lebens zusammen, von »Was will Gott?« und der nachfolgenden Frage »Wie können Menschen die Welt verbessern?« hin zu »Welche materiellen oder physischen Gesetze beherrschen uns?«.

Die Verfechter dieses Bildes der Juden stützten sich sowohl auf alte als auch auf neue Formen der Wissenschaft. Die alte Form war hauptsächlich die Wissenschaft von der Zucht. Ihre Anhänger argumentierten, Völker seien im Grunde so wie Pferde- oder Hunderassen, jede ausgestattet mit bestimmten Eigenschaften, die von Generation zu Generation weitergegeben werden und durch selektive Paarung verstärkt werden können. Die Deutschen waren wie ihre Schäferhunde gute Kämpfer, die Franzosen stolzierten wie ihre Pudel gern umher, und die Briten kämpften verbissen wie ihre Bulldoggen. Das 19. Jahrhundert war das große Zeitalter derartiger Verallgemeinerungen, weil jede europäische Nationalität unbedingt definieren wollte, was sie besonders und groß und was ihre Rivalen unterlegen machte. Wie der Historiker Albert Lindemann geschrieben hat, war im 19. Jahrhundert »der Glaube an rassischen oder ethnischen Determinismus in den meisten Ländern die Regel«, auch unter den Juden.[9]

Diese alte Wissenschaft wurde untermauert durch die primitive Interpretation einer neuen Wissenschaft, des Darwinismus, der besagte, dass Tier- und Pflanzenarten durch wahllose, vielleicht zufällige, aber jeweils spezifische Anpassung an ihre Umgebung überleben. Als sich Populationen von Pflanzen und Tieren verbreiteten, wurden sie durch diese Anpassung immer unterschiedlicher. Viele Nationalisten argumentierten, ihre französischen, deutschen, jüdischen und anderen Landsleute seien wie die Tier- und Pflanzenarten: angepasst an ihre historisch unterschiedlichen Umgebungen und infolgedessen zutiefst voneinander verschieden. Julius Langbehn, ein viel gelesener deutscher Antisemit, drückte es so aus: »Ein Jude kann so wenig zu einem Deutschen werden, wie eine Pflaume zu einem Apfel werden kann.«[10]

Die anderen neueren Wissenschaften waren oft Glaubenssysteme, die wir heute nicht mehr als wissenschaftlich ansehen. Aber bis zu ihrer Widerlegung unterstützten sie eine Denkrichtung, die den Unterschieden zwischen Gruppen von Menschen übertriebenes Gewicht beimaß. Diese Glaubenssysteme entsprachen dem in der Hochzeit der Kolonialisierung verbreiteten Bedürfnis in Europa, zu zeigen, dass deskriptive oder horizontale Differenzen zwischen Völkern bei Merkmalen wie Hautfarbe und Form der Augen auf qualitative oder vertikale Unterschiede der Begabung hindeuteten – das heißt auf Überlegenheit und Unterlegenheit. Arthur de Gobineaus dreibändiges Werk *Versuch über die Ungleichheit der menschlichen Rassen*, das zwischen 1853 und 1855 erschien, wurde zum maßgeblichen Text dieser Denkrichtung. Gobineau unterteilte die Menschheit in drei große »rassische«

Blöcke: die weißen Völker, die angeblich spirituell und kreativ waren; die gelben Völker, die vermeintlich materialistisch und nachahmend veranlagt waren; und die schwarzen Völker, die vorgeblich sinnlich und primitiv sein sollten. Noch schlimmer, soweit das möglich ist, als diese pauschale Kategorisierung waren Gobineaus Warnungen vor einer Vermischung der »Rassen«. Er verknüpfte die Existenz und den Fortbestand einer Zivilisation mit der Reinheit ihrer dominierenden »Rasse« und lieferte damit den Antisemiten, obwohl er selbst keiner war, Argumente, die sie später verwenden konnten.[11]

Gobineaus Pseudowissenschaft und anderen Pseudowissenschaften des 19. Jahrhunderts war die Behauptung gemeinsam, dass man von äußeren Qualitäten auf innere schließen könne. Andere prototypische Denkschulen waren: die Physiognomie von Johann Lavater (1741–1801), die besagte, dass die Gesichtsform, insbesondere ein möglichst gerader Verlauf der Linie von den Brauen zum Kinn, auf Überlegenheit hindeute; und die Phrenologie von Franz Josef Gall (1758–1828), der dasselbe über die Kopfform postulierte, weil diese die Struktur des Gehirns bestimme und die Größe der verschiedenen Teile des Gehirns wiederum die menschlichen Fähigkeiten beeinflusse. Galls Anhänger Anders Retzius (1796–1860) erfand ein System, um Schädel zu vermessen, und eine Formel für das Verhältnis zwischen seinen Meßwerten, das er als zephalischen Index bezeichnete. Angesichts seiner europäischen Wurzeln ist es nicht verwunderlich, dass Retzius zu dem Schluss kam, je länger und schmaler der Kopf, desto überlegener sei der Mensch. Schließlich rückte ein legitimeres Studienfeld namens Philologie nicht das Erscheinungsbild der Menschen, sondern ihre Sprache ins Zentrum der Aufmerksamkeit. Die im 19. Jahrhundert praktizierte Philologie zeichnete die Ursprünge und historischen Beziehungen der Sprachen nach. Zu Beginn dieser Ära hatten Wissenschaftler herausgefunden, dass die meisten europäischen Sprachen mit Ausnahme des Baskischen, Ungarischen (Magyar) und Finnischen vom antiken Sanskrit abstammten, das ein Volk namens Arier von Südasien nach Europa gebracht hatte. Ursprung und Ziel gaben der indoeuropäischen Sprachfamilie ihren Namen.

Der deutsche Philologe Friedrich Schlegel (1772–1829) machte aus der deskriptiven Klassifizierung der Sprachen eine hierarchische. Schlegel wurde mit einem 1808 veröffentlichten Buch zum Stammvater der arischen Theorie von der Weitergabe der Sprache. Er und seine Anhänger beschrieben die Grammatik der auf dem Sanskrit basierenden Sprachen als präziser und subtiler als die aller anderen Sprachfamilien, vor allem der semitischen, zu der auch Arabisch und Hebräisch gehören. Das werteten sie als Beweis dafür, dass die Sprecher indoeuropäischer Sprachen überlegene Vorstellungskraft und Vernunft sowie ein höheres intellektuelles Wachstumspotenzial besäßen. Die Basis des modernen Antisemitismus gab die Behauptung ab, die Juden seien im Lauf der Zeit – nicht nur durch ihre Sprache, sondern auch durch ihre ursprüngliche Herkunft aus der Wüste – zu einer fundamental und unabänderlich von allen anderen Europäern verschiedenen Spezies geworden. Die Europäer wiederum seien von den waldreichen und fruchtbaren Landstrichen im größten Teil des europäischen Kontinents geprägt worden. Weil die Juden unabänderlich anders seien, müssten sie eingeschränkt und vertrieben werden, statt sie zur Konversion zu bewegen und zu absorbieren, denn – da vermischten sich Tierzucht und Darwinismus zu einem Hexengebräu – Völker könnten nur gedeihen, konkurrieren und sich anpassen, wenn sie durch Heirat unter ihresgleichen ihre Reinheit bewahren. Die ethnische Vermischung verderbe unweigerlich die besonderen Qualitäten einer jeden »Rasse« und Nation und führe zum Niedergang, weil in den Nachkommen immer die Züge des unterlegenen Partners dominierten.

Natürlich ist das in genetischer Hinsicht Unsinn, und auch in ästhetischer Hinsicht gilt es nur für den Westminster Kennel Club, wo ein preiswürdiger Hund perfekt einem idealisierten Bild seiner Rasse entsprechen muss. Heute wissen wir, teils als Ergebnis solcher Denkweisen, dass Inzucht schädlich sein kann. Obsessive Inzucht führt bei Menschen wie bei Hunden nicht zu mehr Perfektion, sondern zu einer Vielzahl angeborener Leiden und zu erhöhter Krankheitsanfälligkeit.

Aber die Faszination, die von der Zucht als einer Form der Politik ausging, nahm in den letzten Jahrzehnten des 19. Jahrhunderts wegen verbreiteter Ängste vor den Wirkungen der Industrialisierung und Urbanisierung auf die Menschen Europas zu. Ein häufig gebrauchtes Schlagwort der damaligen Zeit lautete »Degeneration«. Ihre Zeichen waren vermeintlich allgegenwärtig: von der Ausbreitung der Tuberkulose über Alkoholismus und Geschlechtskrankheiten in den beengten und elenden städtischen Wohnquartieren bis hin zur angeblichen Rohheit und Bildungsunfähigkeit der rasch wachsenden Arbeiterklasse. In diesem Klima setzten sich Ideen, die Bevölkerung durch Zuchtwahl zu verbessern, rasch durch; tatsächlich galten sie als Inbegriff klugen Denkens. Ihr wichtigster Befürworter in der englischsprachigen Welt war Francis Galton (1822–1911), der für sein Programm zur Verbesserung der Menschheit den Begriff »Eugenik« prägte. Galtons Pendant in Deutschland war Alfred Ploetz (1860–1940), der den Begriff »Rassenhygiene« vorzog als Beschreibung seiner Vorstellungen, wie man die Entwicklung der »westlichen arischen« oder »germanischen Rasse« gegen die angeblich kontraproduktiven Folgen des »wachsenden Schutzes der Schwachen«, wie er es nannte, verteidigen könnte. Als wichtigste Schutzmaßnahme propagierte er die Tötung missgebildeter und behinderter Kinder, damit sie keine Last für die gesunden Menschen darstellen und ihre körperlichen oder geistigen Defekte nicht weitergeben.[12]

In all diesen Lehren ging es zwar um »rassische Verbesserungen«, die vorgeschlagenen Maßnahmen waren jedoch zutiefst fatalistisch und reaktionär. Die Botschaft von Galton und Ploetz lautete, es sei sinnlos, Geld für die Bekämpfung der Probleme armer Menschen auszugeben. Diese Probleme existierten, weil arme Menschen weniger fähig seien oder, in darwinistischer Sprache ausgedrückt, weniger »fit« für das Überleben in den Kämpfen des Lebens. Wenn man die Menschheit vervollkommnen wolle, so behaupteten diese »Rassenhygieniker«, sei es nicht der richtige Weg, beispielsweise heruntergekommene Unterkünfte durch neue zu ersetzen, die Arbeitsbedingungen zu verbessern und das allgemeine Gesundheitsniveau anzuheben, vielmehr müsse man die Fortpflanzung der Armen und Kranken hemmen und die der überlegenen Menschen steigern. Galtons Nachfolger nannten diese beiden Prozesse »negative« und »positive« Eugenik.

Weder diese Lehren noch ihre Begründer waren notwendigerweise oder explizit antisemitisch. Aber ihre Vorstellungen darüber, was in den verschiedenen Bevölkerungsgruppen verbessert und was herausgezüchtet werden musste, wurden von den Rassisten in ihren Argumenten bald aufgegriffen und an ihre Ziele angepasst. Das verstärkte die pseudowissenschaftliche Pose, die der Fanatismus mit dem Begriff »Antisemitismus« den Juden gegenüber einnahm. Wenn die Juden erst einmal als von allen anderen verschieden definiert waren, konnte ihre Anwesenheit als Einladung zu »zerstörerischer Rassenmischung« hingestellt werden. Wenn sie erst einmal zu Verkörperungen unerwünschter Merkmale erklärt waren, konnte es als eine Form der »Rassenhygiene« gerechtfertigt werden, sie vom Volkskörper abzutrennen.

Ende des 19. Jahrhunderts hatte der europäische Antisemitismus also eine lange, wechselvolle Geschichte hinter sich. Immer wieder hatte es Judenverfolgung gegeben, aber nicht überall und nicht dauernd. Waren die Angriffe auf Juden anfangs offensichtlich von religiösen Unterschieden motiviert gewesen, so drückte sich später eine physische Furcht darin aus. Natürlich hatten die sich überlappenden Phasen der Stigmatisierung von Juden immer ein konstantes Element: Die Juden wurden als Verderben bringend dargestellt. Ihre Nähe erschien als potenziell zerstörerisch: erst für den Glauben der Christen, dann für den Glauben der Liberalen, dass eine Verbesserung der Menschheit gelingen könnte, und schließlich für die Stärke und Gesundheit anderer Bevölkerungsgruppen.

Im ausgehenden 19. Jahrhundert sah es so aus, als ginge die Zeit der Verfolgung zu Ende, obwohl neue Rechtfertigungen dafür aufgetaucht waren. Die Gründe, warum die Juden mehr Rechte genossen, enthielten bereits den Keim einer massiven Gegenreaktion, die alte Vorurteile verstärkte, aber dennoch den Nutzen für die Juden nicht zunichtemachte. Während der Antisemitismus blühte und sich ausbreitete, blieb er politisch weitgehend ohnmächtig.

## Emanzipation und Gegenreaktion

Um zu erklären, warum die Verunglimpfung der Juden Ende des 19. und Anfang des 20. Jahrhunderts wieder zunahm, müssen wir unsere Aufmerksamkeit weg von den Ideen, die vermeintlich die Judenfeindschaft legitimierten, und hin zu den Umständen lenken, die manche Gruppen von Menschen empfänglich dafür machten. Das Ergebnis ist eine ironische und teilweise widersprüchliche Geschichte von neuen Chancen und Rechten für Juden und zugleich immer heftigeren und vergeblicheren Versuchen, die Entwicklung umzukehren.

Bis zu dem, was die Historiker das »lange 19. Jahrhundert« nennen – die 125 Jahre vom Ausbruch der Französischen Revolution 1789 bis zum Beginn des Ersten Weltkriegs 1914 –, lebten die meisten Juden in sehr eng begrenzten Welten. Sie konnten Geldverleiher sein, Schankwirte, Hausierer oder Viehhändler und dabei Kontakte zu nichtjüdischen Kunden haben. In Teilen Osteuropas verwalteten Juden oft Güter für Adlige und hatten dabei Umgang mit Pächtern, und gläubige Juden beschäftigten vielleicht auch einmal eine zuverlässige nichtjüdische Hausangestellte, die das Feuer anzündete und andere Tätigkeiten verrichtete, die nach den 613 Gesetzen am Sabbat verboten waren. Ansonsten hatten Juden wenig mit Nichtjuden zu tun und blieben für sie weitgehend unsichtbar.

Beides begann sich in den 1780er Jahren zu ändern. Der erste Riss in der Mauer der religiös begründeten Einschränkungen für die Juden kam mit den Toleranzpatenten, die der österreichische Kaiser Joseph II. zwischen 1781 und 1789 für unterschiedliche Teile seines Reichs erließ.[13] Das berühmteste war das Toleranzpatent vom 2. Januar 1782 für Wien und die Umgebung, das als allgemeines Ziel formulierte, die Juden »dem Staat nützlicher und brauchbarer zu machen«. Zu diesem Zweck öffnete das Edikt christliche Schulen und Universitäten für Juden, ebenso wie zahlreiche Tätigkeiten in Handel und Gewerbe, die ihnen bis dahin verwehrt gewesen waren. Es gestattete Juden, christliche Diener zu beschäftigen, und befreite sie von zwei schweren Bürden: einer Sondersteuer und der Verpflichtung für

Männer, Bärte zu tragen. Aber das Edikt schränkte auch die Freiheit der Juden sehr ein, sich in der österreichischen Hauptstadt und um sie herum niederzulassen, zu beten und in Hebräisch oder Jiddisch geschriebene Dokumente geltend zu machen. Das letzte Verbot sollte die Juden dazu bringen, Deutsch lesen und schreiben zu lernen, mit bemerkenswertem Erfolg. Im frühen 19. Jahrhundert konnten in den deutschsprachigen Gebieten sogar mehr Juden lesen und schreiben als ihre nichtjüdischen Nachbarn, die nach europäischen Maßstäben relativ gut gebildet waren.

Noch bedeutsamer als das Edikt Josephs II. war die Verkündung der Erklärung der Menschen- und Bürgerrechte am 26. August 1789, während der ersten stürmischen Tage der Französischen Revolution. Darin hieß es: »Die Menschen werden frei und gleich an Rechten geboren und bleiben es. Gesellschaftliche Unterschiede dürfen nur im allgemeinen Nutzen begründet sein.« Weiter ging es mit der Proklamation, dass alle Bürger vor dem Gesetz gleich und deshalb gleich befugt sind, Ämter zu bekleiden und »alles tun zu dürfen, was einem anderen nicht schadet«. Aber es dauerte noch einmal zwei Jahre, bis zum 27. September 1791, bis die Nationalversammlung ein Gesetz erließ, mit dem die Juden zu vollwertigen französischen Staatsbürgern wurden. Obwohl Napoleon im Lauf der nächsten Jahrzehnte die Gleichstellung der Juden in Frankreich bis zu einem gewissen Grad wieder zurückdrehte, trugen seine Armeen doch französische Ideen und Gepflogenheiten in weite Teile Europas, rissen die Mauern der Ghettos ein und beseitigten Beschränkungen bei der Berufsausübung und in der Politik. Damit setzte Napoleon den modernen Prozess der Judenemanzipation in Gang, und die Gegenreaktion darauf brachte die moderne Form des Antisemitismus hervor. Wie bereits angemerkt, liegen die Wurzeln des modernen Antisemitismus in religiösen Differenzen: Über Jahrhunderte ließ das Christentum die Juden in Europa leiden und leben. Aber die Form der Judenfeindschaft, die Ende des 19. Jahrhunderts entstand und sich selbst Antisemitismus nannte, ist im Kern eine politische Bewegung, Ausdruck des Widerstands gegen die Emanzipation der Juden, die im ausgehenden 18. Jahrhundert begann, im 19. Jahrhundert in Westeuropa und in geringerem Ausmaß auch in Mitteleuropa an Stärke gewann und mit der Revolution in Russland 1917 auch die östlichen Teile des Kontinents erreichte.

Formell ausgedrückt, war die Emanzipation der Prozess, durch den die Juden von Einschränkungen hinsichtlich Berufsausübung, Wohnort und politischer Betätigung befreit und allen anderen Bürgern eines Staates rechtlich gleichgestellt wurden. Aber diese Formulierung ist zu abstrakt, die Definition blendet die menschliche, alltägliche Bedeutung der Judenemanzipation aus und auch, wie sie sich für die Nichtjuden anfühlte. Die Emanzipation bedeutete, dass die Juden sich aus ihrem Stand als Parias erhoben, sie bedeutete praktisch wortwörtlich ihren »Eintritt« in die Gesellschaft und in regelmäßige Kontakte mit Nichtjuden, und vor allem brachte sie zwei Möglichkeiten mit sich, gegen die sich Widerstand regte: Erstens durften Menschen, die bis dahin mit Ausübenden bestimmter Gewerbe und Berufe nicht hatten konkurrieren dürfen, dies nun tun, und zweitens konnten Menschen, die man bisher als in geistiger Dunkelheit lebend und rückständig verunglimpft hatte, als dreckig und abergläubisch, nun in Positionen aufsteigen, in denen sie über Nichtjuden gebieten konnten, über Menschen, die gewohnt waren, sich selbst für »besser« als die Juden zu halten. Die Furcht vor dieser zweiten Möglichkeit kommt in einer ganz und gar nicht ungewöhnlichen bayerischen Petition vom 10. Januar 1850 zum Ausdruck, die gegen die Gleichstellung der Juden Protest erhob. In diesem Dokument forderten 83 Bürger der Stadt Hilders im Bezirk Unterfranken, der achtzig Jahre später eine Hochburg der Nationalsozialisten wurde, die Widerrufung der Emanzipation und vor allem, dass Juden nicht zu Rechts- und Steuerämtern zugelassen werden sollten, damit die nichtjüdischen Bürger sich nicht vor den Juden erniedrigen müssten.[14]

Diese emotionalen und praktischen Folgen der Emanzipation erklären zu einem erheblichen Teil den heftigen Widerstand gegen sie und ihre stockende und ungleichmäßige Umsetzung. Nach dem Sturz Napoleons 1815 hielt Österreich an den Reformen fest, die Joseph II. eingeführt hatte, aber im übrigen Europa drehte nur Frankreich die Uhr nicht zurück. Als einziger rechtlicher Unterschied zwischen Christen und Juden blieb es dort dabei, dass der Staat Priester und Pfarrer bezahlte, nicht jedoch Rabbiner. 1830 verschwand auch dieser Unterschied. Aber überall dort, wohin die Franzosen die Emanzipation getragen hatten, machten die alten oder wieder eingesetzten Herrscher die Entwicklung wieder rückgängig, wenn auch manchmal nur für kurze Zeit. Zwischen 1830, als Belgien nach Erlangung der Unabhängigkeit die Gleichheit aller Bürger verkündete, und 1871, als das frisch geeinte Deutschland es ihm gleichtat, hoben alle Länder, die einmal unter französischer Herrschaft gestanden hatten, und dazu einige Länder in West- und Nordeuropa, für die das nicht galt, wie Großbritannien, Schweden und die Schweiz, den Rückschritt wieder auf und vollendeten den Prozess der Emanzipation.

Die Emanzipation drang jedoch nicht bis in die Länder des russischen Reichs vor, einschließlich des Gebiets mit der größten jüdischen Bevölkerung in Europa: den Ansiedlungsrayon, also die Teile des heutigen Polens, Litauens, Weißrusslands und der Ukraine, in denen die meisten Juden bis zum Sturz des Zaren durch die Revolution 1917 leben mussten. Auch in Rumänien waren die Juden bis zum Ende des Ersten Weltkriegs nicht gleichgestellt, dort erlangten sie die Emanzipation erst auf Druck der siegreichen Alliierten. Dass die Emanzipation in diesen Regionen erst spät Fuß fasste und der Widerstand heftig war, ist im Zusammenhang mit unserem Thema wichtig, denn in diesen Gebieten fanden die Nationalsozialisten später den größten Teil ihrer Opfer und erhielten bei ihren Mordtaten die breiteste Unterstützung durch die lokale Bevölkerung.

Die Emanzipation war das politische Projekt der sogenannten Liberalen, überall stand und fiel es mit deren Stärke. Wer waren die Liberalen? Das Wort »liberal« geht auf das lateinische *liber* zurück, was »frei« bedeutet. Die Liberalen propagierten politische und wirtschaftliche Freiheit: a) die von der Gnade des Herrschers unabhängige Herrschaft des Rechts, niedergelegt in Verfassungen und verwirklicht in Wahlen; b) offene, kompetitive Märkte im Gegensatz zu Zünften, die den Zugang zu bestimmten Tätigkeiten regelten, sowie Zöllen und Abgaben, die den Güterverkehr einschränkten; und c) im Gegensatz zum aristokratischen Prinzip den Vorrang von Fähigkeiten vor der Geburt. Gemeinsam war den politischen und wirtschaftlichen Zielen der Liberalen eine allgemeine Offenheit für Wandel, wie sie in der französischen Wendung *laissez faire* zum Ausdruck kommt, »tun lassen« oder »geschehen lassen«. *Laissez faire* bezeichnet die Bereitschaft, ökonomischen Vorgängen ihren Lauf zu lassen und einen kontinuierlichen Prozess der »kreativen Zerstörung« in Gang zu setzen, wie Joseph Schumpeter das später nannte.

Die Liberalen erlebten ihre Hochzeit in Europa genau in der Phase, als die Emanzipation triumphierte, in den Jahren zwischen 1830 und 1870. Aber wie das Tempo der Emanzipation nahm auch die Stärke des Liberalismus von West nach Ost ab, von Großbritannien und Frankreich nach Russland. Je weiter westlich, desto schneller gelangten Liberale an die Macht und desto schneller kam die Emanzipation voran; je weiter östlich, desto weniger Einfluss hatten die Liberalen und desto langsamer änderten sich die rechtliche Stellung der Juden und ihr Austausch mit Nichtjuden. Im England der 1860er Jahre konnte ein Mann jüdischer Abstammung, Benjamin Disraeli, Premierminister werden. Im Russischen Reich war so etwas undenkbar; die in der Religion verwurzelte Ablehnung der Juden blieb die offizielle Staatsdoktrin, jederzeit waren gewaltsame Übergriffe auf Juden möglich. Wie wir noch sehen werden, war Deutschland »das Land in der Mitte«, sowohl geografisch als auch im Hinblick auf Tempo und Ausmaß der Emanzipation.

Die Liberalen triumphierten nicht vollständig, weil sie fast überall in unterschiedlichem Grad auf Widerstand stießen. Um zu verstehen, warum das so war, müssen wir uns ansehen, was sonst noch passierte, während die Emanzipation sich verbreitete. Sechs große Entwicklungen veränderten im 19. Jahrhundert die europäische Gesellschaft.

Erstens erlebte Europa eine Bevölkerungsexplosion von rund 190 Millionen Einwohnern im Jahr 1800 auf rund 420 Millionen im Jahr 1900. Mancherorts waren die Zuwächse sogar noch größer: Die Zahl der Einwohner von England, Schottland und Wales zusammen verdreifachte sich von 1821 bis 1911; das Bevölkerungswachstum der Niederlande, Dänemarks, Norwegens und Deutschlands verhielt sich von 1816 bis 1909/10 fast genauso, und die Einwohnerzahlen von Belgien und Schweden wuchsen um 250 Prozent. Inmitten dieses gewaltigen Umbruchs vervielfachte sich die jüdische Bevölkerung Europas noch rascher, von 1,5 Millionen im Jahr 1800 auf 8,7 Millionen im Jahr 1900 (beinahe das Sechsfache). Und sie wuchs am schnellsten dort, wo die Juden am ärmsten waren und am stärksten verfolgt wurden, im Russischen Reich, das enormen Druck auf sie ausübte, irgendwie irgendwohin auszuwandern.

Zweitens erlebte Europa eine Industrialisierung auf breiter Front, die Landschaften veränderte, riesige Fabriken entstehen ließ, der wachsenden Bevölkerung Arbeit verschaffte, das Warenangebot vervielfältigte und dabei ganze Tätigkeitsbereiche auslöschte. Fabriken, nicht Schuster, stellten die meisten Schuhe her. Textilmühlen produzierten Stoffe viel schneller und billiger als einzelne Weber an ihren heimischen Webstühlen. Ganze Gewerbe verschwanden – wie viele Menschen wissen heute noch, was ein »Küfer« ist oder ein »Wagner«? –, und die qualifizierten Arbeiter, die sie ausübten, die Handwerker, verloren ihren Lebensunterhalt und ihre soziale Stellung. Aber die Massenproduktion litt unter den Schwankungen von Angebot und Nachfrage. Die Eigentümer der Fabriken luden die Folgen der Schwankungen auf ihre Beschäftigten ab mit dem Ergebnis, dass die Industrialisierung Zyklen von Aufschwung und Niedergang erzeugte, und landauf, landab Unzufriedenheit und Bestrebungen, sich in Form von Gewerkschaften und sozialistischen Bewegungen zur Wehr zu setzen, sowie enorme soziale Spannungen hervorrief.

Drittens kam mit der Industrialisierung die Urbanisierung. Die Einwohnerzahl von London wuchs zwischen 1800 und 1900 von 900 000 auf 4,7 Millionen, die von Paris von 600 000 auf 3,6 Millionen und die von Berlin von 170 000 auf 2,7 Millionen. Im Jahr 1800 hatten nur zwei europäische Städte, London und Paris, mehr als eine halbe Million Einwohner, im Jahr 1900 waren es 23 Städte, darunter sieben mit mehr als einer Million. Überall waren die Juden sichtbar beteiligt an dieser Abwanderung vom Land in die Städte, und ihr Anteil an der städtischen Bevölkerung nahm zusammen mit ihrer Sichtbarkeit stark zu, besonders in Wien, Berlin, Warschau und Budapest.[15]

Viertens beschleunigten große Verbesserungen im Transportwesen, insbesondere Eisenbahn und Dampfschifffahrt, den Handel und öffneten Europa für vermehrten Wettbewerb, vor allem in der Landwirtschaft, aus Regionen, die ihre Entwicklung gerade erst begonnen hatten wie die Great Plains in den Vereinigten Staaten und die argentinische Pampa. Das übte Druck auf die Preise aus, die europäische Bauern für ihre Ernten erzielen konnten. Es bedeutete auch, dass die handwerklichen Erzeugnisse mancher Regionen durch die Industrieprodukte anderer Regionen weggefegt wurden. Die Erfahrung, den Kräften des Markts ausgeliefert zu sein, brachte große Unsicherheit und ein diffuses Bedürfnis mit sich, einen Schuldigen dafür zu finden.

Fünftens breitete sich die Demokratisierung aus, zuerst durch die Ausdehnung des Wahlrechts, wenn auch zunächst nur für Männer, und dann durch den allmählichen Abbau der Privilegien und der politischen Macht des Adels. In der Folge entstanden politische Massenbewegungen und politische Parteien sowie Zeitungen, viele davon Boulevardzeitungen, die sich an die breite Masse richteten. Politische Agitation war an der Tagesordnung, weil die Zeitungen versuchten, mit spektakulären Geschichten über geheimnisvolle Machenschaften hinter den Kulissen ihre Auflage in die Höhe zu treiben. Der Begriff »Sensationsjournalismus« entstand um diese Zeit; die letzten dreißig Jahre des 19. Jahrhunderts lieferten reichlich Stoff, als ein Finanzskandal oder politischer Skandal den anderen jagte.

Sechstens spielte der Glaube zwar weiterhin eine wichtige Rolle, doch das 19. Jahrhundert erlebte eine beträchtliche Säkularisierung im Denken und in der Bildung. Das Papsttum, viele Protestanten und die orthodoxe Kirche im Osten leisteten diesem Trend heftigen Widerstand. Auf so unterschiedlichen Gebieten wie der Theologie, wo David Friedrich Strauß die historisch-kritische Jesus-Forschung einführte, oder der Biologie, wo Darwin seine Theorie der allmählichen Evolution allen Lebens durch Anpassung formulierte, gerieten die christliche Weltanschauung und die traditionelle Frömmigkeit in die Defensive. In gebildeten Kreisen galten sie zunehmend als obsolet. Vielleicht am weitesten fortgeschritten war die Säkularisierung in

Frankreich. Dort wurden zwischen 1879 und 1886 die »Lois Ferry« erlassen, benannt nach dem Bildungsminister Jules Ferry, die die Elementarbildung von der Kontrolle der katholischen Kirche befreiten und ein explizit antiklerikales Schulsystem etablierten.

Kurzum, das 19. Jahrhundert war ein Zeitalter des raschen, ununterbrochenen, oft verwirrenden Wandels, und Wandel verunsichert immer und/oder bringt Nachteile für manche Menschen mit sich. Die »Verlierer« waren offenkundig: der Klerus, der registrierte, dass der Respekt vor seinen Mitgliedern und seinen Ansichten sank; Adlige, die nicht länger exklusiven Zugriff auf Ämter hatten oder darauf bauen konnten, dass ihre Ländereien Reichtum garantierten; Konservative, die Wandel aus Prinzip nicht mochten und konkret die parlamentarische Regierung; Bauern, die sich internationaler Konkurrenz gegenübersahen und damit Druck auf ihre Einkommen; Handwerker, die durch die Produktion der Fabriken aus dem Geschäft gedrängt wurden; Fabrikbesitzer, die die im Lauf des Jahrhunderts erstarkenden Arbeitervereinigungen und politischen Arbeiterbewegungen fürchteten, insbesondere den Sozialismus; und sogar Universitätsabsolventen, die harte Konkurrenz um berufliche Positionen erlebten. Natürlich erfuhren nicht alle Angehörigen dieser Gruppen im 19. Jahrhundert Einbußen an Vermögen oder Status, aber vielen erging es so.

Angehörige all dieser Gruppen suchten Erklärungen für das, was passierte, und vor allem für das, was ihnen widerfuhr. Vor diesem Hintergrund fielen Verschwörungstheorien auf fruchtbaren Boden. Sie waren leicht zu verstehen, und – das galt damals wie heute – so abenteuerlich sie auch klingen mochten, es ging bei solchen Theorien genau darum, wer die Schuld für bestimmte Ereignisse trug, nämlich wer offensichtlich davon profitierte. Das ewige Motto von Verschwörungstheoretikern ist die lateinische Formel *cui bono*. Wer profitiert davon? Oder modern ausgedrückt: »Folge der Spur des Geldes.«

Viele Juden gehörten zu den größten und offensichtlichsten Nutznießern dieser offenen, kompetitiven Welt, die der Liberalismus beförderte. Viele Juden blieben auch bitterarm, besonders je weiter in den Osten Europas man blickte. Aber die Zahl derjenigen, die im 19. Jahrhundert reich wurden, die Zahl derer, die die Chancen der Emanzipation ergriffen, war erheblich und auffällig. Das galt ganz besonders für das Bankwesen, für Handel, Recht und Medizin. In gewisser Weise durchliefen die Juden im Europa des 19. Jahrhunderts das, was Soziologen und Historiker als die klassische Aufwärtsmobilität der Immigranten der ersten Generation in den Vereinigten Staaten beschrieben haben. Frisch emanzipierte Juden suchten ihren Platz in lukrativen und sicheren Verhältnissen, strebten nach Tätigkeiten, die ihre Existenz und die ihrer Kinder verlässlicher verbessern würden als die ihrer Eltern. Und tatsächlich waren die meisten dieser Juden Immigranten, zumindest Migranten im eigenen Land. In großer Zahl zogen sie aus den östlichen Provinzen der österreichisch-ungarischen Monarchie (Galizien, Ruthenien und der Bukowina) nach Wien und in die Umgebung von Wien, wo ihre traditionelle Kleidung und ihre jiddische Sprache, die für Deutsche wie eine fehlerhafte und grammatikalisch vereinfachte Form ihrer eigenen Sprache klang, später den Zorn von Adolf Hitler erregten. Ein großer Teil der jüdischen Bevölkerung von Paris kam im 19. Jahrhundert aus dem Elsass, der Grenzprovinz, die Deutschland 1871 Frankreich abgenommen hatte. Nach Berlin strömten Juden aus Posen, einer überwiegend ländlichen Provinz, die Preußen im späten 18. Jahrhundert von Polen abgetrennt hatte.

Um 1800 waren Juden unter Studenten, Anwälten und Ärzten unsichtbar gewesen und unter Unternehmensführern selten. In den beiden letzten Jahrzehnten des 19. und noch mehr in der ersten Dekade des 20. Jahrhunderts schienen sie nun an vielen Orten in diesen geschätzten Rollen überproportional präsent zu sein. Dazu einige erhellende Zahlen aus Mitteleuropa:[16]

In den 1880er Jahren waren nur drei bis vier Prozent der österreichischen Bevölkerung Juden, aber Juden stellten 17 Prozent aller Studenten und ein Drittel der Studenten an der Universität Wien. In Ungarn machten Juden fünf Prozent der Bevölkerung aus, aber 25 Prozent aller Studenten und 43 Prozent der Studenten an der führenden technischen Universität. In Preußen, dem größten Staat im

Deutschen Kaiserreich, war 1910/11 weniger als ein Prozent der Bevölkerung Juden, aber sie stellten 5,4 Prozent aller Studenten und 17 Prozent der Studenten an der Universität Berlin.

Um die Jahrhundertwende waren in Wien 62 Prozent der Anwälte, die Hälfte der Ärzte und Zahnärzte, 45 Prozent der Medizinstudenten und ein Viertel aller Universitätslehrer Juden, ebenso 55 Prozent der Journalisten, 40 Prozent der Direktoren von börsennotierten Banken und 70 Prozent der Aufsichtsratsmitglieder der Wiener Börse. In Ungarn stellten die Juden zur selben Zeit 34 Prozent der Anwälte und 48 Prozent der Ärzte.

1912 waren 20 Prozent der Millionäre in Preußen Juden; in Deutschland insgesamt machten die Juden 0,95 Prozent der Bevölkerung aus, aber 31 Prozent der reichsten Familien waren jüdisch.

Natürlich war dieser enorme Aufschwung nicht ausschließlich durch die übliche Aufwärtsmobilität von Immigranten zu erklären, er hatte auch spezielle kulturelle Ursprünge. Ein großer Teil des anfänglichen wirtschaftlichen Erfolgs der Juden hing damit zusammen, dass die neuen Tätigkeiten lediglich Ergänzungen derjenigen waren, die ihnen bis dahin erlaubt waren. Aus Geldverleihern wurden Bankiers, Hausierer wurden Ladenbesitzer und später Inhaber und Direktoren von Warenhäusern, ehemalige Viehhändler handelten nun mit Waren und Aktien. Und der Aufstieg der Juden in den freien Berufen hing sicher damit zusammen, dass der jüdische Glaube und die jüdischen Familien großen Wert auf Bildung legten. Die Disziplin, mit der die Juden in der Kindheit ihre religiösen Studien betrieben, zu denen viel Auswendiglernen und Debatten über die Auslegung von Texten gehörten, war kein schlechtes Training, wenn jemand in die Medizin oder die Jurisprudenz strebte. Das hatte Albert Einstein womöglich im Hinterkopf, als er angeblich den Satz prägte, der Erfolg der Juden in der Wissenschaft im Europa des 19. Jahrhunderts erwecke fast den Eindruck, als hätten sie die letzten 2000 Jahre nur darauf verwendet, sich auf das Studium vorzubereiten.[17]

Im Europa des 19. Jahrhunderts zählten die meisten Juden nicht nur zu den auf die soeben beschriebene Weise erfolgreich und/oder reich Gewordenen, sondern unter den Menschen, die auf diese Weise

Erfolg hatten, waren immer mehr Juden zu finden. Das fiel auf und weckte Neid und Ressentiments bei den gesellschaftlichen Gruppen, die sich benachteiligt fühlten und oft tatsächlich benachteiligt waren oder durch die Veränderungen und die Konkurrenz bedroht wurden, die der Liberalismus förderte. Anders als manche, die sich für die Judenemanzipation einsetzten und dann enttäuscht befanden, dass die Juden die Chancen des Liberalismus nicht wirklich ergriffen hätten, um genau so zu werden wie alle anderen, sagten die gesellschaftlichen Verlierer, die Juden hätten zu sehr von den Chancen profitiert, die der Liberalismus eröffnet hatte. Diese Gruppen neigten dazu, Korrelationen mit Kausalbeziehungen zu verwechseln, zu folgern, dass der Aufstieg einiger Juden aus einer Verschwörung aller Juden herrührte. Eine Gruppe, die Vorteile aus der Modernisierung zog, wurde als deren destruktive Triebkraft gebrandmarkt. Natürlich hallt in diesen Vorwürfen das Echo der mittelalterlichen Tradition nach, die Juden für Seuchen und andere Katastrophen verantwortlich zu machen. Aber auch die moderne sozialistische Bewegung stellte einen ähnlichen Zusammenhang her, wenn sie eine Verschwörung der Kapitalisten behauptete, die angeblich ihren Reichtum auf Kosten des Proletariats maximierten. Tatsächlich verspotteten Linke den Antisemitismus als »Sozialismus der Narren«, als Glaubenssystem von Menschen, die verkannten, wer ihre wahren Ausbeuter waren, wenn sie sich auf die Juden konzentrierten statt auf die Kapitalisten. Welchen Einfluss die mittelalterlichen oder modernen Ideen auch haben mochten, zwischen der Manifestation von Antisemitismus und der Wahrnehmung einer wirtschaftlichen Krise bestand ein enger Zusammenhang. Ein Klischee zu diesem Thema besagt, dass die Attraktivität des Antisemitismus steigt, wenn der Aktienmarkt fällt, und umgekehrt.

Den Antisemiten entgegenzutreten, die Juden mit wirtschaftlicher Korruption in Verbindung brachten, wurde dadurch erschwert, dass in viele schwerwiegende wirtschaftliche und politische Skandale des späten 19. Jahrhunderts tatsächlich Juden verwickelt waren. Der bekannteste Fall in Frankreich, der Panamaskandal von 1888 bis 1892, drehte sich um die Bestechung französischer Beamter und Parlamentarier in großem Stil, damit eine französische Firma Geld für den Bau eines Kanals durch Panama erhielt. Am Ende wurden mehr als 100 Abgeordnete, Senatoren, amtierende und ehemalige Minister als korrupt entlarvt, Tausende kleiner Investoren verloren ihre Ersparnisse. Die kriminellen Finanziers, die diese Politiker kauften und bezahlten, waren fast alle Juden, und der Fall war Wasser auf die Mühlen der antisemitischen Propaganda, die gegen die angebliche Gier und Selbstsucht der Juden wetterte.

Alles in allem ergab sich folgendes Bild: Je mehr der Liberalismus triumphierte, desto sichtbarer und erfolgreicher wurden die Juden und desto mehr schenkten Gruppen, die sich von wirtschaftlichen und politischen Entwicklungen bedroht fühlten, einer eingängigen Erklärung ihrer Nöte Glauben. Diese Erklärung schob den Juden die Verantwortung zu und versprach Abhilfe, wenn man ihre Emanzipation rückgängig machte und sie wieder in ihren früheren, eingeschränkten Status verwies. Solche Ansichten schienen mit der Verbreitung der Massenpolitik und der Massenpresse, die beide Agitatoren und Ideologen ermutigten, an Boden zu gewinnen. In weiten Teilen Europas meldeten sich nach 1879 antisemitische Stimmen zu Wort, und die Zahl derjenigen, die sich antisemitisch äußerten, vervielfachte sich. Wo immer sie auftauchten, Personen wie Édouard Drumont in Frankreich, Georg von Schönerer in Österreich und Hermann Ahlwardt in Deutschland war eines gemeinsam: Sie stammten aus den sozialen Gruppen, die hier als empfänglich für Unzufriedenheit mit dem Lauf der modernen Welt beschrieben wurden, und traten als deren Sprecher auf. Wilhelm Marr, der Mann, der den größten Beitrag dazu geleistet hatte, das Wort »Antisemitismus« zu verbreiten, verkörperte geradezu prototypisch die Frustration und den sozialen Abstieg, die charakteristisch für all jene waren, die Trost darin fanden, die Juden zu attackieren. Ende der 1870er Jahre war er erst als Geschäftsmann, dann als Journalist und Politiker gescheitert und auch als Ehemann in mehreren Verbindungen mit jüdischen oder halbjüdischen Frauen.

Dennoch endet die Geschichte der Judenemanzipation im langen 19. Jahrhundert mit einem Paradox. Ungeachtet ihres Wortreichtums, hatten die antisemitischen politischen Parteien und Bewegungen für ihre Agitation vor dem Ersten Weltkrieg wenig aufzubieten. Ja, Karl Lueger führte einen Wahlkampf mit einem antisemitischen Programm, wurde zum Bürgermeister von Wien gewählt und bekleidete dieses Amt von 1897 bis zu seinem Tod 1910. Aber er fügte den Juden in seiner Stadt keinen wirklichen Schaden zu – vielmehr erlebten sie während seiner Amtszeit so etwas wie ein Goldenes Zeitalter –, und seine Popularität war keineswegs typisch. Budapest wählte zur gleichen Zeit einen jüdischen Bürgermeister, Adam Vazsonyi, und 1895 verabschiedete das ungarische Parlament ein Gesetz, das den jüdischen und den christlichen Glauben rechtlich gleichstellte. Nach 1870 wurde die Emanzipation in keinem einzigen europäischen Land rückgängig gemacht. Und in manchen Ländern wie Frankreich, Italien und Österreich erlangten die Juden in der Diplomatie, in den Offizierskorps und der Professorenschaft Zugang zu historischen Bastionen des Adels. Der Grund dafür ist, dass es trotz aller zerstörerischen Wirkungen von Modernisierung und Wandel für die meisten Menschen in West- und Mitteleuropa in den Jahrzehnten vor dem Ersten Weltkrieg stetig aufwärtsging und ihr Lebensstandard sich verbesserte. Die gelegentlichen Einbrüche waren heftig, aber üblicherweise kurz und auf einzelne Sektoren beschränkt; sie trafen bestimmte Wirtschaftsbereiche, meist die Bauern, härter als andere, aber selten die ganze Bevölkerung. Vor diesem Hintergrund hörten die Klagen der Pessimisten und ihre Behauptungen, die Juden seien an allem schuld, zwar nicht auf, fanden aber auch nicht genug Widerhall, um zu Gesetzesänderungen zu führen.

Wie verbreitet der Antisemitismus in der Bevölkerung auch sein mochte, als wirklich gefährlich für die Juden erwies er sich nur, wenn mächtige Beamte oder Eliten versuchten, ihn für ihre Zwecke zu instrumentalisieren. Die berühmtesten Beispiele sind die Dreyfus-Affäre von 1894 bis 1906, bei der konservative, auf ihren eigenen Vorteil bedachte Armeeoffiziere versuchten, einen jüdischen Kameraden durch Spionagevorwürfe zu denunzieren, und der Prozess gegen Mendel Beilis 1913 in Kiew wegen eines angeblichen Ritualmordes.[18] Aber Dreyfus wurde letztlich entlastet, auch wenn es Jahre dauerte, und ein Geschworenengericht aus Nichtjuden, die zur Hälfte einer antisemitischen Organisation namens Bund des Russischen Volkes angehörten, sprach Beilis schließlich frei. Selbst wenn die Mächtigen den Antisemitismus für ihre Zwecke instrumentalisieren wollten, konnte eine empörte oder beschämte Öffentlichkeit zurückschlagen und tat das auch.

Dennoch sandten die Dreyfus-Affäre und der Fall Beilis im Hinblick auf die Stärke des Antisemitismus eine zwiespältige Botschaft aus. Wie Barbara Tuchman in den 1960er Jahren ausführte und viele andere Wissenschaftler seither bestätigt haben, spricht viel dafür, dass Hauptmann Alfred Dreyfus vom Generalstab der französischen Armee nicht allein und nicht einmal hauptsächlich deshalb in den Verdacht geriet, ein Spion der deutschen Botschaft in Paris zu sein, weil er Jude war. Zwei weitere Tatsachen hatten ebenso großen Anteil, dass es zu seiner Anklage kam: Seine Handschrift ähnelte stark der auf dem wichtigsten belastenden Dokument in dieser Angelegenheit, dem berühmten *Bordereau*, das eine Putzfrau in einem Abfalleimer der Botschaft gefunden hatte. Und er war ein eher distanzierter und herablassender Charakter, der gern mit seinem Reichtum prahlte. Das französische Offizierskorps war monarchistisch eingestellt, katholisch und antiliberal, aber in dem halben Jahrhundert vor dem Ersten Weltkrieg gehörten ihm durchschnittlich stets drei Prozent Juden an,[19] ein Anteil, der dreißig- bis sechzigmal so hoch lag wie der damalige jüdische Anteil an der französischen Gesamtbevölkerung. Insofern kann man nicht sagen, dass das Offizierskorps übermäßig antisemitisch gewesen wäre. Mit anderen Worten: Dreyfus' Kameraden und Vorgesetzte wandten sich 1894 anfangs so heftig gegen ihn, weil sie einen Sündenbock brauchten, weil die Handschrift zu passen schien und weil sie ihn als Person nicht mochten. Sie hielten an ihrer Anschuldigung fest, weil sie befürchteten, ein Rückzieher werde die Armee insgesamt bloßstellen, deren Ansehen sie sich verpflichtet fühlten. Die antisemitische Rinnsteinpresse machte Dreyfus' Abstammung zum zentralen Thema in dem Fall, nicht die Armee. Bei seinem Prozess erwähnten die Ankläger diesen Sachverhalt nicht einmal. Als Dreyfus nach einem schamlos manipulierten Verfahren verurteilt wurde, glaubten sogar prominente jüdische Vertreter wie auch Jean Jaurès, der führende französische Sozialist, der später zu den leidenschaftlichsten Verteidigern von Dreyfus gehörte, an seine Schuld.

Ebenfalls verwirrend ist der Umstand, dass der Mann, der zuerst einen anderen, wahrscheinlicheren Spion im Generalstab identifizierte und dessen Bemühungen letztlich zu Dreyfus' Rehabilitierung führten, genau dem Typus entsprach, der üblicherweise als Dreyfus' Verfolger hingestellt wird. Oberst Georges Picquart war ein konservativer Katholik mit einer entschieden negativen Einstellung gegenüber den Juden. Das galt auch für Hauptmann Louis Cuignet und Kriegsminister Godefroy Cavaignac, die Männer, die später den Verräter entlarvten, der die Aufmerksamkeit von Picquarts alternativem Verdächtigen abgelenkt hatte. Und Émile Zola, der berühmte Schriftsteller, der die Kampagne zur Freilassung von Dreyfus anführte, formulierte krude Spielarten des rassischen Determinismus, wie wir sie weiter oben in diesem Kapitel diskutiert haben, manchmal in einer an Antisemitismus grenzenden Weise. Er setzte sich für Dreyfus nicht deshalb ein, weil er einen Juden vor Verfolgung bewahren wollte, sondern weil er die Katholiken, Reaktionäre und Militaristen bekämpfen wollte, die er für Dreyfus' Anklage verantwortlich machte. Wie ein scharfer Beobachter es ausdrückte, waren Zola und die wichtigsten Dreyfus-Anhänger »Feinde der Antisemiten, nicht des Antisemitismus«.[20] Die Dreyfus-Affäre mobilisierte und hinterließ ziemlich viel Antisemitismus, aber er trat nicht entlang parteipolitischer Linien zutage, und ihre Lösung war keineswegs ein uneingeschränkter Sieg über das Vorurteil.

Mendel Beilis wurde offenbar durch eine örtliche Gruppe von Strafverfolgern beschuldigt, die die öffentliche Meinung in Kiew beschwichtigen wollten, und von mehreren Ministern in Moskau, die dem tiefsitzenden Antisemitismus von Zar Nikolaus II. Genüge tun wollten. Diese Männer brachten Beilis mit dem Mord an einem dreizehnjährigen Jungen namens Andrej Juschtschinskij in Verbindung, dessen Leiche man in einer Höhle vor den Toren Kiews entdeckt hatte. Dabei stützten sie sich auf zwei Indizien: Erstens war der Junge in einer Weise erstochen worden, die mutmaßlich das Ausbluten erleichterte wie bei den angeblichen Ritualmorden der Juden; und zweitens verwaltete Beilis eine Ziegelbrennerei in der Nähe der Höhle und war Jude. Aber anders als in der Dreyfus-Affäre überzeugte die Konstruktion im Fall Beilis so gut wie niemanden. Von Anfang an stellten die lokalen Zeitungen die Anschuldigungen infrage, und ein städtischer Detektiv legte in kurzer Zeit Beweise vor, die eine lokale Bande mit dem Mord in Verbindung brachten. Anscheinend hatte diese Bande während der Pogrome in Kiew 1905/06 reiche Beute gemacht und gehofft, ein weiteres Pogrom auszulösen, wenn sie einen Menschen in einer Weise abschlachtete, die auf einen Ritualmord hindeutete und den Verdacht auf einen Juden lenkte. Wie in der Dreyfus-Affäre waren auch viele lokale Fürsprecher von Beilis Antisemiten, die einfach diejenigen, die Beilis angriffen, noch mehr hassten als die Juden und glaubten, die Integrität ihrer Gruppe sei mehr bedroht als die Rechte der Juden.

Die in den Jahrzehnten vor dem Ersten Weltkrieg vorherrschende Kombination von anhaltender antisemitischer Hetze auf der einen Seite und einem allgemeinen Zuwachs an Rechten und Chancen für die Juden auf der anderen Seite trägt viel zur Erklärung zweier Entwicklungen bei den Juden bei, die widerspiegelten, was bei vielen anderen Europäern vor sich ging. Ich meine die zionistische Bewegung, die Theodor Herzl 1897 begründete, das Streben nach einer Heimstatt für die Juden, das sich bald auf Jerusalem konzentrierte, als Reaktion auf den fortdauernden Antisemitismus, und die Tatsache, dass diese Bewegung in den Anfängen des Jahrhunderts kaum Unterstützung bei den Juden fand. Der Antisemitismus war zwar penetrant und laut, schaffte es aber weder, die Regierungen davon zu überzeugen, seinen Forderungen nachzugeben, noch, die Juden so in Panik zu versetzen, dass sie ihr Heil nur noch in der Gründung eines eigenen Staates sahen. Hartnäckiger Antisemitismus trieb Millionen Juden dazu, zwischen 1880 und 1910 Osteuropa zu verlassen, aber nur wenige gingen nach Palästina. Die überwältigende Mehrheit wanderte in die Vereinigten Staaten aus.

Um noch einmal zu der Frage zurückzukehren, mit der dieses Kapitel begonnen hat: Warum die Juden? Weil es eine lange Tradition gab, sie für gegenwärtige und vorausgeahnte Katastrophen verantwortlich zu machen, eine Tradition, die tief in religiöser Rivalität und Aberglauben verwurzelt war, sich bis in die moderne Zeit fortsetzte und im 18. und 19. Jahrhundert sogar neue Formen annahm. Diese Tradition und ihre Variationen blieben mobilisierbar, genau wie der Impuls, einem anderen die Schuld zuzuschieben. In dem Jahrzehnt unmittelbar vor Ausbruch des Ersten Weltkriegs schien dieser Impuls, einen Sündenbock zu beschuldigen, zunächst in andere Kanäle zu strömen, vor allem die des Klassenkampfs. Im Allgemeinen hielten sich antisemitische Ausbrüche damals in Grenzen. In der Mitte des europäischen Kontinents blieben die Gebiete, die 1871 das Deutsche Reich bildeten und 1918 die Republik Österreich, für die Antisemiten Epizentren der Agitation, aber auch der Frustration. Wir werden sehen, warum das so war und warum sich die Lage im Krieg und danach verschlimmerte.

## KAPITEL 2

# Angreifer: Warum die Deutschen?

JEDER EUROPÄER, den man unmittelbar nach der Affäre Dreyfus und dem Fall Beilis gefragt hätte, welches Land wohl in der Zukunft die Juden verfolgen würde, hätte mit Sicherheit Frankreich oder Russland genannt. Doch im zweiten Viertel des 20. Jahrhunderts wurden die Deutschen die größten Folterer der Juden. Wie es dazu kommen konnte, lässt sich nur mit einer höchst widersprüchlichen Geschichte erklären.

## Nation und Volk

Um die Widersprüche anzugehen, muss man zunächst einmal daran erinnern, dass Deutschland das Land in der Mitte Europas ist. Im 19. Jahrhundert traf das nicht nur geografisch zu, wenn man von Westen nach Osten schaute, sondern auch mit Blick auf die politische Struktur und die relative Stärke des Antisemitismus. Die Länder westlich von Deutschland, insbesondere Großbritannien, Frankreich, Holland und Belgien, waren demokratischere Staaten als das im Januar 1871 gegründete Deutsche Reich. Sie waren konstitutionelle Monarchien oder Republiken, in denen immer größere Bevölkerungsgruppen die Parlamente wählen konnten, und die Parlamente wiederum bestimmten über die Zusammensetzung der Kabinette und die Premierminister, die die wichtigsten Entscheidungen trafen – nicht Könige oder Königinnen. Das Russische Reich im Osten hingegen war die letzte große Autokratie in Europa, ein Staat, in dem der Zar behauptete, Alleinherrscher von Gottes Gnaden zu sein, und in dem es bis 1906 kein Parlament gab. Und selbst danach beanspruchte der Zar das Recht, das Parlament aufzulösen, wann immer es ihm beliebte, und seine Minister ohne Rücksicht auf die Wünsche des Parlaments zu ernennen.

Nach der deutschen Verfassung von 1871 war Deutschland politisch und verfassungsmäßig ein Zwitter, eine Mischung aus Demokratie und Autokratie. Auf der einen Seite hatte es ein gewähltes Parlament (den Reichstag), und das Wahlrecht war so großzügig wie nirgendwo sonst in Europa: Alle männlichen Bürger über 25 Jahre durften in nominell geheimer Wahl abstimmen. Auf der anderen Seite besaß das Parlament nur sehr eingeschränkte Befugnisse: Es konnte jährlich den Haushalt beschließen, aber über die 75 bis 80 Prozent der Ausgaben, die an die Streitkräfte flossen, durfte das Parlament nur alle sieben, später alle fünf Jahre debattieren. Außerdem konnte die Regierung ohne Zustimmung des Parlaments Kredite aufnehmen. Mit anderen Worten: Das Haushaltsrecht, das Fundament der legislativen Gewalt, war stark eingeschränkt. Das Parlament konnte den Regierungschef, den Reichskanzler, nicht wählen, sondern er wurde vom Kaiser bestimmt. Der Kaiser hatte auch das alleinige Recht, als Reaktion auf einen Angriff den Krieg zu erklären, und er war der Oberbefehlshaber der Armee. Kurzum, das Deutsche Reich, das von 1871 bis 1918 bestand, war ein autoritärer, militaristischer Staat mit demokratischem Dekor. Es vermischte Elemente der Staatsformen, die in Europa vor der Französischen Revolution bestanden hatten und in Russland immer noch bestanden, mit der neuen Form der parlamentarischen Herrschaft, die sich während des 18. Jahrhunderts in Großbritannien und nach 1789 auf dem Kontinent entwickelt hatte.

Ähnliches gilt für den Antisemitismus in diesem frisch geeinten Staat. Wenn wir sagen, dass sich die Zeit der Emanzipation nach der napoleonischen Ära von 1815 bis 1918 erstreckte, dann fallen das Jahr 1869, in dem Deutschland die Gleichheit der Juden vor dem Gesetz für die nördlichen zwei Drittel des Landes einführte, und das Jahr 1871, ab dem sie für alle Juden im Reich galt, genau in die Mitte. Der Durchbruch in Deutschland erfolgte nach der Judenemanzipation in praktisch allen westlich und nördlich von ihm gelegenen Ländern und vor der Emanzipation in den Ländern südlich und östlich, ausgenommen Österreich-Ungarn. Deutschland nahm nicht nur zeitlich eine Mittelstellung ein, sondern auch nach Form und Ausmaß der Emanzipation. Sie ging weiter als in den östlichen Ländern, aber nicht so weit wie im Westen und Süden.

Ein weiteres charakteristisches Merkmal Deutschlands im 19. Jahrhundert bestimmte den Zeitpunkt der Emanzipation und beeinflusste zugleich ihren Grad. Deutschland war nicht nur das Land in der Mitte, es war in den Augen seiner Bürger auch »die verspätete Nation«. Wie Italien, das die nationale Einigung ebenfalls erst 1870 abschloss, war auch das Wort »Deutschland« bis zu diesem Zeitpunkt nur eine geografische Bezeichnung gewesen. Ein Gebilde namens »Heiliges Römisches Reich deutscher Nation« hatte bis 1806 existiert, aber treffender wäre es gewesen, von »den deutschen Nationen« zu sprechen. Das Reich war ein loser Zusammenschluss vieler selbstständiger Territorien – im Jahr 1789 nicht weniger als 1789 – unter einem einzigen Herrscher. Die meisten Deutschen sahen sich als Bayern, Preußen, Schwaben, Hessen, Westfalen und so weiter; die Bezeichnungen dieser Herzogtümer und Königreiche leiteten sich überwiegend von den lateinischen Namen der Stämme ab, die sie Jahrhunderte zuvor bevölkert hatten. In Bayern hatte die Baiovarii gelebt, in Preußen die Borussii. Soweit sich im 19. Jahrhundert ein deutsches Nationalbewusstsein entwickelte, geschah dies als Reaktion auf die französische Eroberung und Besatzung durch Napoleon und im Widerstand gegen sie, und es kristallisierte sich um die einzige Idee heraus, die solche Unterschiede einen konnte: die Vorstellung, dass alle Stämme miteinander verbunden und Teile eines Volkes waren.

Diese Denkweise geht auf Johann Gottfried Herder zurück, der sein bedeutendes Werk vollendete, bevor die französischen Revolutionsarmeen nach Deutschland kamen, und starb, während sie Deutschland besetzt hielten.[1] Herder schrieb, die Völker seien »wunderbar [geteilt] durch Sprachen, Neigungen und Charaktere«. Jedes Volk habe ein Wesen, bestimmte Kernmerkmale, die fast alle Menschen besäßen, die in ein Volk hineingeboren würden. Herder stand den Juden nicht feindselig gegenüber; er war zwar der Auffassung, dass dauerhafte nationale Unterschiede in den unterschiedlichen Sprachen wurzelten, lehnte aber Hierarchien von Sprachen und Völkern ab. »[J]ede [Nation] trägt das Ebenmaß ihrer Vollkommenheit ... in sich.« Aber seine sentimentale Glorifizierung der unwandelbaren Tugenden des deutschen Volkes und sein Insistieren, dass »jede menschliche Vollkommenheit national« sei, unterfütterten die Selbstüberschätzung des deutschen Nationalismus.

Zu benennen, was genau die Angehörigen eines Volkes gemeinsam haben, war die große Aufgabe der nationalistischen deutschen Denker im frühen 19. Jahrhundert. Sie rangen darum, eine gemeinsame deutsche Natur zu identifizieren, manche würden vielleicht sagen, »zu erfinden«, und definierten sie zunächst ausgehend von dem, wogegen die Deutschen Anfang des 19. Jahrhunderts kollektiv gewesen waren: die französischen Eroberer und die Ideen, die sie mitgebracht hatten und für die sie standen. Weil die Judenemanzipation ein französischer Import war, lehnten viele deutsche Nationalisten sie als Produkt einer fremden Denkungsart ab. Zu den frühesten Exponenten dieser Position gehörte der Philosoph Johann Gottlieb Fichte, der 1808 eine Reihe von Vorlesungen hielt, die unter dem Titel *Reden an die deutsche Nation* veröffentlicht wurden.[2] Fichtes Feindseligkeit gegen Juden war älter als sein Nationalismus; Ende der 1790er Jahre hatte er sie als »Staat im Staat« bezeichnet und sich gegen ihre Emanzipation ausgesprochen. Jetzt sagte er rundweg, »daß die Juden, wenn ihr ihnen auch noch das Bürgerrecht gebt, eure übrigen Bürger völlig unter die Füße treten werden«, und setzte Antisemitismus mit deutschem Patriotismus gleich. Deutsch zu sein bedeutete, die heroischen und kriegerischen Tugenden zu besitzen, die

Tacitus den deutschen Stämmen 17 Jahrhunderte zuvor zugeschrieben hatte.

In den späteren Jahren der französischen Besatzung begannen die Brüder Jacob und Wilhelm Grimm, Märchen als Quellen des Deutschtums zu sammeln. Ihr Projekt war zwar nicht explizit antifranzösisch oder antisemitisch, aber implizit ging es um Ausgrenzung. Sie wollten die menschlichen Eigenschaften feststellen, die zutiefst, bleibend und definitiv deutsch waren, Eigenschaften, die, anknüpfend an Herder, kein anderes Volk in derselben Weise besitzen und miteinander verbinden konnte. Ironischerweise hatten die berühmtesten unter den Märchen, die die Grimms zusammentrugen – »Schneewittchen«, »Rotkäppchen« und »Dornröschen« –, französische Wurzeln.[3] Die Grimms lernten sie durch Hessen kennen, die von Hugenotten, französischen protestantischen Einwanderern, abstammten. Diese bezeichnende Tatsache wirft ein Schlaglicht darauf, wie künstlich das Bestreben der Brüder Grimm war, möglichst große nationale und ethnische Unterschiede zu finden. Trotzdem brachte diese Denkweise Mitte des 19. Jahrhunderts auch Richard Wagners Pamphlet »Das Judenthum in der Musik« hervor.[4] Wagner behauptete, echte musikalische Kunstwerke seien Produkte des tiefgründigen deutschen Geistes, zu dem die Juden keinen Zugang hätten; deshalb könnten sie nur schale, künstliche Werke hervorbringen. Der Begriff »deutsche Kultur« war zu einem hochgeschätzten familiären Geburtsrecht geworden, das kein Außenstehender erwerben und ausüben konnte.

Durch all dies unterschied sich das deutsche Nationalbewusstsein von dem in Großbritannien und Frankreich. In Großbritannien war das verbindende Prinzip eine protestantische Monarchie, die unterschiedliche ethnische Gruppen umfasste und zusammenhielt: Engländer, Schotten, Waliser und Ulster-Schotten. In Frankreich war das verbindende Element nach 1789 das Bekenntnis zur Nation – ob Republik, Reich oder Monarchie –, und die Staatsbürgerschaft stand jedem freien Menschen offen, unabhängig von ethnischer Herkunft, Hautfarbe und Religion. Die französischen Erstlesebücher begannen zwar mit den Worten »Unsere Ahnen, die Gallier«, aber Loyalität, nicht Abstammung, war maßgeblich für die Staatsbürgerschaft, und alle auf französischem Boden geborenen Menschen waren im Prinzip gleich. In Deutschland und den vielen Kleinstaaten, die vor der Einigung auf deutschem Boden existierten, war die Staatsbürgerschaft etwas Exklusiveres; sie wurde von den Eltern weitergegeben und hing nicht vom Zufall des Geburtsorts ab, Außenstehende und Immigranten konnten sie generell nur schwer erlangen.

Diese konzeptuellen Entwicklungen helfen, den schwierigen Stand der Judenemanzipation in Deutschland nach dem Sturz Napoleons und die Tatsache zu erklären, dass sie zwischen 1828 (als das Königreich Württemberg als erster deutscher Staat die dauerhafte Emanzipation verfügte) und 1864 (als die Stadt Frankfurt am Main dies als Letzte tat, bevor 1869 erst im Norden Deutschlands und zwei Jahre später auch im Süden die Gleichheit aller Bürger beschlossen wurde) nur langsam vorankam und immer wieder stockte. Vom Anfang bis zum Ende des Prozesses vergingen 43 Jahre, weil der Widerstand beträchtlich war. Manchmal nahm er gewaltsame Formen an, wie in den Hep-Hep-Krawallen, die 1819 in Würzburg und Frankfurt am Main begannen, dreißig weitere Städte erfassten und zwei Monate dauerten.[5] Die Anstifter waren kleine Handwerker und Händler, die sich über die drohende Konkurrenz empörten, wenn die Juden die Staatsbürgerschaft erhielten. Ein Sprecher der Aufständischen, der Schriftsteller Hartwig von Hundt-Radowsky, wetterte gegen die wirtschaftlichen Erfolge der Juden, »seit einige Staaten ... für sie Gewerbe-, für die Christen Verderbe-Freiheit gegeben haben«.[6] Meistens blieb es bei Worten, aber die Stimmung war aufgeheizt. Beispiele sind manche Gedichte von August Heinrich Hoffmann von Fallersleben, der auch den Text schrieb, der seit 1922 als Deutschlands Nationalhymne gesungen wird, und die zahlreichen Petitionen gegen die Gleichstellung der Juden, die der Frankfurter Nationalversammlung vorgelegt wurden, als sie 1848 zusammentrat, um Deutschland eine Verfassung zu geben, was letztlich scheiterte. Der Großteil dieser Petitionen kam aus kleinen Städten und Dörfern, und die meisten wiederholten die bekannten Klagen über die angebliche Profitgier der Juden. Wo und wann immer sich Widerstand gegen die Judenemanzipation regte, hatte er ein Thema: Sie sind grundsätzlich anders als wir – weniger ehrlich und weniger seelenvoll – und können niemals so werden wie wir.

Aber die Emanzipation kam, zusammen mit der nationalen Einigung 1867 bis 1871, weil die Liberalen sich im Parlament nachdrücklich für beide Anliegen einsetzten. Das eine zu erreichen bedeutete in den Augen der Liberalen, auf dem anderen zu beharren. Otto von Bismarck, der konservative preußische Ministerpräsident und spätere Reichskanzler, der die drei Kriege gegen Dänemark, Österreich und Frankreich geplant hatte, fand es zunächst angenehm, mit den Liberalen zusammenzuarbeiten, und akzeptierte die vollständige staatsbürgerliche und politische Gleichstellung der Juden. Aber Bismarck war selbst kein Liberaler und generell kein Anhänger von politischer Gleichstellung. Er verteidigte erbittert seine aristokratische Kaste, die preußischen Junker, und war fest entschlossen, deren wirtschaftliche Interessen zu schützen und ihr beinahe vollständiges Monopol auf die Führungspositionen im Staat und im Militär zu bewahren.

Die Judenemanzipation setzte sich im Gefolge der nationalen Einigung durch, aber der Widerstand gegen sie erstarkte, als die wirtschaftlichen Folgen der Einigung ins Negative umschlugen. 1873 brach der deutsche Aktienmarkt abrupt ein, nachdem ihn der Zufluss von Investitionskapital in Form der gewaltigen Reparationszahlungen der besiegten Franzosen in die Höhe getrieben hatte. Dieses Ereignis ist als »Gründerkrach« in die deutsche Geschichte eingegangen, weil es so bald nach der Gründung des Deutschen Reichs eintrat. Auslöser war der Absturz von Eisenbahnaktien, die ein getaufter Unternehmer jüdischer Herkunft, Bethel Henry Strousberg, angepriesen hatte. Ein Jahr danach veröffentlichte ein Journalist namens Otto Glagau eine Artikelserie in der viel gelesenen Wochenzeitung *Die Gartenlaube*, in der er behauptete, die Krise sei durch Personen ausgelöst worden, die die Aktienkurse manipuliert hätten, »90 Prozent« davon Juden. Die katholische Zeitung *Germania* wiederholte die Anschuldigungen, und 1877 veröffentlichte Glagau seine Artikel noch einmal als Buch mit einem Vorwort, in dem er Gift versprühte: »Nicht länger dürfen wir's dulden, daß die Juden sich überall in den Vordergrund, an die Spitze drängen ... Sie schieben uns Christen stets beiseite, sie drücken uns an die Wand, sie benehmen uns die Luft und den Atem. Sie führen tatsächlich die Herrschaft über uns ... Die ganze Weltgeschichte kennt kein zweites Beispiel, daß ein heimatloses Volk, eine physisch wie psychisch entschieden degenerierte Race blos durch List und Schlauheit ... über den Erdkreis gebietet.«[7]

Inzwischen war auch Deutschlands führendes konservatives Blatt, die *Kreuzzeitung*, auf den Zug aufgesprungen. Mitte 1875 brachte sie eine Serie von fünf Artikeln, die angeblich enthüllten, dass die Politik der deutschen Regierung und der Wirtschaft »beinahe nur zum Nutzen unserer Mitbürger mosaischen Glaubens und jüdischer Nationalität« gestaltet wurde,[8] hauptsächlich deshalb, weil angeblich ein jüdischer Bankier in Berlin, Gerson von Bleichröder, Bismarcks persönlicher Berater, die Fäden zog. Und schließlich lieferte 1876 der erste Generalsekretär der Deutschkonservativen Partei, des politischen Sprachrohrs der Landbesitzer und landwirtschaftlich geprägten Regionen, ein Mann namens Karl Wilmanns, dieser Richtung des Antisemitismus mit der Wahl des Buchtitels *Die »goldene« Internationale* ein griffiges Schlagwort. In seinem Buch warf er den Juden vor, reiche, selbstsüchtige, unpatriotische, transnationale Verschwörer zu sein mit dem Ziel, ihren Reichtum zu mehren. Innerhalb weniger Monate erlebte sein Werk sechs Auflagen.[9]

Kurzum, die 1870er Jahre bestätigten den Satz, dass der Antisemitismus gegenläufig zu den Aktienkursen steige und falle. In diesem Jahrzehnt stieg der Fanatismus an, als der Aktienmarkt einbrach. Die wirtschaftlichen Folgen des Börsenkrachs in Form wachsender Arbeitslosigkeit und verlorener Ersparnisse waren erheblich. Der Einbruch fiel mit einer Krise der deutschen Landwirtschaft zusammen, weil Importe von billigem Mais und Weizen aus den Vereinigten Staaten die Preise drückten und große Landbesitzer wie Kleinbauern Schutzzölle forderten. All dies machte die Menschen empfänglich für einfache Erklärungen, wie sie die antisemitische Hetze der 1870er Jahre präsentierte. Als im Februar 1879 Wilhelm Marr und das neue Schlagwort »Antisemitismus« auftauchten, markierte dies den Höhepunkt eines Jahrzehnts zunehmenden Widerstands gegen die Judenemanzipation.

Das Jahr 1879 brachte noch zwei weitere für die Geschichte des Antisemitismus wichtige Ereignisse. Im September gab Adolf Stoecker, der protestantische Hof- und Domprediger des Kaisers, dem Programm der Christlich-Sozialen Partei, die er gegründet hatte, um bei den Arbeitern von Berlin die religiösen Gefühle zu stärken und den Sozialismus zu bekämpfen, eine antisemitische Stoßrichtung. Sein Motiv war eher pragmatisch als ideologisch. Mit religiösen Appellen war es seiner Partei nicht gelungen, eine große Gefolgschaft zu gewinnen, deshalb versuchte er es nun mit einer anderen Strategie: der Behauptung, dass eine fremdartige Minderheit gieriger, unmoralischer Materialisten die Macht in Deutschland zu übernehmen und das Land ins Verderben zu führen drohe. Im Dezember veröffentlichte Heinrich von Treitschke, Professor für Geschichte an der Universität Berlin, einen Aufsatz, in dem er die antisemitische Hetze der 1870er Jahre als »natürliche Reaction des germanischen Volksgefühls gegen ein fremdes Element, das in unserem Leben einen allzu breiten Raum eingenommen hat«, lobte. Gegen Ende seines Textes klagte er: »Die Juden sind unser Unglück!«[10] Die Antisemiten machten daraus umgehend eine Anklage. So wie sie den Satz verwendeten, bedeutete er bald: »Die Juden sind die Ursache unseres Unglücks.« Diese Botschaft war zu vernehmen, als die Nationalsozialisten in den 1920er und 1930er Jahren den Satz als Slogan auf die Titelseiten ihrer Zeitungen und auf die Transparente druckten, die sie bei ihren Versammlungen aufhängten.

Dass Treitschkes Worte immer wieder zitiert wurden, zeigt, wie lange die antisemitische Welle der 1870er Jahre nachwirkte, aber ihr unmittelbarer Einfluss war weniger groß. 1880/81 unterzeichneten 265 000 deutsche Männer die Antisemitenpetition, das Kernstück einer Kampagne, um die Emanzipation rückgängig zu machen. Darüber hinaus sollte die Einwanderung von Juden verboten und eine Volkszählung aller im Lande lebenden Juden durchgeführt werden, alle jüdischen Lehrer, Richter und Beamten sollten entlassen werden.[11] Aber der Vorstoß war ein politischer Fehlschlag. Reichskanzler Bismarck reagierte überhaupt nicht auf die Petition, und die Zahl der Unterschriften enttäuschte ihre Initiatoren. Dass auch Treitschke es ablehnte, zu unterschreiben, zeigte, dass sie selbst manchen Kritikern des jüdischen Einflusses zu weit ging. Stoeckers Christlich-Soziale Partei wurde bei der Wahl in Berlin 1881 von der Fortschrittspartei geschlagen, die die Emanzipation befürwortete.[12] Bei den Reichstagswahlen verdoppelten die Fortschrittlichen ihr Wahlergebnis gegenüber den letzten Wahlen von 1878 beinahe und stellten die zweitgrößte Fraktion im neuen Reichstag.[13]

Und so lässt sich die Geschichte des Antisemitismus in Deutschland vor dem Ersten Weltkrieg knapp wie folgt zusammenfassen: Die Bewegung war laut, zitierfähig und penetrant, entfaltete aber wenig politische Dynamik und hatte nur geringen legislativen Erfolg. Von 1887, als Otto Böckel in Marburg die Wahl zum Reichstag gewann, bis 1912, der letzten Wahl vor dem Ersten Weltkrieg, verschrieb sich eine verwirrende Vielzahl von Politikern und Parteien dem Ziel, die Emanzipation zurückzudrehen. Aber es gelang ihnen nicht, eine breite Gefolgschaft anzuziehen, und sie erreichten nicht eine einzige Einschränkung der Bürgerrechte von Juden. Bei den Wahlen versagten diese Parteien meist, wie die Zahlen in Abbildung 2 zeigen. In sieben Parlamentswahlen von 1887 bis 1912 gewannen Antisemiten nur 78 von insgesamt 2779 Sitzen oder 2,8 Prozent der Gesamtzahl. Bei keiner einzigen Wahl kamen sie auf mehr als vier Prozent der Stimmen oder mehr als 5,5 Prozent der Mandate. Ihre Wählerschaft war nicht nur klein, sondern auch geografisch sehr begrenzt:[14] 35 der 78 Sitze oder 45 Prozent gingen auf Stimmen aus der Region zurück, die Böckel gewählt hatte, Kurhessen, eine kleine Provinz in der westlichen Mitte des Landes, nördlich der Stadt Frankfurt am Main, die Preußen 1867 erobert und annektiert hatte. In den 1880er Jahren lag die Region wirtschaftlich danieder, und Böckel und seine Anhänger glaubten zu wissen, wer dafür verantwortlich war. Seine Partei kämpfte unter dem Motto: »Gegen Junker und Juden«.[15] Man beachte die Reihenfolge. Von 44 der Männer, die diese 78 Sitze innehatten, war einer Bauer, zwei waren Adlige und 41 gehörten zum Mittelstand: überwiegend Handwerker und Ladenbesitzer, Menschen, die selbstständig arbeiteten und versuchten, sich gegen die Konkurrenz der Fabriken und großen Warenhäuser zu behaupten.

Bei den Wahlen zum Reichstag

| WAHL | ANTISEMITEN | | | | KONSERVATIVE | GESAMT |
|---|---|---|---|---|---|---|
| | Stimmen | Prozent | Sitze | Prozent | Prozent der Stimmen | Prozent der Stimmen |
| 1887 | 12 000 | 0,2 | 1 | 0,3 | 15,2 | 15,4 |
| 1890 | 48 000 | 0,7 | 5 | 1,3 | 12,4 | 13,1 |
| 1893 | 264 000 | 3,4 | 16 | 4,0 | 13,5 | 16,9 |
| 1898 | 284 000 | 3,7 | 13 | 3,3 | 11,1 | 14,8 |
| 1903 | 245 000 | 2,6 | 11 | 2,8 | 10,0 | 12,6 |
| 1907 | 249 000 | 2,2 | 22 | 5,5 | 9,4 | 11,6 |
| 1912 | 300 000 | 2,5 | 10 | 2,5 | 9,2 | 11,7 |

Bei den Wahlen zum preußischen Landtag
(dem Parlament des größten Staats im Kaiserreich)

| WAHL | ANTISEMITEN | KONSERVATIVE | GESAMT |
|---|---|---|---|
| | Prozent der Stimmen | Prozent der Stimmen | Prozent der Stimmen |
| 1898 | 0,16 | 25,0 | 25,16 |
| 1903 | 0,17 | 19,4 | 19,57 |
| 1908 | 0,36 | 14,1 | 14,46 |
| 1913 | 0,31 | 14,7 | 15,01 |

Diese Zahlen sprechen dafür, dass der Antisemitismus bei den Wahlen hauptsächlich ein Vehikel des wirtschaftlichen Protests und nicht für sich allein hinreichend verbreitet war, um die Basis einer politischen Bewegung abzugeben. Zwei weitere interessante wahlsoziologische Beobachtungen untermauern das. Erstens war das zweite Gebiet Deutschlands, in dem die Antisemiten überdurchschnittlich viele Stimmen erhielten, das Königreich Sachsen an der Grenze zur heutigen Tschechischen Republik; von dort stammte ein weiteres Viertel der antisemitischen Reichstagsabgeordneten. Aber von den sechs Sitzen, die die Antisemiten in der Wahl von 1893 errungen hatten, verloren sie fünf schon wieder vor 1903, als alle an linke Sozialdemokraten gingen. Zweitens ist in Abbildung 2 bemerkenswert, was mit den Konservativen passierte, nachdem sie auf ihrem Tivoli-Parteitag 1892 antisemitische Punkte in ihr Programm aufgenommen hatten. Reichsweit stieg ihr Stimmenanteil 1893 leicht an, aber danach ging es steil bergab, bis 1912 verloren sie mehr als ein Drittel. Bei den Wahlen zum Preußischen Landtag brach ihr Stimmenanteil noch stärker ein, um 41 Prozent. Im Deutschen Kaiserreich war Antisemitismus keineswegs eine Gewähr für Wahlerfolge.

Wie konnten die deutschen Antisemiten eine Reihe von Bestsellern veröffentlichen wie 1890 Julius Langbehns *Rembrandt als Erzieher* und 1899 Houston Stewart Chamberlains *Die Grundlagen des neunzehnten Jahrhunderts*, während es ihnen gleichzeitig nicht gelang, eine stabile politische Bewegung zu etablieren und Wahlsiege zu erringen? Ein Grund ist, dass die Führerpersonen der antisemitischen Parteien oft inkompetent und korrupt waren, was zu Skandalen führte und ihre Popularität erschütterte. Außerdem hatten sie Schwierigkeiten, zusammenzuarbeiten; deshalb ist die Geschichte des Antisemitismus im Deutschen Kaiserreich eine Geschichte immer neuer Zusammenschlüsse und Abspaltungen. Es gab wenig Stabilität, nicht einmal bei den Namen der Gruppierungen. Wilhelm Marr, der »Stammvater« des deutschen Antisemitismus, wie man ihn genannt hat, war so streitlustig, dass er sich mit praktisch allen anderen Anführern der Bewegung in den 1880er Jahren überwarf und schließlich dem Antisemitismus wieder abschwor. Bei seinem Rückzug machte er sich über die Ideologie lustig: Sie sei »ein Geschäft«, das den Juden die Schuld für soziale Probleme gebe, die durch die Industrialisierung geschaffen worden seien.[17]

Aber das grundsätzlichere Problem der antisemitischen Parteien war, dass sie immer nur partiell Unzufriedenheit mobilisierten. In der Zeit von 1887 bis 1912 beschränkte sie sich auf ein oder zwei Regionen des Landes auf einmal oder auf eine oder zwei gesellschaftliche Gruppen. Grob gesagt: Wenn es Hessen schlecht ging, litten Bayern und Brandenburg nicht ebenso stark oder in der gleichen Weise. Wenn Handwerker und Bauern klagten, ging es den Arbeitern besser. Solange nicht generelle Unzufriedenheit herrschte und andere Gruppen Antworten hatten, die manche überzeugender fanden, wie die Zentrumspartei sie gläubigen Katholiken bot, die Sozialisten den Industriearbeitern und die Konservativen den Landbesitzern und frommen Lutheranern, konnte der politische Antisemitismus nicht gedeihen. Mit dem intellektuellen Antisemitismus hingegen verhielt es sich anders; er hatte ein breiteres, beständigeres Publikum und spiegelte die anhaltende Weigerung wider, die Juden in Deutschland als Deutsche anzusehen.

Eine Besonderheit des Wahlsystems im Deutschen Kaiserreich errichtete eine zusätzliche Hürde für den politischen Antisemitismus. Die deutsche Verfassung, die das Wahlrecht regelte, enthielt das allgemeine Wahlrecht für Männer, aber die einzelnen deutschen Staaten hatten ihre eigenen Wahlsysteme, die oft die Reichen begünstigten. Zwei Staaten, Preußen bis 1918, das über 60 Prozent des Kaiserreichs ausmachte, und Sachsen von 1896 bis 1909, gewichteten die Stimmen bei Parlaments- und lokalen Wahlen danach, wie viel Steuern auf Einkommen und Besitz die Männer bezahlten. Kurz gesagt sah es so aus, dass diejenigen, die das oberste Drittel des Steueraufkommens entrichteten, in jedem Wahlbezirk ein Drittel der Wahlmänner für einen Sitz wählten; diejenigen, die das nächste Drittel zahlten, wählten das zweite Drittel der Wahlmänner und die restlichen männlichen Steuerzahler das dritte Drittel. Wer so arm war, dass er keine direkten Steuern zahlte, durfte auch nicht wählen. Dieses sogenannte Dreiklassenwahlrecht verlieh den Wohlhabenden übergroßen Einfluss. In Essen gab der unermesslich reiche Kohle- und Stahlmagnat Alfred Krupp von 1886 bis 1894 als Einziger seine Stimme für das erste Drittel der Wahlmänner ab, das heißt, er wählte sie praktisch allein. In Berlin wählten zehn Prozent der Bevölkerung das erste Drittel, die übliche Verteilung in den Wahlbezirken war drei bis zehn Prozent/zehn bis 15 Prozent/75 bis 87 Prozent.[18] Das bedeutete, dass die lokalen Wahlen und die Wahlen zu den Landesparlamenten in Preußen und Sachsen vom reichsten Viertel der Wählerschaft oder noch weniger entschieden wurden, das nur 15 bis 20 Prozent der erwachsenen männlichen Bevölkerung ausmachte. Weil Juden in den meisten Städten in den beiden obersten Steuerklassen überdurchschnittlich stark vertreten waren, hatten ihre Stimmen in städtischen Wahlbezirken und bei städtischen Wahlen besonderes Gewicht. In Frankfurt am Main beispielsweise waren im Jahr 1900 63 Prozent derjenigen, die das erste

Drittel der Wahlmänner wählten, Juden.[19] Diese Zahlenverhältnisse schadeten antisemitischen Kandidaten und ermutigten andere, für die Rechte der Juden einzutreten oder zumindest Lippenbekenntnisse abzulegen. Nach dem Ende des Kaiserreichs 1918 brachte die neue republikanische Staatsform für das ganze Land demokratischere Wahlen, und die Wahlaussichten der antisemitischen Kandidaten verbesserten sich tatsächlich.

So wie in den Jahren des Kaiserreichs der politische Antisemitismus zunahm und wieder abebbte, gab es noch andere widersprüchliche Entwicklungen: Vor allem veränderte sich die jüdische Bevölkerung in Deutschland in einer Weise, die die Juden den übrigen Staatsbürgern zugleich ähnlicher und weniger ähnlich machte. Auf der einen Seite schien die Besonderheit der Juden zu verblassen, und es sah so aus, als gingen sie in dreierlei Hinsicht in der deutschen Gesellschaft auf. Erstens nahm ihr prozentualer Anteil an der Bevölkerung kontinuierlich ab (von 1,25 Prozent 1871 auf 0,95 Prozent 1910), und nach 1910, als 615 000 Juden in Deutschland lebten, sank auch ihre absolute Zahl stetig. Das hing nicht damit zusammen, dass Juden zum christlichen Glauben konvertierten, zwischen 1800 und 1918 gab es nur 34 000 Konversionen. Auch die wachsende Zahl gemischter Eheschließungen spielte nur eine geringe Rolle; sie schnellte erst gegen Ende der Kaiserzeit in die Höhe, als das Verhältnis von gemischten Ehen zu rein jüdischen Ehen, das 1901 bis 1905 bei eins zu fünf gelegen hatte, sich von 1916 bis 1920 auf zwei zu fünf erhöhte. Der Hauptgrund war vielmehr ein Rückgang der Geburtenzahl bei Juden bis auf einen Wert knapp über der Reproduktionsrate. Wenn während der Kaiserzeit nicht fast 80 000 Juden nach Deutschland eingewandert wären, wäre die jüdische Bevölkerung zwischen 1871 und 1910 praktisch gar nicht gewachsen. Trotz des Zustroms einer ungefähr ähnlichen Zahl jüdischer Immigranten in den Jahren um das Ende des Ersten Weltkriegs nahm die jüdische Bevölkerung in Deutschland weiter ab; 1933 war sie um fast 20 Prozent kleiner als 1910.[20]

Zweitens passten sich die deutschen Juden kulturell immer mehr an. Sie zeigten große Begeisterung für deutsche Literatur, Kunst und

Philosophie und schätzten wie die Deutschen Bildung außerordentlich hoch. Eine Folge war, dass die Zahl jüdischer Schulen und der Gebrauch der jiddischen Sprache stark und rasch zurückgingen; die Juden integrierten sich fast vollständig in das deutsche Bildungssystem. Drittens entwickelten sich auch die religiösen Praktiken der Juden in eine synkretistische Richtung, weil Deutschland zur Heimat des Reformjudentums wurde. Diese Bewegung lockerte die Einhaltung der 613 Gesetze, gab Sitten und Rituale auf, die auf eine nichteuropäische Herkunft hindeuteten, und führte neue Formen der Religionsausübung ein, beispielsweise dass Männer und Frauen in der Synagoge nebeneinandersaßen, dass während des in deutscher Sprache gehaltenen Gottesdienstes gesungen und musiziert wurde, und manchmal wurde sogar der Sonntag anstelle des Samstags als Sabbat geheiligt. Die Synagogen hatten weiterhin ihre besondere Architektur mit maurischen Türmen und Kuppeln, aber ansonsten wurden die sichtbaren Unterschiede zwischen der christlichen und der jüdischen Religionsausübung eindeutig geringer.

Auf der anderen Seite unterschieden sich die Juden in vier anderen Hinsichten jedoch weiterhin von den anderen Deutschen, manchmal sogar zunehmend. Erstens verließen die Juden die östlichen und ländlichen Teile des Reichs – wie Posen, Preußen, Hessen und Südwestdeutschland – und wanderten noch schneller als Nichtjuden in die Städte ab. Zwischen 1871 und 1910 wuchs der Anteil der deutschen Staatsbürger, die in Städten mit mehr als 100 000 Einwohnern lebten, von knapp fünf Prozent auf über 21 Prozent, die entsprechenden Zahlen für die Juden betrugen 20 Prozent und 58 Prozent. 1910 lebten fast 28 Prozent der deutschen Juden in Berlin, wo sie rund vier Prozent der Bevölkerung ausmachten, in Frankfurt am Main lag ihr Anteil über sechs Prozent. Die Juden tendierten außerdem dazu, sich in den großen Städten in bestimmten Vierteln anzusiedeln – in Berlin beispielsweise in Mitte, Charlottenburg und Wilmersdorf.

Zweitens nahm die traditionelle Konzentration der Juden in bestimmten Bereichen von Handel und Gewerbe weiter zu, und dort waren die Tätigkeitsmuster sehr speziell. Deutsche Juden führten dreimal häufiger als Deutsche ein eigenes Geschäft. Von den rund

25 Prozent der Juden, die im produzierenden Gewerbe arbeiteten, waren mehr als die Hälfte Schneider. Um die Wende zum 20. Jahrhundert besaßen die Juden 80 Prozent der deutschen Warenhäuser, 70 Prozent der Schrott- und Metallhandlungen und 60 bis 70 Prozent der Geschäfte, die Konfektionskleidung anboten, außerdem hatten sie großes Gewicht in der Werbung und Druckindustrie. In Franken, Westfalen und Hessen waren 75 Prozent der Viehhändler Juden, und in Hessen und Baden machten sie die Hälfte der Getreidehändler aus. 1910, als weniger als ein Prozent der Bevölkerung insgesamt Juden waren, stellten sie 15 Prozent der Anwälte, sechs Prozent der Ärzte und Zahnärzte, zehn Prozent der Jurastudenten und 14 Prozent der Medizinstudenten. Als Folge der rückläufigen Geburtenrate gingen all diese Zahlen nach dem Ersten Weltkrieg zurück, genau wie die Differenz zwischen den Durchschnittseinkommen von Juden und Nichtjuden in Deutschland, aber das änderte wenig daran, dass die Juden im Allgemeinen mit nichtmanuellen Tätigkeiten und Wohlstand gleichgesetzt wurden.[21]

Drittens fielen jüdische Einwanderer im Reich stärker auf, weil sie bevorzugt in den Städten lebten. Jüdische Einwanderer aus Polen, die oft mehr als deutsche Juden bei ihrer Kleidung und Religionsausübung an Traditionen festhielten, machten 1910 nur 13 Prozent aller Juden in Deutschland aus, hatten aber in manchen Städten sehr viel größere Bevölkerungsanteile: Beispielsweise stammten 67 Prozent der Juden in Leipzig, 53 Prozent der Juden in Dresden und 15 Prozent der Juden im Großraum Berlin aus Polen. Sie stachen heraus und erweckten den Eindruck, dass ein fremdes Volk massenhaft ins Land strömte. Nach 1914 gelangten nur 90 000 bis 100 000 weitere Juden nach Deutschland, aber ihre Sichtbarkeit und eher noch stärkere Konzentration an Orten wie Berlin und Leipzig hatten den gleichen Effekt und ließen geradezu die Psychose entstehen, die Juden würden Deutschland »überschwemmen«, eine Obsession, die die Antisemiten kultivierten.[22]

Schließlich unterschieden sich die deutschen Juden auch in ihren politischen Positionen von ihren Landsleuten. Deutlich häufiger als die meisten nichtjüdischen Deutschen gaben sie der gemäßigten Linken ihre Stimme. Im Kaiserreich bedeutete das, dass sie zunehmend die Fortschrittlichen unterstützten, nach dem Ersten Weltkrieg, dass sie meistens für die Demokratische Partei stimmten, und als die während der Weltwirtschaftskrise an Boden verlor, wandten sie sich der Sozialdemokratischen Partei (SPD) zu. Amos Elon schreibt: »Die jüdischen Bürgerlichen lebten wie Bankiers, wählten aber wie Proletarier und linke Intellektuelle.«[23]

Wieder war Deutschland das Land in der Mitte, das Land, in dem die dort geborenen Juden weniger in die Gesellschaft integriert waren als im Westen, aber mehr als im Osten. Trotz einer weitgehenden kulturellen Assimilation war die Trennung von Juden und anderen Deutschen in mehreren Hinsichten weiterhin unübersehbar. Und der Antisemitismus verzeichnete trotz der Misserfolge bei Wahlen und im Parlament administrative und soziokulturelle Erfolge. So legte das Reich beispielsweise für Einwanderung und Einbürgerung enge Obergrenzen fest. Die meisten Juden, die in den 1890er Jahren und nach 1900 von Osteuropa in die Vereinigten Staaten auswanderten, brachen in den Häfen von Hamburg und Bremen auf. Die Züge, die sie dorthin brachten, wurden in dem Augenblick plombiert, als sie die Grenzen vom russischen Teil Polens nach Deutschland passierten. Sie hielten an langen Piers in den Häfen, an denen die Ozeanriesen anlegten. Hinter dem letzten Waggon schlossen sich Stahltüren, erst dann konnten die Reisenden aussteigen und an Bord der Schiffe gehen. Auf diese Weise sollte sichergestellt werden, dass niemand unterwegs in Deutschland den Zug verließ. Fast 80 000 Juden aus Osteuropa kamen zwischen 1871 und dem Ausbruch des Ersten Weltkriegs 1914 nach Deutschland, aber das Reich bemühte sich sehr, ihre Zahl zu begrenzen und die Chancen der Einwanderer, Staatsbürger zu werden, so weit wie möglich einzuschränken.

Der fortbestehende Antisemitismus zeigte sich auch darin, wie Deutschland formelle Rechtsgleichheit mit einem erheblichen Maß an sozialer und beruflicher Diskriminierung vermischte. Die Antisemitenpetition mochte zwar ein politischer Fehlschlag gewesen sein, aber 41 Prozent der Studenten der Universität Berlin unterzeichneten sie, und sie führte sogar zur Gründung des Vereins

Deutscher Studenten, einer zunehmend populären Organisation, die dafür eintrat, Juden und die Kinder konvertierter Juden weitgehend vom studentischen Leben auszuschließen. 1896 entschieden die deutschen Burschenschaften auf einem außerordentlichen Burschentag, die Aufnahme von Juden zu verbieten. 1910 gab es in der Armee von Österreich-Ungarn 2000 jüdische Offiziere, in der französischen Armee 720 und in der italienischen Armee 500. Die preußische Armee, die den größten Teil der Streitkräfte des Reichs stellte, hatte nicht einen jüdischen Offizier, Juden durften nicht einmal in den Reserveeinheiten Offiziersränge bekleiden.[24] Sie wurden aus angesehenen Lehrämtern ferngehalten: Dem Lehrkörper der preußischen Oberschulen gehörten 1910 nur zwölf Juden an. Im selben Jahr waren nur zwei Prozent aller Professoren in Deutschland Juden, fast alle für Medizin und Naturwissenschaften.[25] Der Antisemitismus wurde eher in der Elite und der konservativen Gesellschaft institutionalisiert als in Gesetzen. Wie Shulamit Volkov gezeigt hat, wurde er Teil des »kulturellen Codes«[26] der deutschen Konservativen und Rechten, fester Bestandteil ihrer selbstgewählten Verpflichtung, die traditionellen Werte gegen die Ideologien des Liberalismus, Materialismus und Internationalismus hochzuhalten.

Trotzdem sah es am Vorabend des Ersten Weltkriegs so aus, als würden sich die Dinge positiv für die deutschen Juden entwickeln. Das Dreiklassenwahlrecht sorgte dafür, dass Versuche, die Juden auf kommunaler Ebene von Berufen auszuschließen – zum Beispiel als Lehrer an Volksschulen –, sehr viel weniger erfolgreich waren als elitäre Barrieren bei den Spitzen des Staates. Preußen hatte bei den letzten Fällen von Anklagen wegen angeblichen Ritualmorden 1891 in Xanten und 1900 in Konitz entschlossen durchgegriffen, im letztgenannten Fall sogar Truppen entsandt, um antisemitische Unruhen niederzuschlagen, und die angeklagten Juden wurden freigesprochen.[27] Prominente jüdische Industrielle wie Walther Rathenau, der Leiter der Allgemeinen Elektricitäts-Gesellschaft, und Alfred Ballin, Generaldirektor der Hamburg-Amerika-Linie, wurden Teil der Entourage des Kaisers (jüdische Frauen waren jedoch bei Hof immer noch nicht zugelassen).[28] Bei der Wahl 1912 erlitten die antisemitischen

Parteien eine Niederlage, und mehr Abgeordnete jüdischer Abstammung gelangten ins Parlament als in den dreißig Jahren davor. Die Zahl der jüdischen Abgeordneten stieg nicht nur auf 19, einige gehörten auch der Nationalliberalen und der Fortschrittlichen Partei an, die in den zurückliegenden zwanzig Jahren Juden nicht einmal aufgestellt hatten.[29] Viele, Juden und sympathisierende Nichtjuden gleichermaßen, waren zuversichtlich, dass es sich beim Antisemitismus nur um eine »Kinderkrankheit«[30] handelte, aus der Deutschland herauswachsen würde.

Diese Hoffnung wurde von der Katastrophe des Ersten Weltkriegs zerschmettert. Der Wendepunkt kam 1916, als das deutsche Oberkommando, das verzweifelt einen Schuldigen für die mörderische militärische Pattsituation suchte, die berüchtigte »Judenzählung« zuließ.[31] Die Generäle hofften, die von Antisemiten im Parlament erhobenen Vorwürfe, die Juden würden sich ihrer Wehrpflicht entziehen, beweisen zu können und damit eine Entschuldigung zu haben, warum es der Armee nicht gelang, den Krieg zu gewinnen. Doch die Zählung zeigte, dass die Juden im Militär verglichen mit ihrem Gesamtanteil an der Bevölkerung leicht überrepräsentiert waren: 100 000 dienten im Heer des Kaiserreichs, 80 000 kämpften an der Front, 35 000 hatten einen Orden erhalten, und 12 000 waren gefallen. Die enttäuschten Militärführer hielten die Ergebnisse unter Verschluss, widersprachen aus dem Zusammenhang gerissenen Zahlen nicht, die durchsickerten und in der antisemitischen Presse veröffentlicht wurden, und erlaubten dem politischen Arm der Armee, der Vaterlandspartei, Vorwürfe zu wiederholen, die Juden würden sich vor der Einberufung drücken. In gewisser Weise war das Deutschlands Dreyfus-Affäre, ein weiteres Beispiel, wie eine Institution der Elite, wieder die Armee, den Antisemitismus zu nutzen versuchte, um eigene Versäumnisse zu verbergen, indem sie Gift gegen die Juden versprühte. Doch anders als in der Affäre Dreyfus entstand in Deutschland keine Gegenbewegung, die die Lüge öffentlich entlarvte, und deshalb hatte sie stärkere Wirkungen. Eine Wirkung war nicht zuletzt ein Abschnitt in *Mein Kampf*, in dem Hitler behauptet, Deutschland hätte den Ersten Weltkrieg mit weniger Verlusten an

Menschenleben gewonnen, wenn nur 12 000 oder 15 000 Juden mehr »unter Giftgas gehalten« worden und gestorben wären.[32]

Die toxischen Wirkungen dieser neuen Verleumdung der Juden – tatsächlich der letzten vierzig Jahre unablässiger Agitation und Verunglimpfung – wurden sichtbar, noch bevor der Erste Weltkrieg mit Deutschlands Niederlage und Demütigung endete. Im Februar 1918 war Kaiser Wilhelm II. überzeugt, dass eine internationale jüdische Verschwörung all die Kräfte kontrollierte, die gegen ihn aufmarschiert waren. Unterdessen erwog Erich Ludendorff, einer der beiden obersten deutschen Militärbefehlshaber, die Vertreibung von zwei Millionen angeblich politisch unzuverlässigen Juden aus Teilen von Polen, die er nach dem Sieg im Krieg annektieren wollte.[33] Nach Deutschlands Zusammenbruch im Herbst 1918 wiederholten all jene, die den Ausgang des Kriegs unbedingt etwas oder jemand anderem anlasten wollten als den politischen Führern des Landes oder den Anführern der bewaffneten Kräfte, die Vorwürfe, die zur Judenzählung geführt hatten, und stellten die Juden zusammen mit Liberalen und Linken als Sündenböcke hin, die angeblich die Kriegsanstrengungen untergraben hatten.

Derartige Behauptungen fanden mehr Gehör als je zuvor, weil das Gefühl, in einer Krise zu stecken, nicht länger nur bestimmte Gebiete oder Schichten betraf, sondern das ganze Land. Die Bedingungen des Versailler Vertrags und dazu die gewaltige Schuldenlast, die das Land zur Finanzierung der Kriegsanstrengungen aufgehäuft hatte, der schwierige Prozess der Demobilisierung und des Übergangs zur Friedenswirtschaft sowie die schwere Bürde, die Veteranen und Witwen zu unterstützen, hatten rasch steigende Arbeitslosenzahlen und eine galoppierende Inflation zur Folge. 1923 waren die deutschen Geldscheine das Papier nicht mehr wert, auf dem sie gedruckt waren, und das Land befand sich im Aufruhr. Welche Chance das für den politischen Antisemitismus darstellte, zeigt Abbildung 3. Demnach stieg der Stimmenanteil der offen antisemitischen politischen Parteien von 10,3 Prozent im Jahr 1919 (etwas weniger als 1912) auf 26 Prozent Anfang 1924.[34] Gleichzeitig und bis Ende der 1920er Jahre kam es zu immer mehr Gewalttaten gegen einzelne Juden, und die politisch motivierte Gewalt nahm generell zu.[35] Aber Abbildung 3 zeigt auch, dass die Gelegenheit vorüberging und der Stimmenanteil der Antisemiten wieder sank, bis er 1930 nach dem Ausbruch der Weltwirtschaftskrise erneut anstieg und 1932 einen Höhepunkt erreichte, nachdem die größten Banken des Landes kollabiert waren und die Arbeitslosigkeit bei 36 Prozent der erwerbsfähigen Bevölkerung lag.

ABBILDUNG 3: ANTISEMITISCHE STIMMABGABE BEI DEN REICHSTAGSWAHLEN IN DEUTSCHLAND NACH DEM ERSTEN WELTKRIEG

| WAHLEN | STIMMEN FÜR NATIONALSOZIALISTEN IN % | STIMMEN FÜR NATIONALISTEN IN % | ZUSAMMEN IN % |
|---|---|---|---|
| 1919 | – | 10,3 | 10,3 |
| 1920 | – | 15,1 | 15,1 |
| 1924 | 6,5 | 19,5 | 26,0 |
| 1924 | 3,0 | 20,5 | 23,5 |
| 1928 | 2,6 | 14,2 | 16,8 |
| 1930 | 18,3 | 7,0 | 25,3 |
| 1932 | 37,4 | 6,2 | 43,6 |
| 1932 | 33,1 | 8,9 | 42,0 |

## Hitlers Chance

Die Zahlen in Abbildung 3 sprechen dafür, dass der Antisemitismus im deutschen Alltag in den 1920er Jahren erneut Fuß fasste, eine Entwicklung, die zwei schwierige Fragen aufwirft: Wie konnte aus der politischen Obsession, die Judenemanzipation rückgängig zu machen, die bis 1918 eine verbreitete, aber erfolglose politische Strömung war, nach 1933 eine siegreiche Bewegung werden? Und wie konnte solcher Hass zu einer Zeit Erfolg haben, als der relative Anteil und sogar die absolute Zahl der Juden in Deutschland sanken?

Die Antworten auf diese Fragen haben hauptsächlich damit zu tun, dass Deutschlands Probleme nach 1918 eine neue Qualität bekamen: Sie waren nicht länger vorübergehend und auf bestimmte Bereiche beschränkt, sondern wurden dauerhaft und betrafen das ganze Land. Deshalb erzeugten sie ein alles durchdringendes Gefühl der Krisenhaftigkeit, das extremistischen Positionen und vereinfachenden Lösungen Zulauf brachte. Der Rest dieses Kapitels konzentriert sich auf diese Krise und darauf, wie die nationalsozialistische Partei und Adolf Hitler letztlich davon profitierten.

Aber die Antworten liegen nicht nur in der Tiefe und dem Ausmaß von Deutschlands Krise. Noch ein anderer wesentlicher Anstoß für die Wiederauferstehung des Antisemitismus sowohl in Deutschland als auch in vielen anderen Ländern Europas nach dem Ersten Weltkrieg ging aus einem Konflikt hervor, der dadurch entstand, dass die Juden mit dem Schreckgespenst der kommunistischen Revolution in Verbindung gebracht wurden. Als die Bolschewiken 1917 in Russland an die Macht kamen, waren viele ihrer Anführer Juden. Leo Trotzki ist der bekannteste, aber nicht der einzige, und die Anhänger des Zaren, einschließlich der vielen tausend, die vor der Revolution nach Mittel- und Westeuropa flohen, schlachteten diese Tatsache aus. Juden wie Rosa Luxemburg, Kurt Eisner und Béla Kun hatten bei den Revolutionen in Deutschland und Ungarn 1918/19 Führungsrollen gespielt. Nun verkündeten ihre Gegner lautstark, dies sei der Beweis, dass diese Regimewechsel den Ländern von außen aufgezwungen worden seien, und es zeige, welche Bedrohung die Juden darstellten. In der Folge kristallisierte sich eine neue Variante der alten Gewohnheit heraus, die Juden als Triebkräfte eines zerstörerischen Wandels zu dämonisieren, und die Antisemiten konnten eine neue Angst ausbeuten – die Angst vor dem Kommunismus.

Natürlich verknüpften manche Konservative die Juden schon lange mit der politischen Linken, aber symptomatisch für die neue Virulenz und Wirksamkeit dieser Strategie war, dass ein erfolgloses Machwerk der Vorkriegszeit, die berüchtigten *Protokolle der Weisen von Zion*, auf einmal populär wurde.[36] Vor dem Ersten Weltkrieg waren die *Protokolle*, angebliche Aufzeichnungen von Treffen boshafter jüdischer Anführer, die Zwietracht unter allen Ländern schüren wollten, um den Reichtum und die Macht der Juden zu mehren, außerhalb Russlands nahezu unbekannt gewesen. Unmittelbar nach der Oktoberrevolution brachten treue Anhänger des Zaren die *Protokolle* in den Westen; Übersetzungen in die meisten europäischen Sprachen fanden eine große, gläubige Leserschaft. Von der ersten deutschen Auflage wurden 1920 beispielsweise 120 000 Exemplare verkauft. 1921 setzte sich die Londoner *Times* ernsthaft mit den *Protokollen* auseinander und entlarvte sie als Schwindel – eine Mischung von Plagiaten aus zwei fiktionalen Werken der 1860er Jahre, Hermann Goedsches deutschem Roman *Biarritz* und Maurice Jolys französischer politischer Satire *Gespräche in der Unterwelt zwischen Machiavelli und Montesquieu.* Aber diese Enthüllungen beeindruckten die glühenden Anhänger der *Protokolle* nicht. Adolf Hitler erwähnte sie in *Mein Kampf* und sagte, »das Geschrei« und »Stöhnen« über die angebliche Fälschung sei »der beste Beweis dafür, daß sie also echt sind«.[37]

Das alles durchdringende Gefühl der Krise, das Deutschland nach dem Ersten Weltkrieg erfasste, hatte eine emotionale und eine materielle Dimension. Die emotionale Dimension hing mit dem Ausgang des Kriegs zusammen, den die Deutschen zutiefst ungerecht und demütigend fanden. Sie dachten, weil sie um einen Waffenstillstand gebeten, 1918 die Monarchie gestürzt und den Kaiser ins Exil geschickt hatten, würden sie mit den siegreichen Alliierten einen Verhandlungsfrieden schließen können, der auf Woodrow Wilsons Vierzehn Punkten basierte, die versprachen, dass es »keine Annexionen, keine Reparationen« geben würde. Stattdessen bekamen sie den Vertrag von Versailles, den die Alliierten ganz allein ausgearbeitet hatten und den Deutschen 1919 nach dem Motto »Friss oder stirb« präsentierten. Für die Deutschen war das ein Diktatfrieden. Deutschland verlor nicht nur zehn Prozent seines Territoriums und den größten Teil seiner Streitkräfte, sondern der Vertrag enthielt auch eine Klausel, die den Deutschen die Alleinschuld am Ausbruch des Kriegs gab und ihnen eine zunächst nicht genau bezifferte, schließlich aber schwindelerregende Geldstrafe in Form von Reparationszahlungen für Kriegsschäden in Frankreich und Belgien auferlegte.[38] Deutsche aller politischen Richtungen fühlten sich belogen und betrogen. Aber sie hatten ihre Streitkräfte bereits demobilisiert, als sie um den Waffenstillstand baten, deshalb blieb der Regierung nichts anderes übrig, als ein Dokument zu unterzeichnen, das das deutsche Volk nie als legitim ansah. Daraus entwickelte sich nach 1918 eine Art von Belagerungsmentalität unter den Deutschen, eine Haltung »wir gegen die grausame und ungerechte Welt«.

Die materielle Dimension der Nachkriegskrise in Deutschland war das Ergebnis der Herausforderungen, die Reparationen abzuleisten und zugleich zu versuchen, sie zu unterlaufen, den gewaltigen Schuldenberg abzutragen, den das Land bei der Kriegführung aufgehäuft hatte, den Übergang von der Kriegs- zur Friedenswirtschaft zu bewältigen und eine große Zahl von kriegsversehrten Veteranen und Witwen zu versorgen. Die Reparationszahlungen beliefen sich auf entweder 12,5 Milliarden Dollar (die Summe, die die Alliierten tatsächlich von den Deutschen erwarteten) oder 35 Milliarden Dollar (die Summe, die die Alliierten den Deutschen nominell auferlegten, um ihre heimischen Wähler zu beeindrucken), und die Zahlungsfrist reichte von 17 bis zu 36 Jahren. Die Summen, die jährlich aufzubringen waren, entsprachen rund fünf Prozent der durchschnittlichen jährlichen realen deutschen Wirtschaftsleistung zwischen 1918 und 1931 (elf Milliarden Dollar). Das klingt vielleicht nicht sonderlich belastend, aber die Schulden des Reichs, vor allem gegenüber den eigenen Staatsbürgern, die Kriegsanleihen gekauft hatten, beliefen sich am Ende des Ersten Weltkriegs auf weitere 41,5 Milliarden Dollar. Mit anderen Worten: Deutschlands Schuldenlast summierte sich in diesen 13 Jahren auf 38 Prozent der gesamten Wirtschaftsleistung. Wenn man die Rückzahlungsverpflichtungen und die laufenden Staatsausgaben addierte, überstieg das Ergebnis die Einnahmen: 1922 nahm das Reich weniger als ein Fünftel dessen ein, was es als Ausgaben veranschlagte. Die Regierung konnte sich kein Geld leihen (wer würde einem solchen Schuldner Geld geben?), vor Steuererhöhungen schreckte sie zurück (weil sie eine Revolution entfachen oder einem der vielen Putschversuche zum Erfolg verhelfen konnten), und sie konnte kein Geld aus Exporten erlösen, weil im Ausland Zölle deutsche Waren so verteuerten, dass sie keine Chance auf dem Markt hatten.

Die Regierung sah nur den einen Ausweg, immer mehr Geld zu drucken, und das Ergebnis war eine galoppierende Inflation. 1923 lag der Wechselkurs gegenüber der amerikanischen Währung bei

4,2 Billionen Reichsmark für einen Dollar. Damit war die deutsche Währung wertlos, und das Land stand am Abgrund. In jenem Jahr rebellierten Linke in Hamburg, Hitlers Nationalsozialisten inszenierten den erfolglosen Bürgerbräu-Putsch in München, die Litauer marschierten in Ostpreußen ein und annektierten die Stadt Memel, und die Franzosen besetzten das industrielle Herzstück Deutschlands, das Ruhrgebiet, um Deutschland zu zwingen, weiterhin Reparationszahlungen zu leisten, und sich unterdessen ihren Anteil direkt zu nehmen. Ein Ausdruck der Spannungen in Berlin waren Unruhen im Scheunenviertel Anfang November, ein antijüdisches Pogrom im Kleinen gegen jüdische Einwanderer aus Osteuropa, die in der Hauptstadt Geschäfte eröffnet hatten.[39]

Die Weimarer Republik, die demokratische Regierung, die das Kaiserreich ablöste, überlebte diese Krise dank einer kurzen Militärdiktatur und des Zuflusses von Milliarden Dollar in Form von Krediten aus den Vereinigten Staaten, die durch die fatal hohen Zinsen angelockt wurden. Aber sowohl vor als auch nach 1923 war das Land tief gespalten in der Frage, wer die Schuld an seinem Elend trug. Auf der einen Seite standen die Linken und die Anhänger der Republik, die sagten, alles sei die Schuld des alten Regimes, es habe das Land 1914 in den Krieg gestürzt und dann schlecht regiert und in die Niederlage geführt. Auf der anderen Seite standen die Rechte und die Anhänger der alten Monarchie, viele davon weiterhin tätig im Justizwesen, im Staatsdienst und im Militär, die erklärten, die Wurzel allen Übels sei eine angebliche finstere Verschwörung von Marxisten und Juden, die die Kriegsanstrengungen untergraben, 1918 den Kaiser gestürzt und eine unfähige parlamentarische Regierung installiert hätten. Die meiste Zeit der Weimarer Republik waren die beiden Gruppen einigermaßen gleich stark, aber auch intern sehr gespalten. Bei der Linken bekämpften sich Kommunisten und Sozialisten, und bei der Rechten rivalisierten Nationalisten alten Schlags mit anderen Gruppen, einschließlich der aufstrebenden Nationalsozialistischen Deutschen Arbeiterpartei (NSDAP). In dieser Situation konnte es keine stabile, effiziente Führung geben. In den gerade einmal 14 Jahren, die die Weimarer Republik Bestand hatte, kamen und gingen 22 Regierungen, die ständigen Auseinandersetzungen und die Instabilität machten die Demokratie unbeliebt.

Adolf Hitler war letztlich der Nutznießer dieser Pattsituation, in der sich alle gegenseitig die Schuld zuschoben, auch wenn er mit seinem ersten Griff nach der Macht 1923 noch scheiterte. Was versprach er den Deutschen, und wie und warum hatte er Erfolg? Der Kern von Hitlers Botschaft war eine schmeichelnde Erklärung, woran die Deutschen litten und warum sie Besseres verdient hatten. Schmeichelnd war sie, weil der zentrale Punkt lautete, die Deutschen hätten ihre Schwierigkeiten nicht selbst verursacht, indem sie einer kaiserlichen Regierung nachliefen, die sich einen Fehler nach dem anderen erlaubte, und einen Krieg führten, den sie nicht gewinnen konnten. Nein, die Deutschen hatten die Katastrophen nicht *herbeigeführt*, sondern sie waren ihnen *zugefügt* worden. Und wer waren die Schuldigen? Allen voran die doppelzüngigen Alliierten, die Marxisten mit ihren Wahnvorstellungen und die Juden, die es nur darauf abgesehen hatten, Deutschland zu schwächen. Der Kern von Hitlers Narrativ war die Behauptung, Deutschland sei ein Opfer und deshalb befugt, mit allen erforderlichen Mitteln zurückzuschlagen. Mit anderen Worten: »Sie haben uns Böses angetan, und wir zahlen es ihnen zurück.« Hitler glaubte zutiefst und unerschütterlich an dieses Narrativ, weil es seiner verwundeten Psyche nach 1918 denselben Dienst erwies wie dem Volk, das sich von der Botschaft angezogen fühlte. Es erklärte das ungerechte Schicksal des Landes, sprach ihn und seine Landsleute von jeder Verantwortung frei, benannte die Verantwortlichen und forderte die Deutschen auf, sich zu wehren. Der Psychiater James Gilligan argumentiert, dass Gewalt immer aus dem Versuch resultiert, Scham durch Selbstachtung zu ersetzen. Unabhängig davon, ob diese Bemerkung generell gültig ist, erfasst sie brillant, was hinter der Gewalt von Hitlers ideologischem Feldzug gegen Juden, Kommunisten und Ausländer steckte. Aus der Scham angesichts der Niederlage von 1918 erwuchs eine wütende Entschlossenheit, die angeblichen Verursacher der Niederlage zu bestrafen, um die Schmach zu tilgen und den Nationalstolz wiederherzustellen.

Die zentralen Begriffe dieser Erzählung lauteten »Dolchstoß« und

»Novemberverbrecher«. Der erste Begriff beinhaltete, nicht die deutsche Armee habe den Krieg verloren, sondern zu Hause sei ihr eine verbrecherische Koalition von Juden und Linken in den Rücken gefallen. Der zweite Begriff brandmarkte die Menschen, die im November 1918 die Monarchie gestürzt hatten, als Verräter. Beide Behauptungen lenkten die Aufmerksamkeit davon ab, welche Rolle das deutsche Militär und das deutsche Volk bei der Niederlage und der Revolution gespielt hatten. Schließlich hatte der Generalstab im Herbst 1918 um den Waffenstillstand gebeten, weil er darin die einzige Möglichkeit sah, zu verhindern, dass die im Rückzug begriffene deutsche Armee vollkommen auseinanderbrach, und viele kriegsmüde Deutsche hatten den Sturz des Kaisers begrüßt. Aber die Nationalsozialisten erklärten diese Tatsachen weg, indem sie sie als Erfindungen der Kräfte hinstellten, die sich angeblich verschworen hatten, um die Kriegsanstrengungen zu untergraben und das alte Regime zu stürzen. Beide Begriffe nahmen eine Schlüsselstellung in den Behauptungen Hitlers und der Nationalsozialisten ein, der Antisemitismus sei eine defensive Haltung, nicht eine offensive. Das ist ein zentrales Thema in der Geschichte des Holocaust. Das Argument, die Verfolgung sei ein Akt der Selbstverteidigung, spielte eine so entscheidende Rolle als Rechtfertigung für das, was die Nationalsozialisten tun wollten, dass es in immer neuen Formen auftauchte: Sie bedrohen uns, deshalb müssen wir kämpfen, um uns zu schützen.

Hitler kleidete seine Botschaft in eine Synthese aus Pseudoreligion und Pseudowissenschaft ein, die man passenderweise als »Theozoologie«[40] bezeichnen kann: Auf der einen Seite gerierte er sich als Evangelist des Volkes, als derjenige, der eine nationale Wiederauferstehung anführte, indem er dem deutschen Volk ein Gefühl seiner Macht gab, wie es die Naziparole »Deutschland erwache« verhieß. Hitler präsentierte sich als der Mann, den die Vorsehung ausgewählt hatte und der aus bescheidenen Verhältnissen aufgestiegen war, um die Deutschen von ihren Nöten, ja von Spaltung, Zwietracht und inneren Konflikten insgesamt zu befreien. »Seine Reden«, so stellte ein früher Biograf fest, »beginnen immer mit tiefem Pessimismus und enden in überglücklicher Erlösung, in einem triumphierenden freudigen Schluss.«[41] Auf der anderen Seite behauptete er, Rasseneugeniker zu sein, hart genug, um das deutsche Volk von unvollkommenen und degenerierten Elementen zu säubern und seine Reinheit und Stärke durch Zuchtwahl zu maximieren. Gemeinsam versprachen Evangelisation und Eugenik, ein verjüngtes, geeintes und gesundes Volk zu schaffen, das sein Schicksal in die eigene Hand nehmen würde. Und diese Aussicht fand großen Widerhall in dem geschlagenen, wirtschaftlich erschütterten und politisch polarisierten Land, das sich von den Forderungen der Siegermächte erdrückt fühlte.

Hitler gründete seinen Anspruch, all das erreichen zu können, auf die Behauptung, er allein habe die fundamentalen Gesetze und Prozesse begriffen, die die Geschichte lenken. Welche Gesetze und Prozesse waren das? Im Grunde liefen sie auf eine Art von verunstaltetem Marxismus hinaus, bei dem die »Rasse« an die Stelle der Klasse trat. Karl Marx lehrte, in der Geschichte gehe es stets um den Kampf der Klassen um die Kontrolle der Produktionsmittel und die Verteilung des Wohlstands zugunsten der siegreichen Klasse, ein Prozess, den er als dialektischen Materialismus bezeichnete. Hitler lehrte, die Geschichte sei immer ein Kampf der »Rassen« um die Kontrolle über Raum und Boden, um Nahrung und Wohlstand zu erzeugen, die für die weitere Expansion nötig waren. 1949 beschrieb der erste Bundespräsident der Nachkriegszeit, Theodor Heuss, diese Doktrin treffend als »biologischen Materialismus«,[42] weil sie so perfekt Parallelen zum marxistischen Klassenkampf herstellte. Kurz gesagt: Der Nazismus ist eine Ideologie der Nahrung und Zucht oder »Rasse« und des Raums, die behauptet, dass es einen permanenten tödlichen Kampf zwischen ethnischen Gruppen gebe. Hitler sagte, dieser ständige Kampf sei »das Gesetz der Natur«, aber man sollte besser vom »Gesetz des Dschungels« sprechen.

Weil der Kampf permanent sei, lebten die Deutschen Hitler zufolge in einem dauernden Ausnahmezustand. Obwohl sie aufgrund der kulturellen Überlegenheit, die sie seiner Ansicht nach besaßen, den Sieg im Kampf verdient hatten, war es ihnen nicht automatisch bestimmt, zu triumphieren, so wie Marx gesagt hatte, dass das Proletariat triumphieren würde, oder wie Christus den Christen in der

Bergpredigt versprochen hatte, dass die Sanftmütigen die Erde erben würden. Nur Fruchtbarkeit, militärische Stärke und »rassische Reinheit« garantierten Erfolg. Aufgabe des Staates sei es, diese zu fördern, und alles, was dagegen arbeite, zu zerstören. Moral werde nicht durch Prinzipien oder Gebote definiert, sondern stehe im Dienst dieser Ziele. Was in ihrem Sinn wirke, sei gut und lobenswert, was sie behindere, böse und verräterisch. Mit anderen Worten: Der Nationalsozialismus verband eine auf Deutschland sich gründende Arroganz mit der Angst um dessen Zukunft, und diese Kombination fand ihren Ausdruck in praktisch grenzenloser Aggressivität.

Mit diesen Voraussetzungen war die nationalsozialistische Ideologie durch und durch egozentrisch. Offen und wiederholt verkündete Hitler: »Wir kennen nur ein Volk, für das wir streiten, und das ist das unsere. Mögen wir unhuman sein! Aber wenn wir Deutschland retten, haben wir die größte Tat in der Welt vollbracht. Vielleicht begehen wir Unrecht! Aber wenn wir Deutschland retten, haben wir die größte Tat der Welt vollbracht. Mögen wir Unrecht tun! Aber wenn wir Deutschland retten, haben wir das größte Unrecht wieder beseitigt. Mögen wir unsittlich sein! Aber wenn unser Volk gerettet wird, haben wir der Sittlichkeit wieder Bahn gebrochen.«[43] Dieser absolute ethische Solipsismus ist ein wenn nicht vielleicht *der* zentrale Glaubenssatz des Nationalsozialismus. Für mich war es immer rätselhaft, dass die Philosophin Hannah Arendt, die selbst aus dem nationalsozialistischen Deutschland geflohen war, glaubte, sie habe als Besonderheit von Adolf Eichmann, dem Inbegriff des nationalsozialistischen »Schreibtischtäters«, seine angebliche »Gedankenlosigkeit«[44] entdeckt, die sie als Unfähigkeit definierte, die Welt mit den Augen anderer zu sehen. Seine angebliche Unfähigkeit war in Wirklichkeit eine Weigerung, und es war nicht ein besonderes Merkmal des Mannes, der wie ein Automat seine Pflicht erfüllte, wie Arendt ihn sah, sondern vielmehr der gezielt kultivierte Zug eines glühenden Anhängers des Nationalsozialismus. Sich zu Hitlers Ideologie zu bekennen bedeutete, zu sagen, dass nur die Ansichten und nur das Schicksal der Deutschen zählten. Es gehörte zur nationalsozialistischen Identität, zu schwören, dass man sich niemals in Nichtdeutsche hineinversetzen werde.

In diesem Gedankensystem war der größte Feind der Deutschen *der Jude* oder *das Judentum*, in der Regel im Singular gebraucht, um jegliche Unterschiede zwischen Juden zu bestreiten und ihre Homogenität zu behaupten. Dieses Volk war angeblich wie kein anderes, weil es kein eigenes Land besaß, sondern parasitär in anderen Gesellschaften lebte. Und wie ein Parasit saugte »der Jude« vermeintlich die Stärke seines Wirts aus. Juden, so sagte Hitler, haben nur eines im Sinn: Die Fruchtbarkeit, die militärische Stärke und die Reinheit der Deutschen auszuhöhlen, um sie so zu schwächen, dass sie die Juden nicht abschütteln und davonjagen können. Deshalb steckten die Juden hinter Prostitution und Geschlechtskrankheiten, hinter trügerischen Begriffen wie Völkerrecht und Menschenrechte und hinter weichherzigen Ideen über die Gleichheit und Brüderlichkeit von Völkern. Wie Nietzsche lehrte Hitler, die Juden hätten die entkräftende Sprache von Moral, Ethik, Mitleid und Empathie in die Welt gebracht. Ihre Vorstellung von Gewissen sei, so formulierte er mit sorgfältiger Wortwahl, »wie die Beschneidung eine Verstümmelung des menschlichen Wesens«[45] – eine unnatürliche Veränderung des Zustands, in dem die Menschen geschaffen wurden.

Logischerweise musste »der Jude« in Schach gehalten und letztlich aus der deutschen Sphäre »entfernt« werden, damit Deutschland in seinem Kampf um »Lebensraum« und Überleben erfolgreich sein konnte. In *Mein Kampf* versprach Hitler deshalb, die Emanzipation der Juden rückgängig zu machen und sie in ihre eigene Welt zurückzutreiben oder ins Ausland, indem er sie erst aus dem politischen Leben in Deutschland, dann aus dem kulturellen und schließlich aus dem wirtschaftlichen Leben verbannen wollte. Vor 1933 orientierten sich die meisten öffentlichen Äußerungen der nationalsozialistischen Partei und der Großteil der privaten Planungsdokumente an dieser dreistufigen Abfolge. Beispielsweise heißt es in Punkt 4 des Parteiprogramms von 1920, des 25-Punkte-Programms, Juden und ihren Nachkommen solle die Staatsbürgerschaft verwehrt bleiben; Punkt 5 forderte, dass für Juden die »Fremden-Gesetzgebung« zu gelten habe, Punkt 6 wollte sie von öffentlichen Ämtern ausschließen, Punkt 7 die weitere Einwanderung von Juden stoppen und all jene ausweisen, die seit Beginn des Ersten Weltkriegs ins Land gekommen waren, und Punkt 23 verbot Juden den Besitz von Zeitungen.[46] All das waren politische und kulturelle Einschränkungen. Die Programme, die die Abteilungen für Recht und Inneres im Hauptquartier in München 1931 formulierten, enthielten diese Punkte und dazu die Forderung, alle Juden aus dem Staatsdienst zu entfernen und Heiraten zwischen Juden und Nichtjuden zu verbieten. Im Juni 1932 hielt Hermann Göring eine Rede, in der er diese Schritte skizzierte und den Ausschluss der Juden aus allen leitenden Stellungen in Presse, Theater, Film, an Universitäten und Schulen ankündigte, lauter kulturellen Institutionen. Aber er sagte auch, dass in einem zukünftigen nationalsozialistischen Staat jeder jüdische Kaufmann, der als Fremder im Land bleiben wolle, »unter dem Schutz des Gesetzes ... wird ungestört seinen Geschäften obliegen können«.[47] Vor 1933 war das Ziel der Partei die Separation von Juden und Nichtjuden, die Einschränkung der Möglichkeiten, wie Juden Einfluss auf Nichtjuden nehmen konnten, die Vertreibung eingewanderter und eingebürgerter Juden und der Wunsch, den verbliebenen Juden das Leben so schwer zu machen, dass sie schließlich gehen würden.

Zwar sprachen sich die nationalsozialistischen Parteiführer nicht offen für Mord aus, geschweige denn für Massenmord, aber sie drohten den Juden vielfach mit Gewalt und organisierten lokale Übergriffe auf Juden wie 1932 die blutigen Krawalle auf dem Kurfürstendamm, Berlins eleganter Flaniermeile. Und die Sturmtruppen (SA) skandierten beim Marschieren die Worte »wenn's Judenblut vom Messer spritzt«. Zudem war der nationalsozialistische Antisemitismus wegen der Metaphern, die er verwendete, immer implizit mörderisch: Juden waren »Läuse der zivilisierten Menschheit«, Parasiten, Keime und Krebsgeschwüre und Überträger von »Rassetuberkulose«. All das musste man umbringen oder wegschneiden, und Hitler bezeichnete sich selbst mehr als einmal als den Robert Koch der Politik,[48] eine Anspielung auf den berühmten Mikrobiologen, der die Erreger von Milzbrand sowie von Tuberkulose entdeckt und damit beide Krankheiten weitgehend eingedämmt hatte. Vor allem aber zählte für Hitler das Ziel viel mehr als spezifische Mittel; das Ziel stand fest, die

Mittel waren veränderlich. Das Zentrum der nationalsozialistischen Vision bildete der unerschütterliche Traum einer judenfreien Umwelt, denn das war eine Vorbedingung für Deutschlands Stärke und Glück. Das ist äußerst wichtig, weil, wie wir sehen werden, die Verbindung der Beschwörung dieses Traums mit seiner Enttäuschung durch den Gang der Ereignisse die Nationalsozialisten dazu brachte, immer noch radikalere Mittel zu ersinnen, um Hitlers Ziel zu verfolgen.

Alles in allem war die nationalsozialistische Ideologie ein Hexengebräu aus Selbstmitleid, Anmaßung und Aggression. Es war auch eine Form des magischen Denkens, das versprach, alles Leiden der Deutschen in der Nachkriegszeit, Ergebnis von Niederlage und Täuschung, zu beenden, indem man seine mutmaßlich letzte Ursache beseitigte, die Juden und ihre Agenten.

Die zentrale Bedeutung des sogenannten Judenproblems war für Hitler sehr viel wichtiger und offensichtlicher als für den durchschnittlichen deutschen Wähler. Wir haben keinen Grund, anzunehmen, dass der antisemitische Kern dieser Ideologie Hitler an die Macht brachte. Dieser Punkt zog viele überzeugte Parteimitglieder an, aber nicht die Masse der Wähler, die der NSDAP ihre Stimme gaben. Hitler war ein Produkt der Krise und des richtigen Zeitpunkts, und die Deutschen neigten ihm offenbar aus Verzweiflung und aus dem Gefühl heraus zu, dass nur die Nationalsozialisten ausreichend energisch und organisiert waren, um das Elend des Volkes zu lindern. 1928, vor der Weltwirtschaftskrise, errang die NSDAP bei den Reichstagswahlen nur 2,6 Prozent der Stimmen, weniger als die Hälfte des Anteils, den sie vier Jahre zuvor im ersten von zwei Wahlgängen erreicht hatte. Der Antisemitismus allein entfaltete wie zuvor eindeutig wenig politische Anziehungskraft. Wie immer bekam er die Unterstützung der Masse nur in Verbindung mit einer Krise, die die Antisemiten ausbeuten konnten.

Nach 1930, als sich Deutschlands wirtschaftliche Probleme zugespitzt hatten und der Stimmenanteil der Nationalsozialisten auf über 18 Prozent in die Höhe geschnellt war, spielten Hitler und die NSDAP den Antisemitismus als Wahlkampfthema stets herunter.

Sie wussten, dass er ihnen bereits so viele Anhänger gebracht hatte, wie er bringen konnte.[49] Stattdessen konzentrierten sich die Nationalsozialisten darauf, »das System« anzugreifen, wie sie es nannten. Damit meinten sie die parlamentarische Demokratie und die freie Marktwirtschaft, beides wollten sie durch stärker autoritäre politische und wirtschaftliche Regelungen ersetzen. Ihr Programm fasste Gregor Strasser, Anfang der 1930er Jahre der Organisationsleiter der Partei, knapp in der Formel zusammen, Nationalsozialismus sei »das Gegenteil von dem, was heute ist«.[50] In den Landesparlamenten, im Reichstag und in den Stadträten legten sie es darauf an, für Aufruhr zu sorgen, die demokratische Regierung funktionsunfähig zu machen und so zu »beweisen«, dass sie nicht in der Lage war, die Bedürfnisse der Deutschen zu befriedigen. In einem fundamentalen Sinn machte diese massiv einseitige Partei Politik gegen die Politik mit ihren schmutzigen Kompromissen, ihren Meinungsverschiedenheiten und Unvollkommenheiten und versprach, all das durch Ordnung und Strenge zu ersetzen. Gleichzeitig sicherte der Nationalsozialismus den Deutschen radikalen Wandel und die Rückkehr zu alten Gewissheiten zu, und in der Atmosphäre von Furcht, die die Wirtschaftskrise verbreitete, kam diese Mischung bei vielen Menschen gut an. Kurz gesagt, die Unzufriedenheit mit der politischen und wirtschaftlichen Lage, gepaart mit Angst vor den Kommunisten, deren Stimmenanteile ebenfalls größer wurden, trug eindeutig mehr zu Hitlers Aufstieg bei als der Judenhass.

Doch wie vor 1918 besaß der Antisemitismus weiterhin gesellschaftliche Zugkraft. In den 1920er Jahren eskalierten verschiedene Formen der Diskriminierung, darunter auch physische Angriffe auf deutsche Juden. In diesen Entwicklungen setzte sich teilweise die frühere Gegenreaktion auf die Emanzipation fort, nachdem die Weimarer Republik die letzten beruflichen Einschränkungen für Juden aufgehoben hatte. Viele Juden wurden in den 1920er Jahren Professoren, Richter und Beamte, einige wenige sogar Offiziere und Diplomaten. Ironischerweise schienen die Juden in der öffentlichen Wahrnehmung immer mehr Raum einzunehmen, obwohl ihre Geburtenrate sank und immer mehr Mischehen geschlossen wurden. Um die rund

100 000 Juden aus Osteuropa, die es zwischen 1916 und 1920 nach Deutschland schafften, als die Grenzen schlecht geschützt wurden, rankten sich paranoide Ängste vor »Überfremdung«, vor allem weil sie sich in Berlin konzentrierten; und dass Juden in den Künsten eine große Rolle spielten, diente als Vorwand, ihnen die Schuld für die angebliche »Verderbtheit« der deutschen Kultur während der Goldenen Zwanziger zu geben. Deutschlands Moralisten delektierten sich daran, dass der führende Vertreter der Sexualforschung und Sexualerziehung sowie der Rechte von Homosexuellen, Magnus Hirschfeld, Jude war, genau wie Deutschlands größter Fabrikant von Kondomen, Julius Fromm, ein Einwanderer aus Polen, der seinen ursprünglichen Vornamen Israel zu Julius geändert hatte.[51] In einer Zeit, als die Juden tatsächlich im deutschen Alltag immer weniger präsent waren – ob gemessen an ihrer Gesamtzahl, ihrem Bevölkerungsanteil, ihren Anteilen in verschiedenen Berufen und unter den Universitätsstudenten oder an ihrer Häufigkeit unter sehr Reichen und in den Vorstandsetagen von Unternehmen –, blieben sie nach wie vor Gegenstand einer anhaltenden Obsession vieler Deutscher, die mit der Lage der Nation unzufrieden waren.

Diese Obsession erleichterte den Aufschwung der NSDAP bei den Wahlen 1930 bis 1932, trieb ihn aber nicht an. Die wahre Triebkraft hinter Hitlers Aufstieg war der verbreitete und zunehmend verzweifelte Wunsch der Deutschen, von der Wirtschaftskrise und ihren beunruhigenden Folgen erlöst zu werden. Die katastrophale wirtschaftliche Lage machte die Menschen empfänglich für die nationalsozialistische Ideologie und den Antisemitismus hoffähig. Den Hintergrund von Hitlers Aufstieg zwischen 1928 und 1932 bildeten eine hohe Arbeitslosigkeit, die über ein Drittel der Erwerbspersonen betraf, ein Einbruch der Industrieproduktion um 42 Prozent, der Absturz des Aktienmarkts um 60 Prozent, ein Rückgang der Preise für landwirtschaftliche Erzeugnisse um 38 Prozent, ein Verlust von 41 Prozent des Volkseinkommens und Lohneinbußen von 15 Prozent für all jene, die noch Arbeit hatten.[52] Das parlamentarische System schien unfähig zu sein, eine Politik zu betreiben, die die Krise bremste. Tatsächlich steckte das Parlament nach 1930 in einer Pattsituation, es gelang nicht, eine Koalition zu bilden, die die Mehrheit der Parlamentssitze hinter sich vereinte. Deshalb übte der Reichspräsident seine Macht nach Artikel 48 der Verfassung aus und ernannte per Dekret den Reichskanzler und sein Kabinett. Die Regierungen, die Reichspräsident Paul von Hindenburg berief, verfolgten zuerst eine Politik der Deflation, das heißt, sie kürzten die Staatsausgaben – heute sprechen wir von Austerität –, und das verschlimmerte die Krise weiter. 1932 gingen die Kabinette, die dem von Heinrich Brüning folgten, zu einer Form der angebotsorientierten Wirtschaftspolitik über und senkten die Unternehmenssteuern, was jedoch nur geringe positive Wirkungen zeitigte.

Aber warum waren gerade die Nationalsozialisten die Hauptnutznießer der Krise? Warum konnten allem Anschein nach nur sie Kapital daraus schlagen? Tatsächlich waren sie nicht allein, auch die Kommunisten gewannen während des Todeskampfs der Weimarer Republik an Stärke, allerdings nicht annähernd so viel wie die Nationalsozialisten. Aber das spielte den Nationalsozialisten in die Hände, es schien zu bestätigen, was sie permanent wiederholten: Deutschland stand vor der Wahl »wir oder sie«, die Braunen oder die Roten, dazwischen gab es nichts. Wenn die Optionen des Landes darauf reduziert wurden, mussten die Nationalsozialisten profitieren. Deshalb versuchten sie, Straßenkämpfe mit linken Kräften zu entfachen; jede solche Auseinandersetzung stützte die Behauptung der Nationalsozialisten, das Land stehe am Rand des Bürgerkriegs und deshalb müssten sich die Bürger zwischen Hitler und den Kommunisten (zwischen Nazis und Kozis) entscheiden.

Hinzu kam noch, dass die konkurrierenden politischen Parteien allesamt ausgelaugt zu sein schienen und nicht willens, sich um Anhänger jenseits ihrer natürlichen Basis zu bemühen. Für die Sozialdemokraten waren das die gewerkschaftlich organisierten Arbeiter, für die Zentrumspartei die Katholiken, für die Deutsche Volkspartei die Wirtschaftsführer, für die Demokraten die gebildeten Freiberufler, für die Nationalisten in erster Linie die Adligen und Bauern und für die Kommunisten die ungelernten und überwiegend nicht gewerkschaftlich organisierten Arbeiter. Keine dieser Parteien hatte eine einfallsreiche, kreative Antwort auf die Wirtschaftskrise, die mehr beinhaltete, als sie auszusitzen oder, das galt für die Kommunisten, alles zu verstaatlichen. Selbst die Sozialdemokraten stimmten im Sommer 1932 gegen den sogenannten WTB-Plan, benannt nach den Initialen seiner drei Hauptvertreter, der ein umfangreiches staatliches Ausgabenprogramm vorsah, die einzige Chance, die Wirtschaft vielleicht wieder in Gang zu bringen. Die Nationalsozialisten hatten wirklich Glück mit ihren Gegnern.

Die Art und Weise ihrer Wahlkampfführung – unermüdlich und energisch – nutzte den Kontrast zwischen diesen Gruppen und Hitlers Partei.[53] Der Nationalsozialismus bezeichnete sich selbst als Bewegung, und tatsächlich war er eine Art politisches Perpetuum mobile, das niemals stillstand. Die Nationalsozialisten kämpften nicht nur vor Wahlen, sondern permanent. In der kleinen Stadt Northeim[54] im nördlichen Mitteldeutschland, deren 10 000 Einwohner nicht viele Unterhaltungsmöglichkeiten hatten, hielt die NSDAP zwischen 1930 und 1933 durchschnittlich drei Versammlungen pro Monat ab.[55] Diese Treffen hatten das Format und die Wirkung religiöser Erweckungsversammlungen, mit reichlich Militärmusik, geschulten Rednern, die eigens in die Stadt gebracht wurden, und viel Pomp. Oft waren die Redner ehemalige Kriegshelden, in protestantischen Gebieten gerne auch lutherische Pastoren, die gegen »die gottlose Linke« wetterten. Immer wurde die Jugendlichkeit der Partei betont, ihr überdurchschnittlicher Erfolg bei den Jungen – über 40 Prozent der NSDAP-Mitglieder vor 1933 waren dreißig Jahre alt oder jünger[56] –, sollte belegen, dass der Nationalsozialismus Deutschlands Zukunft darstellte. Außerdem führte die Partei ihre Wahlkämpfe nicht nur mit Versammlungen, Aufmärschen und Straßenkämpfen. Die Parteimitglieder in ihren braunen Hemden waren ständig sichtbar, wenn sie Geld für die Armen sammelten oder Suppenküchen für die Arbeitslosen eröffneten. Damit vermittelten sie den Eindruck, dass sie den Willen – ein sehr wichtiges Wort in der Geschichte des Nationalsozialismus – hatten, die Dinge in Ordnung zu bringen. All das entfaltete große politische Wirkung an Orten wie Northeim, das zu einer Bastion der Nationalsozialisten wurde. Lange bevor Adolf Hitler Mitte 1932 erstmals die Stadt besuchte, stimmten fast zwei Drittel ihrer Einwohner für die NSDAP.

Damit hing eine Besonderheit der nationalsozialistischen Wahlkampfführung zusammen: Die Parteipropaganda war sorgfältig auf unterschiedliche Adressaten zugeschnitten. In Arbeiterbezirken trat die Partei populistisch auf, attackierte den Egoismus von Adligen und Großunternehmern und präsentierte sich als die Fürsprecherin der kleinen Leute. In traditionellen Regionen wie Northeim schimpfte die Partei über die Gewerkschaften, machte sich für Familienwerte stark und betonte ihren Patriotismus. Der Nationalsozialismus bot, mit anderen Worten, nicht allen Menschen alles, sondern passte sich geschickt der jeweiligen Umgebung an.

Der Kontrast zwischen der Lethargie und Erstarrung der alten Parteien und der Dynamik und Jugendlichkeit der Nationalsozialisten ebnete ihnen den Weg, den Deutschen etwas Besonderes und Anziehendes anzubieten: Einigkeit. Als einzige Partei konnte die NSDAP behaupten, Anhänger in allen gesellschaftlichen Klassen und allen Gruppen (mit Ausnahme der Juden) zu haben.[57] Obwohl Protestanten eher als Katholiken in die NSDAP eintraten, Einwohner von Dörfern und Kleinstädten eher als Bewohner größerer Städte, Menschen aus der Mittelschicht eher als Arbeiter, Männer eher als Frauen, waren doch in signifikanter Zahl Angehörige all dieser Gruppen unter den Parteimitgliedern zu finden. Allein die NSDAP konnte für sich in Anspruch nehmen, Deutsche aus allen Schichten in der »Volksgemeinschaft« zusammenzubringen. Einheit ist ein sehr verführerisches Wort, wenn die Menschen von der Politik erschöpft oder frustriert sind, und die Nationalsozialisten wirkten überzeugend mit ihrer Behauptung, sie würden alle Spaltungen überwinden, notfalls mit Gewalt.

Der Nationalsozialismus versprach, all das Gute aus der deutschen Tradition wiederherzustellen, aber gleichzeitig das Land auch zu revolutionieren. Am besten versteht man, wie das gehen sollte, wenn man sich anschaut, was die Partei den Frauen versicherte: Auf der einen Seite wollte sie »die Frauen von der Emanzipation emanzipieren«[58] – das heißt Haushalt und Kindererziehung wieder zu ihrem Hauptbetätigungsfeld machen. Auf der anderen Seite wurden alle möglichen paramilitärischen, sportlichen und produktiven Aktivitäten für Frauen geöffnet, die ihnen zuvor weitgehend verschlossen geblieben waren, und man sagte ihnen, sie könnten einen genauso wichtigen Beitrag zum Aufbau der Volksgemeinschaft leisten wie die Männer, nur in anderen Rollen.

Diese Umstände erklären, warum die Nationalsozialisten 1932 schließlich die stärkste politische Partei in Deutschland waren, aber sie allein reichten nicht aus, um Hitler die Mehrheit im Parlament zu bringen. Ende 1932 steckte die deutsche Politik in einer Sackgasse. Zwischen den Parlamentswahlen im Juli des Jahres und den nächsten Wahlen im November hatte Hitler zwei Millionen Stimmen verloren, vier Prozentpunkte seines Gesamtergebnisses. Seine Wahlerfolge schienen den Zenit überschritten zu haben, und die Partei befand sich in einer schweren finanziellen Krise, weil die Eintrittsgebühren bei Versammlungen stark gefallen waren und die Mitgliedsbeiträge entsprechend auch. Anfang Januar 1933 druckte die Satirezeitschrift *Simplicissimus* ein Gedicht, dessen erste Strophe mit der Zeile endete, »Dieses ›Führers‹ Zeit ist um«, und die eher nüchterne *Frankfurter Zeitung* gratulierte den Deutschen, den Angriff der Nationalsozialisten überstanden zu haben.[59] Die Wahlen hatten Hitler bis an die Schwelle zur Macht gebracht, aber nicht darüber. Dazu brauchte er die Hilfe einer elitären konservativen Gruppe um den ehemaligen Reichskanzler Franz von Papen. Die Verschwörer wollten ein Kabinett bilden, das sich auf Hitlers großen Stimmenanteil im Parlament stützen sollte, und darin mitarbeiten. Sie dachten, Hitler kontrollieren zu können, weil der NSDAP-Führer wenig formale Bildung besaß und nie ein halbwegs bedeutendes Amt innegehabt hatte. Nach Artikel 48 lag die Ernennung des Reichskanzlers bei Präsident von Hindenburg, und eine Clique von Aristokraten und Landbesitzern verschaffte sich im Januar 1933 bei ihm Gehör. Angeführt von Franz von Papen, überredeten sie den greisen Reichspräsidenten, Hitler das Amt des Reichskanzlers anzutragen.

Die Juden in Deutschland hatten praktisch keinen Einfluss auf den Gang der Ereignisse. Sie waren alles andere als die vermeintlich allmächtigen Drahtzieher aus Hitlers überreizter Vorstellungskraft, viel zu wenige, zu isoliert und mit viel zu geringen Ressourcen ausgestattet, um Einfluss auszuüben. Ihr Schicksal hing von einer deutschen Bevölkerung ab, deren Minderheit den Juden gegenüber feindselig eingestellt war und deren Mehrheit ihnen gleichgültig oder verständnislos gegenüberstand.

Gleichgültigkeit und Verständnislosigkeit waren die beiden wichtigsten Folgen eines jahrzehntelangen verbalen Antisemitismus und von anderthalb Jahrzehnten deutscher Krise. Beides reduzierte die Zahl der entschiedenen Anti-Antisemiten, derjenigen, die bereit waren, Juden zu verteidigen, oder die fanden, dass die gegen die Juden gerichteten Drohungen der Nationalsozialisten sie als politische Verantwortungsträger unmöglich machten. Der Antisemitismus der Nationalsozialisten leistete zwar keinen großen Beitrag zu ihrem Sieg, aber er stand ihm auch nicht im Weg. Selbst verständnisvolle Nichtjuden waren geneigt, die Bedrohung durch die Nationalsozialisten zu unterschätzen nach dem Motto: »Nichts wird so heiß gegessen, wie es gekocht wird.«

Als Hitler an die Macht kam, hatten immer noch etwa 55 Prozent der Deutschen nie für ihn oder die Nationalsozialisten gestimmt. Eine Mehrheit war ihren traditionellen politischen Bindungen treu geblieben: die Katholiken der Zentrumspartei, die meisten Arbeiter den Sozialisten und den Kommunisten. Vor diesem Hintergrund hat William Sheridan Allen die Beobachtung formuliert, dass mehr Deutsche »zum Antisemitismus [kamen], weil sie sich vom Nationalsozialismus angezogen fühlten, nicht umgekehrt«.[60] Wahrscheinlich hat er damit recht. Diese Feststellung erinnert daran, dass der Schlüssel zum Verständnis dessen, was nach 1933 in Deutschland geschah, weniger in den Ereignissen und Einstellungen vor diesem Wendepunkt liegt, sondern in denen, die darauf folgten. Die Antwort auf die Frage »Warum die Deutschen?« lautet: »Weil Hitler an die Macht kam«, aber diese Antwort greift zu kurz.

## KAPITEL 3

# Eskalation:
# Warum Mord?

HITLER UND DIE NSDAP kamen mit eindeutig erklärten Absichten an die Macht: Sie wollten den deutschen Juden die Staatsbürgerschaft entziehen und das Recht, Ämter zu bekleiden, sie aus dem Staatsdienst, dem Journalismus, dem Bildungswesen und den Künsten entfernen und Heiraten zwischen Juden und Nichtjuden verbieten. Die neuen Herren des Volkes erwarteten, dass diese Maßnahmen nicht nur den Einfluss der Juden auf die übrige Bevölkerung, sondern auch ihre Zahl reduzieren würden. Letzteres plante das Regime dadurch zu beschleunigen, dass es die Zuwanderung von Juden unterband und alle seit dem Ausbruch des Ersten Weltkriegs eingewanderten Juden aus dem Land vertrieb. Kurzum, die Nationalsozialisten machten sich daran, Deutschlands Juden zu erniedrigen, auszugrenzen und ihre Zahl zu verringern, aber noch begannen sie nicht, sie umzubringen, geschweige denn alle Juden Europas. Obwohl die nationalsozialistische Rhetorik regelmäßig implizit mörderische Metaphern gebrauchte, etwa die Juden als Pest bezeichnete oder mit Krankheiten gleichsetzte, die es auszumerzen galt, konzentrierte sich die offizielle Politik anfangs auf Schikane, Einschüchterung, Isolierung und Enteignung, schreckte aber vor organisierter physischer Gewalt in großem Stil zurück. Die einzelnen Juden, die in den ersten Monaten der nationalsozialistischen Diktatur gewalttätige Übergriffe erlebten, waren Amtsträger oder Politiker, Führungskräfte von Firmen, die aus unterschiedlichen Gründen die Aufmerksamkeit der NSDAP erregt hatten, oder Menschen, die es wagten, sich dem Handeln der Nationalsozialisten in den Weg zu stellen. Zu den Übergriffen gehörten noch nicht die Zerstörung von Eigentum in großem Umfang und Razzien gegen Juden und schon gar nicht Massenmord. Warum nicht? Und warum eskalierte die Situation später?

Die Beantwortung dieser Fragen hängt stark davon ab, ob die Phasen Januar 1933 bis November 1938 und Januar 1933 bis Juni/Oktober 1941 als lange oder kurze Zeiträume wahrgenommen werden. Erfolgten die Angriffe auf Juden und die Festnahmen von Juden am Ende der ersten Phase, der Zeit von Hitlers Ernennung zum Reichskanzler bis zum Novemberpogrom, »schon« oder »erst« nach fünfeinhalb Jahren? Und begann der Massenmord an den Juden am Ende der zweiten Phase, der Zeit von Hitlers Ernennung bis Juni/Oktober 1941, »schon« oder »erst« nach achteinhalb Jahren? Die Antwort »schon« impliziert, dass die nationalsozialistischen Führer schnell voranschritten und aller Wahrscheinlichkeit nach schon bald wussten, was sie vorhatten. Die Antwort »erst« legt nahe, dass das Regime schrittweise vorging und auf dem Weg seine Ziele hätte ändern können. Wie auch immer die Antwort ausfällt, zu jedem der beiden Wendepunkte 1938 und 1941 stellt sich eine wichtige Frage, die ein guter Historiker oder eine Historikerin zu jedem bedeutsamen Ereignis, das er oder sie untersucht, stellen muss: Warum gerade jetzt?

Meine Antwort lautet, dass das NS-Regime zwischen 1933 und 1941 einen dreistufigen Entdeckungs- und Lernprozess durchlief. In der ersten Phase, die knapp über fünf Jahre, von Hitlers Machtergreifung bis zum Anschluss Österreichs im März 1938, dauerte, lernte das sogenannte Dritte Reich, was es tun konnte, nämlich die deutschen Juden verfolgen, ohne dass sich im Rest der deutschen Bevölkerung oder in anderen Ländern ernsthafter Widerstand regte. In der zweiten Phase, die etwas mehr als drei Jahre währte, vom Anschluss

Österreichs bis zur Invasion der Sowjetunion im Juni 1941, lernte NS-Deutschland, was es trotz allem nicht erreichen konnte, nämlich die vollständige »Entfernung« oder Vertreibung der Juden vom deutschen Staatsgebiet. In der dritten Phase, die nur fünf Monate anhielt, vom Angriff auf die Sowjetunion bis zum Herbst 1941, erkannten Hitler und sein wichtigster Ratgeber und Vollstrecker in dieser Angelegenheit, Heinrich Himmler, dass sie nicht nur ein Motiv besaßen, sondern auch die Mittel und die Gelegenheit, unter dem Deckmantel des Kriegs die Juden nicht nur in den frisch besetzten Gebieten Serbiens und der Sowjetunion umzubringen, sondern auch im gesamten übrigen Europa.

## Von der Arisierung zur Gewalt

Die erste Phase des nationalsozialistischen Angriffs auf die deutschen Juden lief unter dem euphemistischen Schlagwort »Arisierung« ab. Arisierung bedeutete, dass jüdische Arbeitsplätze und jüdisches Eigentum in Deutschland an Nichtjuden übertragen wurden. Weil die Juden in der nationalsozialistischen Weltanschauung Parasiten waren, die alles, was sie besaßen, der nichtjüdischen Bevölkerungsmehrheit abgenommen hatten, betrachtete die treu ergebene Partei dies als schlichte Entschädigung für Jahrzehnte der Täuschung und des Diebstahls und brannte nach Hitlers Machtübernahme darauf, so schnell wie möglich mit der Enteignung der Juden zu beginnen. Aber die nationalsozialistischen Anführer waren vorsichtiger.

Hitler und seine wichtigsten Berater konnten 1933 noch nicht sicher sein, wie viel Verfolgung die öffentliche Meinung im eigenen Land und im Ausland akzeptieren würde, und außerdem beschäftigten sie andere Themen. Schließlich hatte mehr als die Hälfte der Deutschen nie für Hitler gestimmt, die Nationalsozialisten hatten nur drei von zwölf Sitzen in dem von Reichspräsident Hindenburg ernannten Kabinett inne, und die Befugnis, mit Dekreten zu regieren, lag ursprünglich beim Reichspräsidenten, nicht bei Hitler. Hitler wusste, dass selbst viele deutsche Antisemiten in ihrem Hass nicht so »wissenschaftlich« waren wie er, womit er kategorisch meinte. Er beklagte sich oft über das Problem, dass die meisten Deutschen einen »guten Juden« hätten, einen Freund oder Bekannten, der nicht zu den antisemitischen Stereotypen passte und deshalb von der allgemeinen Verdammung ausgenommen sein sollte. Hitler war bewusst, dass er Zeit benötigen würde, um die Mehrheit der Bevölkerung für seine Überzeugung zu gewinnen, dass die Verfolgung aller Juden ein notwendiger Akt der Selbstverteidigung und für das Überleben des Volkes unerlässlich war. Darüber hinaus brauchte das neue Regime Stabilität und den Anschein von Mäßigung, während es an der Überwindung der Wirtschaftskrise arbeitete, die Voraussetzung für Hitlers Verbleib an der Macht war. Und schließlich musste das Dritte Reich Großbritannien und Frankreich in Sicherheit wiegen, damit sie die militärische Aufrüstung, die Vorbedingung für die Eroberung von »Lebensraum« für Deutschland in Osteuropa, tolerierten. Für den Fanatiker Hitler waren die Juden eine Obsession, aber der Politiker Hitler mit seinem Expansionsdrang konnte nicht zulassen, dass diese Obsession zu deutlich und zu früh sichtbar wurde.

Gefangen zwischen dem ideologischen Eifer seiner Anhänger und den praktischen Erfordernissen der Wirtschafts- und Außenpolitik, entschied sich das NS-Regime, die sogenannte Judenfrage auf zwei Ebenen anzugehen.[1] Auf der nationalen, offiziellen und öffentlichen Ebene erlaubte eine Stop-and-go-Strategie es dem Regime, sich von 1933 bis 1937 vorwärtszutasten und auszuloten, was die Öffentlichkeit im Inland wie im Ausland hinnehmen würde. Offene Demonstrationen des organisierten Antisemitismus beschränkten sich auf den Boykott jüdischer Geschäfte und Unternehmen am 1. April 1933, den das Regime als eine reine Vergeltungsmaßnahme für eine angebliche Welle der »Gräuelpropaganda« hinstellte, die Juden im Ausland angezettelt hätten. Ansonsten gaben sich die Nationalsozialisten auf nationaler Ebene im Allgemeinen mit über die Zeit verteilten Dekreten zufrieden, die Maßnahmen umsetzten, wie sie die Partei schon lange befürwortete. Spektakuläre Ausbrüche offener Gewalt wie die bösartigen Ausschreitungen gegen Juden auf dem Berliner Kurfürstendamm im März 1933 und im Juli 1935 waren die Ausnahme.

1933 konzentrierte sich das Regime darauf, die Juden aus dem politischen und kulturellen Leben zu vertreiben. Das führte zur Verabschiedung von vier Gesetzen: Erstens wurden Juden aus dem deutschen Staatsdienst entfernt, einschließlich Gerichten und Krankenhäusern, die in Deutschland staatliche Institutionen waren, sofern ein Jude seine Position nicht schon vor dem Ersten Weltkrieg innegehabt, im Ersten Weltkrieg in den Streitkräften gedient oder einen Vater oder Sohn hatte, der im Krieg gefallen war (die sogenannten Hindenburg-Ausnahmen, die beschlossen wurden, um den ehemaligen Generalfeldmarschall, der nun Reichspräsident war, zu besänftigen). Zweitens konnte die Regierung Menschen die Staatsbürgerschaft aberkennen, die sie seit Beginn des Ersten Weltkriegs erhalten hatten. Drittens wurden Juden aus Kulturinstitutionen wie Theatern, Orchestern und Zeitungen ausgeschlossen und viertens galt für jüdische Schüler an Oberschulen und Studenten an Universitäten ein *Numerus clausus*, der ihren Anteil auf 1,5 Prozent beschränkte. In der Wirtschaft gingen die Nationalsozialisten hingegen vorsichtig zu Werk. Sie schikanierten einzelne Juden in Führungspositionen und verlangten in vielen Fällen ihre Absetzung, aber sie versuchten nicht aktiv, jüdische Besitzer zu vertreiben, außer in Bereichen, die der breiten Masse ihrer Gefolgsleute sehr wichtig waren wie insbesondere Warenhäuser und Brauereien. Das wichtigste Wirtschaftsgesetz untersagte 1933 Juden den Besitz von Ackerland, ein besonders sensibles Thema für eine nationalsozialistische Partei, die stets verkündete, Blut und Boden seien die beiden Säulen des Deutschtums.

Das Jahr 1934 brachte eine Ruhepause bei der Gesetzgebung. Nur eine große antisemitische Maßnahme wurde beschlossen, ein Gesetz, das der Regierung mehr Spielraum gab, Menschen zu deportieren, denen sie die Staatsbürgerschaft entzogen hatte. 1935 schloss das Regime die Streitkräfte für Juden, verbot ihnen, an Nationalfeiertagen die deutsche Flagge zu hissen, und vollendete die vor 1933 formulierte Agenda, indem sie den Juden die deutsche Staatsbürgerschaft aberkannte und sie zu in Deutschland wohnenden »Subjekten« degradierte. Heiraten sowie außereheliche sexuelle Beziehungen zwischen Juden und Nichtjuden waren künftig verboten. Nachdem der greise

Reichspräsident gestorben war, beendete man die Hindenburg-Ausnahmen und entfernte die letzten Juden aus dem Staatsdienst. 1936 gab es eine weitere Pause bei der Judenverfolgung. Im Vorfeld der Olympischen Sommerspiele in Berlin kaschierte das Regime seinen Antisemitismus, damit nicht andere Länder den Spielen fernblieben. Und 1937 passierte auf nationaler Ebene ebenfalls wenig, abgesehen vom Verbot, Juden einen Doktorgrad zu verleihen.

Dieses Staccato-Muster der zunehmenden Verfolgung auf nationaler Ebene von 1933 bis 1937 täuschte jedoch darüber hinweg, dass Juden von militanten Nationalsozialisten auf lokaler Ebene oder auf der Straße kontinuierlich drangsaliert wurden, in der Regel ohne dass ausländische Reporter etwas davon mitbekamen. Auch in großen Städten, besonders aber in Kleinstädten übte man in vielfältiger Weise Druck auf die Arbeitsplätze und Unternehmen von Juden aus. Während die Braunhemden der SA drohten, jüdisches Eigentum oder die Kinder von Juden anzugreifen und das auch taten, stornierten nationalsozialistische Amtsträger Verträge oder weigerten sich, Angebote von Firmen entgegenzunehmen, die Juden gehörten oder von Juden geführt wurden. Wohlfahrtseinrichtungen untersagten, Geld oder Gutscheine, die sie verteilt hatten, in jüdischen Läden auszugeben oder einzulösen, lokale Amtsträger verboten ihren Angestellten, in solchen Läden einzukaufen oder jüdische Freiberufler zu konsultieren, und hängten öffentlich Listen und/oder Bilder von Menschen auf, die das taten. Jüdische Geschäfte waren daran zu erkennen, dass das Schild »Deutsches Geschäft« im Schaufenster fehlte. Stadträte verweigerten Juden, in öffentlichen Markthallen Stände aufzustellen und öffentliche Schwimmbäder zu benutzen, lokale und regionale Banken und Kreditgenossenschaften gewährten Juden keine Darlehen mehr für ihre Geschäfte, Ortsgruppen der Nationalsozialistischen Betriebszellenorganisation (NSBO) bestanden auf der Entlassung von Betriebsleitern, Steuerbeamte beschlagnahmten Hauptbücher und warfen Juden Steuerflucht oder illegale Geldtransfers ins Ausland vor, und vielerorts schüchterten stramme Nationalsozialisten nichtjüdische Ladenbesitzer ein, vor allem Lebensmittelhändler, bis sie schließlich keine jüdischen Kunden mehr bedienten.

Damit zwangen sie die Juden, entweder wegzuziehen oder weit entfernt von zu Hause einzukaufen, wo man sie nicht kannte. Unterdessen erhob die von den Nationalsozialisten kontrollierte Presse eine Flut von Anschuldigungen gegen die angeblich verbrecherischen und hinterlistigen Juden.

Derartige diskriminierende Maßnahmen stellten die radikalen Antisemiten in der Partei zufrieden und gewöhnten die Deutschen an das Leiden der Juden. Während diese Formen der Exklusion und Verfolgung zunahmen, lernte das NS-Regime auch, dass kaum ein Nichtjude sich für Deutschlands Juden starkmachen würde; vielmehr hatten es die meisten Personen und Institutionen eilig, sich den neuen Verhältnissen anzupassen. 1933 beschränkten im ganzen Land Gesangsvereine, Kegelclubs und ähnliche Organisationen die Mitgliedschaft auf sogenannte Arier und fügten den Juden damit das zu, was Marion Kaplan als »sozialen Tod«[2] bezeichnet hat. Die Juden standen zunehmend allein und isoliert da.

Dass die Deutschen den Antisemitismus der Nationalsozialisten tolerierten und sogar internalisierten, war nicht der einzige Erfolg ihrer zweistufigen Politik zwischen 1933 und 1937. Darüber hinaus gelang es dem Regime, internationalen Widerstand abzuwehren oder zu zerstreuen. Obwohl in Übersee einige kritische Stimmen laut wurden, vor allem bei großen Aufmärschen in New York City, und es Versuche gab, deutsche Erzeugnisse im Ausland zu boykottieren, dämpfte die Judenverfolgung weder den Wunsch Großbritanniens und Frankreichs, durch Appeasement einen Krieg zu verhindern, noch die Erholung der deutschen Wirtschaft, die Hitlers Popularität im Land steigerte.

Doch aus der Sicht der Nationalsozialisten war ihr Erfolg unvollständig und das Judenproblem Ende 1937 nur halb gelöst. Einerseits war es ihnen gelungen, die Juden vom Rest der Bevölkerung zu isolieren und weitgehend in die Armut zu treiben. Seit 1933 waren bis zu 40 Prozent der unbekannten Zahl von Unternehmen, die Juden in Deutschland besaßen, und zwischen 40 und 50 Prozent ihres Vermögens in den Besitz von jemand anderem oder des deutschen Staates übergegangen. Überdies waren die meisten noch in Deutschland lebenden Juden in ein ärmliches wirtschaftliches Ghetto verbannt worden, wo sie einen kargen Lebensunterhalt erwirtschafteten, aber nur indem sie für sich selbst oder für andere Juden arbeiteten.[3]

Andererseits war die jüdische Bevölkerung in Deutschland nur um ungefähr 35 Prozent geschrumpft, was Hitler zunehmend verärgerte. Der Führer gab den Juden die Schuld für Deutschlands Niederlage im Ersten Weltkrieg; sie sollten im Fall eines zweiten Weltkriegs, den er im Lauf der 1930er Jahre immer näher rücken sah, das Land kein zweites Mal ins Verderben stürzen. Bereits Mitte 1936 hatte er ein Memorandum verfasst, das den Grundstein für einen wirtschaftlichen Vierjahresplan legte. In dem Dokument war von einer Wirtschaft die Rede, die gegen eine Blockade immun sein sollte, und einer Armee, die innerhalb von vier Jahren für den Krieg bereit wäre. Ein Abschnitt forderte »ein Gesetz, das das gesamte Judentum haftbar macht für alle Schäden, die durch einzelne Exemplare dieses Verbrechertums der deutschen Wirtschaft und damit dem deutschen Volke zugefügt werden«.[4] Dass Hitler in eine lange Erörterung militärischer und wirtschaftlicher Vorbereitungen eine Passage über die Juden einfügte, zeigt, wie ernst er die Dolchstoßlegende im Zusammenhang mit dem Ersten Weltkrieg nahm und wie entschlossen er war, die jüdische Gemeinschaft kollektiv für angebliche Sabotageakte verantwortlich zu machen.

Am 5. November 1937 leitete der Führer persönlich eine Sitzung seines Außen- und Kriegsministers und seiner obersten Militärbefehlshaber. Dabei hielt er eine Rede, die sein Adjutant Oberst Friedrich Hoßbach in einer Niederschrift zusammenfasste. Hitler sagte, seine Ausführungen seien »als seine testamentarische Hinterlassenschaft für den Fall seines Ablebens anzusehen«.[5] Die Kernaussage lautete, dass Deutschland spätestens in den Jahren 1943 bis 1945 um Lebensraum kämpfen müsse, dann werde sich das Zeitfenster für das Reich schließen.[6] Bis dahin würde es dem britischen und dem französischen Reich dank ihrer größeren Ressourcen gelungen sein, den derzeitigen Rüstungsvorsprung aufzuholen, den sich Deutschland dank enormer Ausgaben seit 1933 erarbeitet habe. Unterdessen könnten jedoch Gelegenheiten, Österreich zu annektieren und die

Tschechoslowakei zu zerschlagen, überraschend schnell auftauchen, und dann werde das NS-Regime sie ergreifen, selbst auf die Gefahr hin, dass es dadurch früher zum Krieg kommen könnte. Zu den Juden sagte Hitler bei der Besprechung nichts, aber ihre Nachwirkungen hatten viel mit den Juden zu tun.

Hitlers Bemerkungen alarmierten die Anwesenden und einige wenige Personen, die nicht an der Sitzung teilgenommen hatten. Wirtschaftsminister Hjalmar Schacht, der nicht dabei war, hatte Hitler bereits gewarnt, das Tempo der deutschen Aufrüstung müsse langsamer werden, weil sonst die Inflation außer Kontrolle gerate. Jetzt mahnten Reichskriegsminister Werner von Blomberg, der Oberbefehlshaber des Heeres Werner von Fritsch und Außenminister Konstantin von Neurath, man dürfe nichts überstürzen, denn sie fürchteten, die Armee sei noch nicht bereit und die Briten und Franzosen wären zu stark. In den folgenden Monaten entließ Hitler sie alle; Schacht umgehend und gezielt im November, die anderen bei einer passenden Gelegenheit im folgenden Februar, als eine Reihe angeblicher sexueller Skandale eine politische Intrige ermöglichte.

In den darauf folgenden Monaten setzte außerdem der *de facto* als Wirtschaftsminister agierende Hermann Göring eine Reihe von Maßnahmen um, die die Vertreibung der Juden aus der Wirtschaft und dann aus dem Land beschleunigen sollten. Dass das Regime gerade zu diesem Zeitpunkt die Arisierung forcierte, war kein Zufall. Der Schritt spiegelte Hitlers Überzeugung wider, dass die Juden illoyal waren und im Fall eines Kriegs mit Sicherheit als Saboteure und fünfte Kolonne der Gegner handeln würden. Die nationalsozialistischen Planer wussten, dass bei der aktuellen Abgangsquote infolge von Emigration und Tod die jüdische Bevölkerung in Deutschland in 15 bis zwanzig Jahren verschwunden sein würde, das lag deutlich jenseits Hitlers zeitlicher Vorstellung für einen Krieg. Es musste mehr Druck auf die Juden ausgeübt werden, das Land zu verlassen, sollten sie nicht erneut Gelegenheit haben, dem Volk einen Dolchstoß zu versetzen.

Mit der Definition, jede Firma mit mindestens einem leitenden jüdischen Angestellten oder mehr als 25 Prozent ihrer Aktien in jüdischen Händen sei eine jüdische Firma, brach eine Lawine neuer Dekrete über die Juden herein, die sie in Not treiben und überzeugen sollten, dass sie in Deutschland keine Zukunft hatten. Jüdische Firmen bekamen ab sofort keine Regierungsaufträge mehr, keine Devisen, um notwendige Importe zu bezahlen, und keine Rohstoffe, ohne die sie nicht weiterproduzieren konnten. Im März 1938 verloren die jüdischen Gemeinden ihren rechtlichen Status und das Recht auf Besitz, was den Weg ebnete für die Konfiszierung ihrer Synagogen und Schulgebäude. Im April wurden alle Unternehmen in jüdischem Besitz aufgefordert, sich registrieren zu lassen, und alle Juden mussten Stück für Stück bis zum letzten Kaffeelöffel alle Besitztümer und ihren jeweiligen Wert auflisten. Damit Juden sofort als solche erkennbar waren, hatten sie ab August in allen Ausweispapieren einen zweiten Vornamen einzufügen, Israel bei Männern, Sarah bei Frauen, und ab Oktober mussten sie ein großes rotes J auf die Vorderseite ihrer Pässe stempeln lassen. Im Juli wurde den Juden weiterhin verboten, als Hausierer zu arbeiten, wodurch 30 000 ihre Arbeit verloren. Ab September durften jüdische Ärzte keine Nichtjuden mehr behandeln, und im November wurden jüdische Anwälte zu Rechtsberatern degradiert, denen es nur noch erlaubt war, anderen Juden bei der Abwicklung ihrer Unternehmen und der Auflösung ihres Besitzes zu helfen. Im Dezember wurde Stadtverwaltungen durch ein neues Gesetz gestattet, an bestimmten Tagen Juden das Betreten öffentlicher Straßen zu verbieten.

Und als wäre das nicht genug, beschlossen die Nationalsozialisten nun auch, die jüdische Bevölkerung zu terrorisieren und zu dezimieren. Im annektierten Österreich war hemmungslose Einschüchterung vom ersten Tag der Besatzung an gang und gäbe. Nationalsozialisten brachen in jüdische Wohnungen ein und wüteten und plünderten ungestraft. Im Sommer 1938 griff die Gewalt auf Deutschland über; im Juni wurde die größte Synagoge in München zerstört und im August die Synagoge in Nürnberg. In den alten wie den neuen Teilen des Reichs wurden rund 5000 Juden unter allen möglichen Vorwänden, manchmal auch ganz ohne Vorwand, in Konzentrationslager verbracht.[7] Gleichzeitig kam es zu Ausweisungen ausländischer Juden, zuerst im Februar derjenigen mit sowjetischer Staatsbürgerschaft. Die Aktion kulminierte Ende Oktober mit der Deportation von rund 18 000 polnischen Juden überwiegend in das Dorf Zbąszyń an der Ostgrenze Deutschlands. Die Polen hatten diese Aktion mit der Ankündigung provoziert, sie würden jeden polnischen Staatsbürger, der im Ausland lebte, für immer an der Rückkehr nach Polen hindern, wenn er oder sie sich nicht umgehend darum bemühte, bis zum 1. November in Polen den Pass erneuern zu lassen. Weil die polnische Regierung diese Bürger loswerden wollte, zögerten ihre Vertreter in Deutschland die Erteilung der nötigen Genehmigungen hinaus; offensichtlich spielten sie auf Zeit und wollten die Frist verstreichen lassen. Die Nationalsozialisten wiederum wollten die polnischen Juden in Deutschland loswerden, entweder sofort oder später, was aber schwierig würde, wenn sie keine Pässe mehr besaßen. Deshalb wollte das Reich die Erneuerung der Papiere beschleunigen. So trieben die Deutschen Tausende polnische Juden im Land zusammen und schafften sie an die Grenze. Die Polen weigerten sich, die Juden ins Land zu lassen, viele hausten bis weit ins Jahr 1939 elend im Niemandsland. Unter den Deportierten waren auch die Eltern von Herschel Grynszpan, einem jungen Juden, der illegal bei Verwandten in Paris lebte. Aus Rache ging er am 7. November 1938 in die dortige deutsche Botschaft und erschoss den Legationssekretär, einen jungen Diplomaten namens Ernst vom Rath.

Hitler und das NS-Regime ergriffen zwei Tage später die Gelegenheit und nahmen vom Raths Tod als Vorwand für einen brutalen Angriff auf die jüdische Bevölkerung Deutschlands. Wieder gaben sie die Aktion als Akt der Selbstverteidigung gegen die feindseligen Juden aus. Gemeint ist die sogenannte »Kristallnacht«, ein Pogrom, bei dem massenhaft die verbliebenen jüdischen Wohnungen und Geschäfte und nahezu alle Synagogen im Land geplündert und zerstört wurden. Als Zivilisten verkleidete SA-Männer führten die Aktion an, und viele Landsleute, vor allem Jugendliche, machten bei den Gewalttaten bereitwillig mit.[8] Als alles vorüber war, hatten die Schläger mindestens 91 Juden getötet, vielleicht auch viel mehr, mindestens 300 Menschen dazu gebracht, Selbstmord zu verüben, und im ganzen Land etwa 36 000 jüdische Männer zusammengetrieben. Ungefähr 26 000 davon wurden am nächsten Tag zu Zügen und Bussen geführt, die in die Konzentrationslager Buchenwald, Dachau und Sachsenhausen rollten, und unterwegs der öffentlichen Demütigung preisgegeben. Mindestens 600, vielleicht bis zu 1000 dieser Männer starben in den folgenden Monaten an der brutalen Behandlung in den Lagern, aus denen man nur herauskam, wenn man praktisch allen Besitz abtrat und zu emigrieren versprach.[9] Überdies beschlagnahmte die deutsche Regierung nach der »Kristallnacht« einen Teil der Versicherungssummen, die wegen der Schäden an Juden ausgezahlt werden sollten, und erlaubte den Versicherungsgesellschaften, die Restzahlungen zu verweigern.[10] Außerdem erlegte das Regime den Juden eine kollektive Strafe in Höhe von einer Milliarde Reichsmark auf, zu begleichen teils durch Konfiszierung aller Edelmetalle in ihrem Besitz mit Ausnahme von Eheringen und einem Tischbesteck pro Person. Im April 1939, nachdem praktisch alle Juden ihre bezahlten Anstellungen und alle arbeitslosen Juden die Unterstützung durch die Wohlfahrt verloren hatten, verpflichtete der NS-Staat alle männlichen Juden unter 65 Jahren zu Zwangsarbeit. Zehntausende Juden mussten die Straßen kehren, Schnee schippen und für einen Hungerlohn in Fabriken schuften.

Schon bevor diese Kaskade der Grausamkeiten begann, mussten nur wenige deutsche Juden davon überzeugt werden, dass sie das Land zu verlassen hatten. Anfang 1938 lagen bei den ausländischen Konsulaten und Botschaften in Deutschland mehr Visaanträge vor, als noch Juden in Deutschland verblieben waren. Aber aus dem Land herauszukommen war schwierig, vor allem weil die Politik, den Juden allen Besitz abzunehmen, sie in den Augen vieler fremder Regierungen zu unattraktiven Einwanderern machte. Außerdem war die Wirtschaftskrise in den meisten Ländern noch nicht vorbei, und vielerorts nährte die Angst um Arbeitsplätze den Widerstand gegen die Einwanderung. Trotzdem gelang 60 Prozent der Juden in Deutschland und 67 Prozent der Juden in Österreich die Flucht, bevor der Zweite Weltkrieg begann.

Das NS-Regime blieb unzufrieden, hauptsächlich weil seine

außenpolitischen Erfolge die Erfolge seiner Rassenpolitik zunichtemachten. Der Anschluss Österreichs im März 1938, des Sudetenlands, der Grenzregion der Tschechoslowakei, nach der Münchner Konferenz im Oktober und der restlichen tschechischen Provinzen Böhmen und Mähren im März 1939 hatten bis September 1939 die Reduzierung der jüdischen Bevölkerung im eigentlichen Deutschland größtenteils wieder wettgemacht. Am Vorabend des Zweiten Weltkriegs lebten im Großdeutschen Reich, einschließlich der annektierten Gebiete, rund 350 000 Juden, viel zu viele nach dem Geschmack eines nationalsozialistischen Regimes, das kurz vor der Invasion Polens stand, der Heimat weiterer 3,3 Millionen Juden.

All das war absehbar, aber die verhängnisvolle Mathematik des deutschen Expansionismus, der Umstand, dass das Reich die Juden nicht schneller vertreiben konnte, als es sie zu erobern plante, scheint den politisch Verantwortlichen erst 1938 klar geworden zu sein. Die Erkenntnis trug viel dazu bei, dass sich zu der Zeit die Judenverfolgung beschleunigte und das Regime zu offener Gewalt überging. Diese Mathematik war auch dafür verantwortlich, dass in NS-Kreisen mit neuen Begriffen über das Schicksal der Juden gesprochen wurden. Da das Reich die Juden nicht schneller loswerden konnte, als es sie annektierte, begannen die Verantwortlichen, das bisher Undenkbare in Worte zu fassen.

Ein neues Wort und eine neue Vorhersage tauchten zum ersten Mal im Bericht eines Schweizer Diplomaten in Paris über ein Gespräch am 14. November 1938 auf, weniger als eine Woche nach der »Kristallnacht«. Der Gesandte schrieb, die Nummer zwei im deutschen Außenministerium, Ernst von Weizsäcker, habe zu ihm gesagt, dass die in Deutschland verbliebenen Juden umgehend deportiert würden. Wenn kein Land sie aufnehmen wolle, gingen sie über kurz oder lang ihrer vollständigen Vernichtung entgegen.[11] Zehn Tage später, am 24. November, schrieb *Das Schwarze Korps*, das Organ der SS, der Elitetruppe der Partei, in einem Leitartikel: »Das deutsche Volk hat nicht die geringste Lust, in seinem Bereich Hunderttausende von ... verelendeten Juden zu dulden ... Im Stadium einer solchen Entwicklung ständen wir daher vor der harten Notwendigkeit, die jüdische Unterwelt auszurotten ... mit Feuer und Schwert. Das Ergebnis wäre das tatsächliche und endgültige Ende des Judentums in Deutschland, seine restlose Vernichtung.« Schließlich machte sich Hitler im Januar 1939 die neue Begrifflichkeit zu eigen. Am 21. Januar sagte er dem tschechischen Außenminister František Chvalkovský, die Juden würden in Deutschland »vernichtet«[12] werden, wenn nicht andere Länder bei der Deportation kooperierten. Neun Tage später, in einer Rede im Reichstag anlässlich des sechsten Jahrestags seiner Ernennung zum Reichskanzler, prophezeite er »die Vernichtung der jüdischen Rasse in Europa«, sollte es zu einem neuen Weltkrieg kommen. Noch war die Vernichtung in diesen Äußerungen etwas, das nur unter bestimmten Bedingungen eintreten würde, aber zum ersten Mal wurde der Gedanke ausgesprochen. Sogar so deutlich, dass der amerikanische Generalkonsul in Deutschland, Raymond Geist, vorschnell, am 6. Dezember – Wochen bevor Hitler die Drohung formulierte –, folgerte und dem Außenministerium berichtete: »Die Deutschen haben ein Programm zur Vernichtung der Juden begonnen.«[13]

Am 1. September, sieben Monate nach Hitlers Rede vor dem Reichstag, löste er mit dem Angriff auf Polen den Zweiten Weltkrieg in Europa aus. Nicht einmal vier Wochen später, an dem Tag, als Warschau endgültig kapitulierte, schuf die SS eine neue Unterabteilung, das Reichssicherheitshauptamt, unter der Leitung von Reinhard Heydrich, zu dem auch eine von Adolf Eichmann geführte Judenabteilung gehörte. Zu Beginn erschossen die deutschen Invasoren in Polen weniger jüdische Polen als nichtjüdische, und wie 1933 zu Hause waren die NS-Herrscher mehr darauf bedacht, potenzielle politische Gegner und Widerständler zu bestrafen, als Juden *per se* anzugreifen. Aber es gab sporadische Übergriffe auf Juden, und Schlimmeres folgte. Am 21. September ordneten die siegreichen Deutschen an, alle Juden hätten sich in Ghettos zu sammeln; die Konzentration der Juden entlang den Eisenbahnstrecken war eine Vorbereitung für die spätere Deportation und die zwischenzeitliche Beschlagnahmung ihres Besitzes. Wohin sollten sie gehen? Die Nationalsozialisten lehnten sich explizit an die Politik der Vereinigten Staaten gegenüber den amerikanischen Ureinwohnern an und sprachen von einem »Reservat«, aber wo sollte es eingerichtet werden? Anfangs war von einem Gebiet namens Nisko am Fluss San am westlichen Rand des Bezirks Lublin des Generalgouvernements die Rede, dem Reststück Polens, das Deutschland besetzt, aber nicht annektiert hatte. Dann, Anfang 1940, hoffte Hitler, es werde ihm gelingen, Stalin zu überreden, die mehr als zwei Millionen in Großdeutschland und dem besetzten Polen verbliebenen Juden zu übernehmen, aber damit hatte er keinen Erfolg. Nach der Niederlage Frankreichs im Juni konzentrierten sich die Deutschen auf die französische Kolonie Madagaskar, ein Ziel, das europäische Antisemiten seit dem ausgehenden 19. Jahrhundert favorisierten. Die deutschen Planer rechneten sogar schon aus, wie viele Schiffe man für wie lange Zeit brauchen würde, um 3,25 Millionen Juden, auf die Hitler nun zugreifen konnte, zu deportieren, und die Gestapo beauftragte mehrere jüdische Verantwortliche, zu erkunden, ob amerikanische jüdische Organisationen bei der Finanzierung des Exodus helfen würden.[14] Aber die deutsche Niederlage in der Luftschlacht um England verhinderte den Transport. Um die Jahreswende 1940/41 rückte ein viertes Ziel in den Vordergrund: Sibirien jenseits des Polarkreises, nach dem Sieg in der bevorstehenden Invasion der Sowjetunion.

Der Übergang der deutschen Politik von der Förderung der Emigration, die weiterhin möglich blieb, zur Planung von Deportationen markierte einen wichtigen Wendepunkt, denn er stellte den ersten Schritt zur Umsetzung der Judenvernichtung dar. Um das klar zu sagen: Das Regime hatte noch nicht beschlossen, alle Juden umzubringen, aber es hatte einen Weg gewählt, der für sehr viele Juden den Tod bedeutete, entweder in den völlig unzureichend versorgten Ghettos oder in den unwirtlichen Bestimmungsorten, für die die Juden körperlich ungeeignet und materiell nicht ausgerüstet waren. Entsprechend diesem politischen Kurswechsel starben von September 1939 bis Juni 1941 in Ghettos und Arbeitslagern mehr als eine halbe Million polnischer Juden. Aber noch im Mai 1940 bezeichnete Heinrich Himmler »die bolschewistische Methode der physischen Ausrottung eines Volkes ... als ungermanisch und unmöglich«.[15] Mit dieser

Bemerkung bezog er sich auf die Behandlung der Polen, doch der weitere Gang der Ereignisse brachte ihn bald zu der Überlegung, ob solche Hemmungen auch für die Juden galten.

Mehrere Entwicklungen in den Jahren 1940 und 1941 schufen Anreize, um eher früher als später eine »totale« oder eine »Gesamtlösung« der Judenfrage zu finden. Während die regionalen Parteiführer, die Gauleiter, insbesondere Joseph Goebbels in Berlin, lautstark die Deportation der verbliebenen deutschen Juden nach Polen forderten, teils um Wohnraum für Deutsche zu schaffen, teils um die Juden loszuwerden, steckten die Deutschen im besetzten Polen in einer logistischen Sackgasse. Himmler, der kurz zuvor zum Leiter des Reichskuratoriums für die Festigung des deutschen Volkstums (RKFDV) ernannt worden war, wollte dort ein umfangreiches bevölkerungspolitisches Programm durchsetzen. Dazu gehörte die Umsiedlung von 500 000 Volksdeutschen, Menschen deutscher Abstammung aus der Sowjetunion und dem Baltikum, in die von Deutschen annektierten Teile Polens auf der Grundlage des Abkommens, in dem Hitler und Stalin 1939 Osteuropa aufgeteilt hatten. Gleichzeitig sollten mindestens doppelt so viele Juden und Polen in das nicht annektierte, aber von Deutschland besetzte Generalgouvernement deportiert werden. Doch Hans Frank, der nationalsozialistische Generalgouverneur, machte einen Rückzieher: Das Generalgouvernement solle und könne nicht zum »dumping ground« für Juden werden, weil die Bedingungen in den Ghettos bereits furchtbar seien und die Gesundheit der Menschen in der Umgebung gefährdeten. Himmlers Vorstellungen von der Zukunft des Generalgouvernements scheinen sich im Vorfeld des Einmarsches in die Sowjetunion ebenfalls verändert zu haben. Weil der besetzte Teil Polens danach nicht mehr am Rand, sondern vielmehr in der Mitte eines vergrößerten Deutschen Reichs liegen würde, kam das Generalgouvernement in seinen Augen potenziell für die Germanisierung infrage und war nicht mehr der »Müllhaufen«, als den er es früher angesehen hatte. Das bedeutete, dass er seine Pläne für eine ethnische Säuberung auf ganz Polen ausdehnte.

Unterdessen brachten die Siege in Südosteuropa Anfang 1941 die deutsche Besetzung Serbiens und Griechenlands und festigten die

Allianzen des Reichs mit Ungarn, Rumänien und Bulgarien. Dadurch vervielfachte sich die Zahl der Juden im Herrschaftsbereich der Nationalsozialisten, und der Druck wuchs, kontinentweit etwas zu unternehmen. Die Entscheidung zum Angriff auf die Sowjetunion 1941 drohte die Zahl der Juden noch einmal zu erhöhen und die deutschen Truppen der angeblichen Gefahr jüdischer Sabotage hinter der vorrückenden Front auszusetzen. Schließlich bedeutete diese Entscheidung in Verbindung mit Hitlers Erwartung, dass Amerika sich bald der Allianz gegen ihn anschließen würde (die Vereinigten Staaten hatten im Juli 1941 Truppen in Island stationiert, und Präsident Franklin Delano Roosevelt und Premierminister Winston Churchill hatten Mitte August die Atlantikcharta, implizit einen Bündnisvertrag, unterzeichnet), dass die europäischen Juden wertlos waren als Geiseln, um Druck auf die Alliierten auszuüben oder Juden im Ausland einzuschüchtern. Die Euphorie über die anfänglichen deutschen Siege in Weißrussland und der Ukraine fegte jegliche Zurückhaltung gegenüber den Juden hinweg.

Mit anderen Worten: Eine Kombination aus Ungeduld, Frustration und Hybris überzeugte die NS-Führer, dass sie viel zu gewinnen und nichts zu verlieren hatten, wenn sie jetzt radikaler gegen die Juden vorgingen, statt bis zum siegreichen Ende des Kriegs abzuwarten. In der Folge beauftragte Hermann Göring am 31. Juli 1941 Reinhard Heydrich, »eine Gesamtlösung der Judenfrage im deutschen Einflußgebiet in Europa vorzubereiten«.[16] Zu diesem Zeitpunkt hatten die Deutschen bereits den ersten Schritt auf dem Weg zum Massenmord getan. Aus den anfänglichen Bemühungen um »Befriedung« in den besetzten Gebieten wurde im Lauf des Juli Entschlossenheit, zu verhindern, dass sich die festgefahrene Situation in Polen und die administrativen Probleme in den Ghettos wiederholten. Deshalb sollten die Juden in der Sowjetunion sterben. Den Tod brachten vier Einsatzgruppen, insgesamt weniger als 3000 Mann, die, aufgeteilt in 18 mobile Kommandos, hinter den deutschen Truppen vorrücken, Pogrome anzetteln und potenzielle »Partisanen« und Kommunisten erschießen sollten. Anfangs waren die Opfer überwiegend jüdische Männer im wehrfähigen Alter, aber ab Ende Juli 1941, nur einen Monat nach Beginn der Invasion, starben auch Frauen und Kinder, und es wurden zwei Brigaden von 10 000 SS-Männern plus 30 000 Mann deutsche Ordnungspolizei in den Osten geschickt, um bei den Massakern zu helfen. Milizen aus Angehörigen der lokalen Bevölkerung, die sogenannten Schutzmannschaften, und Sicherheitsdivisionen der deutschen Wehrmacht, die in Gebieten hinter der Front stationiert waren, unterstützten diese Kräfte.

Diese unterschiedlichen Tötungseinheiten ermordeten im zweiten Halbjahr 1941 mehr als eine halbe Million Juden und bis ins Frühjahr 1942 wohl noch einmal eine Million. Während man in Polen einige Juden umgebracht und die meisten in Ghettos deportiert hatte, sah es in der Ukraine, in Weißrussland und den baltischen Staaten genau umgekehrt aus: Der Tod war die Regel, alles andere die Ausnahme. Das Morden erreichte zwischen Ende August und Ende September einen Höhepunkt, als 24 000 Juden in Kamenets-Podolsk getötet wurden, 28 000 in Winnyzja und fast 34 000 in Babi Yar vor den Toren von Kiew, jedes Mal innerhalb von zwei Tagen.[17] An diesen und anderen Orten in der besetzten Sowjetunion starben die meisten Opfer gewissermaßen eines nach dem anderen durch einzelne Schüsse in den Hinterkopf oder den Nacken und nicht durch Maschinengewehrfeuer, weil die Mörder ganz sicher sein wollten, dass sie wirklich trafen und keine Munition vergeudeten.

Überall war Partisanenbekämpfung der Deckmantel für die Morde, obwohl es in den ersten Kriegsmonaten an der Ostfront kaum Partisanen gab. Und überall behaupteten die Deutschen ab August, dass auch Frauen und Kinder sterben müssten, weil sie die Augen und Ohren von Scharfschützen und anderen Guerillakämpfern seien, die gegen den deutschen Vormarsch Widerstand leisteten. Neben dieser militärischen Rechtfertigung gab es eine ideologische: die Überzeugung der Nationalsozialisten, dass die Juden die Vordenker und Drahtzieher der bolschewistischen Herrschaft waren. General Walter von Reichenaus Befehl an seine 6. Armee vom 10. Oktober 1941 fasste diese Rechtfertigungen in der Formulierung zusammen: »[D]er Soldat [muss] für die Notwendigkeit der harten, aber gerechten Sühne am jüdischen Untermenschentum volles Verständnis haben. Sie hat den weiteren Zweck, Erhebungen im Rücken der Wehrmacht, die erfahrungsgemäß stets von Juden angezettelt wurden, im Keime zu ersticken.«[18] Hitler fand Reichenaus Befehl herausragend und ließ ihn an alle deutschen Einheiten verteilen, die an der Ostfront kämpften.

Der rasche Anstieg der Opferzahlen ist nicht verwunderlich, wenn man bedenkt, dass die Deutschen mit einem »Hungerplan« in die Sowjetunion einmarschierten, der vorsah, dass die Armeen sich aus dem Land ernähren und über zwanzig Millionen sowjetische Staatsbürger verhungern sollten. Entsprechend dem Plan bekamen die sowjetischen Kriegsgefangenen so wenig zu essen, dass 58 Prozent, mehr als drei Millionen Menschen, in der Gefangenschaft starben, über die Hälfte in den ersten sieben Monaten nach der deutschen Invasion. Die Zahl der Mäuler zu reduzieren, die es im eroberten Osten zu stopfen galt, besaß kontinuierlich hohe Priorität für die Deutschen, und immer weitere Gruppen von Juden in die Tötungsaktionen einzubeziehen passte perfekt zur militärischen Planung. Aber die Nahrungsmittelversorgung war ein zusätzliches, nicht das primäre Motiv für den Mord. Im besetzten Serbien entwickelten sich die Dinge im Sommer und Herbst 1941 ähnlich. Juden wurden massenhaft als Vergeltungsaktion für Partisanenangriffe erschossen, selbst da, wo die Vorräte nicht knapp waren.[19] Die Juden mussten nicht sterben, weil die NS-Verantwortlichen weiterhin Gründe für ihre Ermordung fanden, sondern die Kausalität lag genau andersherum.

Bis zum Spätsommer 1941 hatte sich die Politik der Nationalsozialisten von der Vertreibung der Juden aus Deutschland über ihre Konzentration für die spätere Deportation, wobei viele Todesfälle in Kauf genommen wurden, bis hin zur systematischen Ermordung in den frisch eroberten Gebieten weiterentwickelt. Es fehlte nur noch ein Schritt: die Ermordung der Juden in den bereits besetzten Gebieten. Der erste tastende Vorstoß in diese Richtung erfolgte Mitte September, vielleicht ausgelöst durch Stalins Entscheidung, die in Südrussland verbliebenen Deutschen ins Landesinnere zu deportieren. Hitler stimmte nun zu, dass die deutschen Juden einen Davidstern auf ihrer Kleidung tragen sollten, eine Vorschrift, die in manchen besetzten Ländern schon lange galt, aber noch nicht in Deutschland selbst. Die Kennzeichnung der Juden war das Vorspiel zu ihrer Deportation, wie die Gauleiter sie mit wachsendem Nachdruck forderten. Dass die Verschleppung der Juden mit ihrer Vernichtung endete, wurde vorerst nur dadurch verhindert, dass man noch nicht wusste, wie man sie massenhaft umbringen konnte.

## Reaktionen von Juden und Nichtjuden

Wie war es möglich, dass die Nationalsozialisten ihren Angriff auf die deutschen und später die europäischen Juden weitgehend ungestört führen konnten? Diese Frage muss man auf drei konkretere Unterfragen herunterbrechen: Erstens, warum handelten nichtjüdische Deutsche, für die vor 1933 mehrheitlich der Antisemitismus keine mächtige politische Triebkraft gewesen war, nach 1933 so, als wäre er genau das? Zweitens, warum organisierten die Juden in Deutschland keine effektive Gegenwehr, oder warum flohen sie zumindest nicht alle? Drittens, warum intervenierten ausländische Mächte und Organisationen nicht aus humanitären Gründen?

Dass mehr als die Hälfte der Deutschen 1933 nicht für Hitler gestimmt hatte, bedeutet nicht, dass sie den Antisemitismus ablehnten. Manche waren fromme Katholiken und hatten die Zentrumspartei gewählt, die eng mit der Kirche verbunden war, hatten aber auch deren religiös begründete Feindschaft gegen die Juden übernommen. Andere glaubten nicht, dass die Juden der Hauptgrund für die Nöte des Landes waren, wie die Nationalsozialisten behaupteten, mochten die Juden aber dennoch nicht besonders. Das Hauptproblem war, dass die Zahl der Anti-Antisemiten begrenzt war, und für die meisten nichtjüdischen Deutschen trat das Schicksal der Juden hinter ihren eigenen Sorgen zurück. Gleichgültigkeit und Egoismus schufen Gelegenheiten für die Nationalsozialisten, das Verhalten der Menschen durch eine Mischung aus Zuckerbrot und Peitsche zu verändern, durch Belohnung, wenn sie die Ideologie des neuen Regimes unterstützten, und Bestrafung, wenn sie es nicht taten. Die Strafe konnte, musste aber nicht gewaltsam ausfallen. Manchmal bestand sie nur darin, dass das berufliche Fortkommen einer Person gebremst oder blockiert wurde. Das NS-Regime verfügte über zahlreiche Mechanismen, die Konformität und Korruption förderten, und zu den beunruhigendsten Merkmalen des Holocaust gehört nicht nur das Tempo, mit dem diese Mechanismen bei den Deutschen wirkten, sondern auch die Art und Weise, wie sich das später in praktisch allen von den Nationalsozialisten und ihren Verbündeten besetzten Ländern wiederholte, mit katastrophalen Folgen für die Juden.

Selbst unter den am besten gebildeten, am meisten kosmopolitisch orientierten und Gewalt gegen Juden am stärksten ablehnenden Teilen der deutschen Bevölkerung setzte 1933 bemerkenswert rasch ein Prozess der »Selbstgleichschaltung« ein, wie man es nennen könnte. Er führte dazu, dass organisierte Bemühungen, die Juden als Gruppe zu schützen, bald aufgegeben wurden. Beispielsweise erwogen mehrere hochrangige deutsche Diplomaten Anfang 1933, aus Protest gegen die Diskriminierung und Brutalität der Nationalsozialisten zurückzutreten, aber nur einer, Friedrich von Prittwitz und Gaffron, der deutsche Botschafter in Washington, legte tatsächlich sein Amt nieder.[20] Eine Gruppe von Unternehmensführern, darunter Carl Friedrich von Siemens von dem großen Unternehmen, das den Namen seiner Familie trug (und bis heute trägt), und Carl Bosch von der IG Farben, dem großen Chemiekonzern, kamen im selben Jahr einige Male zusammen, um ein Schriftstück zu entwerfen, mit dem sie Hitler von antisemitischen Aktionen abbringen wollten, aber sie reichten es nie ein.[21] Stattdessen sah die typische Reaktion der Unternehmensführer bei Übergriffen der Partei auf Juden so aus, dass sie stillhielten und allenfalls versuchten, einzelne besonders wertvolle Mitarbeiter zu schützen. So knickte Gustav Krupp von Bohlen und Halbach, der Präsident des Reichsverbandes der Deutschen Industrie, unter den Forderungen der SA-Männer ein, die am 1. April 1933 in sein Berliner Büro eindrangen, und stimmte zu, alle in seinem Unternehmen beschäftigten Juden zu entlassen und dazu jeden, den die NSDAP als politisch nicht tragbar erachtete. Auch die Degussa, ein Unternehmen, das Edelmetalle raffinierte, reagierte auf Unterstellungen nationalsozialistischer Zeitungen, sie stehe unter jüdischem Einfluss, mit einer notariell beglaubigten Erklärung, niemals Juden beschäftigt zu haben.[22] Auf diese Weise hoffte das Unternehmen die Aufmerksamkeit von der Tatsache abzulenken, dass bei seiner Gründung siebzig Jahre zuvor mehrere Juden eine wichtige Rolle gespielt hatten und 1933 immer noch sechs Juden im Aufsichtsrat saßen.

Warum bezogen prominente, erfolgreiche, etablierte Deutsche 1933 nicht moralisch Position? Dafür gab es viele Gründe. Zum einen erlangte das NS-Regime schon bald ein Monopol auf den politischen Diskurs und veränderte die moralische Valenz von Hass von etwas Schlechtem zu etwas Gutem. Vor 1933 erschien der Antisemitismus in manchen Kreisen als grob und beschämend, nun wurde er allenthalben mit Patriotismus gleichgesetzt. Umgekehrt galt es nun als unpatriotischer Akt, Mitgefühl mit Juden zu bekunden, etwas, das Verdacht weckte und womöglich sogar bestraft wurde. Der Angriff auf die Juden hatte für die Nationalsozialisten viel größere Bedeutung als deren Verteidigung für die anderen Deutschen. Deshalb entschieden viele, dass Vorsicht angeraten war, und sagten nichts. Außerdem stimmten selbst Deutsche, die den Antisemitismus der Nationalsozialisten abscheulich fanden, anderen Punkten ihres Parteiprogramms zu – mit anderen Worten, sie hatten zumindest teilweise die gleichen Interessen wie die Hitler-Bewegung. Diplomaten und Offiziere beispielsweise wünschten sich eine Revision der Bedingungen des Versailler Vertrags und die Wiederauferstehung der deutschen Streitkräfte, und Hitler versprach beides. Viele Unternehmensführer hofften auf die Zerschlagung der Gewerkschaften und die Überwindung der Wirtschaftskrise, und auch diese Ziele verkündete Hitler.

Vor allem aber flüchteten sich die meisten Deutschen der Oberschicht angesichts der Umwälzungen und der Gewalt Anfang 1933 in eine illusionäre Mischung aus Furcht um ihren Lebensunterhalt und falsch verstandener Verantwortung. Wie Ernst von Weizsäcker aus dem Außenministerium damals schrieb, sollte »jeder Spezialist ... sich in den Dienst der Sache stellen« und dem Regime »alle Hilfe und Erfahrung angedeihen lassen und mit dafür sorgen, daß die neue Revolution eine ernsthaft konstruktive wird«.[23] Natürlich fand von Weizsäcker das nicht besonders schwierig, beklagte doch auch er die seit 1919 bestehende »Judenüberschwemmung« Deutschlands, wie er es nannte. Aber selbst eine liberalere Persönlichkeit wie Fritz Roessler, der Aufsichtsratsvorsitzende der Degussa, bemühte sich, gute Miene zu den Ereignissen im Jahr 1933 zu machen. Menschen wie er sollten »das Gute an der Bewegung anerkennen, über die mit jeder Revolution verbundenen Menschlichkeiten hinwegsehen und an seinem Teil daran mitarbeiten, dass aus dem sich wild gebärdenden Most doch noch ein Wein wird«.[24]

Wie bei von Weizsäcker und Roessler hinderte ein ausgeprägtes Pflichtgefühl Personen in hohen Positionen oftmals daran, zu erkennen, was ihre Entscheidung bedeutete. Langfristig machte es die Nationalsozialisten nur stärker und gefährlicher, wenn man ihnen half, um »das Schlimmste zu verhindern«, wie es damals oft hieß. So sagte der Pastor von Kurt Gerstein, der später in der SS diente und einen Teil des in Auschwitz verwendeten Zyklons lieferte, in den 1930er Jahren, als dieser beschloss, in die NSDAP einzutreten, und versuchen wollte, von innen heraus Einfluss zu nehmen: »Das sagen Sie [dass es besser sei, innerhalb der Partei zu arbeiten], weil Sie damit rechnen, dass Sie dann noch mitreden können ... [Aber] wer sich in die rollende Lawine hineinbegibt, vergrößert nur die stürzende Masse.«[25] Wenige Deutsche waren so hellsichtig.

Einen sehr deutlichen Eindruck, wie die 1933 praktizierte Mischung aus Einschüchterung und Indoktrination auf jüngere Leute wirkte, die noch am Anfang ihres Berufslebens standen, vermitteln die Erinnerungen von Sebastian Haffner, *Geschichte eines Deutschen.* Haffner, mit richtigem Namen Raimund Pretzel, floh 1938 aus seinem Heimatland und begann in England eine neue Karriere als Journalist, bevor er nach dem Zweiten Weltkrieg nach Deutschland zurückkehrte. Bei Hitlers Machtübernahme war er 26 Jahre alt und bereitete sich als Jurastudent auf das Assessorexamen vor. In seinem Buch schildert er in lebhaften Farben die SA-Einheiten, die marodierend durch die Straßen zogen und jeden zusammenschlugen, der angesichts einer Hakenkreuzfahne nicht den Arm zum Hitlergruß nach oben riss. An einem Tag im Frühjahr 1933 drangen die Schläger in die juristische Bibliothek ein, wo er lernte, fragten jeden Anwesenden »Sind Sie arisch?«[26] und griffen alle an, die verneinten oder offensichtlich logen. An jenem Tag ging Haffner tief beschämt nach Hause, weil er die Frage wahrheitsgemäß mit Ja beantwortet hatte. Es war weder der erste noch der einzige Angriff auf das Rechtssystem in jenem Frühjahr.

Das gehörte zur Einschüchterung, die Indoktrinierung kam später, als das neue Regime Haffner und allen anderen Examenskandidaten befahl, im Sommer an einer Art Trainingslager für angehende Anwälte teilzunehmen. Dort brachte man ihnen die rassistische Weltanschauung der Partei bei und drillte sie endlos. Auf der Suche nach einem Begriff, der erfasste, was man ihm und seinesgleichen angetan hatte, prägte Haffner einen Neologismus ausgehend von dem Wort »Kamerad«, das die Parteimitglieder untereinander verwendeten. Haffner sagte, das Lager habe die jungen Männer »verkameradet«.[27] Die Militarisierung des Lebens in Deutschland durch solche Institutionen und Praktiken behinderte in den 1930er Jahren das kritische Denken und förderte Gruppenidentifikation, Gemeinschaftsgefühl und Gehorsam. Dazu trug auch bei, dass die Partei dauernd von der »Volksgemeinschaft« sprach und betonte, die deutschen Staatsbürger hätten eine moralische Verpflichtung nur »uns« und niemand sonst gegenüber. Eine große, vergiftende Glorifizierung von »Zugehörigkeit« erfasste das Leben in Deutschland. Hans Schemm, der neue bayerische Kultusminister, erklärte die intellektuellen Verpflichtungen, die das mit sich brachte, 1933 vor einer Gruppe von Professoren in München. Er sagte: »Von jetzt an kommt es für Sie nicht darauf an festzustellen, ob etwas wahr ist, sondern ob es im Sinne der nationalsozialistischen Revolution ist.«[28]

Solche Beispiele illustrieren, wie die Macht die Ideen der Mächtigen verstärkt, weil die Menschen dazu neigen, Sicherheit in Konformität zu suchen. Die einzigen Gegengifte sind Überzeugung – die Loyalität einer starken entgegengesetzten Weltanschauung gegenüber – und die Freiheit, sie auszudrücken. Wenn beides fehlt, wie es in Deutschland nach 1933 der Fall war, gewinnen die Ideologen rasch die Oberhand und geben vor, wie man sich zu verhalten habe. So kann eine Minderheit von Hasserfüllten mit der Unterstützung des Staates nach Belieben Ereignisse vorantreiben und das Leben jeder Gruppe, die in ihr Visier geraten ist, elender machen.

Das Eigeninteresse riet den meisten nichtjüdischen Deutschen, sich nicht darum zu kümmern, was mit den Juden passierte, oder es nur als den Preis für all das Gute zu betrachten, was das nationalsozialistische Regime scheinbar brachte. Schließlich war 1936 die Wirtschaftskrise vorüber, und die Arbeitslosigkeit gehörte der Vergangenheit an; das NS-Regime hatte weltweit am schnellsten die wirtschaftliche Erholung geschafft. Im Jahr davor hatte Deutschland das Saargebiet zurückbekommen, das seit 1919 von Frankreich verwaltet wurde, und das Reich hatte sich erfolgreich gegen die vom Versailler Vertrag auferlegten Grenzen bei der Rüstung gewehrt. 1936 hatte es wieder Soldaten im Rheinland stationiert, dem vormals entmilitarisierten Streifen, der an die Niederlande, an Belgien, Luxemburg und Frankreich grenzte. Innerhalb der nächsten zwei Jahre annektierte Hitler Österreich; er holte die deutschsprachigen Einwohner des Sudetenlands »heim ins Reich«, zu dem sie nie gehört hatten, und besetzte den Rest der heutigen Tschechischen Republik, alles ohne dass ein Schuss abgefeuert wurde und ein einziger Soldat im Kampf fiel.

Das Eigeninteresse brachte einige Menschen auch dazu, von der Judenverfolgung profitieren zu wollen. Viele eifrige Anwälte und Händler agierten als Mittelsmänner beim Verkauf von jüdischem Besitz und bei der Übernahme von Arztpraxen und Anwaltskanzleien von Juden und halfen all jenen, die sich an den Kunstwerken, Häusern und Wohnungen, Möbeln, Teppichen und dergleichen von Juden bereichern wollten. Viele Nichtjuden kamen zu dem Schluss, dass sie, wenn sie die Verfolgung nicht stoppen konnten, wenigstens etwas davon haben wollten. Selbst Deutsche, die die Situation nicht auf diese Weise ausnutzten, dachten zuerst an sich selbst und brachen den Kontakt mit jüdischen Freunden und Nachbarn ab. Das verstärkte deren Isolation und machte sie selbst taub und blind für das Leiden der Juden.[29]

Abgesehen davon erschwerte die schrittweise Eskalation des nationalsozialistischen Vorgehens gegen die Juden es, die weitere Entwicklung abzusehen. Dieses Problem betraf alle, die nichtjüdischen Deutschen, die deutschen Juden und die Ausländer. Hätten die Menschen gewusst, dass aus Brutalität und Diskriminierung Hungertod und Massenmord werden würden, hätten vielleicht mehr Menschen mehr Widerstand geleistet. Aber selbst die Nationalsozialisten wussten das im Jahr 1933 noch nicht, wie hätte da irgendjemand sonst sich sicher sein können? Statt sich auszumalen, wohin die Verfolgung führen könnte, waren die Deutschen gefangen in der hermetisch abgeschlossenen geistigen Welt, die die Nationalsozialisten geschaffen hatten. In dieser Welt wurden Informationen strikt kontrolliert, ausländische Publikationen waren verboten, das Adjektiv »kosmopolitisch« diente als beliebtes Schimpfwort, und die Menschen wurden beständig daran erinnert, dass sie »dem Führer entgegenarbeiten«[30] und sich fragen sollten, was Hitler wohl von ihnen erwarten würde, um entsprechend zu handeln. Die Köpfe wurden, mit anderen Worten, methodisch vergiftet, und der moralische Maßstab verschob sich systematisch von allgemeinen ethischen Prinzipien wie der Goldenen Regel, andere nicht anders zu behandeln, als man selbst behandelt werden möchte, hin zur speziellen Frage, ob eine Handlung Deutschland stärkte oder nicht. Diese Verzerrung des Denkens funktionierte besonders gut bei jungen Leuten, die in den 1930er Jahren heranwuchsen und meistens noch kein unabhängiges moralisches Gerüst besaßen.[31] Jugendliche waren in jenem Jahrzehnt ganz vorn dabei bei Übergriffen auf Juden und Vorstößen, Juden und alle, die in Beziehungen zu ihnen standen, zu demütigen.

Zwei Einschränkungen galten dennoch bei dieser kollektiven Gehirnwäsche. Erstens änderte sie nicht unbedingt, was ältere Menschen dachten, aber sie änderte entscheidend, was sie sagten und taten. Die Nationalsozialisten bestimmten den öffentlichen Diskurs und kontrollierten das soziale Belohnungssystem, und das reichte aus, um offenen Widerspruch einzuschränken. Zweitens verloren die Menschen nicht über Nacht ihren Anstand gegenüber den Juden, und nicht immer geschah es ohne Druck. Ein weiteres Beispiel aus der Geschichte der Degussa illustriert diesen Punkt. Dabei geht es um das Verhalten von Ernst Busemann, dem Vorstandsvorsitzenden, gegenüber den jüdischen Familien Meyer und Margulies, die in den 1920er Jahren die Mehrheitsanteile an ihren Firmen an die Degussa verkauft hatten, aber immer noch 26 Prozent der Aktien in den beiden Tochterfirmen hielten und Positionen in Vorstand und Aufsichtsrat innehatten. Im November und Dezember 1937 wollte die Ortsgruppe der Deutschen Arbeitsfront von der ersten der beiden Tochterfirmen, dass sie sich am Wettbewerb um die Auszeichnung als Nationalsozialistischer Musterbetrieb beteilige. Um dies zu ermöglichen, sollte der Geschäftsführer die jüdischen Mitglieder der Familie Meyer auszahlen und aus der Unternehmensleitung entfernen. Pflichtschuldig schrieb er an Busemann und fragte, was zu tun sei. Busemanns Antwort ist erhalten geblieben, ein bemerkenswertes Dokument, das mit höchstem Lob für die Mitglieder der Familie Meyer als alte Freunde und aufrechte Geschäftsleute beginnt, dann Bedauern zum Ausdruck bringt, dass er ihr Schicksal in den Händen halte, und mit dem vernichtenden Fazit endet, »[e]s hat keinen Zweck, gegen den Strom zu schwimmen« – die Meyers und ihre Anteile mussten gehen. Um den Schlag abzumildern, ersann Busemann eine Möglichkeit, sie für ihre Anteile an der Tochterfirma mit Anteilen an der IG Farben zu entschädigen, die den gleichen Nominalwert hatten, aber einen viel höheren Marktwert. Im Gegensatz dazu bot Busemann nur wenige Monate später, im April 1938, nachdem die Nationalsozialisten den Ausschluss der jüdischen Minderheitsaktionäre der österreichischen Tochterfirma der Degussa verlangt hatten, den Mitgliedern der Familie Margulies nur einen Bruchteil dessen, was ihre Aktien wert waren, in bar an und sagte ihnen, es stehe ihnen frei, das Angebot anzunehmen oder abzulehnen. Warum der abrupte und extreme Sinneswandel? Nach dem Anschluss Österreichs und Görings Erlassen für eine beschleunigte Arisierung war die politische Gefahr, wenn herauskam, dass jemand großzügig oder sogar mitfühlend gegenüber Juden gehandelt hatte, sehr viel größer, und Busemann passte sein Verhalten entsprechend an.[32]

Diese Beispiele aus Haffners Erinnerungsbuch und aus der Geschichte der Degussa sind aufschlussreich, aber sind sie auch repräsentativ? Was wissen wir darüber, wie die meisten Deutschen über die Judenverfolgung dachten, und woher wissen wir es? Tatsächlich gibt es zahlreiche Quellen, darunter vier besonders wichtige: die Sopade-Berichte, das heißt die regelmäßigen Berichte, die linke Regimegegner, die immer noch in Deutschland lebten, für die Exilorganisation der Sozialdemokratischen Partei in Prag hinausschmuggelten; die Stimmungsberichte, die Agenten der Gestapo sammelten und die Jahrzehnte später als »Meldungen aus dem Reich« veröffentlicht wurden (eine deutsche Ausgabe der Passagen, die Juden betreffen, hat einen Umfang von 651 Seiten); zahlreiche Tagebücher von nichtjüdischen Deutschen, die Peter Fritzsche unter dem Titel *Life and Death in the Third Reich* zusammengetragen hat, und die brillanten, pointierten Tagebuchaufzeichnungen eines Juden mit einer nichtjüdischen Ehefrau, Victor Klemperer, der das NS-Regime überlebte; sie wurden in zwei Bänden unter dem Titel *Ich will Zeugnis ablegen bis zum letzten* veröffentlicht.

Diese Quellen ergeben ein komplexes, widersprüchliches Bild, in dem freundliche Gesten neben außerordentlicher Gefühllosigkeit stehen. Aber generell lässt sich die Bevölkerung in drei Gruppen unterteilen: eine Gruppe, die die Judenverfolgung unterstützte, eine zweite Gruppe, die sie lediglich hinnahm, und eine dritte Gruppe, der sie missfiel, die aber wenig Sinn darin sah, dagegen aufzubegehren, auch wenn sie häufig Vorbehalte äußerte und sich wegen einzelner Aktionen schämte. Die Berichte der Gestapo vermitteln einen lebhaften Eindruck, wie die Juden täglich schikaniert und drangsaliert wurden und welchen Abscheu derartige Handlungen manchmal weckten. Im September 1934 bedauerte die Dienststelle in Potsdam, Folgendes berichten zu müssen: »[O]hne Zweifel ist das Judenproblem nicht das Hauptproblem des deutschen Menschen ... Äußerungen über die Gefahr des Judentums werden abgemildert und die Leute, die sich mit Aufklärung befassen, gewissermaßen als Narren hingestellt.« Im darauffolgenden Juli konstatierte die Dienststelle in Kiel: »Im übrigen ist jedoch zu bemerken, daß wenn es zur Stellungnahme und Aktion gegen Juden kommt, diese meist von den Angehörigen der NSDAP und der angeschlossenen Organisationen ausgehen, während die große Menge des Volkes selbst wenig Teilnahme für die Judenfrage zeigt.«[33] Im Oktober 1935 meldete die Dienststelle in Magdeburg Folgendes über die öffentliche Reaktion auf die im Jahr zuvor verabschiedeten Nürnberger Gesetze: »Alles in allem kann gesagt werden, daß die neuen Gesetze außerhalb der rein nationalsozialistischen Bevölkerung zum Teil mit Gleichgültigkeit, zum Teil mit sehr wenig Verständnis aufgenommen worden sind.«[34] Andere Dienststellen berichteten jedoch genau das Gegenteil und behaupteten, die Öffentlichkeit habe die Nürnberger Gesetze begrüßt, weil sie endlich Klarheit über die Rolle der Juden in Deutschland gebracht hätten.

Soweit man die Anhaltspunkte, wie erwachsene Deutsche vor der »Kristallnacht« dachten, verallgemeinern kann, lässt sich sagen, dass sie antisemitische Maßnahmen generell akzeptierten, außer sie bedrohten das Eigeninteresse der nichtjüdischen Bevölkerung. So nahmen viele Deutsche der Partei die Appelle übel, sich von Geschäften in jüdischem Besitz fernzuhalten, weil sie nach verbreiteter Einschätzung oft bessere Waren zu niedrigeren Preisen boten, und viele Bauern mussten gezwungen werden, ihre Geschäftsbeziehungen zu vertrauten jüdischen Viehhändlern abzubrechen.[35] In ähnlicher Weise, nur abstrakter, fürchteten viele Deutsche, das Bild des Landes im Ausland könnte durch antisemitische Aktionen und durch massiv antisemitische Publikationen, allen voran *Der Stürmer* von Julius Streicher, Schaden nehmen. Mitte der 1930er Jahre wurde *Der Stürmer* in vielen Städten und Dörfern jeden Tag gut sichtbar in speziellen Schaukästen ausgehängt, aber mit der Zeit steigerte sich das öffentliche Unbehagen so sehr, dass man davon abrückte. Die Reaktion auf die »Kristallnacht« bestätigte dieses Muster: Viele Menschen auf der Straße bekundeten am Tag danach Scham und Abscheu,[36] allerdings gleich oft über die mutwillige Zerstörung von Eigentum und den Eindruck von Unordnung wie über das, was man den Juden angetan hatte. Wie die Mischung der Einstellungen in der nichtjüdischen Bevölkerung im Einzelnen auch gewesen sein mochte, entscheidend ist, dass Gewalt und Bösartigkeit gegen Juden in den 1930er Jahren im nationalsozialistischen Deutschland unter den Augen der Öffentlichkeit stetig zunahmen, besonders in Kleinstädten und auf dem Land.

Aber es regte sich nicht genug Ablehnung und Abscheu, um das Regime zu einem Kurswechsel zu veranlassen.

Nach Kriegsbeginn verschärfte sich die Feindseligkeit gegen die Juden weiter. Es gab Gerüchte über die Einrichtung von Ghettos und die bevorstehende Deportation nach Polen, und in den ersten Kriegsjahren regte sich kaum Widerstand. Viele Berichte der Gestapo aus dem Jahr 1940 hoben die große Wirkung des Propagandafilms *Jud Süß* hervor, der eindeutig antisemitische Gefühle verstärkte. Im Juli 1941 kommentierte die Gestapo-Dienststelle in Berlin die öffentliche Reaktion auf die ersten Wochenschauberichte von der Ostfront mit den Worten: »Mit lebhafter Zustimmung wurden die Bilder von der Inhaftierung der … Juden aufgenommen und zum Ausdruck gebracht, daß mit diesen [in Deutschland] noch viel zu loyal umgegangen würde. Die Bildfolgen vom Zwangseinsatz der Juden zu Aufräumarbeiten seien überall mit großer Freude aufgenommen worden.«[37] Und im September meldeten lokale Dienststellen aus dem ganzen Land, der Befehl, dass die deutschen Juden den Davidstern auf ihrer Kleidung zu tragen hätten, habe »wahre Genugtuung« und »große Befriedigung« ausgelöst.[38] Dennoch klagte Goebbels einen Monat später in seinem Tagebuch: »Unsere intellektuellen und gesellschaftlichen Schichten haben plötzlich wieder ihr Humanitätsgefühl für die armen Juden entdeckt.«[39] Deshalb stellte er sicher, dass mit den nächsten monatlichen Lebensmittelmarken, die an jeden deutschen Haushalt gingen, auch eine Liste neuer Strafen für »judenfreundliches Verhalten«[40] verteilt wurde.

Trotz solcher Mahnungen fand es das NS-Regime nötig, weitere Vorkehrungen zu treffen, um Sympathiebekundungen für Juden zu unterbinden, nachdem ihre Deportation begonnen hatte. In Berlin mussten sich im Oktober 1941 die ersten Kontingente von Menschen, die »in den Osten« geschickt werden sollten, in der Synagoge in der Levetzowstraße im Viertel Moabit nicht weit vom Stadtzentrum einfinden und dann bei helllichtem Tag sechs Kilometer zur Verladestelle beim Güterbahnhof Grunewald ganz im Westen der Stadt marschieren. Als die Transporte Mitte 1942 wieder aufgenommen wurden, beschlossen die Behörden, die Zahl der Augenzeugen zu verringern, indem sie die Märsche mitten in der Nacht ansetzten. Als später im selben Jahr Berliner Juden von einer anderen, noch zentraleren Sammelstelle in der Großen Hamburger Straße ins Lager Theresienstadt in Böhmen deportiert wurden, legten sie die erste Strecke ihrer Reise vor Tagesanbruch mit der Straßenbahn zurück und stiegen dann am noch wenig belebten Anhalter Bahnhof in die Züge ein.[41]

Dass Theresienstadt (auf Tschechisch Terezín) als Bestimmungsort für ältere und verdiente deutsche Juden ausgewählt wurde, zeugt davon, dass das NS-Regime immer noch einen Restwunsch hegte, zu verheimlichen, was vor sich ging. Die ehemalige österreichische Garnisonsstadt in Böhmen, die man im November 1941 in ein Sammellager für tschechische Juden verwandelt hatte, wurde ab Mitte 1942 vorgeblich zur Unterbringung von deutschen Juden genutzt, die nicht mehr zur »Arbeit im Osten« in der Lage waren, wohin die Transporte angeblich gingen. Tatsächlich erwies sich dieses »Altersghetto« für die meisten der dort internierten 58 000 Juden aus Großdeutschland als lediglich eine Station auf dem Weg in den Tod. Rund 41 Prozent kamen von dort in die Vernichtungslager, etwas mehr starben in Theresienstadt an Kälte, Hunger und Krankheiten; bei der Befreiung 1945 lebten nur noch rund 7000 Menschen. Unterdessen schwärmte die NS-Propaganda vom sagenhaften Komfort des Lagers, zuerst, um die Deutschen über die Absichten des Regimes zu täuschen, und dann 1944, um den gutgläubigen Vertretern des Internationalen Komitees vom Roten Kreuz etwas vorzuspiegeln, denen das Reich erlaubt hatte, das vorübergehend verschönerte Lager zu besuchen.

Zumindest bei zwei Kategorien deutscher Juden war das Regime vorsichtig: bei denen, die aus Ehen mit einem nichtjüdischen Partner abstammten, und solchen, die mit einem nichtjüdischen Partner verheiratet waren.[42] Gegen sie verhängte es erst später Einschränkungen als gegen »Volljuden« oder sogenannte »Geltungsjuden«, die die Nationalsozialisten wegen ihrer Ehe mit einem jüdischen Ehepartner oder der Zugehörigkeit zur jüdischen Religionsgemeinschaft als Juden zählten, und sie wurden auch erst später vertrieben, aus Furcht, dass ihre zahlreichen nichtjüdischen Verwandten protestieren könnten. Doch derselbe lange Prozess der allmählichen Entdeckung von

Möglichkeiten, der in der Politik gegenüber den deutschen Juden stattgefunden hatte, wiederholte sich nun, nur langsamer, auch gegenüber den Deutschen, die einen jüdischen Großelternteil hatten (»Mischlinge« zweiten Grades, 40 000 Personen im Jahr 1939) oder zwei, aber ansonsten keine weitere Verbindung zu Juden oder zum Judentum (»Mischlinge« ersten Grades, 64 000 Personen in 1939). Anders als die Juden verloren die »Mischlinge« weder die deutsche Staatsbürgerschaft, noch wurden ihnen entsprechend den Nürnberger Gesetzen sexuelle Beziehungen mit Ariern untersagt, allerdings waren künftige Heiraten zwischen Ariern und »Mischlingen« verboten. »Mischlinge« wurden später vom Militärdienst ausgeschlossen als Juden und waren bis 1943 von der Konzentration in sogenannten Judenhäusern und der Deportation in Ghettos und Vernichtungslager ausgenommen. Danach griff das Regime hart durch, legte zunehmendes Vertrauen oder verstärkten Fanatismus an den Tag, um potenziellen Widerstand zu ersticken, und stieß tatsächlich kaum auf Gegenwehr. Im Frühjahr 1944 begannen Razzien, um »Mischlinge« für die Internierung in Zwangsarbeitslagern zusammenzutreiben, Anfang 1945 wurden alle verbliebenen »Mischlinge« und die rund 21 500 deutschen und österreichischen Juden, die immer noch prekäre Existenzen in gemischten Ehen führten, nach Theresienstadt deportiert. Victor Klemperer, der heute berühmte Tagebuchschreiber, entging Anfang 1945 der Deportation nur, weil seine Heimatstadt Dresden kurz vor dem festgesetzten Termin bombardiert wurde und er in dem anschließenden Chaos unerkannt mit seiner Frau aus der Stadt fliehen konnte. Viele andere, die deportiert werden sollten, hatten nicht so viel Glück. Während die Transporte aus Berlin durch die letzte sowjetische Offensive behindert wurden, kamen Züge aus Frankfurt am Main und Leipzig in Theresienstadt an, und etliche Passagiere überlebten die letzten Kriegsmonate nicht, viele nur knapp. Wäre das Dritte Reich nicht untergegangen oder hätte es nur ein wenig länger fortbestanden, wären die meisten »Mischlinge« ersten Grades und die jüdischen Ehepartner von Nichtjuden wohl todgeweiht gewesen, und den meisten »Mischlingen« zweiten Grades hätte die Sterilisation gedroht.

Insofern kann man sagen, dass die Deutschen ab 1933 immer hartherziger gegenüber den Juden wurden und immer empfänglicher für die Judenpropaganda der Nationalsozialisten. Aber warum verteidigte sich die jüdische Gemeinschaft in Deutschland nicht besser, oder warum bemühte sie sich nicht, ganz fortzukommen? In gewisser Weise ist diese Frage genau wie die oft gestellte nach dem Verhalten der Juden in den polnischen Ghettos, die wir später in diesem Buch untersuchen werden, schrecklich naiv und grausam. Die Juden hatten es mit einer nationalsozialistischen Bewegung zu tun, die rücksichtslos und schamlos war in dem, was sie über die Juden sagte und was sie ihnen antat. 1933 machten die Juden einen sehr kleinen Teil der deutschen Bevölkerung aus, der im Lauf der Zeit immer weiter schrumpfte. Wie alle anderen waren sie unfähig, vorauszusehen, was kam, zumal dazu Verhaltensweisen zählten, die es in einem zivilisierten Land noch nicht gegeben hatte.

Vor allem aber waren die deutschen Juden wie später die Juden im besetzten Europa keine monolithische, verschworene Einheit, wie die Nationalsozialisten behaupteten, sondern untereinander uneinig, was der nationalsozialistische Angriff bedeutete und wie man darauf reagieren sollte. Rund zwei Drittel der deutschen Juden waren liberal, kulturell assimiliert, oft eher säkular oder praktizierten überhaupt nicht. Sie waren entweder Mitglieder des Centralvereins deutscher Staatsbürger jüdischen Glaubens oder standen ihm nahe, eine Bezeichnung, die ihren Wunsch ausdrückte, in das deutsche Volk integriert zu sein und die gleichen Rechte zu haben wie alle anderen deutschen Staatsbürger. Für diese Gruppe war der nationalsozialistische Angriff schwer zu begreifen und die Erfahrung besonders schmerzlich, dass ihre Loyalität gegenüber Deutschland so ungerechterweise abgewiesen wurde.

Die beiden anderen Hauptgruppen, die Orthodoxen, denen 1933 etwa 20 Prozent der Juden in Deutschland angehörten, und die Zionisten, damals fünf bis zehn Prozent, waren von der Feindseligkeit der Nationalsozialisten weniger betroffen, weil sie damit gerechnet hatten. Die Orthodoxen sahen darin das Werk eines unergründlichen Gottes, aber mutmaßlich eine Strafe dafür, dass sich so viele deutsche Juden vom Glauben abgewandt hatten. Die Antwort konnte nur sein, noch mehr zu beten. Für die Zionisten, die für die Ansiedlung der Juden in Palästina und die Gründung eines jüdischen Staates dort plädierten, bildete die erwartete endemische Feindschaft der Nichtjuden gegen die Juden das Fundament, auf dem ihre Bewegung ruhte. Die zionistische Antwort auf die Verfolgung in Deutschland bestand darin, mit den Nationalsozialisten auf der Grundlage der gemeinsamen Überzeugung zusammenzuarbeiten, dass Juden und Deutsche zwei verschiedene Nationalitäten waren, und so ein teilweise gemeinsames Ziel zu erreichen: die Emigration der Juden aus Deutschland. Ihre Ziele stimmten partiell überein, waren aber nicht identisch. Die Nationalsozialisten wollten alle Juden aus Deutschland vertreiben, die Zionisten wussten aber, dass der *Jischuw*, die Gemeinschaft der jüdischen Siedler in Palästina, nur einige Juden aufnehmen konnte, bevorzugt junge und leistungsfähige, die Hebräisch sprachen und bereit waren, auf den kollektiven Farmen, den *Kibbuzim*, harte körperliche Arbeit zu verrichten. Zudem unterstützten die Nationalsozialisten zwar das zionistische Ziel der Auswanderung der Juden nach Palästina, aber die Gründung eines Judenstaats dort lehnten sie ab.

Dieses teilweise gemeinsame Interesse an der Emigration der Juden führte zu dem umstrittenen *Ha'avara*- oder Transfer-Abkommen vom August 1933.[43] Es eröffnete deutschen Juden in den 1930er Jahren einen schmalen Fluchtweg und finanzierte alles in allem die Emigration von 20 000 der 52 000 deutschen Juden nach Palästina, die bis 1939 dorthin gelangten. Außerdem trug es zur wachsenden Popularität des Zionismus unter deutschen Juden in den 1930er Jahren bei. Aber das Transfer-Abkommen war moralisch fragwürdig, damals heftig umstritten und wurde folglich nicht für oder durch jüdische Gemeinschaften andernorts imitiert. Im Grunde regelte das Abkommen, dass Juden, die Deutschland mit dem Ziel Palästina verlassen wollten, ihren Besitz in Deutschland schätzen lassen und dann dem deutschen Staat überschreiben mussten. Deutschland zahlte daraufhin einzelnen Emigranten, deren Vermögen einen bestimmten Betrag in Reichsmark überstieg, mindestens 1000 Palästina-Pfund, die Summe, die die britische Verwaltung Palästinas von einwanderungswilligen Personen außerhalb der amtlichen Einwanderungsquote forderte. Den Restbetrag – alles, was von den Vermögen der deutschen Juden noch übrig blieb, denen die Emigration erlaubt wurde – sollte das Dritte Reich an die Jewish Agency in Palästina in Form von deutschen Waren auszahlen, die die Agency dann zugunsten dieser und anderer neuer Siedler verkaufen konnte. Durch den *Jischuw* konnten Menschen Deutschland verlassen, und Deutschland bekam den größten Teil des jüdischen Besitzes, außerdem wuchs die Produktion für den Export, was die Zahl der Beschäftigten im Land erhöhte und das NS-Regime stärkte. Eine Weile schien dieses System beiden Seiten Vorteile zu verschaffen, den Zionisten und den Nationalsozialisten, aber sein ökonomischer Wert für Deutschland schmolz bald dahin. Ab 1935 erhöhte das NS-Regime stetig die Mindestsumme in Reichsmark, die für die palästinensische Währung zu zahlen war, und reduzierte das Warenangebot, das für den Weiterverkauf infrage kam. Zuletzt behielten ausreisewillige deutsche Juden mithilfe des Abkommens weniger als 1,5 Prozent ihres Besitzes. Es blieb nur deshalb bis zum Beginn des Zweiten Weltkriegs in Kraft, weil Hitler auf kein Instrument verzichten wollte, das die Juden dazu bewegen konnte, Deutschland zu verlassen.

Bei anderen Formen der Emigration zögerten die Verantwortlichen der deutschen Juden zuerst. Der Centralverein riet in den Jahren 1933 bis 1935 von der Emigration ab, weil sie bedeutete, dass man sich Forderungen, was als deutsch galt, unterwarf und die Juden im Stich ließ, die nicht ausreisen konnten. Aber nach der Einführung der Nürnberger Gesetze änderte der Centralverein seine Haltung und befürwortete die Emigration. Er sprach sich weiter für die Diaspora anstatt eines jüdischen Staates aus, gab aber selbst zu, dass die deutschen Juden langfristig keine Zukunft hatten, indem er sich 1936 umbenannte. Der Bezug auf die deutsche Staatsbürgerschaft wurde fallengelassen, die Organisation hieß künftig nur noch Jüdischer Centralverein. 1937 suchten, wie bereits erwähnt, die meisten deutschen Juden einen Ausweg aus Deutschland, obwohl ihnen nicht viele Möglichkeiten offenstanden. Manche hatten bessere Chancen, anderswo Aufnahme zu finden, als andere.[44] Grob gesagt war Alter ein Nachteil, Jugend ein Vorteil: 84 Prozent der deutschen Juden, die 1933 jünger als 24 Jahre waren, kamen lebend aus Deutschland heraus gegenüber 60 Prozent der gesamten jüdischen Bevölkerung. 1939 war ein Drittel der noch in Deutschland verbliebenen Juden sechzig Jahre oder älter und mehr als die Hälfte älter als fünfzig Jahre. Wer Fähigkeiten besaß, die anderswo gefragt waren, hatte eine größere Chance als jemand, der mit seiner Qualifikation eine Konkurrenz für die Bewohner anderer Länder zu sein drohte. Das bedeutete oft, dass Menschen mit handwerklicher Ausbildung oder landwirtschaftlichen Kenntnissen bessere Aussichten hatten als Ärzte, Anwälte und andere Selbstständige. Manchmal ermöglichte Reichtum es den Menschen, frühzeitig zu gehen, weil andere Länder sich offener zeigten für Einwanderer, die Geld mitbrachten, und in den Anfangsjahren der NS-Herrschaft konnten die Juden mehr von ihrem Vermögen mitnehmen, als später erlaubt war. Aber Reichtum verführte viele auch, zu bleiben, weil die Nationalsozialisten generell große Firmen und ihre Inhaber als Letzte ins Visier nahmen, und dann verloren diese Menschen nahezu alles. Männer hatten bessere Chancen, ins Ausland zu gelangen, als Frauen, aber die Tatsache, dass 60 Prozent der 1939 in Deutschland verbliebenen Juden Frauen waren, spiegelte sicher noch etwas anderes wider: Entsprechend den vorherrschenden Geschlechterrollen der damaligen Zeit kümmerten sich Frauen öfter als Männer um alte Eltern oder kranke oder behinderte Verwandte. Viele Juden, die 1939 immer noch in Deutschland lebten, hatten einfach jemanden, der von ihnen abhängig war und den sie nicht zurücklassen konnten.

Die Legende, die deutschen Juden hätten die Verfolgung passiv oder ungläubig hingenommen, ist genau das: eine Legende. Sie wehrten sich auf die einzige Weise, die ihnen blieb:[45] indem sie so viele Menschen wie möglich mit dem Rüstzeug ausstatteten, um emigrieren zu können, und sich gemeinschaftlich um all jene kümmerten, die blieben. Bereits 1933 richteten sie eine Zentralwohlfahrtsstelle der deutschen Juden ein und eine nationale Organisation, die Reichsvertretung der deutschen Juden. Diese Stellen sammelten Gelder und gaben sie für Arbeitsförderung und Rechtsberatung aus oder kauften Autos für fahrende Händler. Von 1933 bis 1937 wendeten solche Wohlfahrtsstellen auf lokaler und nationaler Ebene 26,3 Millionen

Reichsmark aus eigenen Mitteln und noch einmal 7,5 Millionen an Spenden aus dem Ausland auf. Es wurden eigene Gruppen für Ärzte, Anwälte und Künstler eingerichtet, die für arbeitslose Kollegen nach Stellen im Ausland oder bei jüdischen Einrichtungen im Land suchten. Rund 140 Institute für Umschulungen wurden errichtet, bis 1938 durchliefen sie 30 000 Personen, zwei Drittel davon jünger als zwanzig Jahre. Weil Juden keine staatlichen Wohlfahrtsleistungen mehr bekamen, hingen sie immer mehr von der Unterstützung aus Beiträgen der schrumpfenden Gruppe von Juden ab, die noch Arbeit hatten. Bereits 1935 war ein Drittel der Juden in Deutschland auf derartige Hilfe angewiesen, und jüdische Suppenküchen im Land verteilten 2,5 Millionen Mahlzeiten. Aber in den folgenden Jahren sank parallel zur Gesamtzahl der verbliebenen Juden sowohl die absolute Zahl der Menschen als auch der relative Anteil der jüdischen Bevölkerung, den die jüdische Gemeinschaft versorgen konnte. Die jüdische Selbsthilfe kämpfte auf verlorenem Posten, doch ihre Mühe machte allen Beteiligten Ehre.

1939 löste das NS-Regime die Reichsvertretung und alle anderen Verbände der jüdischen Gemeinschaft auf und ersetzte sie durch eine neue Organisation, in der alle noch in Deutschland lebenden Juden erfasst wurden, die Reichsvereinigung der Juden in Deutschland. Deren Leiter setzten den heroischen Kampf fort, die verbliebene, zunehmend alte und verarmte jüdische Bevölkerung in Deutschland zu unterstützen, aber ihre Bemühungen erwiesen sich als aussichtslos, als die Verfolgung eskalierte und in Mord mündete. Als im Oktober 1941 die Deportationen begannen, befanden sich die meisten Juden in Deutschland in einer trostlosen, elenden Lage. Sie lebten mindestens zu zweit in einem Zimmer in Judenhäusern mit Gemeinschaftsküchen und Gemeinschaftsbädern in den übelsten Vierteln der großen Städte, hatten ihre Radiogeräte und sogar ihre Haustiere abgeben müssen und bekamen weniger Marken für Essen und andere Waren als die nichtjüdischen Deutschen. Sie durften nur in den Abendstunden bestimmter Tage einkaufen, wenn die Läden oft schon ausverkauft waren. Viele Juden waren dem Verhungern nahe und zutiefst verzweifelt. Die Verantwortlichen der Reichsvereinigung unterstanden direkt dem Reichssicherheitshauptamt und versuchten vor allem, sich selbst zu schützen, genau wie ihre Pendants im besetzten Europa, indem sie die Anweisungen der SS ausführten. Die Reichsvereinigung verkam so zu einem Instrument, mit dem das NS-Regime alle in Deutschland verbliebenen Juden kontrollierte, plünderte, was von ihrem Besitz noch übrig war, und dann die Deportationen abwickelte, einschließlich der Selektion der Juden nach den vom Reichssicherheitshauptamt festgelegten Kriterien.[46] 1942 und 1943 entsandte die Reichsvereinigung sogar eigene »Ordner«, um die Menschen für die Transporte abzuholen, die auf eine entsprechende Aufforderung am Vortag nicht reagiert hatten. In Wien hießen diese jüdischen Helfer der SS treffender »Ausheber«.[47]

Wie in den Ghettos weiter im Osten ergab sich solche Gefügigkeit aus dem Wunsch sowohl nach Selbstschutz als auch nach Verbesserung der Lage der jüdischen Menschen. Die Kooperation mit der SS erschien den jüdischen Verantwortlichen als die einzige Möglichkeit, selbst am Leben zu bleiben und die Not der Deportierten zu lindern, indem sie sie an den Sammel- und Abfahrtsstellen mit Essen und Decken versorgten. Aber hinter dem Handeln der Reichsvereinigung stand noch etwas anderes, was weiter im Osten ebenfalls wirkte: direkte Einschüchterung. Bei Aufsässigkeit und Widerstand übten die Nationalsozialisten brutale Vergeltung. Symptomatisch für die Bösartigkeit war ihre Reaktion, nachdem im Mai 1942 eine Gruppe um einen Juden namens Herbert Baum versucht hatte, eine Propagandaausstellung gegen die Sowjetunion in Berlin niederzubrennen.[48] Die Gestapo nahm 33 Verschwörer praktisch auf der Stelle fest und exekutierte nicht nur sie, sondern dazu weitere 250 jüdische Männer, die zusammengetrieben und ins Lager Sachsenhausen vor den Toren der Stadt gebracht wurden. Noch einmal 250 jüdische Männer verschwanden ebenfalls in dem Lager, die Familien aller 500 Männer wurden umgehend »in den Osten« deportiert, und Goebbels beschleunigte den Zeitplan, um Berlin »judenfrei« zu machen.

Wie gelang es Hitler, die Verfolgung der deutschen Juden in den 1930er Jahren zu verschärfen, ohne dass das Ausland sich einmischte oder gar eingriff? Teils schaffte er es, indem er Restriktionen schrittweise einführte und zeitweilig sogar in Aussicht stellte, einige Juden könnten langfristig in Deutschland – oder zumindest in Theresienstadt – bleiben. Die NS-Führer ließen die Menschen im Unklaren über ihre Absichten und machten genug widersprüchliche Aussagen, damit wenigstens einige Außenstehende glaubten, es würde schon nicht zum Schlimmsten kommen. Dass manche das auch glauben wollten, ist das zweite Schlüsselelement der Erklärung. In Großbritannien und Frankreich, den beiden Ländern, die am ehesten in der Lage gewesen wären, Einfluss auf Hitler zu nehmen, bevor die deutsche Aufrüstung ein gefährliches Ausmaß erreichte, verbanden sich einheimischer Antisemitismus und Wunschdenken mit dem Ergebnis, dass man für die Nichteinmischung in die inneren Angelegenheiten Deutschlands plädierte, so barbarisch sie auch aussahen. Wunschdenken trieb die Appeasement-Politik an, die auf die Überzeugung hinauslief, dass es für den Schutz der Rechte anderer, ob der deutschen Juden oder bei der Münchner Konferenz der Tschechen, ein zu hoher Preis sei, einen weiteren Weltkrieg und das schreckliche Gemetzel zu riskieren, das Großbritannien und Frankreich erlebt hatten. Bis zu den Novemberpogromen und manchmal auch danach noch waren viele Appeasement-Politiker geneigt, den Juden die Schuld für die vergifteten Beziehungen zu Deutschland zu geben, statt die Deutschen anzuklagen, weil sie die Juden verfolgten.[49]

Hitler nutzte in den 1930er Jahren brillant die Kriegsangst der Alliierten aus und lud sie immer wieder ein, ihn mit Zugeständnissen zu beschwichtigen, die er später dann für unzureichend erklärte. Diese Taktik funktionierte bis zur Besetzung der sogenannten »Resttschechei« im März 1939 – gerade einmal ein halbes Jahr nachdem Hitler bei der Münchner Konferenz verlautbart hatte, sie unangetastet zu lassen – so gut, dass die Alliierten immer wieder beteuerten, das Schicksal der deutschen Juden dürfe dem Streben nach Frieden nicht im Weg stehen. Hitler und seine Propagandaeinrichtungen spielten zudem klug mit dem in Großbritannien, Frankreich und auch in den Vereinigten Staaten vorhandenen Antisemitismus. Durch Erpressung brachte er diese Länder zum Schweigen, indem er einfach behauptete, sie seien Werkzeuge der Juden, und dann jeden Protest zugunsten der Juden als Beweis deutete, dass er recht hatte. Aus Angst, den Anschein zu erwecken, als bestätige man seine Propaganda, und damit die Antisemiten im eigenen Land auf den Plan zu rufen, gingen die Alliierten im Allgemeinen den Nationalsozialisten in die Falle und hielten sich zumindest bis zur »Kristallnacht« bedeckt. Selbst nach dem Pogrom – genau genommen nicht einmal einen Monat später, am 6. Dezember 1938 – unterzeichnete Frankreich einen neuen Vertrag mit Deutschland, in dem es die Unantastbarkeit der Grenze zwischen beiden Ländern bestätigte.[50] Unterdessen weigerte sich Joseph Lyons, der Premierminister von Australien und ein leidenschaftlicher Verfechter der Appeasement-Politik, nachdrücklich, die Gräueltaten in Deutschland zu verurteilen, weil das seinen Bemühungen, einen Krieg abzuwenden, zuwiderlaufe.[51] Nur ein Land, die Vereinigten Staaten, drückten nach den internationalen diplomatischen Gepflogenheiten Abscheu angesichts des Wütens der Nationalsozialisten aus und riefen ihren Botschafter »zu Konsultationen« nach Hause zurück.

Vor dem Krieg schuf das NS-Regime Situationen, die sowohl die deutschen Juden als auch die Alliierten vor trostlose Entscheidungen stellten. Die Juden erkannten bald, dass sie dauerhaft nur die Wahl hatten, sich entweder dem Handeln der Nationalsozialisten zu unterwerfen oder deren Aktionen noch zu verschlimmern. Sie entschieden sich dafür, das Beste zu tun, was sie unter den barbarischen Umständen tun konnten, und auf Zeit zu spielen. Die Alliierten mussten zumindest nach 1936 wählen, ob sie die Gebietsforderungen der Nationalsozialisten und die Übergriffe auf die deutschen Juden akzeptierten oder einen blutigen Krieg riskieren wollten, der nach Ansicht von Großbritannien und Frankreich ihre Position in ihren Weltreichen schwächen und sie, wie Neville Chamberlain explizit voraussagte, in eine hoffnungslose Verschuldung bei den Vereinigten Staaten treiben würde. Selbst wenn die Alliierten den Krieg gewinnen sollten, würden sie als Verlierer dastehen; nach 1945 kam es tatsächlich so, und Chamberlains Befürchtungen bewahrheiteten sich. Großbritannien litt bis Anfang der 1950er Jahre unter massiver Lebensmittelknappheit, weil der Krieg der britischen Wirtschaft so schweren

Schaden zugefügt hatte, und die Weltreiche der Briten, Franzosen, Niederländer und Belgier zerfielen nach dem Krieg.

Als die Judenverfolgung eskalierte, stellte das NS-Regime eine weitere Gruppe vor eine widerwärtige Wahl: die Besitzer ausländischer Direktinvestitionen in Deutschland. Ford, General Motors, IBM, Standard Oil und viele andere amerikanische Konzerne besaßen in den 1930er Jahren bedeutende Tochtergesellschaften in Deutschland, genau wie mehrere große holländische, schwedische und schweizerische Unternehmen. In Veröffentlichungen aus jüngster Zeit wurden die amerikanischen Firmen dafür kritisiert, dass sie ihre Investitionen nicht aus Protest gegen die wachsende Diskriminierung und Brutalität der Nationalsozialisten abzogen und stattdessen duldeten, dass ihre Ableger in Deutschland an der deutschen Aufrüstung und manchmal auch an der Verfolgung der Juden mitwirkten. Einige Autoren haben von einer »strategischen Allianz« zwischen amerikanischen Konzernen und Hitler gesprochen, von »Kollaboration« der Unternehmen und »Pakten« mit den Nationalsozialisten.

Solche überzogenen Vorwürfe ignorieren etliche Aspekte der Situation, in der die Mutterfirmen sich befanden. Der Abzug von Investitionen aus politischen oder moralischen Gründen war in den 1930er Jahren praktisch unbekannt, deshalb stellte so gut wie kein großes Unternehmen, egal aus welchem Land, mit Niederlassungen in Deutschland seine Geschäftätigkeit, etwa durch Verkauf und Rückzug aus Deutschland, ein. Eine Ausnahme bildeten einige wenige Filmverleiher, insbesondere Warner Bros. im Jahr 1933 sowie United Artists, Universal, RKO und Columbia Pictures, die bald folgten.[52] Aber nur Warner Bros. gab den deutschen Markt komplett auf. Die anderen vier hielten spezielle Vereinbarungen mit deutschen Partnern aufrecht, und MGM, Paramount und Twentieth Century-Fox versuchten weiterhin, ihre Filme in deutsche Kinos zu bringen. Bis zum Beginn des Zweiten Weltkriegs gingen sie dafür die Kompromisse ein, die unumgänglich zu sein schienen. Und das waren keine produzierenden Firmen mit großen Anlageinvestitionen. Obwohl Geschäftsleute gerne sagen, »alle vergangenen Kosten sind versunkene Kosten«, und damit meinen, dass das wichtigste Kriterium für die Fortführung eines Unternehmens die künftigen Einnahmen seien und nicht das Kapital, das man bereits aufgewendet hat, fanden es damals wie auch später nur wenige Firmen praktikabel, nach dieser Maxime zu handeln, vor allem wenn die fragliche Anlage nur einigermaßen profitabel war. Die vorherrschende Haltung der Unternehmer lief darauf hinaus, in der Hoffnung auf bessere politische Zeiten an dem festzuhalten, was sie hatten, und unterdessen die Gewinne einzustreichen, auf die ihre ursprünglichen Investitionen abzielten.

Außerdem verhinderten die von den Nationalsozialisten verhängten Finanzkontrollen die Rückführung der in Deutschland erwirtschafteten Erlöse. Solange ein Unternehmen tätig war und auch wenn es verkauft wurde, mussten alle Nettoerlöse im Reich reinvestiert oder in Staatsanleihen umgetauscht werden. Das verstärkte die Zurückhaltung beim Abzug von Investitionen noch, denn die einzigen annähernd ähnlich profitablen Investitionen waren höchstwahrscheinlich genauso mit der Politik des deutschen Staates verwoben wie diejenigen, die die Mutterfirmen bereits tätigten. Beim Abzug von Investitionen drohte dem ausländischen Investor zwar kein Totalverlust, aber er büßte zumindest teilweise die Kontrolle über seine Investition ein, ohne dass er einen nennenswerten moralischen Gewinn davontrug. Darüber hinaus führten die meisten ausländischen Firmen der 1930er Jahre ein weitgehend aussichtsloses Rückzugsgefecht gegen genau diesen Kontrollverlust. In nahezu jedem Fall machten die ausländischen Manager Deutschen Platz, die sich bemühten, die ausländischen Tochterfirmen als deutsche Unternehmen zu positionieren, um im Geschäft zu bleiben. Die Tochterfirmen agierten zunehmend unabhängig von ihren Zentralen, nicht zuletzt weil die Manager vor Ort wegen der Vorgaben der Nationalsozialisten hinsichtlich der Geheimhaltung von wirtschaftlichen Informationen nur sehr eingeschränkt über ihre Aktivitäten berichten konnten. In der Folge hatten die Hauptquartiere in Detroit bei den Autobauern und die Zentrale von IBM in New York nach 1938 und spätestens 1939 wenig Einfluss auf die täglichen operativen Entscheidungen ihrer deutschen Töchter. Das galt auch für Lever Brothers in den Niederlanden, einen der größten ausländischen Investoren im nationalsozialistischen Deutschland. Aus all diesen Gründen und weil es generell schwierig ist, in die Zukunft zu schauen, traf die nationalsozialistische Judenverfolgung nicht auf die Art von wirtschaftlichem Druck, mit dem es rund fünfzig Jahre später gelang, das Apartheid-Regime in Südafrika zu Fall zu bringen.

Die rebellische Tochtergesellschaft von IBM, die Deutsche Hollerith Maschinen Gesellschaft, die von dem boshaften Deutschen geführt wurde, der sie früher besessen hatte, spielte jedenfalls nicht so mit bei der Identifizierung und später beim Zusammentreiben der Juden und der Organisation der Zwangsarbeit, wie es die Kritiker der Mutterfirma behauptet haben. Von 1933 bis 1943 nutzte die Gestapo die Karteien, die die Reichsvertretung und ihre Nachfolgeorganisation sorgfältig erstellt und gepflegt hatten, um die Juden des Landes und ihre Wohnstätten im Blick zu behalten.[53] 1944 experimentierte die SS kurzzeitig mit Hollerith-Karten und Rechenmaschinen, um die Lagerinsassen auf Arbeitsstätten zu verteilen, gab dies aber bald wieder auf.[54] Die General-Motors-Tochter Opel wurde zur Komplizin, indem sie Tausende Lastwagen für die Wehrmacht und später Flugzeuge für die Luftwaffe baute, lange bevor die Vereinigten Staaten 1941 in den Krieg eintraten und die amerikanischen Fabriken in Deutschland als »Feindbetriebe« deutschen Treuhändern unterstellt wurden.[55] Aber solche Regierungsaufträge nahmen sie erst an, nachdem das NS-Regime gedroht hatte, Opel zu enteignen. 1939 bis 1941 produzierten die Ford-Werke in Köln weniger Lastwagen für die Wehrmacht als Opel,[56] doch einige davon wurden bei den Invasionen von Österreich sowie Böhmen und Mähren eingesetzt. Das Management vor Ort gab nach, nicht aufgrund von Drohungen, sondern aus Verzweiflung, um die rückläufigen Verkaufszahlen bei zivilen Fahrzeugen auszugleichen.

Nach dem Zweiten Weltkrieg konnten die Appeasement-Strategen in der Wirtschaft, die immer noch an ihren Auslandsinvestitionen in Deutschland festhielten, genau wie die Appeasement-Politiker – allerdings überzeugender – behaupten, der Gang der Ereignisse habe ihnen recht gegeben. Die Mutterfirmen übernahmen ihre Anlagen westlich des Eisernen Vorhangs wieder und sogar die Gewinne, soweit unterdessen welche angefallen waren. Vielleicht als Einzige unter all jenen, die das NS-Regime in den 1930er Jahren vor die Wahl zwischen Scylla und Charybdis gestellt hatte, haben die amerikanischen Eigentümer letzten Endes erfolgreich auf Zeit gespielt.

Alles in allem lehrten die Jahre von 1933 bis 1941 Hitler und seine Gefolgsleute, dass weder die Deutschen noch Ausländer geneigt waren, sich in ihr Vorgehen gegen die Juden einzumischen. Da das Regime die Juden nicht schneller vertreiben konnte, als es sie eroberte, leistete diese Passivität einer noch radikaleren Verfolgung Vorschub.

## KAPITEL 4

# Vernichtung:
# Warum so schnell und so radikal?

EIN ÜBERRASCHENDERWEISE OFT übersehenes Merkmal des Holocaust ist, dass er in einem schockierend engen zeitlichen und räumlichen Rahmen durchgeführt wurde. Zwar ermordeten die Nationalsozialisten bis zum Zusammenbruch des Dritten Reichs Juden und trieben sie aus ganz Europa zusammen, um sie zu töten, aber einige auffallende Bruchzahlen geben einen Eindruck, wie stark räumlich und zeitlich konzentriert und gleichzeitig wie umfassend das Massaker war.[1] Drei Viertel der fast sechs Millionen Opfer wurden innerhalb von nur zwanzig Monaten umgebracht, von Juni 1941 bis Februar 1943, allein in den letzten elf Monaten dieses Zeitraums starb die Hälfte aller Opfer. Drei Viertel der Getöteten hatten vor dem Krieg in drei Ländern gelebt: in Polen, Litauen und der Sowjetunion (überwiegend im nordöstlichen Quadranten des europäischen Kontinents, in Abbildung 4 markiert mit gepunkteten horizontalen und vertikalen Linien, die von Wien aus nach Osten und Norden verlaufen), und mutmaßlich neun Zehntel der Opfer starben in diesen Ländern, denn dort operierten die Einsatzgruppen, die Ordnungspolizei, die Reservepolizeibataillone und der Großteil der Wehrmacht, und dort errichteten die Deutschen die Vernichtungslager. Insgesamt wurden mindestens drei Viertel aller Juden, die jemals in die Reichweite von NS-Deutschland und seinen Verbündeten gerieten, umgebracht, das waren zwei Drittel aller Juden in Europa (sechs von neun Millionen zu Beginn des Zweiten Weltkriegs; die oft zitierte Zahl von elf Millionen aus dem Protokoll der Wannsee-Konferenz war eine Übertreibung oder schloss Konvertiten und deren Kinder und Enkelkinder mit ein). Bei jüdischen Kindern bis zum Alter von 16 Jahren lag die Sterblichkeitsrate bei fast neun Zehnteln.

Warum war der Holocaust in dieser Weise so konzentriert? Wie schafften es die Nationalsozialisten, beinahe alle europäischen Juden umzubringen – in einem durchschnittlichen Tempo von 225 000 Menschen pro Monat von Mitte 1941 bis Anfang 1943 und 325 000 pro Monat (mehr als 10 000 *pro Tag*) auf dem mörderischen Höhepunkt 1942 und 1943?

ABBILDUNG 4: DIE GEOGRAFISCHE KONZENTRATION DES HOLOCAUST

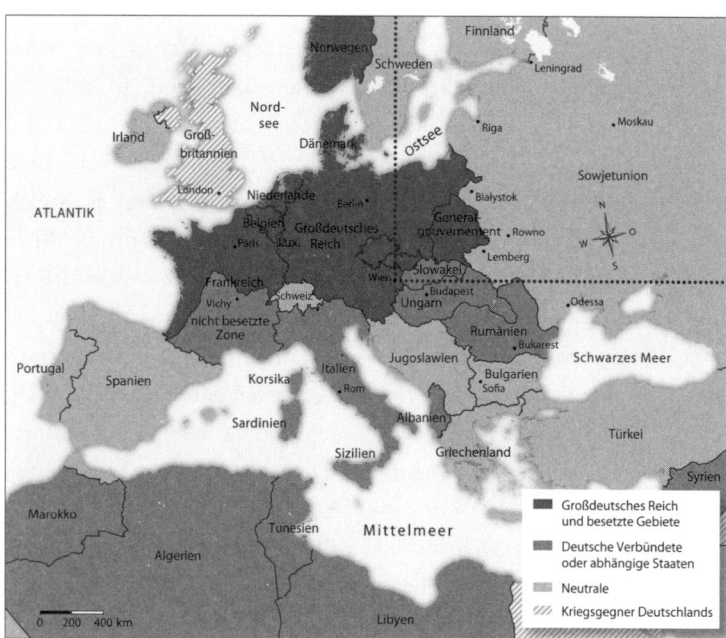

# Von Kugeln zu Gas

In gewisser Weise ist der Kern der Antwort technischer Natur. 1941 hatten die Nationalsozialisten ein Motiv, die Juden Europas umzubringen – nämlich die tiefsitzende ideologische Überzeugung, dass sie unversöhnliche Feinde waren –, und die Gelegenheit dazu: Sie konnten sie unter dem Deckmantel militärischer Operationen töten. Die Ausweitung des Konflikts erzeugte neue Rechtfertigungen, die Juden vom deutschen Staatsgebiet zu entfernen – so sollten Volksdeutsche umgesiedelt werden, man wollte die knappen Lebensmittel behalten –, und befreite die Nationalsozialisten in ihrem Handeln von weiteren Fesseln, denn das Regime führte entweder bereits mit der ganzen Welt Krieg oder stand kurz davor und hatte nicht mehr viel zu verlieren. Derartige Erwägungen veranlassten die Nationalsozialisten, sich zunächst in der besetzten Sowjetunion, und nur dort, für den Massenmord zu entscheiden.

Bevor NS-Deutschland den letzten, verhängnisvollen Schritt zur vollständigen Vernichtung der jüdischen Bevölkerung Europas tat, schienen die Mittel dazu zu fehlen. Aber im Spätsommer und Frühherbst 1941, in den Monaten September und Oktober, erkannten Hitler und Himmler, dass sie sie in Wirklichkeit schon besaßen. Der Krieg hatte Möglichkeiten für Massentötungen eröffnet, und nun brauchte man nur noch Einrichtungen, in denen sie sich umsetzen ließen. Die NS-Führer wussten, dass sie die in den eroberten Gebieten der Sowjetunion praktizierten Methoden nicht in Mittel- und Westeuropa einsetzen konnten. Juden zu erschießen und in Gräben zu verscharren würde dort Abscheu und Widerstand wecken, damit die Gegnerschaft zur deutschen Herrschaft stärken und deren militärische Kosten in die Höhe treiben. Außerdem machte sich Himmler schon bald Sorgen, welche Wirkung es auf seine Männer haben würde, wenn sie Stunde um Stunde, Tag für Tag Frauen und Kinder erschießen müssten.[2] Zumindest ein Befehlshaber der Einsatzgruppen, Erich von dem Bach-Zelewski, erlitt später einen Nervenzusammenbruch, wenn auch nur vorübergehend. Das NS-Regime brauchte eine Tötungsart, die unauffälliger war oder »geräuschlos«, wie die SS-Verantwortlichen sagten, und »human« – für die Täter.

Vor diesem Hintergrund ist Görings Brief an Heydrich vom 31. Juli 1941 zu lesen, mit dem er ihn bevollmächtigte, »eine Gesamtlösung der Judenfrage im deutschen Einflußgebiet in Europa« zu suchen. Heydrich war bereits für »Auswanderung und Evakuierung« zuständig, wie es in dem Brief hieß. Er brauchte eine neue Autorisierung nur, wenn es um einen neuen Auftrag ging, und dieses Dokument dehnte seine Zuständigkeit auf das ganze »deutsche Einflußgebiet« aus und verlangte eine »Gesamtlösung«, implizit als Ergänzung zu der Teillösung, die bereits in Russland vollzogen wurde. Mit anderen Worten: Dieser Brief ist das sicherste Zeichen, dass der NS-Staat nach einer Methode Ausschau hielt, die sich kontinentweit anwenden ließ, und dass es Heydrichs Aufgabe war, sie zu finden.

Tatsächlich verfügte das Regime bereits seit Anfang 1940 über eine solche Methode. Beginnend mit einem Einzelfall im Jahr 1938, hatte Hitler Untergebene in seiner persönlichen Kanzlei autorisiert, den Bitten von Eltern deutscher Kinder, die geistig behindert zur Welt gekommen waren, zu entsprechen und sie töten zu lassen. Das Regime kam dem im August 1939 nach mit einem Dekret, das die Krankenhäuser verpflichtete, alle Geburten missgebildeter, gelähmter oder geistig behinderter Kinder nach Berlin zu melden. Im Sommer desselben Jahres wies Hitler seinen Stab an, sich mit Ärzten und Professoren führender deutscher Universitäten zu beraten und ein Verfahren auszuarbeiten, wie man die »Euthanasie« im Fall eines Kriegs, wenn Deutschland Betten für Verwundete brauchen würde, auch auf Erwachsene ausweiten könnte. Keiner der befragten Experten verweigerte die Teilnahme, aber die Sache war rechtlich unklar, weil Hitler es ablehnte, ein Gesetz zu erlassen, das die Tötungen rechtfertigte und das die Feinde Deutschlands für die Propaganda gegen Deutschland hätten nutzen können. Die Beamten in der Reichskanzlei mussten daher einen Weg finden, der gewährleistete, dass die beteiligten Personen juristisch nicht belangt werden konnten, und baten Hitler um eine schriftliche Autorisierung in irgendeiner Form.[3] Das Ergebnis war ein Brief, unterzeichnet vom Führer auf seinem persönlichen, nicht seinem offiziellen Briefpapier und zurückdatiert auf den ersten Tag des Zweiten Weltkriegs. Darin wies er den Leiter seines persönlichen Ärztestabs, Karl Brandt, und den Chef seiner Privatkanzlei, Philipp Bouhler, an, auch irreversibel behinderten Menschen in staatlichen Einrichtungen den »Gnadentod« zu gewähren. Anders als alle anderen Dokumente zum Holocaust, die jemals entdeckt wurden, verbindet dieses Schriftstück Hitler direkt mit einem Mordprogramm, der sogenannten Euthanasie. Unter der bürokratischen Bezeichnung »Aktion T4« (nach der ab April 1940 gültigen Adresse der Zentraldienststelle in der Tiergartenstraße 4 im Zentrum von Berlin) wurde dieses Programm unter strenger Geheimhaltung von Viktor Brack, einem von Bouhlers Mitarbeitern, geleitet. Das sogenannte Euthanasieprogramm dauerte die gesamte Zeit des Dritten Reichs an, hatte aber zwei deutlich unterschiedene Phasen: Die erste, von Oktober 1939 bis August 1941, war ein Auftakt zum Holocaust, die zweite, von 1942 bis 1945, eine Erweiterung.

Das NS-Regime hatte die deutsche Öffentlichkeit mit einer Propagandakampagne in den 1930er Jahren für die Euthanasie vorbereitet. Darin betonte es die Belastung, die behinderte Menschen, »nutzlose Esser« und »lebensunwertes Leben«, für die Wirtschaft und die Lebensmittelversorgung des Landes darstellten.[4] Aber alle Belege sprechen dafür, dass Hitler das Programm weniger aus praktischen als aus ideologischen Gründen favorisierte. Er wollte die »negative Selektion« ausgleichen, die die Kriegsopfer unweigerlich für die »arische Rasse« bedeuten würden, indem er die unvermeidlichen Verluste junger, vitaler und kräftiger Deutscher mit der zwangsweisen Dezimierung derjenigen verband, die erbliche Mängel aufwiesen. Mit Beginn des Kriegs erwartete er, dass etwaige religiöse Einwände leiser werden oder ganz verstummen würden.[5]

Die Kinder, die als Erste Opfer der »Aktion T4« wurden, starben an einer Überdosis Medikamente, die Krankheiten oder körperliche Veränderungen verursachten, auf die man den Tod zurückführen konnte. Mit der Ausweitung des Programms kamen als weitere Methoden der Nahrungsentzug bis zum Verhungern und die Injektion giftiger Substanzen direkt ins Herz hinzu. In dieser frühen Phase nahmen in der Regel Ärzte die Tötungen vor. Das übliche Verfahren war, dass die Behinderten, die die Ärzte zur Tötung ausgewählt hatten, in eine von sechs eigens dafür bestimmten Heilanstalten in ganz Deutschland – nicht mehr als vier waren je gleichzeitig in Betrieb – gebracht wurden, wo die Morde stattfanden. Im Januar 1940 entschieden die für das Programm verantwortlichen Ärzte, dass kleine Gaskammern in den Heilanstalten effizienter wären, das heißt besser dazu geeignet, mehr Menschen in kürzerer Zeit und mit weniger Personal zu töten, als dies durch Injektionen der Fall war.[6] Umgehend richteten sie Räume ein, die an Duschen erinnerten, mit Rohren, aus denen statt Wasser Kohlenmonoxid (CO) strömte. Ein Institut innerhalb des Reichssicherheitshauptamts kaufte Kohlenmonoxid in großen Metallbehältern von der Abteilung BASF des IG-Farben-Konzerns und lieferte es an die Heilanstalten, wo die Behälter nur mit den Rohren verbunden werden mussten. Vergasen als Tötungsmethode war nicht Hitlers Idee, sondern wurde auf Empfehlung einer Beratergruppe aus Pharmakologen eingeführt. Hitlers Begleitarzt Karl Brandt lehnte den Einsatz von Gas zunächst ab und plädierte für die Tötung mit »medizinischen Mitteln«. Das widerspricht der Darstellung in dem deutschen Spielfilm über die Wannsee-Konferenz (1984) und der britisch-amerikanischen Fernsehversion mit großem Staraufgebot (2001). Beide Filme stellen eine kausale Verbindung zwischen dem Einsatz von Gaskammern und Hitlers Bemerkung in *Mein Kampf* her, in der er bedauerte, dass nicht mehr jüdische Soldaten im Ersten Weltkrieg Giftgas ausgesetzt wurden.

In den annektierten Teilen Polens wandelte ein SS-Mann namens Herbert Lange den Tötungsprozess bald in konsequenter Weise ab.[7] Lange hatte den Auftrag, die ehemaligen polnischen Heil- und Pflegeanstalten räumen zu lassen, und wollte sich nicht die Mühe machen, die todgeweihten Insassen in die sechs Tötungsfabriken in Deutschland zu transportieren. So baute er große Lastwagen um, die als Lieferfahrzeuge von Kaisers Kaffee Geschäft getarnt waren. Neben dem Fahrer war Platz für Flaschen mit Kohlenmonoxid, die über Röhren mit dem Laderaum verbunden wurden. Mit diesen Lastwagen sammelte er 1940 die Menschen ein und tötete sie, während die

Lastwagen zu den Massengräbern in geheim gehaltenen Waldarealen rollten oder zu lokalen Krematorien, wo die Leichen verbrannt wurden.

Im April 1941 weitete eine neue Operation mit der Codenummer 14f13 die »Aktion T4« auf die Insassen der deutschen Konzentrationslager aus, die als nicht arbeitsfähig befunden wurden.[8] In diesem Zusammenhang wurden in Dachau, Sachsenhausen, Mauthausen und an einigen anderen Orten relativ kleine Gaskammern gebaut. Aber in der Mehrzahl dieser Einrichtungen wurden Menschen nur unregelmäßig vergast, bis in den letzten, chaotischen Monaten des Kriegs Überfüllung, Epidemien und Nahrungsmittelknappheit zu einer häufigeren Nutzung führten. Bis Anfang 1945 scheint das Lager Dachau seine Gaskammer hauptsächlich zur Begasung von Kleidung verwendet zu haben. Die meisten der 20 000 Lagerinsassen, die im Rahmen der »Aktion 14f13« ums Leben kamen, wurden zum Sterben nach Sonnenstein, Bernburg und Hartheim gebracht, drei der Heilanstalten, die Tötungen im Rahmen der Aktion T4 vornahmen.[9]

Die Fortsetzung der »Aktion T4« in Verbindung mit dem neuen Programm 14f13 stellte den NS-Staat vor ein Versorgungs- und ein Geheimhaltungsproblem. Die BASF konnte 1941 kaum ausreichend Kohlenmonoxid in Flaschen liefern, und die breite Anwendung im besetzten Polen oder noch weiter im Osten trieb die Transportkosten in die Höhe. Um die BASF zu einer Steigerung der Produktion zu bewegen, musste man ihr die Zusicherung geben, dass die Nachfrage wahrscheinlich hoch bleiben würde, und das konnte zu unangenehmen Rückfragen nach dem Verwendungszweck führen. Diese Überlegungen brachten die SS und die Verantwortlichen der »Aktion T4« dazu, gemeinsam zu erforschen, ob Kohlenmonoxid aus stationären Verbrennungsmotoren die Opfer genauso effizient und vielleicht billiger töten könnte als Kohlenmonoxid aus Flaschen. Tests im September an geisteskranken Patienten in den eroberten weißrussischen Städten Minsk und Mogilev fielen im Sinn dieser Erwartungen positiv aus.[10]

Die Übertragung der bei der Euthanasie verwendeten Tötungsmethode auf den Mord an den Juden wurde ungefähr zur selben Zeit vorbereitet, als diese Versuche stattfanden. Anfang 1941 gab es in ganz Deutschland Gerüchte über das Euthanasieprogramm, und viele Verwandte der Opfer hatten angesichts der standardisierten Postkarten, die sie über den Tod ihrer Angehörigen informierten, Verdacht geschöpft. Üblicherweise wurde als Ursache Lungenentzündung oder Blinddarmentzündung genannt, selbst wenn die Opfer gar keinen Blinddarm mehr hatten, außerdem enthielt die Benachrichtigung stets den Satz, dass der Leichnam wegen der Gefahr von Epidemien bereits verbrannt worden sei. Mehrere führende Protestanten meldeten sich zu Wort und dann auch Clemens Graf von Galen, der katholische Bischof von Münster. Weil der Gnadentod gegen die katholische Lehre verstößt, der zufolge nur Gott das Leben geben und nehmen darf, kritisierte von Galen das Vorgehen in Hirtenbriefen und Predigten. Im Hinblick auf die Deportation der Juden äußerte er niemals dergleichen, denn die Juden betrachtete er gemäß der typisch katholischen Haltung der damaligen Zeit als gefährliche Agenten der Moderne und des Bolschewismus.[11] Aus Angst, Galens Protest könnte die öffentliche Meinung in Aufruhr versetzen und den Kriegsanstrengungen schaden, beendete Hitler die erste Phase der »Aktion T4« formell am 24. August 1941. Bis dahin waren ihr zwischen 71 000 und 80 000 Menschen zum Opfer gefallen. Die Morde an Kranken und Behinderten gingen wenige Monate später weiter, aber von da an bis Kriegsende an weit verstreuten Orten, mit verlangsamtem Tempo und unter größerer Geheimhaltung. Die Mörder kehrten meist zu der ursprünglichen Methode zurück, durch Injektionen oder Überdosierungen zu töten, aber auch Vergasung wurde weiter praktiziert. Insassen von Konzentrationslagern, teils Sinti und Roma, teils halbjüdische Kinder, bestimmte Gruppen von Zwangsarbeitern und sogar einige Deutsche, die im Bombenhagel den Verstand verloren hatten, wurden auf diese Weise in mehreren Heilanstalten umgebracht. In dieser zweiten, längeren Phase der »Aktion T4« starben fast genauso viele Menschen wie in der ersten Phase.

Nicht einmal drei Wochen nach Hitlers Entscheidung stimmte Himmler zu, dass ein Großteil derjenigen, die mit der »Aktion T4« befasst waren, dem Kommando von Odilo Globocnik, dem SS- und

Polizeiführer von Lublin, unterstellt wurde, letztendlich 121 Mann, die dafür verantwortlich gewesen waren, die behinderten Opfer an ihre Hinrichtungsstätten zu bringen und die Leichen wegzuschaffen. Die meisten von ihnen wendeten ihren mörderischen technischen Sachverstand in den besetzten Gebieten Osteuropas nach kurzen Einsätzen in Lazaretten entlang der Ostfront erst Anfang 1942 an,[12] aber bereits am 25. Oktober 1941 diskutierten Beamte im Reichsministerium für die besetzten Ostgebiete darüber, »Vergasungseinrichtungen« in Riga und Minsk zu installieren, um deportierte deutsche Juden zu ermorden, die nicht arbeitsfähig waren.[13] Gegen Ende desselben Monats begannen die Bauarbeiten für das Vernichtungslager Bełżec,[14] im gleichnamigen Dorf südöstlich von Lublin, das bereits den Mittelpunkt eines Komplexes von Zwangsarbeitslagern bildete, deren Insassen überwiegend Juden waren. Der erste Kommandant des neuen Lagers war Christian Wirth, ein Veteran nicht nur der »Aktion T4«, sondern auch der ersten Vergasungen in Brandenburg im Jahr 1940; er wurde Globocnik am 14. Oktober unterstellt. Ebenfalls im Oktober 1941 machte Herbert Lange, der Erfinder der Gaswagen, das heruntergekommene Herrenhaus ausfindig, das später als Kern des Vernichtungslagers Chełmno diente,[15] rund siebzig Kilometer nordwestlich von Łódź im sogenannten Warthegau im annektierten Teil Polens.

Ungefähr zur selben Zeit lösten die für den Fuhrpark der Sicherheitspolizei in Berlin zuständigen Techniker, die Walther Rauff unterstanden, das Problem der Versorgung mit Kohlenmonoxid.[16] Sie demonstrierten, wie leicht es möglich war, über ein T-Stück im Auspuffrohr und einen Stutzen Abgase in den Aufbau eines Lastwagens zu leiten und so das Kohlenmonoxid in Flaschen durch die Motorabgase zu ersetzen. Anfang November testete die SS das Verfahren in Sachsenhausen an vierzig sowjetischen Kriegsgefangenen, binnen einer halben Stunde waren alle tot. Die Leiter des Fuhrparks bestellten daraufhin bei einem lokalen Lieferanten dreißig Lastwagen mit luftdichten Kastenaufbauten von fünf Meter Länge und zwei Meter Breite und noch einige kleinere Fahrzeuge. Ein Teil war für die Verwendung bei den Einsatzgruppen in Weißrussland und der Ukraine gedacht und wurde dort auch kurze Zeit genutzt. Aber die Straßen waren so schlecht, dass die Fahrzeuge häufig steckenblieben, und die Deutschen zogen es vor, die Menschen zu erschießen, weil ihnen das die qualvolle Arbeit ersparte, die Leichen der Vergasten von den Lastwagen abzuladen.

Während Himmler, Heydrich und ihre Henker feststellten, dass die »Aktion T4« ihnen ein Mittel an die Hand gegeben hatte, um Europas Juden zu beseitigen, erkannte eine Gruppe von SS-Männern, dass Deutschlands chemische Industrie ein zweites Mittel bereithielt. Der Schauplatz war Auschwitz, wo seit Mai 1940 auf dem Gelände einer ehemaligen polnischen Kaserne ein Konzentrationslager für polnische politische Gefangene bestand. Im August 1941, als man mit einer steigenden Zahl sowjetischer Kriegsgefangener rechnete, wies Lagerkommandant Rudolf Höß offenbar einen seiner Untergebenen, Karl Fritzsch, an, zu erkunden, wie man kranke und schwache Gefangene massenweise umbringen könnte. Fritzsch kam auf die Idee, Zyklon zu verwenden, ein hochwirksames gasförmiges Schädlingsbekämpfungsmittel, mit dem im Lager üblicherweise die Baracken desinfiziert wurden. Fritzsch wusste, dass Zyklon für Menschen tödlich war – siebzig Milligramm, eine winzige Menge, reichten aus, um innerhalb von zwei Minuten eine 75 Kilogramm schwere Person zu töten[17] –, und er verfügte bereits über ausreichende Mengen. Obwohl allgemein von Zyklon B gesprochen wird, stand auf dem Etikett in der Regel nur Zyklon. Das »B« erscheint manchmal auf Ausgangsrechnungen, wurde aber meistens nur intern verwendet, denn es diente lediglich dazu, die Produktformel von einer früheren, nur kurzzeitig gebrauchten zu unterscheiden.

Anfang September 1941 testete Fritzsch die Wirksamkeit von Zyklon an zwei Gruppen sowjetischer Kriegsgefangener im Keller einer der ursprünglichen Steinbaracken in Auschwitz. Er stellte fest, dass Zyklon zuverlässig tötete, aber für maximale Effizienz einen größeren Raum brauchte als die engen Kellerabteile der Baracken. Kurz darauf machten er und Höß noch zwei weitere Entdeckungen: Zyklon war offensichtlich reichlich vorhanden und im Verhältnis zur Wirkung billig. Bei einem Preis von fünf Reichsmark pro Kilo und einer Überdosierung von fünf bis sieben Kilo pro Gruppe von 1500 Menschen, Höß' Aussage nach dem Krieg zufolge das übliche Verfahren, beliefen sich die durchschnittlichen Kosten des Mordes auf rund zwei Pfennig pro Kopf, weniger als ein US-Cent im Jahr 1942.[18]

So wussten die SS-Führer Ende Oktober, dass sie nicht nur eine, sondern zwei effiziente Methoden besaßen, um Menschen in großer Zahl zu töten, und dieses Wissen setzte eine Reihe von Schlüsselereignissen in Gang, die den Beginn dessen markieren, was das NS-Regime als »die Endlösung der Judenfrage« bezeichnete. Als Erstes erteilte Himmler am 23. Oktober 1941 der Gestapo und der SS eine Anweisung, die die weitere Emigration von Juden aus Europa untersagte.[19] Dieses Dokument bedeutete das Ende der Politik der Judenvertreibung, entweder zu diesem Zeitpunkt oder später, und spricht dafür, dass die Nationalsozialisten eine neue Lösung für das Judenproblem gefunden hatten.

Zweitens expandierte das Regime im November, nach der anfänglichen Deportation von rund 20 000 deutschen Juden nach Łódź Mitte Oktober, indem es eine noch größere Zahl deutscher Juden in die baltischen Staaten und nach Weißrussland brachte, wo einige direkt nach der Ankunft erschossen wurden. Auf praktisch alle Juden, die sich bereits in Konzentrationslagern befanden, wendete man das Mordprogramm 14f13 an. Am 29. Oktober sandte Reinhard Heydrich Vertretern verschiedener Ministerien Einladungen zu einer Konferenz in einer Villa am Wannsee am westlichen Stadtrand von Berlin, wo die »Endlösung« besprochen werden sollte. Den Einladungsschreiben legte er Kopien des Briefs bei, den Göring ihm am 31. Juli geschickt hatte. Das Treffen war ursprünglich für den 9. Dezember angesetzt, konnte aber zu dem Termin nicht stattfinden, weil zwei überraschende Ereignisse die deutsche Hauptstadt in Aufruhr versetzten: der sowjetische Gegenangriff bei Moskau am 5. Dezember und der japanische Bombenangriff auf Pearl Harbor zwei Tage später. Abgesehen davon, dass die Teilnehmerliste um zwei Vertreter des Generalgouvernements erweitert wurde,[20] deutet nichts darauf hin, dass die Tagesordnung sich zwischen dem ursprünglichen Termin und der tatsächlichen Zusammenkunft am 20. Januar 1942 änderte. Heydrich sprach davon, Europa werde »vom Westen nach Osten [nach Juden] durchgekämmt«,[21] um sie dann zur Zwangsarbeit nach Polen zu deportieren. Alle, die das überlebten, würden einer »Sonderbehandlung« unterworfen. Die SS-Führung plante dies oder das meiste davon wahrscheinlich schon, als die ersten Einladungen hinausgingen. Elf Tage davor, am 18. November, hatte Alfred Rosenberg, der Reichsminister für die besetzten Ostgebiete, vor vertrauenswürdigen deutschen Reportern unter strengster Geheimhaltung über die »biologische Ausmerzung des gesamten Judentums in Europa« gesprochen.[22]

Drittens traf sich Hitler am 12. Dezember 1941, einen Tag nachdem er aus Solidarität mit seinem japanischen Verbündeten den Vereinigten Staaten den Krieg erklärt hatte, mit den Gauleitern der NSDAP in seiner Privatwohnung in München und teilte ihnen mit, dass die Juden für den Krieg, den sie über Deutschland gebracht hätten, »mit ihrem Leben« würden bezahlen müssen – dass sie tatsächlich bereits dafür bezahlten. Wie der Historiker Peter Fritzsche angemerkt hat, »ist das so nahe an einem Befehl Hitlers, wie die Historiker nur kommen können«,[23] das heißt das weitestgehende Pendant zu dem von ihm unterschriebenen Euthanasie-Brief, das wir wahrscheinlich finden können, um Hitler persönlich mit dem Befehl zur Ermordung der Juden in Verbindung zu bringen.

Fassen wir zusammen, was wir über den Entscheidungsprozess wissen, der zum Holocaust führte: Im August 1941 ermordeten die Deutschen die Juden in der Sowjetunion, auch Frauen und Kinder. Im Oktober wussten die NS-Führer, dass sie mit den Gaskammern die Möglichkeit besaßen, Menschen massenhaft umzubringen. Sie begannen mit dem Bau von Vernichtungsstätten und versuchten, Schlupflöcher aus Europa zu stopfen. Im November waren die Schlüsselpersonen so weit, die deutsche Presse mit ins Boot zu holen, indem sie durchsickern ließen, was kommen würde, und die Bürokratie zu informieren – und einzubeziehen –, als sie bei der Wannsee-Konferenz ihre Kooperation suchten. Und im Dezember weihte Hitler die Gauleiter in den politischen Kurswechsel ein. Die »Endlösung«, die Vernichtung der Juden in Europa, war im Gang.

Von nun an stand die Umsetzung auf dem Programm. Tatsächlich wurde Europa nicht von West nach Ost durchkämmt, wie Heydrich in Wannsee vorausgesagt hatte, sondern ziemlich genau in der umgekehrten Richtung. Die NS-Ideologie hatte Osteuropa als Lebensraum für ein stetig wachsendes deutsches Volk ausersehen. Angetrieben durch diese expansionistische Vision, gewann der Massenmord dort schneller an Umfang und Dynamik als anderswo, weil eine Mehrheit der Juden des Kontinents immer noch im und um den alten Ansiedlungsrayon lebte. Zudem musste Deutschland in dem besetzten Gebiet am wenigsten fürchten, dass die Ermordung von Juden bei den übrigen Bewohnern auf Widerstand stoßen würde. Dementsprechend lagen die sechs Vernichtungslager, die 1941 und 1942 errichtet wurden, alle auf dem Gebiet von Vorkriegspolen, und anfangs konzentrierte sich jedes darauf, die Juden in der Umgebung umzubringen. Aber nicht nur in dieser Hinsicht entwickelten sich die Dinge anders, als man geplant hatte. Wie Raul Hilberg, der Pionier der Holocaust-Forschung, betont, wies der Holocaust die charakteristischen Merkmale vieler Pläne der Nationalsozialisten auf: wenig Voraussicht und Vorbereitung, eine holprige Koordinierung der beteiligten Dienststellen und sogar eine unsichere Finanzierung.[24] Aber wie sich zeigte, reichte das für die Ermordung von Millionen Menschen aus.

Die sechs Vernichtungslager zerfielen in zwei Gruppen. Die vier Lager der Gruppe 1, die Kohlenmonoxid verwendeten wie bei der »Aktion T4«, an der die ersten Kommandanten aller Lager beteiligt gewesen waren, töteten vorwiegend Juden aus bestimmten Gebieten Vorkriegspolens und waren nur so lange in Betrieb, wie es noch solche Opfer gab. Das erste Lager in dieser Gruppe war Chełmno, und es war das einzige, in dem ausschließlich Gaswagen zum Einsatz kamen, sicherlich, weil der erste Lagerkommandant Lange so viel Erfahrung damit hatte. Chełmno nahm am 8. Dezember 1941 mit zwei umgebauten Dodge-Lastwagen den Betrieb auf und baute dann seine Flotte und seine Todesquote aus. Jeder Lastwagen transportierte fünfzig bis siebzig Menschen und fuhr pro Tag fünf- bis zehnmal vom Lager zu Stellen im nahegelegenen Wald, wo die Leichen abgeladen wurden. Bis zum 31. Dezember 1942 starben nach den Listen der SS auf diese Weise 145 301 Menschen, fast alle aus dem Teil Westpolens, den Deutschland annektiert hatte. Chełmno wurde im März 1943 geschlossen und 1944 wieder eröffnet, um rund 7200 Bewohner des Ghettos von Łódź zu töten; damit stieg die dokumentierte Gesamtzahl der Opfer auf 152 000. Das ist sicher die Untergrenze; Aufschlüsselungen der Transporte nach Chełmno sprechen dafür, dass mindestens noch weitere 20 000 Menschen dort oder auf dem Weg dorthin starben, und nach den jüngsten polnischen Forschungen könnten es sogar 225 000 Opfer gewesen sein.[25]

Die anderen Vernichtungslager, in denen Kohlenmonoxid verwendet wurde, wurden 1942 in Betrieb genommen und arbeiteten mit fest installierten Gaskammern. Anfangs waren das notdürftig zusammengezimmerte Baracken, die man mit einer Schicht Sand zwischen den inneren und äußeren Holzwänden und einer äußeren Auflage aus Teerpappe luftdicht verschlossen hatte.[26] Bald wurden sie durch Ziegel- oder Betonbauten ersetzt, aber auch diese neuen Gebäude waren sehr einfach, schnell aufzubauen und später auch schnell wieder abzubauen. Wie Chełmno hatte man auch diese drei Standorte wegen ihrer Abgeschiedenheit ausgewählt, aber anders als Chełmno lagen sie alle an Eisenbahnstrecken, die an den östlichen Rand des Generalgouvernements führten. In der Reihenfolge ihrer Errichtung und zufälligerweise von Süden nach Norden waren das Bełżec, das im März 1942 mit Vergasungen begann, Sobibór, das im Mai 1942 in Betrieb ging, und Treblinka, das im Juli folgte. Alle drei waren als Werkzeuge der »Aktion Reinhardt« gedacht; mit diesem Begriff bezeichneten die Nationalsozialisten Mitte des Jahres, nach der Ermordung von Reinhard Heydrich in Prag, die Vernichtung der polnischen Juden. Alle drei Lager erzeugten das Kohlenmonoxid mit den Motoren erbeuteter russischer Panzer, und alle arbeiteten bemerkenswert effizient unter ihren ersten Leitern, den Veteranen der »Aktion T4«.

In Bełżec starben mindestens 434 000 Menschen, vielleicht aber auch 600 000, in den nur zehn Monaten seiner Existenz. Im Durchschnitt waren das bis zu 2000 Menschen täglich, mehr als zwei Drittel aus dem südlichen und südöstlichen Polen und die übrigen Juden aus anderen Teilen Europas, die man in Ghettos in und um Lublin abgeladen hatte. Sobibór verzeichnete zwischen 167 000 und 200 000 Opfer in den 17 Monaten seines Betriebs, die meisten aus Polen, einige auch aus der Vorkriegstschechoslowakei, viele aus Frankreich und den Niederlanden, ein paar aus Großdeutschland, Weißrussland und Litauen. Im Lager Treblinka, das als Letztes geschlossen wurde, starben in den 18 Monaten, bis die »Aktion Reinhardt« im November 1943 endete, bis zu 925 000 Menschen; umgerechnet auf die Zahl der Opfer pro Tag war Treblinka damit fast so tödlich wie Bełżec. In der tödlichsten Phase vom 22. Juli bis 27. August 1942 wurden in Treblinka 280 000 Menschen umgebracht, im Durchschnitt 56 000 pro Woche oder 8000 pro Tag. In einer dieser fünf Wochen erreichte der Tagesdurchschnitt 10 000 Menschen. Fast alle Opfer von Treblinka stammten aus Zentral- und Nordpolen, aber auch rund 32 000 tschechische, griechische und mazedonische Juden kamen dort ums Leben. Alle drei Lager der »Aktion Reinhardt« waren nur in vier der sechs Monate von Juli bis Dezember 1942 gleichzeitig in Betrieb, aber in diesem halben Jahr starben dort über eine Million Juden, mehr als in Auschwitz-Birkenau und beinahe so viele Menschen, wie dort innerhalb von vier Jahren insgesamt ihr Leben verloren. In den drei Lagern wurden über den gesamten Zeitraum zwischen 1,5 und 1,8 Millionen Menschen ermordet. Wenn man Chełmno noch dazurechnet, starben in den vier Lagern, die Kohlenmonoxid verwendeten, bis zu zwei Millionen. Aus allen vier Lagern zusammen kamen nicht einmal 400 Juden lebendig heraus, und von diesen überlebten nur zwischen 90 und 150 den Zweiten Weltkrieg.[27]

Die zweite Gruppe der Vernichtungslager bestand aus nur zwei Einrichtungen: Auschwitz-Birkenau und Majdanek. Beide unterschieden sich in dreierlei Hinsicht von den Lagern der ersten Gruppe: Erstens verwendeten sie hauptsächlich Zyklon, nicht Kohlenmonoxid, um die Menschen umzubringen (in Majdanek kamen allerdings manchmal auch Kohlenmonoxid in Flaschen und ein Gaswagen zum Einsatz); zweitens waren es Vernichtungslager und Arbeitslager zugleich, weshalb sie mehr Insassen hatten, die über einen längeren Zeitraum dort blieben; und drittens wurden sie erst geschlossen, als die sowjetischen Armeen heranrückten, weshalb sie, vor allem Auschwitz, die Hauptbestimmungsorte für Juden außerhalb Polens waren und die einzigen Vernichtungslager, die 1944 noch in Betrieb waren. Sie dienten zunächst als Arbeitskräftereservoir im Rahmen von Plänen für ein landwirtschaftliches Forschungszentrum der SS in Auschwitz und einen Komplex von SS-eigenen Fabriken in Majdanek, wurden dann aber überaus wichtig, weil sie am Ende des polnischen Teils der Durchgangsstraße IV lagen oder unweit davon, der langen Fernverkehrsstrecke, die die Nationalsozialisten von Schlesien in den Kaukasus bauten als Lebensader ihrer Herrschaft in der besetzten Ukraine. Weil man für dieses Projekt Arbeitskräfte brauchte, wurde im Oktober 1941 Birkenau an Auschwitz angeschlossen und Majdanek an ein nahegelegenes, bereits bestehendes Arbeitslager in Lublin. Beide Lager sollten sowjetische Kriegsgefangene als künftige Arbeitskräfte aufnehmen, beherbergten später aber hauptsächlich Juden – Auschwitz solange es bestand, Majdanek nur bis November 1943, als die verbliebenen Juden nicht mehr vergast, sondern fast sämtlich erschossen wurden.[28]

Im Lauf der Zeit brauchte man auch für andere Arbeiten Häftlinge, weshalb die Lager wichtig blieben. Auschwitz wurde zum geografischen Mittelpunkt einer rasanten industriellen Entwicklung, weil es in der Nähe von Kohle- und Wasservorkommen und außerhalb der Reichweite der in Großbritannien stationierten alliierten Bomber lag. Die größte Anlage in der Region war die der IG Farben knapp sechs Kilometer östlich in Monowitz. Dort starben mindestens 27 000 Häftlinge beim Bau einer Fabrik für synthetischen Treibstoff und Kautschuk sowie bei der Arbeit in den Kohlebergwerken des Unternehmens in der Region. Aber Zehntausende weitere Häftlinge schufteten in den über vierzig Außenlagern in der Region, darunter die gigantischen Fabriken für synthetischen Treibstoff in Blechhammer und Heydebreck und zahlreiche Bergwerke. Majdanek wurde zur Drehscheibe für die Pläne der SS, die Habe, die man den in den Reinhardt-Lagern getöteten Menschen abgenommen hatte, zu recyceln und weiterzuverarbeiten, insbesondere die vielen zehntausend Lederschuhe, die bis heute in den Lagerhäusern auf dem Gelände zu sehen sind.

Auschwitz und Majdanek hatten noch ein weiteres Merkmal gemeinsam, das sie von anderen Lagern unterschied: fest und auf Dauer installierte Gaskammern. Die drei Gaskammern in Majdanek waren relativ klein, solide Steinbauwerke, sie stehen heute noch. Auschwitz verwandelte anfänglich ein kleines Munitionslager am Rand des ursprünglichen Hauptlagers in ein Krematorium, das auch für Vergasungen verwendet werden konnte, baute dann zwei kleine Bauernhäuser in der Nähe von Birkenau zu Gaskammern um und errichtete und eröffnete schließlich 1943 vier große Ziegelgebäude im Lager Birkenau (oder Auschwitz II), die mehrere Gaskammern und Krematorien enthielten, in denen 4000 bis 8000 Menschen pro Tag umgebracht und verbrannt werden konnten. Die erste, kleinere Gaskammer im Hauptlager existiert heute noch; die Bauernhäuser sind verschwunden, und von den Ziegelgebäuden stehen nur noch Ruinen. Weil die Gaskammern schneller töteten, als die Krematorien Leichen verbrennen konnten, wurden die Opfer manchmal auch auf Scheiterhaufen unter freiem Himmel eingeäschert. Wenn die Nationalsozialisten in der Lage gewesen wären, 1945/46 alle verbliebenen Juden Europas nach Auschwitz zu bringen – das heißt, wenn der Krieg länger gedauert hätte und es ihnen gelungen wäre, die Hindernisse zu überwinden, die dem Aufspüren der letzten Juden im Wege standen –, hätten dort bis Anfang 1946 alle umgebracht werden können. Von der Eröffnung im Mai 1940 bis zur Evakuierung im Januar 1945 kamen rund 1,3 Millionen Menschen im Lager an, von denen rund 1,1 Millionen starben – in Auschwitz oder in einem der Nebenlager. Vielleicht die Hälfte der Überlebenden starb vor dem Ende des Zweiten Weltkriegs in anderen Lagern, nur etwa 100 000 überstanden den Krieg.[29] Majdanek war weit weniger tödlich, vor allem für Juden, und Forschungen aus jüngster Zeit haben die Zahl der dort getöteten Juden von rund 145 000 auf circa 59 000 reduziert; etwa ein Drittel davon wurde vergast.[30]

Die Vernichtungslager unterschieden sich von drei anderen nationalsozialistischen Lagertypen:

Die wichtigsten Konzentrationslager der SS wie Dachau und Buchenwald in Deutschland und Einrichtungen wie Natzweiler in Elsass-Lothringen und Stutthof an der Ostseeküste mit ihren über 1100 Nebenlagern waren mörderische Orte, besonders im letzten Kriegsjahr, aber keine »Todesfabriken«, und die Insassen waren nicht primär Juden. Eine teilweise Ausnahme in der erstgenannten Hinsicht stellt Mauthausen dar, das 1938 unweit der österreichischen Stadt Linz errichtet wurde, mit Nebenlagern bei nahegelegenen militärischen Produktionseinrichtungen. Mauthausen, das härteste Konzentrationslager, war für »unverbesserliche ... und ... kaum noch erziehbare« politische Gegner und Kriminelle reserviert. Im Jahr 1941 starben 52 Prozent seiner fast 16 000 Insassen und von Mitte 1941 bis April 1943 monatlich fast zehn Prozent der kontinuierlich ersetzten Häftlinge. Bei der Befreiung des Lagers durch amerikanische Truppen war über die Hälfte der fast 200 000 Menschen, die insgesamt nach Mauthausen gekommen waren, tot, manche waren in einer Gaskammer auf dem Gelände durch Zyklon gestorben, einige in Gaswagen und wieder andere in der nahegelegenen Heilanstalt Hartheim. Rund 25 Prozent der Opfer waren Juden.[31]

In sogenannten Transitlagern wurden bestimmte Gruppen von Menschen versammelt, die im Allgemeinen für den späteren Austausch mit den Alliierten bestimmt waren. Das bekannteste Transitlager war Bergen-Belsen in Norddeutschland. Diese Lager waren relativ erträglich, bis gegen Kriegsende das deutsche Versorgungssystem zusammenbrach. Dann wurden sie zu mörderischen Stätten von Seuchen und Hungertod.

Arbeitslager entstanden bis Kriegsende zu Zehntausenden. Hier wurden die Insassen zwar unmenschlich behandelt, doch das Ziel, die Produktion, schützte sie in gewissem, wenngleich begrenztem Umfang vor Mord im großen Stil. Aber innerhalb dieser Unterscheidung muss man noch einmal unterscheiden: Arbeitslager im Osten waren viel schlimmer als selbst die Lager im Generalgouvernement oder gar in Deutschland. Die Arbeitslager, die entlang der Durchgangsstraße IV für Juden errichtet wurden, waren wenig mehr als Wartesäle für Todgeweihte. Das galt auch für Janowska in der Nähe von Lwiw (Lemberg), das Ende 1942 als Zwangsarbeitslager entstand und sich in einen blutrünstigen Ort verwandelte, an dem massenhaft

Juden erschossen wurden. Möglicherweise kamen dort alles in allem mehr Menschen ums Leben als in Majdanek, ohne dass das Lager eine Gaskammer besaß.[32]

Zu den schrecklichsten Aspekten der Geschichte des Holocaust gehört, dass ein solches Blutbad angerichtet werden konnte, ohne dass dies ernsthafte negative Auswirkungen auf die deutschen Kriegsanstrengungen hatte. Tatsächlich beanspruchte die Mordmaschinerie nur wenig menschliche Arbeitskraft, Material und Geld. Abgesehen vom Verlust jüdischer Wissenschaftler und anderer loyaler Staatsbürger, die in den 1930er Jahren zur Flucht getrieben wurden, wovon Großbritannien und die Vereinigten Staaten profitierten, musste das Deutsche Reich so gut wie keinen Preis für all den Schmerz und das Leid zahlen, die es zufügte. Die Arbeitskraft des Großteils der letzten noch verbliebenen polnischen Juden, von denen die SS 1943 rund 300 000 umbrachte, vermisste man zwar, aber ansonsten fiel die Bilanz des Mordens erstaunlich vorteilhaft für Deutschland aus, zumindest kurzfristig, und die Nationalsozialisten interessierte nur der kurzfristige Zeithorizont.

Erstens bekamen die Lager enorme Mengen Beutegut und auch Zahlungen für die Arbeitskräfte, die sie an die Industrie und an staatliche Stellen ausliehen.[33] Die Sklavenarbeiter in den Lagern wurden zwar nicht entlohnt, aber die Lager wurden für sie bezahlt. Teils als Ergebnis davon machte Auschwitz, der größte Verkäufer menschlicher Arbeitskraft, von 1941 bis 1945 auf diese Weise einen Gewinn von 100 Prozent. Auschwitz nahm sechzig Millionen Reichsmark für ausgeliehene Arbeitskräfte ein und gab alles in allem nur dreißig Millionen für ihre Ernährung und Unterbringung aus. Globocniks Dienststelle in Lublin kalkulierte, dass ihre Nettobeute aus der »Aktion Reinhardt« sich nach Abzug aller Personalkosten und sonstigen mit den Deportationen und Ermordungen verbundenen Ausgaben auf fast 179 Millionen Reichsmark in bar belief, 52 Millionen Reichsmark in Juwelen und Edelmetallen und 46 Millionen in Form von wiederverwertbarer Kleidung. Weil die Beteiligten der »Aktion T4« in den Reinhardt-Lagern weitere Beträge direkt an die Kanzlei des Führers und an die Reichsbank schickten, lagen die Gesamteinnahmen viel höher. Wir wissen nicht, wie viel Chełmno einnahm, weil die Beute an die Ghettoverwaltung in Łódź ging und weil sie mit anderem, was man den Juden abgepresst hatte, in einen Topf geworfen wurde. Aber in einem Dokument vom Mai 1942, ein Jahr bevor Chełmno den Betrieb einstellte, ist die Rede davon, dass man 900 Lastwagen brauche, um Kleidung aus dem Lager zur Wiederverwertung abzutransportieren.

Zweitens kamen die Deutschen nicht für den Transport der Juden in die Lager auf. Sie ließen die Verwaltungen der jüdischen Gemeinschaft bezahlen, genau so, wie sie üblicherweise – zumindest in Westeuropa, in Deutschland selbst und in den jüdischen Ghettos – die schmutzige Arbeit, Menschen für die Deportation auszuwählen und Listen zusammenzustellen, nachdem die Nationalsozialisten eine bestimmte Zahl oder Kategorie festgesetzt hatten, den Juden überließen. Selbst die Berliner Dienststellen, aus denen die Mordbefehle kamen, waren zuvor jüdisches Eigentum gewesen, das man nun für den Mord nutzte. SS-Obersturmbannführer Adolf Eichmann koordinierte die Deportationen vom ehemaligen jüdischen Brüder-Vereinshaus aus, einer wohltätigen Organisation mit Sitz in der Kurfürstenstraße 116; das Hauptquartier des Euthanasieprogramms in der Tiergartenstraße 4 gehörte einst Verwandten von Max Liebermann, einem berühmten jüdischen Maler. Gleichzeitig strich das Dritte Reich enorme Summen ein durch konfiszierte Bankkonten, Juwelen, Kunstwerke und anderes verwertbares Eigentum von Juden aus allen besetzten Ländern. Unter dem Strich finanzierte sich der Holocaust nicht nur selbst, sondern er war, wie Auschwitz, ein gewinnbringendes Unternehmen. Das zeigt unter anderem das Beispiel der Niederlande.[34] Dort nahm NS-Deutschland über eine Milliarde Gulden aus dem Verkauf von gestohlenem jüdischen Eigentum ein; das meiste davon floss direkt in die Kassen der Besatzungsverwaltung oder auf die Konten von Frontorganisationen, die deutsche und holländische Staatsanleihen kauften und damit die deutschen Kriegsanstrengungen unterstützten. Ein sehr kleiner Teil der Einnahmen – 25 Millionen Gulden oder weniger als 2,5 Prozent der Gesamtsumme – wurde für den Unterhalt und die Erweiterung der beiden holländischen

Durchgangslager in Vught und Westerbork und zur Deckung der Kosten von Razzien und Deportationen aufgewendet. Rund 75 Prozent der holländischen Juden wurden umgebracht, insgesamt etwa 105 000 Menschen, und das kostete nur einen kleinen Bruchteil dessen, was der deutsche Staat ihnen weggenommen hatte.

Drittens waren diejenigen Kosten des Mordes, für die die Juden nicht aufkamen, recht gering. Abgesehen von Auschwitz ab 1943 waren die Vernichtungslager erstaunlich wenig technik- und kapitalintensive Einrichtungen. Chełmno bestand aus einem heruntergekommenen Herrenhaus, umgeben von einem Holzzaun.[35] Die Juden kamen auf Lastwagen durch das Haupttor, stiegen auf der einen Seite von den Lastwagen ab, auf dem Weg in den Keller wurden ihnen ihre letzten Besitztümer abgenommen, und durch den Hinterausgang gingen sie zu anderen Lastwagen. Nachdem jüdische Gefangene die Türen verschlossen und verriegelt hatten, liefen die Motoren im Leerlauf, oder die Lastwagen fuhren herum, bis alle Menschen an den Abgasen gestorben waren. Die Leichen wurden dann auf einer Waldlichtung abgeladen, wo jüdische Häftlinge sie in Gruben verbrannten. Selbst in Auschwitz existierte das Gebäude der ersten Gaskammer schon, als das Lager eröffnet wurde, und ein großer Teil des Baumaterials für die Baracken und die Umzäunung kam von der IG Farben im Rahmen eines Tauschgeschäfts von Stahl, Ziegeln und Stacheldraht gegen Arbeitskräfte und Kies.[36] Die ersten beiden Gaskammern in Birkenau, die beiden umgebauten Bauernhäuser, waren so behelfsmäßig, dass sie nicht einmal eine automatische Lüftung besaßen und deswegen nur in größeren zeitlichen Abständen genutzt werden konnten. Treblinka und die anderen Reinhardt-Lager waren potemkinsche Dörfer: Fassaden und ein paar wenige Werkstätten rund um einen Umschlagplatz, wo die Opfer ausstiegen und sich auszogen.[37] An der Rückseite des Platzes ging es durch einen »Schlauch«, einen engen, von hölzernen Sägeböcken eingefassten Durchgang, der mit Kiefernästen abgedeckt war, hinter denen sich Stacheldraht verbarg, in die Gaskammern. All das war billig zu errichten.

Auch die Betriebskosten der Lager waren gering. Das Benzin zur

Erzeugung von Kohlenmonoxid kostete nicht viel, und bis zum Ende der »Aktion Reinhardt« herrschte kein Mangel, die verwendeten Motoren stammten von erbeuteten sowjetischen Panzern. Die 32 Tonnen Zyklon, die von 1942 bis 1944 an Auschwitz und Majdanek verkauft wurden, kosteten weniger als 160 000 Reichsmark (was damals rund 64 000 US-Dollar entsprach). Nur etwa ein Fünftel davon wurde tatsächlich für die Vergasung von Menschen verwendet, das meiste für die Entwesung der Baracken und Ähnliches, oder es blieb einfach in den Regalen. Die Menge, die man für die Morde brauchte, kostete somit noch weniger, rund 30 000 Reichsmark (oder 12 000 US-Dollar nach damaligem Geldwert).[38]

Die personelle Ausstattung war ebenfalls nicht teuer. Auschwitz hatte als einziges Lager eine große, fast vollständig aus Deutschen bestehende Wachmannschaft. Über die gesamte Zeit, die das Lager bestand, umfasste die Wachmannschaft im Durchschnitt 2500 Personen, insgesamt arbeiteten von 1939 bis 1945 rund 7000 Deutsche dort,[39] das ist ein Drittel der Anzahl der deutschen Soldaten, die im Zweiten Weltkrieg als Deserteure erschossen wurden.[40] Bełżec und Sobibór brauchten jeweils nur ungefähr zwanzig Deutsche auf einmal, wie auch Treblinka in der Anfangszeit, aber dort stieg die Zahl 1943 auf über dreißig. Die restlichen Wachen, jeweils zwischen neunzig und 130 Personen, waren osteuropäische Hiwis (Hilfswillige), üblicherweise hungernde sowjetische Kriegsgefangene. Sie bekamen Uniformen, Unterkunft und Verpflegung, einen geringen Lohn und die Gelegenheit, die Juden auszuplündern als Gegenleistung für ihre Hilfsdienste für die Deutschen.[41] Ein Speziallager in Trawniki in Polen bildete bis zu seiner Schließung im September 1943 4750 Hilfswillige aus.[42] Die Deutschen in den Vernichtungslagern verdienten erheblich mehr. Dank einer täglichen Sonderzuwendung von 18 Reichsmark, einem Treuebonus und einem »Judenmord-Zuschlag«, der aus dem Haushalt des T4-Programms bezahlt wurde, kamen sie etwa auf das Zehnfache ihres nominellen Monatslohns von 58 Reichsmark.[43] Auch mit diesen Sonderzahlungen blieb das T4-Programm in den schwarzen Zahlen dank der Erlöse aus dem Zahngold der Opfer und der Praxis, nach der Tötung immer erst etwa zehn Tage mit der Registrierung des Todesfalls zu warten und in dieser Zeit weiter Tagessätze bei der Person, Einrichtung oder Versicherung zu berechnen, die für den Unterhalt des oder der Behinderten zuständig war.[44]

Schließlich gibt es noch die Legende, die Züge, die für die Transporte in die Lager eingesetzt wurden, hätten die deutschen Kriegsanstrengungen behindert. Nichts könnte weiter von der Wahrheit entfernt sein. Nur sehr wenige Züge auf einmal rollten in die Lager, und sie hatten im Schienennetz die geringste Priorität, das heißt, sie durften niemals Truppenbewegungen oder Versorgungszüge aufhalten. Das ist ein Grund, warum die Züge von Westeuropa in die Vernichtungslager, selbst die in den frühen Phasen der Deportationen von Warschau nach Treblinka 1942, eine Strecke von knapp 100 Kilometern, oft drei oder vier Tage brauchten und mit vielen erstickten, verhungerten, ausgetrockneten und im Winter erfrorenen Menschen ankamen. Im Osten wurden in der Regel Viehwaggons verwendet und in Westeuropa entweder geschlossene Güterwaggons oder Personenwaggons dritter Klasse, aber in beiden Fällen fast ausschließlich heruntergekommenes Material. Selbst die Lokomotiven waren alt. Zum Beladen eines Transports von 1000 oder mehr Menschen brauchte man üblicherweise nur neunzig Deutsche und entlang der Strecke etwa 15 Mann Wachpersonal, weil die verriegelten Güterwaggons kaum Aufsicht erforderten. Unter anderem aus dem Grund hatten sich die Deutschen für diese Art Transport entschieden.[45]

Alles in allem setzten die Deutschen in einem Zeitraum von 33 Monaten von 1942 bis 1944 rund 2000 Züge für den Transport von drei Millionen Menschen in die Lager ein, das heißt im Durchschnitt sechzig Züge pro Monat oder zwei Abfahrten pro Tag. Zum Vergleich: In den Jahren 1942 und 1943 beförderte die Deutsche Reichsbahn 6,6 *Milliarden* Fahrgäste, 1941 und 1942 fuhren *pro Tag* 30 000 Züge und 1944 rund 23 000. In diesem letzten Jahr brauchte das NS-Regime innerhalb von acht Wochen nur 147 Züge, im Durchschnitt weniger als drei pro Tag und nie mehr als sechs, um fast 440 000 ungarische Juden zu deportieren. So viele Züge in kurzer Zeit für ein Mordprogramm abzustellen war einmalig und nur möglich, weil die

Deportationen einen Nebenzweck hatten, der direkt mit den Kriegs-anstrengungen zusammenhing. Auschwitz sollte aus den Deportierten 100 000 arbeitsfähige Menschen, zehn bis 15 Prozent der ursprünglich geschätzten Gesamtzahl, auswählen und umgehend ins Reich bringen, wo sie für das gigantische Projekt gebraucht wurden, alle kriegswichtigen deutschen Fabriken unter die Erde zu verlegen. Immerhin machten selbst auf dem Höhepunkt der Deportationen aus Ungarn diese Züge nur ein bis zwei Prozent des täglichen Zugverkehrs in diesem Land aus. Dafür wurde der verschwindend geringe Teil von einem Fünfzehntel von einem Prozent der funktionsfähigen Lokomotiven eingesetzt und ein Zehntel von einem Prozent des funktionsfähigen rollenden Materials, auf welches das deutsche Rüstungsministerium damals Zugriff hatte. Der Anteil an Eisenbahnmaterial und menschlicher Arbeitskraft, der für den Holocaust aufgewendet wurde, war in der Tat sehr gering, sowohl auf die ganze Zeit gesehen wie auch zu jedem einzelnen Zeitpunkt.[46]

Wie es in der Geschichtsschreibung manchmal passiert, ist die schlüssigste Darlegung, dass die Deportationen keine merklichen Auswirkungen auf die deutschen Kriegsanstrengungen hatten, in einem Buch enthalten, das genau das Gegenteil beweisen wollte, Yaron Pashers *Holocaust versus Wehrmacht* (2014). Pasher untersucht vier militärische Niederlagen der Deutschen, die alle ungefähr zeitgleich mit einer Welle von Deportationen eintraten: den gescheiterten Versuch 1941, Moskau einzunehmen, während die ersten Judentransporte Deutschland verließen; den gescheiterten Versuch, Stalingrad 1942/43 zu entsetzen, während die »Aktion Reinhardt« lief; das Debakel der Schlacht von Kursk im Sommer 1943 kurz nach der Niederschlagung des Aufstands im Warschauer Ghetto; und die erfolgreiche Invasion der Alliierten und ihren Vormarsch von der Normandie aus von Juni bis August 1944, was sich teilweise mit den großen Deportationen aus Ungarn überschnitt. Pasher behauptet nun, zu jedem kritischen Zeitpunkt sei der Hauptgrund dafür, dass nicht mehr Soldaten und Nachschub an der Front eintrafen, ein Mangel an Zügen gewesen, um das Benötigte zu transportieren, und dieser Mangel sei dadurch verursacht worden, dass man das rollende Material für die Deportation von Juden verwendet habe. In seiner Untersuchung stellt er statistische Berechnungen an und zählt beispielsweise jede Hin- und Rückfahrt desselben einen oder derselben zwei langsamen, altersschwachen Züge mit sechzig Waggons zwischen Białystok und Treblinka und zwischen Theresienstadt und Auschwitz alle zwei oder drei Tage Anfang 1943 genau so wie eine Fahrt mit einem voll beladenen, schnellen Versorgungszug an die Ostfront.[47] Seine Schätzungen, was die Züge, die Juden transportierten, stattdessen zu den deutschen Armeen hätten bringen können, bleiben jedes Mal drastisch hinter seinen Annahmen zurück, wie viele Männer und wie viel Material den Armeen des Reichs im Vergleich zu ihren Gegnern fehlten. In allen vier Fällen war die deutsche Niederlage massiv vorprogrammiert. Deshalb ist Pashers Wiederholung des Satzes »jeder Zug zählte« nicht annähernd das Gleiche wie der Nachweis, dass es auch auf jeden Zug ankam.

Wie konnten nun die Nationalsozialisten ein derart gewaltiges Massaker in derart kurzer Zeit vollbringen? Der erste Teil der Antwort lautet: weil sie einen kostengünstigen, wenig Aufwand erfordernden, wenig technikintensiven und sich selbst finanzierenden Tötungsprozess in kurzer Zeit perfektionierten. Damit kommen wir zum zweiten Teil der Antwort: weil die nationalsozialistische Bewegung und der NS-Staat erstaunlich hingebungsvolle Mörder hervorbrachten und auf die Menschen losließen.

## Die Täter: Die »Generation des Unbedingten«

Am Holocaust waren Zehntausende Menschen direkt beteiligt – die SS-Wachen, die Einsatzgruppen, die Ordnungspolizei, die regulären Einheiten der Wehrmacht, die oft halfen, Juden zusammenzutreiben und umzubringen, und Zehntausende Bürokraten und Beamten, die die Morde planten und dafür sorgten, dass das todbringende System funktionierte – und Hunderttausende deutsche Zivilisten, die in einiger Entfernung vom Geschehen die Verfolgung erleichterten. Wie können wir ihr Verhalten erklären? Wie konnten sie all das tun?

Grob gesagt, dominieren bei den Versuchen, diese Fragen zu beantworten, zwei Denkschulen: eine, die von einem bewussten, zielgerichteten Handeln ausgeht, und eine zweite, die auf die Situation verweist. Jede der beiden Schulen bemüht sich, das Verhalten auf zwei unterschiedlichen Ebenen zu erklären, auf der der Untergebenen und der der Vorgesetzten. Die volitionale Schule, die auf die Willensentscheidung abhebt, sagt, dass die Menschen andere verfolgten und töteten, weil sie es so wollten; die situative Schule argumentiert, dass ihr Handeln eine Reaktion auf ihre unmittelbare Situation und Umgebung war und nicht ihren Überzeugungen entsprang. Kürzlich haben mehrere Autoren aus Deutschland das Fundament für eine starke, überzeugende Synthese beider Standpunkte gelegt.

Mit Blick auf die Untergebenen, die in den Erschießungskommandos und Vergasungseinrichtungen eigenhändig töteten, ist die klassische Formulierung des volitionalen Standpunkts in Daniel Goldhagens Buch *Hitlers willige Vollstrecker* (1996) zu finden, einem Bestseller, den das breite Publikum liebte und die meisten Historiker verrissen, und die des situativen Standpunkts in Christopher Brownings Werk *Ganz normale Männer* (1992), das Beifall in Fachkreisen und Anklang beim Publikum fand. Goldhagen zufolge töteten die Deutschen die Juden, weil sie es wollten; sie wollten es, weil sie die Juden generell hassten; und sie hassten die Juden, weil sie sie schon immer gehasst hatten – die deutsche Kultur war demnach seit Jahrhunderten durch und durch antisemitisch. Browning vertritt anhand von Zeugenaussagen ehemaliger Todesschützen des Reservepolizeibataillons 101 in Nachkriegsprozessen die Auffassung, antisemitische Überzeugungen hätten wenig mit der Bereitschaft von Deutschen zu tun gehabt, Morde zu begehen; vielmehr hätten sie aus gegenseitiger Loyalität gehandelt. Aus einem Gefühl der Gruppensolidarität heraus hätten sie keine Schwäche zeigen und sich nicht gegenseitig im Stich lassen wollen. Browning stützt sich bei seiner Argumentation stark auf zwei sozialpsychologische Experimente. Beim ersten, das Stanley Milgram 1961 in New Haven durchführte, ließ man Freiwillige glauben, sie würden auf Anweisung eines vermeintlichen Wissenschaftlers anderen Menschen Elektroschocks zufügen. Das zweite Experiment, 1971 von Philip Zimbardo in Stanford durchgeführt, simulierte Beziehungen zwischen Gefängniswärtern und -insassen. Beide Experimente hoben die menschliche Neigung hervor, sich Macht zu unterwerfen oder sie zu missbrauchen.

Sowohl Goldhagens als auch Brownings Analyse hat Schwachpunkte: Goldhagens Bild ist statisch, es gibt keinen Wandel im Lauf der Zeit, die Einstellungen der Deutschen 1642 sind identisch mit den Einstellungen 1942 und genauso einheitlich, was unrealistisch ist. Überdies berücksichtigt Goldhagen die wichtige Tatsache nicht, dass Macht den Ideen der Mächtigen größeres Gewicht verleiht. Browning wiederum verlässt sich weitgehend auf das, was seine Protagonisten über ihre Motive sagten, ein riskantes Verfahren, wie er selbst einräumt. Nicht umsonst gibt es den juristischen Grundsatz »niemand kann Zeuge in eigener Sache sein«. Wie vor Gericht hatten auch im Fall der Angehörigen des Polizeibataillons einige Protagonisten guten Grund zu lügen. Sie gaben ihre Zeugenaussagen in einer potenziellen westdeutschen Morduntersuchung ab. Nach deutschem Recht setzt eine Verurteilung wegen Mordes den Beweis voraus, dass jemand aus »niederen Beweggründen«[48] wie Gier oder Hass gehandelt oder sadistischen Eifer an den Tag gelegt hat. Deshalb zögerten die einstigen Todesschützen, Antisemitismus zuzugeben oder einem Kameraden Antisemitismus zu bescheinigen, obwohl die Täter nach der deutschen Rechtspraxis der damaligen Zeit eher Verurteilungen wegen Beihilfe zum Mord und damit geringere Strafen zu erwarten hatten.

Browning hat zwar im Hinblick auf die Angehörigen des Polizeibataillons 101 die besseren Argumente, und seine Erkenntnisse haben erschreckende Implikationen, was die generelle Anfälligkeit von Menschen angeht, unter bestimmten Umständen abscheuliche Gewalttaten zu verüben. Aber zwei Aspekte, ein theoretischer und ein empirischer, sprechen dafür, dass damit die Frage noch nicht beantwortet ist, warum die meisten deutschen Mörder zwischen 1941 und 1945 so handelten, wie sie es taten. Unter dem ersten (theoretischen) Aspekt wollten womöglich beide, Goldhagen und Browning, bei der Erfassung der Motive, die wohl vielschichtig und gemischt waren und sich im Lauf der Zeit änderten, zu präzise sein. Angesichts der

Anweisungen an die Erschießungskommandos und angesichts des ideologischen Umfelds, in dem sie sich bewegten, dürften viele Todesschützen darüber hinaus den Antisemitismus als eine passende Form der Rechtfertigung für das, was man ihnen befohlen hatte, ergriffen haben. Mit anderen Worten: Sie töteten nicht, weil sie ihre Opfer hassten, sondern beschlossen, ihre Opfer zu hassen, weil sie dachten, sie müssten sie töten. Psychologen bezeichnen diesen seelischen Mechanismus, bei dem Überzeugungen dem Verhalten angepasst werden und nicht umgekehrt, als eine Reaktion auf eine »kognitive Dissonanz«.[49] Das könnte genauso wichtig gewesen sein wie Feindseligkeit oder Sadismus, um zu erklären, warum es so vielen Deutschen anscheinend Vergnügen bereitete, Juden zu quälen und zu töten. Hass und sogar Freude erleichterten ihre Aufgabe, die, wie wir wissen, nicht einfach war, zumindest nicht am Anfang. Himmler sprach davon, die SS habe eine »widerwärtige Pflicht« und eine »schwierige Aufgabe«.[50] Die Einsatzgruppen und die ausländischen Hilfseinheiten konnten die Massaker oft nur betrunken ausführen. Deutsche Frauen, die als Krankenschwestern und Helferinnen der Soldaten an der Ostfront im Einsatz waren, berichteten wiederholt, die Männer, die von Massakern zurückkehrten, hätten »alle ein großes Mitteilungsbedürfnis« gehabt.[51]

Zum zweiten (empirischen) Aspekt gehört Edward Westermanns überzeugender Nachweis, dass das Polizeibataillon 101 nicht typisch für die Polizeieinheiten war, die nach Osten geschickt wurden, um Juden zu töten. Rund 80 Prozent des Personals waren keine Reservisten wie die Angehörigen des Polizeibataillons 101, und die meisten Einheiten bestanden nicht wie dieses aus Männern mittleren Alters, die vor Hitlers Machtergreifung das Erwachsenenalter erreicht hatten. Im Gegenteil, den Bataillonen gehörten im Allgemeinen junge, hochgradig indoktrinierte Karrierepolizisten an, die sich selbst als »politische Soldaten«[52] im Dienst der nationalsozialistischen Rassenideologie sahen. Es waren keine unauffälligen Zivilisten, die sich plötzlich in fremden und extremen Umständen wiederfanden, oder typische Deutsche einer früheren Zeit, sondern vielmehr militärische Schöpfungen des NS-Regimes, geschult darin, was Reinheit der Rasse bedeutete. Brownings Studie zeigt zwar, dass »ganz normale Männer« im besetzten Osten Morde begehen konnten, aber die meisten, die dort Anfang der 1940er Jahre tatsächlich mordeten, waren keine normalen Männer.

Wie Omer Bartov, der *The Eastern Front, 1941–45* (2001) geschrieben hat, betont Westermann, welchen Einfluss die ideologische Indoktrinierung auf das Verhalten der Todesschützen der Polizei hatte. Aber anders als Bartov findet Westermann nicht, dass die Erfahrung der zunehmenden Brutalisierung der Kriegführung im Lauf der Zeit diese Einheiten zu abgebrühten Mördern machte. Sie waren vom Tag ihrer Ankunft im Osten bereit, das zu tun, was sie taten. Waitman Beorns Studie *Marching into Darkness* (2014) gelangt mit Blick auf die regulären Einheiten der Wehrmacht zu einer ähnlichen Schlussfolgerung. Sie brachten im Herbst 1941 die ersten Juden in Weißrussland um, lange bevor sie auf ernsthaften Widerstand stießen oder es mit Partisanen zu tun bekamen. Seine minutiöse Untersuchung mehrerer Massenerschießungen zeigt, dass endlose Propaganda über die jüdisch-bolschewistische Bedrohung die meisten Männer darauf vorbereitet hatte, praktisch vom ersten Tag des Vorstoßes in die Sowjetunion an zu töten.

Zu den einsichtsvollsten Werken zu diesem Thema gehören die Bücher der deutschen Wissenschaftler Harald Welzer (*Täter*, 2005), Felix Römer (*Kameraden*, 2012) und Thomas Kühne (*Belonging and Genocide*, 2010, auf Englisch geschrieben, Kühne lehrt mittlerweile in den Vereinigten Staaten). Die drei unterscheiden sich etwas hinsichtlich der verwendeten Quellen und analytischen Ansätze, betonen aber übereinstimmend, dass es Hitlers Regime gelang, bei den Deutschen »ein nationalsozialistisches Selbst« zu entwickeln mit einem auf den Kopf gestellten Wertesystem, das eine Fülle von Rechtfertigungen für Brutalität lieferte. Das Dritte Reich definierte Moral um und machte Demütigung, Verfolgung und Mord zu Tugenden. Die Überwindung von Skrupeln gegen das Zufügen von Schmerzen wurde zu einem Zeichen moralischen Fortschritts, nicht der Unanständigkeit. Umso besser, wenn jemand Schwierigkeiten damit hatte, denn das erzeugte mehr Selbstmitleid als Mitleid mit den

Opfern und machte die Deutschen innerlich bereit, gegen das Volk vorzugehen, dessen Existenz ihnen solche Qualen bereitete. Kühne beschreibt, was geschah, in einigen denkwürdigen Sätzen: Die Nationalsozialisten hätten eine »dichotomische Ethik« des »wir« gegen »sie« geschaffen und eine »moralische Grammatik der Kameradschaft«, die Akte der Solidarität verklärte und aus Individualismus geborene Handlungen verdammte.[53] Er erinnert uns an Brownings Beobachtung, dass selbst die Angehörigen des Polizeibataillons 101, die sagten, sie könnten nicht schießen, keine moralischen Einwände vorbrachten; sie sagten lediglich, sie seien »zu schwach«, um zu tun, was man von ihnen verlangte. Das gleiche Muster traf Beorn zufolge für die Ausnahmefälle unter den regulären Wehrmachtsangehörigen zu, die darum baten, nicht an Tötungen mitwirken zu müssen: »Indem die Soldaten Schwäche oder Sentimentalität als Gründe anführten, warum sie nicht mitmachen wollen, vermieden ... sie, das Handeln ihrer Kameraden infrage zu stellen. Das erlaubte ihnen, in der Gemeinschaft von ihresgleichen zu bleiben.«[54] Selbst die Deutschen, die nein sagten, bekräftigten zumindest teilweise das kollektive Ziel. Und die meisten Deutschen sagten auf den Befehl zu töten nicht nein. Römer kommt in seiner Untersuchung, die sich auf die abgehörten Gespräche von rund 3000 deutschen Kriegsgefangenen stützt, die in Fort Hunt vor den Toren von Washington, DC, interniert gewesen waren, zu dem Schluss: »Extreme Gewalt gegen nicht wehrfähige Zivilisten, Frauen und Kinder wurde zwar von vielen Wehrmachtssoldaten als Grenzüberschreitung begriffen. Dennoch waren die Männer jederzeit zu solchen Gewalttaten fähig, sobald der Gruppendruck und die situativen Umstände dies von ihnen verlangten.«[55] Diese reflexhafte Bereitschaft hing zu einem großen Teil damit zusammen, dass unter den bewunderten und erfahrenen Unteroffizieren eine »spezielle militärische Mentalität« herrschte, die wiederum das widerspiegelte, was Welzer als »partikulare nationalsozialistische Moral«[56] bezeichnet hat.

Die Erkenntnisse von Welzer, Römer, Kühne und Beorn zeigen, dass aus dem Situativen etwas Volitionales werden kann. Überzeugungen passen sich den Umständen an, und die Macht vergrößert das Gewicht der Ideen derjenigen, die Macht haben. Ganz normale Deutsche konnten willige Vollstrecker der nationalsozialistischen Verfolgung und in manchen Fällen auch willige Henker werden und *wurden* es. Sara Berger kommt in ihrem Buch *Experten der Vernichtung* (2013) mit Blick auf die Beteiligten der »Aktion T4«, die im Weiteren das Personal in den Reinhardt-Lagern stellten, zu ähnlichen Ergebnissen. Nach der Analyse ihrer Aufzeichnungen und Zeugenaussagen nach dem Krieg hebt sie hervor, dass diese Menschen nicht aus eigenem Antrieb zu Mördern wurden, sich aber bereitwillig und zunehmend mit den Rechtfertigungen des NS-Regimes für Mord identifizierten.[57] Daher nutzte niemand die Möglichkeit, die Versetzung zurück auf seinen ursprünglichen Posten zu beantragen.

Die Behandlung der beiden Eisenbahnbeamten, von denen man weiß, dass sie es ablehnten, an den Transporten mitzuwirken, bekräftigt ein Argument, das sich in zahlreichen Nachkriegsuntersuchungen von Unterlagen der Wehrmacht und der SS findet und von Brownings Forschungen bestätigt wird: Die Weigerung, bei den Morden mitzumachen, zog in NS-Deutschland keine Strafe nach sich und kam dennoch selten vor. Richard Neuser, Schaffner in Białystok, bat darum, sich nicht an Transporten in die Lager beteiligen zu müssen; er wurde ohne Bestrafung an eine andere Stelle versetzt. Alfons Glas arbeitete in der Hauptdienststelle der Gedob, der Organisation, die den Zugverkehr im Generalgouvernement regelte. Von Untergebenen vor Ort hatte er erfahren, was mit den Zügen passierte, die Juden transportierten, und bat um eine Versetzung. Sie wurde ihm gewährt, ohne dass er berufliche Nachteile davon hatte.[58] Aber das waren seltene Ausnahmen. Das deutsche Eisenbahnpersonal verhielt sich ähnlich wie die Polizei und andere Uniformträger. Gruppensolidarität und/oder Pflichtbewusstsein und/oder ideologische Überzeugungen überwogen die Bedenken oder Gewissensbisse, die manche haben mochten. Die Nachkriegsprozesse gegen das Personal der Vernichtungslager der »Aktion Reinhardt« förderten nur zwei Fälle zutage, in denen SS-Wärter darum gebeten hatten, an Stellen versetzt zu werden, wo sie unmittelbar mit dem Tötungsprozess nichts zu tun hatten. Beide wurden versetzt, ohne dass es Nachteile für sie hatte.

Oskar Gröning, SS-Buchhalter in Auschwitz, erklärte in einem Interview mit der BBC 2005 sein Verhalten mit der Aufteilung der Zuständigkeiten und mit Indoktrinierung.[59] Er hatte sich 1940 freiwillig zur SS gemeldet und dann bis zur Versetzung nach Auschwitz 1942 im Alter von 21 Jahren in einer Besoldungsstelle der SS gearbeitet. Er zählte das Geld, das den Opfern in Auschwitz abgenommen wurde. Obwohl ihn einzelne Akte der Grausamkeit, die er mit ansah, aufwühlten, bekannte er sich generell zur Notwendigkeit, die Juden als Deutschlands Todfeinde zu vernichten, weil sie die Niederlage im Ersten Weltkrieg verursacht hätten und dies im nächsten Krieg wieder versuchen würden. Deshalb sah er ihre Ermordung als notwendig an. Aber nach seiner Einschätzung hatte er mit den Morden nichts zu tun. Seine Einheit übte eine Schreibtischtätigkeit in Auschwitz aus und mordete nicht, beides war aus seiner Sicht mehr oder weniger voneinander getrennt. Er blieb bis September 1944 in Auschwitz, als die SS seinem Ersuchen auf Versetzung stattgab und ihn einer Feldeinheit zuwies, die später in der Ardennenoffensive kämpfte.

Entscheidende Punkte, wenn es darum geht, das Verhalten der Wachen in den Lagern zu erhellen, sind die geringe Zahl der involvierten Täter, die Frage, was für Menschen sie waren, und die Art und Weise, wie sie den schlimmsten Teil des Tötungsprozesses delegierten und sich so selbst davon distanzierten. Weil man nur wenige Täter brauchte, war es leicht, sie zu finden. Zur Erinnerung: In Bełżec waren nie mehr als zwanzig Deutsche und Österreicher auf einmal im Einsatz, insgesamt weniger als 500 in allen drei Lagern der »Aktion Reinhardt«. Für jedes Krematorium im Lager brauchte man nur fünf bis zwölf deutsche Aufseher. Selbst wenn wir annehmen, dass sie allesamt Psychopathen waren, müssen wir zugeben, dass es nicht schwierig gewesen sein kann, so wenige Menschen dieses Schlags zu rekrutieren. Die meisten Wachleute besaßen nur geringe Bildung; in Auschwitz beispielsweise hatten nur 30 Prozent der SS-Männer, die in der Garnison dienten, mehr als einen Volksschulabschluss. Von Auschwitz abgesehen, bestand das Wachpersonal größtenteils aus ausländischen Hilfswilligen, die sehr darauf bedacht waren, ihre deutschen Herren zufriedenzustellen. In jedem Lager der »Aktion Reinhardt« gab es neunzig bis 130 davon. In Auschwitz bestand ein großer Teil der Mannschaft aus Volksdeutschen, die unbedingt beweisen wollten, dass sie genauso hart und genauso deutsch waren wie ihre im Reich geborenen Kameraden.[60] Außerdem verstanden es die Deutschen, sich gegen die schlimmsten Aspekte des Tötungsprozesses abzuschotten. In den Ghettos überließen sie die schmutzige Arbeit häufig den jüdischen Polizeikräften, etwa die Suche nach Personen, die nicht zu Deportationen angetreten waren. In den Lagern mussten jüdische Gefangene in den Sonderkommandos die Gaskammern räumen, die Leichen verbrennen und – im Krematorium III in Birkenau – den schweren Deckel des Einfüllstutzens offen halten, durch den ein SS-Mann das Zyklon-Granulat schüttete. Schließlich spielte beim Lagerpersonal wie in den Erschießungskommandos die Selbstbezogenheit eine verhängnisvolle Rolle, die Beschäftigung mit den eigenen Problemen statt mit den Schmerzen, die anderen zugefügt wurden. Für die Wachen bestand das tägliche Problem darin, die große Zahl der Gefangenen zu bewältigen, und Brutalität war immer die am leichtesten verfügbare Methode. Das Lagersystem förderte die dunkelsten Seiten der Menschen zutage; die Regeln verführten förmlich dazu, Gefangene zur Flucht zu animieren, damit ein Aufseher sie erschießen und dafür einen zusätzlichen Tag Urlaub bekommen konnte.

Was ist nun das Fazit all dieser Erklärungen? Warum waren genügend Deutsche bereit, sich an der Folter und Ermordung der Juden zu beteiligen? Vor allem, weil es dem NS-Regime gelang, ein geschlossenes Weltbild herzustellen, eine ideologische Echokammer, in der die Führer immer wieder von der angeblichen Bedrohung durch die Juden schwadronierten und der Notwendigkeit, dass die Deutschen sich gegen sie verteidigen müssten. Der Krieg, die Luftangriffe auf deutsche Städte, die Heckenschützen, die auf deutsche Wachposten im besetzten Osten zielten – alles war das Werk der Juden. Gleichzeitig demütigte das Regime die Juden in Ghettos, Lagern und auf den Transporten so gründlich, dass sie dem abstoßenden Bild glichen, das das Regime von ihnen zeichnete: dreckige, verseuchte, selbstsüchtige und unzivilisierte Kreaturen, die Verachtung bei den

Deutschen weckten und die Bereitschaft, ihnen zu schaden. Die NS-Propaganda in Verbindung mit der Macht verwandelte den Antisemitismus in eine unendliche, sich selbst erfüllende Feedback-Schleife, und die einfachen Deutschen verhielten sich entsprechend.

Wendy Lowers Buch *Hitlers Helferinnen* (2013) untermauert diese Analyse mit Erkenntnissen über eine zuvor wenig untersuchte Gruppe: die halbe Million deutscher Frauen, die als Ehefrauen, Sekretärinnen, Krankenschwestern, Lehrerinnen, Siedlerinnen, Freiwillige beim Roten Kreuz, Funkerinnen und in vielen anderen Rollen in den besetzten Osten geschickt wurden.[61] Rund 300 000 deutsche Frauen leisteten in der Gestapo, in Polizeidienststellen und Gefängnissen Hilfsdienste, weitere 10 000 arbeiteten in der zivilen deutschen Verwaltung und noch einmal 3500 als KZ-Wärterinnen. Fast alle waren zwischen 17 und dreißig Jahren alt. Sie wurden Augenzeugen von Verfolgung und Mord; die meisten erleichterten beides in der einen oder anderen Weise, etwa indem sie Hinrichtungsbefehle tippten, und einige begingen selbst solche Taten, erschossen Bewohner von Ghettos oder halfen Männern, Juden aus Verstecken herauszuzerren. Wie Lower schreibt: »Wenn es darum ging, die vermeintliche Pflicht über die Moral zu stellen, gab es keinen großen Unterschied zwischen Männern und Frauen.«[62] Die Frauen erlagen genauso den Versuchungen der absoluten Macht, die die Deutschen im besetzten Osteuropa genossen. Eine Mörderin, Erna Petri, die von 1942 bis 1944 mit ihrem Ehemann ein konfisziertes Gut in Polen leitete, fasste nach dem Krieg die vielen Motive zusammen, die sich für sie miteinander vermischten: »Um den SS-Männern nicht nachzustehen und ihnen zu zeigen, daß ich als Frau ebenso wie sie handeln kann, habe ich die vier Juden und die sechs jüdischen Kinder erschossen. Ich wollte mich gegenüber den Männern groß tun. Außerdem wurden zur damaligen Zeit in dieser Gegend überall wo man hinhörte, jüdische Menschen und Kinder erschossen, was ebenfalls bei mir mit zu meiner Handlung führte.«[63]

Wenn all diese Impulse, sich konform zu verhalten, versagten und sich bei den Deutschen in Uniform doch menschliches Mitgefühl oder Solidarität regte, griff das NS-Regime zu brutaler Vergeltung.

Nicht morden zu wollen war eine verständliche Schwäche, und ein deutscher Offizier konnte davonkommen, wenn er wie Major Karl Plagge, Leiter einer Werkstatt für Armeefahrzeuge in Wilna, sagte, militärische Bedürfnisse erforderten es, jüdische Arbeiter und ihre Familien zunächst noch am Leben zu lassen.[64] Aber Juden offen zu helfen war Sabotage, die mit dem Tod bestraft werden konnte. Am 9. April 1942 schrieb Anton Schmidt, ein zweiundvierzigjähriger Angehöriger eines Landesschützen-Bataillons, kurz vor seiner Hinrichtung in Wilna einen Abschiedsbrief an seine Frau. Die dortigen Massaker, bei denen auch Säuglinge getötet worden seien, indem man sie gegen Baumstämme geschleudert habe, hätten ihn so schockiert, dass er im Herbst 1941 seine Stellung als Leiter einer Versprengtensammelstelle genutzt habe, um mehr als 100 Juden die Flucht aus dem Ghetto der Stadt zu ermöglichen. (Forschungen nach Kriegsende ergaben, dass es tatsächlich über 300 Juden gewesen sein könnten.) Im Januar 1942 wurde er entdeckt und vor ein Kriegsgericht gestellt. An seine Frau schrieb er: »Du weißt ja, wie mir ist mit meinem weichen Herzen ... In meiner Stube sind 6 Mann von 17–23 Jahren, die dasselbe Los haben. Wegen Fahnenflucht und Feigheit vor dem Feinde – alles wird so verurteilt. Auch Juden sind Feinde – es ist eben so.«[65] Ein solcher Ausgang war zwar selten, aber allein dass es so kommen konnte, dämpfte die humanitären Anwandlungen bei den involvierten Deutschen.[66]

Die überzeugendsten Erklärungen, warum Deutsche in untergeordneten Positionen bereit waren, sich grausam gegenüber Juden zu verhalten, mischen situative und volitionale Elemente. Für die Verantwortlichen, die die Befehle zur »Endlösung« entwarfen und erteilten, gilt das nicht. Vor fünfzig Jahren versuchte Hannah Arendt am Beispiel von Adolf Eichmann nachzuweisen, dass es gesichtslose Gestalten waren und »gedankenlose« Bürokraten, wie sie es ausdrückte, die eher aus persönlichem Ehrgeiz handelten als aus ideologischer Überzeugung und damit das verkörperten, was sie »die Banalität des Bösen« nannte. Heute glaubt das praktisch kein Historiker mehr. Tom Segev schrieb in seiner Studie *Die Soldaten des Bösen* (1987) über KZ-Kommandanten, nicht die Banalität des Bösen sei charakteristisch für sie gewesen, »sondern vielmehr ihre innere Identifikation mit diesem Bösen«.[67]

Detaillierte prosopografische Untersuchungen (die biografische Erforschung bestimmter Personenkreise) haben gezeigt, dass die Täter auf dieser Ebene fast alle hoch gebildet waren, begeisterte und bewusste Befürworter des Mordens und überzeugte Anhänger der NS-Ideologie. Die eindrucksvollste derartige Studie ist das Buch von Michael Wildt, *Generation des Unbedingten* (2002), über eine Generation, die keine Grenzen und keine Einschränkungen kannte. Wildt hat die Lebensgeschichten von 221 Männern untersucht, die führende Positionen im Reichssicherheitshauptamt innehatten, der SS-Dienststelle, die die größte Verantwortung für die Durchführung des Holocaust trug, sowohl 1939 bis 1941, als er Gestalt annahm, wie auch über mindestens 18 Monate in einer späteren Phase. Wildt fand heraus, dass 60 Prozent der Betreffenden zwischen 1900 und 1910 geboren worden waren, weitere 17 Prozent waren sogar noch jünger.[68] Das bedeutet, dass die meisten während des Holocaust in ihren Dreißiger- oder allenfalls frühen Vierzigerjahren waren. In dieser Hinsicht glichen sie ihren bekanntesten Anführern. Heinrich Himmler, den ein Forscher »Architekt des Genozids« getauft hat, war 1900 geboren, genau wie Rudolf Höß, der fast die ganze Zeit, die das Lager bestand, Kommandant von Auschwitz war. Ernst Kaltenbrunner, von 1943 bis 1945 Leiter des Reichssicherheitshauptamts, war 1903 zur Welt gekommen, Reinhard Heydrich, Kaltenbrunners Vorgänger und der Mann, der die »Endlösung« auf den Weg brachte, 1904, Adolf Eichmann, der viele Züge für Deportationen zusammenstellte, 1906 und Josef Mengele, der Arzt, der an der Rampe in Auschwitz über Leben und Tod der Ankömmlinge entschied und abscheuliche medizinische Versuche an Häftlingen durchführte, 1911. Auch die 121 Beteiligten der »Aktion T4«, die das Personal der Reinhardt-Lager bildeten, waren bemerkenswert jung: Mehr als 83 Prozent entstammten Geburtsjahrgängen zwischen 1900 und 1914.[69]

Die Führer des Reichssicherheitshauptamts waren in der Regel soziale Aufsteiger, junge Männer, die darauf brannten, sich zu beweisen und Eindruck zu machen. Die meisten waren sehr gebildet – ein

Drittel hatte einen Doktortitel, so auch die vier ersten Kommandanten der Einsatzgruppen, und viele hatten an den besten deutschen Universitäten studiert, in Heidelberg, Leipzig und Tübingen. Die meisten hatten sich seit Langem, schon seit ihrer Studienzeit in den 1920er Jahren, in radikale nationalistische, antisemitische und gewalttätige Politik eingelebt. Sie wollten die Welt verändern, indem sie all das Unrecht rächten, das Deutschland vermeintlich angetan worden war.[70] Es waren Männer mit einer Mission, durchdrungen von einer romantischen Sicht des Kriegs und voller Tatendrang, die Sentimentalität verachteten. Jede Form von Einfühlungsvermögen war für sie »Gefühlsduselei«, die sie verachteten. Sie wussten genau, was sie taten, und glaubten unbedingt an ihre durch und durch germanozentrische Vision der nationalen Erlösung durch Rache und »rassische Säuberung«. Die an der »Aktion T4« Beteiligten stammten im Allgemeinen aus niedrigeren sozialen Schichten, waren aber ebenfalls eine hochgradig indoktrinierte Gruppe.[71]

Neben dieser Mischung aus Idealismus und Karrierestreben zeigten die Mitarbeiter des Reichssicherheitshauptamts und der »Aktion T4« auch eine hartherzige Form von Professionalität, eine kaltblütige Entschlossenheit, ihre Arbeit gut zu machen. Die Wendung »er geht über Leichen« trifft wörtlich und im übertragenen Sinn für diese Männer zu. Sie fanden die Rede von »Pflichterfüllung« sehr passend; im Namen der Pflicht konnte man alles rechtfertigen, solange es dem deutschen Volk diente. Der Verweis auf die Pflicht befreite sie nicht nur von persönlicher Verantwortung, der Mord wurde dadurch sogar zu einer höheren Berufung. Höher, weil sie die Ausdehnung des Reichs nach Osten als Teil eines Zivilisationsprozesses betrachteten, der die europäische Kultur zulasten eines angeblich barbarischen Asiens verbreitete. Hitler nannte Osteuropa einmal »unser Indien«,[72] und bei mehr als einer Gelegenheit setzte er Deutschlands Ausdehnung nach Osten mit Amerikas Vordringen nach Westen gleich.[73] Die Männer an der Spitze des Reichssicherheitshauptamts glaubten fest an diese missionarische Vision und rechneten damit, dass sie Millionen Menschen würden umbringen müssen, um sie zu realisieren.

Kurzum: Die meisten deutschen Täter zeigen das Profil militärisch und nationalistisch gesinnter junger Männer, die die Chancen, die sich durch das enorme Wachstum der SS in den späten 1930er Jahren eröffneten, besonders durch die Integration der Polizei und durch die deutsche Expansion, ergriffen, um voranzukommen und sich zu verwirklichen. Sie stammten überdurchschnittlich oft aus Gebieten, die das Reich nach dem Ersten Weltkrieg verloren hatte, oder aus Grenzregionen, das heißt aus einem Umfeld, das Nationalbewusstsein und Konkurrenzgefühle verstärkte. Nur sehr wenige hatten mit politischer Gewalt noch nichts zu tun gehabt oder waren einfach Wehrpflichtige. Der Soziologe Michael Mann hat die Befunde so zusammengefasst: »[D]er größte Teil des Völkermordes [wurde] von ideologisch motivierten, erfahrenen Nationalsozialisten in die Tat umgesetzt ... Die überwältigende Mehrheit derjenigen, die an den Morden aktiv mitwirkten, wusste genau, was sie tat, [und] die meisten dieser Menschen dachten, es gebe gute Gründe für ihr Handeln.«[74]

Durch Fanatismus zeichneten sich vor allem die Haupttäter Himmler, Heydrich, Eichmann, Höß, Kaltenbrunner und zwei bisher noch nicht erwähnte Männer aus, Oswald Pohl und Hans Kammler, die Leiter des SS-Wirtschafts- und Verwaltungshauptamts (WVHA), der Organisation, die für das Zwangsarbeitssystem zuständig war. Heinrich Himmler errang Macht und übte sie aus in Verkörperung des SS-Mottos: »Meine Ehre heißt Treue.« Obwohl er noch vor dem Bürgerbräu-Putsch 1923 Parteimitglied wurde und da er schon von der für die Bewegung typischen Mischung aus romantischen Vorstellungen über Deutschland und Feindseligkeit gegen Ausländer, Juden und Linke durchdrungen war, stand er anfangs anderen NS-Führern der ersten Stunde näher als Hitler. Aber seit seiner Berufung an die Spitze der Schutzstaffel des Führers 1929 war er Hitlers verlässlich skrupellosester Vertreter im Umgang mit Menschen oder Gruppen, die der Nationalsozialismus als Feinde definierte. Die deutlichste Papierspur, die Hitler mit dem Holocaust verbindet, zieht sich dementsprechend durch Himmlers Terminkalender von 1938 bis 1942. Daraus geht hervor, wie die NS-Politik gegenüber den Juden immer nach Treffen der beiden Männer radikaler wurde.

Fast jeder, der Himmler begegnete – oder über ihn geschrieben hat –, kommentierte seine unvorteilhafte Erscheinung und farblose Persönlichkeit. Klein gewachsen, plump und kurzsichtig, entsprach er ganz und gar nicht dem nationalsozialistischen Ideal. Ein Gauleiter bemerkte einmal: »Wenn ich so aussehen würde wie Himmler, würde ich von Rasse überhaupt nicht sprechen.«[75] Doch hinter der äußeren Erscheinung verbargen sich zwei scheinbar widersprüchliche Triebkräfte, die den meisten Beobachtern ebenfalls auffielen: Die erste war seine Faszination für eine Fantasiewelt – er glaubte an Astrologie und Kräuterkunde, liebte Rituale mit Fackeln, war überzeugt, die Wiedergeburt des deutschen Kaisers Heinrich I. (»Heinrichs des Voglers«, der 936 starb) zu sein, und träumte davon, den kolonisierten deutschen Osten mit untereinander verbundenen Siedlungen deutscher Wehrbauern zu bevölkern. Die zweite Triebkraft war seine akribische Beachtung praktischer bürokratischer Details. Diese Kombination lag seinem »Erfolg« als Massenmörder zugrunde. Er verlangte die organisierte, gründliche und »mitleidlose« Umsetzung seiner Traumwelt, in der die Arier herrschten, in die Realität, und diese Forderung erfüllte die Organisationen, die ihm unterstanden, mit Leben: die SS, das Reichssicherheitshauptamt, die deutsche Polizei, die Einsatzgruppen und all ihre Helfer.

Reinhard Heydrich kam dafür, dass er einer der wichtigsten NSDAP-Führer wurde, erst relativ spät zur Partei. Zunächst verfolgte er eine Karriere bei der Reichsmarine, die damit endete, dass er als »unwürdig« entlassen wurde, weil er, obwohl verlobt, ein Verhältnis mit einer anderen Frau angefangen hatte. Die Familie der Frau hatte einflussreiche Verbindungen, aber letztlich führte seine Arroganz in dem Verfahren zu seiner Entlassung. In den 1920er Jahren war er zwar in konservativen nationalistischen Kreisen aktiv gewesen, aber erst die Verlobte mit dem bedeutungsschwangeren Namen Lina von Osten drängte ihn ab 1931 in Richtung NSDAP und SS. Von seiner Erscheinung her verkörperte er das Idealbild eines SS-Mannes: großgewachsen, blond, blauäugig, mit einem langgezogenen, schmalen Gesicht, sportlich und elegant. Wie einer seiner deutschen Biografen schrieb: »Hätte der Nationalsozialismus in einen Spiegel geblickt, Reinhard Heydrich hätte herausgeschaut.«[76] Auch emotional passte er dazu: Er war zäh, entschlossen, kompromisslos, hartnäckig, unerbittlich und risikofreudig. Sein liebstes Adjektiv lautete »unerhört«,[77] und er setzte alles daran, dass seine Handlungen diese Bezeichnung verdienten. Carl Jacob Burckhardt, der Schweizer Diplomat und Historiker, sagte nach seiner ersten Begegnung mit Heydrich, er sei »ein junger, böser Todesgott«. Bei seiner Beerdigung nach der Ermordung durch tschechische Freiheitskämpfer 1942 nannte Hitler ihn den »Mann mit dem eisernen Herzen«.[78]

Heydrichs Dünkel und seine Kaltblütigkeit nahmen im Lauf der Zeit noch zu. Vielleicht wollte er damit seinen späten Eintritt in die Partei kompensieren, seine skandalöse Entlassung aus der Marine und die hartnäckigen Gerüchte, seine Mutter sei jüdischer Abstammung, die sich als falsch erwiesen, aber 1932 zu einer demütigenden internen Untersuchung in der NSDAP führten. Diese Antriebskräfte, dazu seine enge persönliche Freundschaft mit Himmler und sein beträchtliches organisatorisches Talent, machten ihn zu einem mörderischen Vollstrecker der NS-Ideologie. Er wurde zum Inbegriff der Überzeugung der Nationalsozialisten, dass nur die Deutschen zählten; alle anderen standen außerhalb seines moralischen Universums und waren überflüssig. Einige Biografen haben behauptet, er habe die NS-Ideologie lediglich als Vehikel für sein Machtstreben übernommen, aber das ist zu einfach. Seine Überzeugung war echt, genau wie seine emotionale Bindung an militärisches Leben und Gewalt. Echt war auch der für NS-Täter typische Glaube, dass er unschuldig war, eine edle Gesinnung hegte und sich aufopferte, um die ihm übertragenen Aufgaben zu erfüllen. Seiner Frau sagte er angeblich: »Ich fühle mich frei von aller Schuld. Ich kann mich zur Verfügung stellen, andere können egoistische Ziele verfolgen.«[79]

Adolf Eichmann war in verschiedener Hinsicht eine klägliche Figur, was ihn jedoch nicht daran hinderte, ein außerordentlich zerstörerischer Mensch zu werden. Seine Familie zog 1913, als er sieben Jahre alt war, aus einer Industriestadt in der Nähe von Düsseldorf nach Österreich. Er schaffte weder den Realschul- noch einen Berufsschulabschluss. Dank der Geschäftsbeziehungen seines Vaters und der jüdischen Verwandten seiner Stiefmutter bekam er eine Stellung,

erst als Verkäufer für eine Elektrobaufirma und dann bei einer Öl-
firma, aber dort wurde er im Mai 1933 während der Wirtschaftskrise entlassen. Zu dem Zeitpunkt war er bereits der NSDAP beigetreten, motiviert hauptsächlich durch das protestantische, prodeutsche
familiäre Umfeld. Die neue politische Verbindung veranlasste ihn,
nach Deutschland zurückzukehren, nachdem die österreichische Regierung Mitte 1933 die NSDAP und alle ihre Gliederungen verboten
hatte. In Deutschland meldete er sich freiwillig zum SD, dem Sicher-
heitsdienst der SS, den Heydrich einige Jahre zuvor aufgebaut hatte, und wurde mit der Erstellung einer sogenannten Freimaurerkar-
tei beauftragt. 1935 wechselte er in das neu geschaffene Judenreferat,
und nach dem Anschluss Österreichs war er 1938 für die Dienststellen in Wien verantwortlich, die die Vertreibung der Juden aus der
Stadt organisierten und ihren Besitz konfiszierten. Ab 1939 hatte er
im Reichssicherheitshauptamt die Verantwortung für die Judenange-
legenheiten und die Deportationen von Polen und Juden aus den von
Deutschland annektierten Teilen Polens ins Generalgouvernement.
Später wurde sein Aufgabenbereich so erweitert, dass er die Transporte aller Juden Europas, mit Ausnahme derjenigen im Generalgouvernement, in die Ghettos und/oder Vernichtungslager umfasste.
Für die Deportation der Juden im Generalgouvernement war ein anderer SS-Offizier zuständig, Hermann (Hans) Höfle.[80]

Als Hannah Arendt Eichmann als Verkörperung der »Banalität
des Bösen« beschrieb, als den Bürokraten ohne Überzeugungen, für
den es keinen Unterschied machte, ob er Waren verschickte oder
Menschen, fiel sie auf die Legende herein, die er in Vorbereitung auf
seinen Prozess in Jerusalem 1961, während desselben und danach ge-
strickt hatte. Er wusste, dass seine einzige mögliche Verteidigungs-
strategie darin bestand, sich als stupides Rädchen in der Maschinerie
darzustellen, als jemand, der einfach Befehlen gehorcht hatte, denen man sich nicht widersetzen konnte. Tatsächlich war er bereits
seit den 1930er Jahren zutiefst überzeugt, dass Deutschland die Juden bekämpfen musste.[81] Diese Überzeugung verstärkte sich nach
der Eroberung Polens zur Bereitschaft, zu töten, und verstieg sich
im November 1944 sogar zur Entschlossenheit, Himmlers direkten

Befehl, die wieder aufgenommenen Deportationen aus Ungarn zu stoppen, zu umgehen. Dank der akribischen Forschungen von Bettina Stangneth, die in ihrem Buch *Eichmann vor Jerusalem* (2011) seine zahlreichen dokumentierten Äußerungen zu NS-Kameraden und -Sympathisanten untersucht hat, während er sich zwischen 1950 und 1960 in Argentinien versteckt hielt, wissen wir heute, wie stolz er rückblickend auf seinen Dienst in der SS war und wie gründlich er ihn rationalisierte.[82] Er verstand sich in seinem Handeln nicht als pflichtbewusster Beamter, der eine ihm übertragene Aufgabe erfüllte, sondern als kreativer und energischer Verteidiger seines Volkes gegen hinterhältige Angriffe der Juden. Der Antisemitismus war ein Mittel für seinen Aufstieg, aber auch noch mehr als das.

Rudolf Höß war eine andere Persönlichkeit und vielleicht der einzige hochrangige Täter, der Arendts Bild vom »gedankenlosen« Schreibtischtäter entsprach. Höß stammte aus einer zutiefst religiösen Familie und fühlte sich vom militärischen Leben angezogen, weil die Kameradschaft ein Gegengift zu der Einsamkeit, in der er aufgewachsen war, und zu seinem eigenbrötlerischen Charakter darstellte. Als Jugendlicher hatte er im Ersten Weltkrieg gedient, danach schloss er sich einer rechtsgerichteten paramilitärischen Einheit an, wurde in den Mord an einem Kameraden verwickelt, saß fünf Jahre im Gefängnis und kam 1928 halt- und orientierungslos wieder frei. Weil er gern einen Bauernhof führen wollte, schloss er sich einer mystischen landwirtschaftlichen Gruppe an, dem Bund der Artamanen. Dort lernte er Heinrich Himmler kennen. 1934 brachte Himmler ihn in die SS und zur Konzentrationslager-Arbeit, was ihm die Möglichkeit bot, ein quasimilitärisches Leben zu führen. Höß bemühte sich, Lob zu erringen, indem er tat, was immer man von ihm verlangte, ohne sich Gedanken darüber zu machen. Er blieb stets Himmlers Mann, nicht zuletzt weil andere in der Hierarchie der Konzentrationslager ihn verabscheuten.

Einer seiner Biografen bezeichnete ihn als »Typus des Funktionärs im eigentlichen Sinne«, als einen Mann, der so hohl war, dass er Bedeutung nur darin fand, Anweisungen auszuführen und Werten zu dienen, die wie für ihn geschaffen waren. Höß war ein Monument der »Sekundärtugenden«: Selbstlosigkeit, Loyalität, Sorgfalt, Hilfsbereitschaft und Ordnung, alles zur Schau getragen, ohne darüber zu reflektieren, zu welchen Zwecken sie eingesetzt wurden. Er bekleidete mehrere Lagerleiterposten hintereinander, kulminierend in Auschwitz, und zeigte dabei weder Vergnügen noch Unbehagen, wenn er Leid zufügte. Auf die Frage, ob seine vielen Opfer ihr Schicksal verdient hätten, antwortete er mit einer Formulierung, die ihn vernichtend selbst belastete: Er habe »wirklich nie viel Gedanken darauf verschwendet«.[83] Ihm ging es immer nur um Pflichterfüllung, und deshalb stellte er am Ende sich und nicht die Menschen, die er getötet hatte, als Opfer des Schicksals dar, das ihm die Rolle des Lagerkommandanten von Auschwitz zugedacht hatte. Höß war keineswegs ein Roboter. Nach den damaligen politischen Maßstäben war er einfallsreich und energiegeladen. Aber er scheint immer nur daran gedacht zu haben, wie er seinen Vorgesetzten gefallen und die ihm übertragenen Aufgaben erfüllen könnte.

Ernst Kaltenbrunner, der seine politischen Überzeugungen, einschließlich eines fanatischen Antisemitismus, von seinem extrem rechts gesinnten Vater aufgesogen hatte, trat der NSDAP 1930 bei, acht Jahre bevor sein Heimatland Österreich Teil des Reichs wurde, und ein Jahr später der SS. Er rekrutierte umgehend Adolf Eichmann und füllte die 1930er Jahre damit aus, dass er mit politischen Gegnern kämpfte und für den Anschluss Österreichs agitierte. Nach dem Anschluss war er ab 1938 SS- und Polizeiführer in Wien, bis er 1943 aufstieg und Heydrich an der Spitze des Reichssicherheitshauptamts nachfolgte. Kaltenbrunner bezeichnete Himmler als seinen »Übervater«[84] – sein Ideal und Rollenvorbild. Selbst nach dem Krieg bekundete Kaltenbrunner weiter seine glühenden nationalsozialistischen Überzeugungen in Äußerungen wie den folgenden: Die Partei stelle »eine Weltanschauung« dar, »die das Leben in seiner Gesamtheit« umfasse, und die Idee der Rasse sei »der göttlich inspirierte Baustein der Menschheit«.[85] Die Juden speziell in Osteuropa seien »also überhaupt jene Schicht, die genügend Intellektualismus besessen hat, dem Feind für die Ausführung seiner Pläne den notwendigen Akteur abzugeben«.[86]

Die letzten beiden Personen in dieser Verbrecherkartei, Oswald Pohl und Hans Kammler, leiteten das mörderische Zwangsarbeitssystem.[87] Pohl war darin für Verwaltung und Finanzen zuständig, Kammler für Technik und Bauvorhaben. Beide hatten schon lange rechtsgerichteten paramilitärischen Organisationen angehört, und beide waren der NSDAP beigetreten, bevor Hitler 1933 Reichskanzler wurde. Sie träumten von einem Industrieimperium, das das Baumaterial für die gewaltigen architektonischen Projekte des neuen Deutschlands, Möbel und alle möglichen Kleinigkeiten für die deutschen Siedler im eroberten Osten herstellen und die Straßen dorthin bauen sollte. All dies sollte zur demografischen Transformation Europas und zur Schaffung eines neuen Wirtschaftssektors in Staatsbesitz beitragen. Wie die anderen oben beschriebenen Mörder wollten auch Pohl und Kammler aus ideologischer Überzeugung am Aufbau der nationalsozialistischen Neuen Ordnung mitwirken, voller Tatendrang und beseelt vom »Ideal« der rassischen Überlegenheit. Beide erfüllten ohne Zögern Himmlers Anweisung, die Insassen der Konzentrationslager wie die Sklaven des Pharao zu behandeln.

Der vielleicht bemerkenswerteste Zug in der Mentalität der NS-Täter war ihre Selbsttäuschung, ihre Fähigkeit, sich selbst von dem zu distanzieren, was sie taten, indem sie es anders nannten. Die Täter gaben nie zu, dass sie folterten und mordeten; sie sagten immer, sie dienten einem geheiligten Zweck, der sie vor jeglichem Vorwurf des unmoralischen Handelns schütze. Der Inbegriff dieser Haltung war Himmlers Rede vor den versammelten SS-Gruppenführern in Posen im Oktober 1943. Er fasste die Philosophie der SS unverblümt zusammen: »[E]hrlich, anständig, treu und kameradschaftlich haben wir zu Angehörigen unseres eigenen Blutes zu sein und zu sonst niemandem.« Seinen Männern gratulierte er zu ihrer Festigkeit, dass sie durch Blut gewatet und trotzdem »anständig geblieben« seien. Ihre Taten seien »ein niemals geschriebenes und niemals zu schreibendes Ruhmesblatt« der deutschen Geschichte. Natürlich behauptete er nicht einfach, der Zweck heilige die Mittel, obwohl seine Worte genau das ausdrückten. Weiterhin gratulierte er seinen Untergebenen dazu, dass sie, wie man heute sagen würde, in den sauren Apfel beißen und tun konnten, was getan werden musste. Er lobte sie, weil sie verstanden hätten, dass nur der Sieg zählt.[88] Wenn wir seine Worte in unsere Sprache übersetzen, werden wir daran erinnert, wie verbreitet ein solches gewissen- und prinzipienloses Denken in der Welt ist. Vielleicht hatten Stanley Milgram und Philip Zimbardo doch recht, als sie meinten, es sei naiv, zu fragen: »Wie konnten Menschen so etwas tun?«

Ein Volk ist nicht nur, was es tut, sondern, wie der große Satiriker Kurt Tucholsky 1934 geschrieben hat, auch das, was es verträgt, was es duldet.[89] Was ist von den ganz normalen Deutschen zu halten, die die Morde nicht direkt verübten, aber Augenzeugen der Deportationen wurden, sie manchmal für die Lokalgeschichte fotografierten, in vielen Fällen von Deportierten zurückgelassene Besitztümer an sich nahmen und die zahlreichen Gerüchte hörten, die über das Schicksal nicht nur der deutschen Juden, sondern auch der im Osten im Umlauf waren? Wie viel wussten sie über die Morde, und wie reagierten sie? Berichte über die selbst ausgehobenen Gräber und Erschießungen durch die Einsatzgruppen, die Ordnungspolizei, die ausländischen Hilfswilligen und die Wehrmacht gelangten durch Feldpostbriefe und Soldaten auf Fronturlaub nach Hause. Die Informationen waren im Lauf der Zeit so reichlich, dass immer mehr Deutsche mit Grauen davon sprachen, welche Vergeltung oder Rache sie erwarteten, wenn sich der Kriegsverlauf ändern sollte.[90] Ein repräsentativer Ausdruck dieser Haltung, dieses etwas umfassenderen Wissens, ist der folgende Tagebucheintrag von Curt Prüfer, einem teils im Ruhestand befindlichen Diplomaten und Antisemiten, der Besitz erworben hatte, der einmal Juden gehört hatte. Am 22. November 1942 schrieb er Folgendes – hauptsächlich auf Französisch, um zu verbergen, was er zu sagen hatte: »Männer, Frauen und Kinder wurden in großer Zahl durch Gas oder Maschinengewehre umgebracht. Der Hass, der unweigerlich daraus entstehen wird, wird sich nie wieder besänftigen lassen. Heute weiß das jedes Kind bis ins kleinste Detail.«[91] Bereits im März desselben Jahres hatte der einsame Tagebuchschreiber Victor Klemperer notiert, dass er von einem Ort namens Auschwitz gehört hatte, wo Juden in kurzer Zeit zu Tode gebracht wurden; im Oktober bezeichnete er Auschwitz als ein »schnell arbeitendes Schlachthaus«. Im April 1942 hatte er notiert, ein Augenzeuge habe seiner Frau von der massenhaften Ermordung von Juden in Kiew erzählt, was sich auf die Morde von Babi Yar sieben Monate zuvor bezog. Mehrere Monate vor der deutschen Kapitulation wusste Klemperer, wie viele Menschen ungefähr dem Holocaust zum Opfer gefallen waren; wieder zitierte er nur, was seine »arischen« Nachbarn ihm gesagt hatten. Am 24. Oktober 1944 schrieb er in sein Tagebuch, »daß sechs bis sieben Millionen Juden ... geschlachtet (genauer: erschossen und vergast) worden sind«.[92]

Wissen über den Holocaust war in Deutschland weit verbreitet, weil, wie Peter Fritzsche klug angemerkt hat, »die Nationalsozialisten die Fakten steuern, aber nicht vollkommen verbergen« wollten.[93] Am 16. November 1941 tat Goebbels in der Zeitung *Das Reich* kund: »Das Weltjudentum ... erleidet nun einen allmählichen Vernichtungsprozeß, den es uns zugedacht hatte.« Am 30. April 1942 berichtete der *Völkische Beobachter*, das offizielle Sprachrohr der NSDAP, über »das Gerücht, daß es die Aufgabe der Sicherheitspolizei sei, die Juden in den besetzten Gebieten zu vernichten. Die Juden würden zu Tausenden zusammengetrieben und erschossen; zuvor müßten sie ihre eigenen Gräber ausheben.«[94] Hitler erinnerte in nicht weniger als sieben großen Reden die Deutschen an seine Prophezeiung, dass ein Weltkrieg die Vernichtung der Juden bringen werde:[95] am 30. Januar 1941; am 30. Januar, 24. Februar, 1. Oktober und 8. November 1942; am 25. Februar 1943 und am 1. Januar 1945. Nach Darstellung eines Forschers sprach der Führer in mindestens einem Dutzend Reden und Proklamationen während des Kriegs von der Auslöschung der Juden. Wenn solche Enthüllungen einem Zweck dienten, dann dem, die Loyalität des übrigen Volkes durch die Erinnerung an seine Mitwisserschaft sicherzustellen.[96] Weil die Deutschen derartige Brutalität zugelassen hatten, konnten sie nichts anderes als Vergeltung erwarten, und deshalb sollten sie mit Zähnen und Klauen für den Fortbestand des Dritten Reichs kämpfen. Größtenteils ging diese Strategie auf.

Wie viel die deutsche Öffentlichkeit über das Schicksal der Juden auch wusste, ihre Hilfsbereitschaft hielt sich jedenfalls in außerordentlich engen Grenzen. Juden, die untertauchten, die Befehlen, sich zur Deportation einzufinden, nicht folgten, die ihre Identität verbargen und versuchten, im Reich zu überleben, hießen U-Boote. Vielleicht 10 000 Menschen versuchten, auf diese Weise die Nationalsozialisten zu überlisten und zu überleben, rund die Hälfte davon in Berlin. Dort wie im gesamten Land schafften es zwischen 30 und 50 Prozent von ihnen bis 1945. Ihre Sterblichkeitsrate war hoch, und die Zahl der Menschen, um die es ging, gering. Aber damit ein einzelner Mensch überlebte, mussten zeitweise viele nichtjüdische Deutsche helfen. Manchmal leisteten sie aktive Hilfe, etwa indem sie falsche Papiere herstellten oder einen Unterschlupf anboten, manchmal war es passive Hilfe, etwa wenn ein alter Bekannter ein U-Boot auf der Straße erkannte und die Person nicht verriet. Konrad Latte, dessen Eltern zum Protestantismus konvertiert waren, lebte vom März 1943 bis zum Mai 1945 als U-Boot. Bevor er 2005 starb, nannte er die Namen von fünfzig Menschen, die ihn in der einen oder anderen Weise geschützt hatten; nur einer davon war erwischt und bestraft worden.[97] Arthur Arndt, ein jüdischer Arzt, der sich mit seiner Frau und zwei Kindern in Berlin versteckt hielt, nannte genau die gleiche Zahl von Nichtjuden, von denen das Überleben seiner Familie abgehangen habe. Max Krakauer, ein drittes erfolgreiches U-Boot, sprach von 66 Helfern.[98]

Trotz solcher Zahlen war derartiges heldenhaftes Verhalten selten. Damit ist es zugleich bewundernswert und ein ständiger Vorwurf an die deutsche Bevölkerung, die bis zum Ende des Kriegs die Verfolgung der Juden nur durch die selbstbezogene Brille sah, das heißt unter dem Blickwinkel, welchen Vorteil Deutschland davon hatte oder welche Strafe es deshalb fürchten musste. Bis die Fronten 1944 näher an das Reich heranrückten, überwogen die Vorteile die potenziellen Kosten bei Weitem, denn die Deutschen profitierten in vielfältiger Weise vom Holocaust, von den Staatseinnahmen durch den Raub von Edelmetallen in jüdischem Besitz bis hin zur Tatsache, dass ausgebombte Deutsche sich an den Möbeln aus verlassenen Wohnungen von Juden bereicherten. Allein in Hamburg versteigerten die Behörden zwischen 1941 und 1943 den Inhalt von rund 4000 Schiffscontainern mit Besitz von emigrierten Juden, was dem NS-Staat 7,2 Millionen Reichsmark einbrachte.[99] Im Zeitraum 1942 bis 1943 trafen 45 Schiffsladungen mit Dingen aus dem Besitz holländischer Juden in Hamburg ein. Ein deutscher Experte zu diesem Thema schätzt, dass zwischen 1941 und 1945 »mindestens 100 000« Einwohner von Hamburg und Umgebung Haushaltsgegenstände kauften, die man Juden abgenommen hatte. In ähnlicher Weise brachte die Besetzung Europas den Deutschen enorme Gewinne in Form von Nahrungsmitteln und anderen Waren ein, die in der Ferne kämpfende Soldaten nach Hause schickten. Das meiste hatten sie mit der jeweiligen lokalen Währung gekauft, manches war aber auch gestohlen.[100] Solche Gewinne aus Eroberungen und Mord trugen viel dazu bei, dass die Loyalität zum NS-Regime bis 1945 bestehen blieb.

Wie wenig wirksame Hilfe die meisten Juden von der deutschen Öffentlichkeit erwarten konnten, zeigt ein Vorfall, den manche Kommentatoren nicht nur als Beweis für das Gegenteil zitieren, sondern als Beleg für eine potenzielle breite Opposition gegen die NS-Rassenpolitik. Die Proteste in der Berliner Rosenstraße vom 27. Februar bis zum 6. März 1943 waren tatsächlich der einzige Ausbruch von Widerstand der Bevölkerung gegen Judendeportationen in der Geschichte von NS-Deutschland, aber die Ereignisse waren weniger bedeutend, als die Legende behauptet. Auslöser war ein Vorstoß, Deutschland endgültig »judenrein« zu machen, indem man alle noch verbliebenen jüdischen Zwangsarbeitskräfte von ihren Arbeitsplätzen wegholte, um sie bis auf diejenigen, die in Mischehen lebten, nach Auschwitz oder Theresienstadt zu deportieren. In ganz Deutschland wurden jüdische Ehepartner in Mischehen, die die Gestapo bei Razzien festgenommen hatte, sofort wieder freigelassen, in Berlin betraf das mehr als drei Viertel. Aber die SS hielt rund 2000 Männer in einem Gebäude der jüdischen Gemeinde in der Rosenstraße mitten in der Stadt fest, um ihren ehelichen Status mit den dort lagernden Dokumenten abzugleichen und solche Personen auszuwählen, die man künftig nahegelegenen jüdischen Einrichtungen als Ersatz für die »Volljuden« zuweisen konnte, die das Regime einige Wochen später zu deportieren plante (was es auch tat). Weil sich die Überprüfungen hinzogen, versammelten sich einige hundert besorgte nichtjüdische Ehefrauen und weibliche Verwandte der festgehaltenen Männer rund um das Gebäude und verlangten Auskunft über ihre Angehörigen. Ab und zu forderten einige lautstark ihre Freilassung, aber die meiste Zeit standen sie, wie eine Teilnehmerin berichtete, in »schweigendem Protest« da und widersetzten sich den wiederholten Versuchen der Polizei, die Menge zu zerstreuen. Als immer mehr Festgehaltene freigelassen wurden, löste sich die Versammlung langsam auf, und der Protest endete.

Der Protest in der Rosenstraße erforderte beträchtlichen Mut der beteiligten Frauen, dennoch müssen zwei aufschlussreiche Aspekte hervorgehoben werden. Erstens beschränkte sich der Protest auf einige wenige hundert Verwandte einer eher kleinen Zahl betroffener Männer, andere sogenannte Arier beteiligten sich nicht, und es gab auch keinen breiten Widerstand gegen die Deportation Tausender anderer Juden aus Berlin und dem Reich zur damaligen Zeit. Zweitens war der Protest wenig erfolgreich darin, Männer zu schützen, die die SS zunächst ausbeuten und erst später beseitigen wollte. Mit der teilweisen Ausnahme von Ehepartnern, die Einrichtungen der jüdischen Gemeinde zugewiesen wurden, trafen die jüdischen Partner in Mischehen in den folgenden Monaten immer schärfere Repressionen. Weil sie nicht an ihre Fabrikarbeitsplätze zurückkehren durften, wurden sie »mit schwersten manuellen Handarbeiten zwangsbeschäftigt«;[101] immer mehr mussten mit ihren nichtjüdischen Frauen in geräumte Judenhäuser umziehen oder wurden in Arbeitslager gebracht, bis schließlich auch auf sie die Direktive angewendet wurde, wonach Anfang 1945 alle Mischlinge nach Theresienstadt deportiert werden sollten. Nach den wenigen erhaltenen statistischen Daten hatten bei Kriegsende weniger als die Hälfte der Mischehen aus dem Jahr 1943 noch Bestand.

Der Protest in der Rosenstraße zeigt keineswegs, was ein breiterer Widerstand gegen die nationalsozialistische Verfolgung hätte erreichen können, sondern vielmehr, dass offene Auflehnung wenig Einfluss auf die Richtung hatte, die das Regime verfolgte, und auf das Tempo, mit dem es vorging. Ironischerweise hemmte in NS-

Deutschland die Aussicht auf Protest der Bevölkerung manchmal tatsächlich das Regime: So etwa hielt sie Hitler und seine Entourage davon ab, ein Gesetz zu erlassen, das alle Mischehen automatisch auflöste. Aber in der Regel stachelte die Realität des Widerstands das Regime zu noch radikalerem Handeln an, nicht nur in Deutschland, sondern auch in den besetzten Ländern.[102]

Gegen Ende des Zweiten Weltkriegs, als die Verfolgung auf die Deutschen zurückschlug, hielten nur wenige inne und dachten darüber nach, welche Gräueltaten sie begangen hatten. Stattdessen lenkten sie ihre Aufmerksamkeit vorrangig auf die vermeintliche Ungerechtigkeit ihres eigenen Leidens, entweder durch die Bombenangriffe der Alliierten oder als wahrscheinliche Folge der Verbrechen des Regimes, wenn rachsüchtige Truppen ins Land kommen würden. Das Selbstmitleid und das Gefühl, Opfer zu sein, das die Nationalsozialisten an die Macht gebracht hatte, bestanden auch nach dem Ende ihrer Herrschaft fort.

## Zwangsarbeit und Versklavung

Die langwierigste und qualvollste, zahlenmäßig allerdings am wenigsten tödliche Form des Mordens neben Vergasen und Erschießen – das System der Sklavenarbeit – verursachte mindestens eine halbe Million Holocaust-Tote. Warum und wie entwickelten die Nationalsozialisten dieses System? Warum machten sie sich die Mühe, einige Juden zumindest eine Zeitlang zum Arbeiten am Leben zu erhalten? Warum behandelten sie diese Arbeitskräfte so offensichtlich kontraproduktiv? Zu diesen Fragen haben sich vielleicht mehr Falschinformationen angesammelt als zu jedem anderen Aspekt des Holocaust. Und das aus einem ironischen Grund: Viele Anwälte, die in den letzten Jahrzehnten hart dafür kämpften, Entschädigungen für ehemalige Sklavenarbeiter zu erstreiten, machten die gute Absicht zunichte, weil sie die Entstehung des Systems und seine Profitabilität häufig falsch interpretierten.

Sklavenarbeit und Zwangsarbeit bildeten zwei Elemente eines

Systems. Zwangsarbeiter waren Nichtjuden, die man während des Zweiten Weltkriegs in besetzten Ländern angeworben oder von dort verschleppt hatte, damit sie gegen einen nominellen Lohn in Deutschland arbeiteten. Oft, aber nicht immer, wurden sie schlecht ernährt, schlecht untergebracht und behandelt und von der deutschen Bevölkerung isoliert. Zuständig für die Zwangsarbeiter war der NS-Gauleiter Fritz Sauckel. 1942 machten Zwangsarbeiter bis zu 15 Prozent der Industriearbeiter in Deutschland aus, bis 1944 stieg dieser Wert auf 30 Prozent. In dieser Zeit waren 20 bis 50 Prozent der Beschäftigten in den größten und am meisten kriegswichtigen deutschen Firmen und über die Hälfte der in der Landwirtschaft Tätigen Zwangsarbeiter. Im August 1944 leisteten fast 1,3 Millionen Franzosen, über 580 000 Italiener, nahezu 2,8 Millionen sowjetische Staatsbürger und fast 1,7 Millionen Polen Zwangsarbeit in Deutschland. Ihre Zahl erreichte Ende 1944 mit 6,8 Millionen einen Höhepunkt; insgesamt wurden von 1939 bis 1945 13 Millionen Menschen zur Zwangsarbeit in Deutschland eingesetzt, 4,6 Millionen Kriegsgefangene und 8,4 Millionen Zivilisten. Es war ein gewaltiges System der Ausbeutung.[103]

Sklavenarbeiter, rund 1,1 Millionen Menschen während des gesamten Zweiten Weltkriegs, von denen 714 000 Anfang 1945 immer noch schufteten, waren Bewohner von Ghettos und Insassen von Konzentrationslagern und meistens, aber nicht immer, Juden. Die Zahl der Nichtjuden unter den Sklavenarbeitern stieg im letzten Kriegsjahr an, vor allem als immer mehr Frauen aus Osteuropa in Lager wie Ravensbrück und Sachsenhausen gebracht und von dort auf Arbeitsstätten verteilt wurden. Das SS-Wirtschafts- und Verwaltungshauptamt überwachte und kontrollierte die meisten Sklavenarbeiter und lieh sie zu einem festen Preis pro Person und Tag an staatliche Dienststellen oder Privatunternehmen aus. Mit anderen Worten: Sie wurden nicht bezahlt, sondern man bezahlte für sie. Und entgegen der Legende waren sie nicht unbedingt billig.[104] Die SS berechnete in manchen Fällen mehr, als ein ziviler deutscher Arbeiter, vor allem ein Bauarbeiter, bekommen hätte. Zudem hatten nur wenige Sklavenarbeiter zuvor körperliche Arbeit geleistet, vor allem nicht auf

Baustellen. Für die Arbeitgeber war das ein perverser Grund, bei der Verpflegung und Unterbringung der Sklavenarbeiter zu sparen, sie übermäßig anzutreiben und viele Stunden arbeiten zu lassen, zumindest so lange, wie reichlich Ersatz für all jene vorhanden war, die infolge der schlechten Behandlung starben. Insofern ist der Begriff »Sklavenarbeit« irreführend. Sklaven werden gekauft, und ihre Besitzer haben ein wirtschaftliches Interesse daran, dass sie am Leben bleiben. Aber die Insassen von Lagern und Ghettos wurden tageweise gemietet. Der Arbeitgeber hatte wenig Interesse an ihrem langfristigen Überleben, sofern es sich nicht um hochgradig spezialisierte Kräfte handelte. Wenn eine Arbeitskraft nicht mehr genug leistete, konnte man sie jederzeit ins Lager zurückschicken und gegen eine leistungsfähigere eintauschen.

Was für einen Unterschied das ausmachte, illustriert das Schicksal der Sklavenarbeiter und -arbeiterinnen, die zwischen 1943 und 1945 in einer Fabrik einer Tochtergesellschaft der Degussa im oberschlesischen Gleiwitz eingesetzt wurden.[105] Von 209 Frauen starben nur zwei, sie begingen Selbstmord an dem Tag im Jahr 1944, als die SS die Kontrolle über die Baracken der Arbeitskräfte übernahm. Aber ein erheblicher Anteil – vermutlich rund ein Drittel – der über 1000 Männer, die dort arbeiteten, kam ums Leben. Warum? Die Männer arbeiteten auf Baustellen und waren nach Abschluss der Bauarbeiten für die Firma unwichtig. Aber die Frauen brauchte man für die Produktion, zumindest solange der Krieg andauerte. Die Statistik der Überlebenden spricht dafür, dass die Arbeitsbedingungen und das Schicksal der Männer dem Unternehmen gleichgültig waren, es aber sehr darauf achtete, die Frauen als Arbeitskräfte zu behalten. Die Ernährung und die medizinische Versorgung der Frauen müssen sehr viel besser gewesen sein als die der Männer, weil die unterschiedlichen Arbeitsbedingungen allein – die Männer leisteten schwere Arbeit im Freien, die Frauen verpackten die meiste Zeit über im Inneren der Gebäude die Produktion – die Diskrepanz der Zahlen nicht erklären. Ein Wissenschaftler, der die Sterblichkeit von Sklavenarbeitern minutiös untersucht hat, kam zu dem Schluss, dass all jene, die auf Baustellen eingesetzt wurden, ein fünf- bis zehnmal höheres Risiko hatten zu sterben als diejenigen, die an Fließbändern arbeiteten.[106] Aber in Gleiwitz war das Sterblichkeitsrisiko der Männer 150-mal größer als das der Frauen. Dieses Beispiel illustriert ein allgemeines Muster: Die Firmen hatten Einfluss auf die Überlebenschancen ihrer Sklavenarbeiter, doch sie nutzten ihn nur, wenn sie ein eigenes Interesse an ihrem Überleben hatten.

Wie und warum entstanden Zwangsarbeit und Sklavenarbeit? Die Zwangsarbeit wurzelte in der Arithmetik des deutschen Arbeitskräfteangebots während des Zweiten Weltkriegs:[107] Das Dritte Reich zog elf Millionen Männer zum Militärdienst ein, und 1939 war bereits ein größerer Anteil deutscher Frauen berufstätig als jemals während des Kriegs in Großbritannien oder den Vereinigten Staaten. Das bedeutete, dass nur noch wenige Frauen als Ersatz für die Männer zur Verfügung standen. Doch der Krieg erzeugte eine Nachfrage nach enormen Produktionssteigerungen. Deutschland hatte deshalb nur die Wahl zwischen der Auslagerung der Produktion in die besetzten Gebiete und dem Import von Arbeitskräften. Die meiste Zeit entschied sich das Reich für Letzteres aus Angst vor Sabotage und/oder dem Verlust von Betriebsgeheimnissen. Das Zwangsarbeitsprogramm während des Kriegs baute auf zwei Vorläuferprogrammen im nationalsozialistischen Deutschland auf: erstens auf der Zwangsverpflichtung von arbeitslosen Deutschen und von Arbeitskräften aus nahegelegenen Fabriken zu den Bautrupps, die in den 1930er Jahren die neuen Autobahnen und die Befestigungen im Rheinland (den Westwall) bauten, und zweitens auf dem Einsatz hauptsächlich polnischer und französischer Kriegsgefangener als zusätzliche Arbeitskräfte ab 1940.

Das System der Sklavenarbeit hingegen hatte seine Wurzeln in den antisemitischen Vorstellungen der Nationalsozialisten, wonach die Juden körperliche Arbeit scheuten und deshalb dazu gezwungen werden sollten, sowie in den wirtschaftlichen Interessen der SS, die finanziell unabhängig werden wollte. Das System hatte ebenfalls zwei Vorläufer. Erstens führte das Reich zu Hitlers Geburtstag im April 1939 ein Zwangsarbeitsprogramm für männliche deutsche Juden ein.[108] Da Juden keinen Zugang mehr zu einträglichen Beschäftigungen hatten und vom deutschen Wohlfahrtssystem abgeschnitten waren, sollten sie beim Straßenbau, bei der Straßenreinigung und bei Privatunternehmen »ihren Lebensunterhalt verdienen«, insbesondere in einer großen Fabrik von Siemens in Berlin. Im Oktober 1939 dehnte das NS-Regime dieses Programm auf alle Juden in Polen aus; viele starben, während sie unter den Augen brutaler Aufseher Flüsse vertiefen und begradigen oder Rollfelder und Straßen bauen mussten.[109] Zwei spätere Vernichtungslager, Bełżec und Treblinka, waren zunächst Arbeitslager für Juden, die im Anschluss an die Teilung Polens Panzersperren und andere Befestigungen entlang der Grenze zur Sowjetunion errichten mussten. Zweitens schuf die SS im Zeitraum von 1936 bis 1939 ein Netz eigener Firmen, die Häftlinge einsetzten, um Einnahmen zu erwirtschaften. Die Dachgesellschaft hieß Deutsche Wirtschaftsbetriebe (DWB), zu ihr gehörten unter anderem die Deutschen Ausrüstungswerke (DAW), die Waffen herstellten. Eine weitere Gesellschaft, die Deutschen Erd- und Steinwerke (DEST), produzierte in den meisten Lagern in Deutschland Baumaterial und betrieb einen gefürchteten Steinbruch im österreichischen Mauthausen, der den Großteil des Materials für das Reichsparteitagsgelände in Nürnberg lieferte.

Das waren Vorläufer, aber nicht die eigentlichen Auslöser für die gewaltige Ausweitung des Systems der Sklavenarbeit während des Zweiten Weltkriegs. Drei Entwicklungen setzten diesen Prozess in Gang. Erstens entstanden durch die Einrichtung von Ghettos zum einen Arbeitskräftepools, die deutsche Firmen anzogen, und zum anderen Anreize für die NS-Verwaltung, lukrative Produktionsstätten anzusiedeln, damit die Ghettos sich auszahlten. Zweitens beschloss das Reich im Herbst 1940, eine Straße in Südpolen zu bauen, die die Autobahn von Berlin nach Oberschlesien mit der Autobahn (Durchgangsstraße IV) verbinden sollte, die es nach der Invasion der Sowjetunion durch die Ukraine bis zum Schwarzen Meer plante. Dies gab den Anstoß zur Errichtung der Organisation Schmelt,[110] benannt nach dem SS-Offizier, der sie leitete. Die Organisation Schmelt entwickelte das System der Löhne, Unterbringung in Baracken, mangelhaften Ernährung und schlechten Behandlung, das später für das

Sklavenarbeitsprogramm überall typisch war. Bei einem zur gleichen Zeit begonnenen Projekt, Berlin mit Łódź zu verbinden, setzte erstmals ein Privatunternehmen Sklavenarbeiter ein, in dem Fall die Baufirma Philipp Holzmann.[111] Der Bau der Straße durch Südpolen war Anlass zur Erweiterung der Lager Auschwitz und Majdanek, die beide Arbeitskräfte für den Bau zur Verfügung stellen sollten. Als Heydrich bei der Wannsee-Konferenz davon sprach, arbeitsfähige Juden zum Straßenbau im Osten einzusetzen, dachte er an das Projekt Durchgangsstraße IV. Alles in allem starben dabei mindestens 25 000 jüdische Bauarbeiter, die ohne die Hilfe von Maschinen Schwerstarbeit leisteten und dazu brutal misshandelt wurden. Drittens rückten Anfang 1941 zwei der größten Konzerne im Reich, Volkswagen und IG Farben, vom bisherigen Kurs der Industrie ab, keine Lagerinsassen zu beschäftigen.[112] Volkswagen stimmte der Errichtung eines Konzentrationslagers in der Nähe des Fabrikgeländes in Wolfsburg in Nordwestdeutschland zu, letztlich für den Bau eines Aluminiumschmelzwerks, und die IG Farben mietete Lagerinsassen als Bauarbeiter für die Errichtung einer großen Fabrik für synthetischen Kautschuk östlich der Stadt Auschwitz.

Aus diesen kleinen Anfängen entwickelte sich der Einsatz von Sklavenarbeitern rasch weiter, vor allem ab September 1942, als die SS ihre übliche Politik, Lagerinsassen nur für die Produktion in den Lagern und in der Umgegend zu vermieten, ausweitete und zustimmte, nach dem Präzedenzfall Volkswagen noch weitere Außenlager in der Nähe wichtiger Fabriken zu errichten. Die meisten Sklavenarbeiter verschlangen die Ostfront beim Bau von Militäreinrichtungen und beim Wiederaufbau von Fabriken; die französische Atlantikküste, wo Häftlinge den Großteil der Verteidigungsanlagen bauten; Oberschlesien, der bevorzugte Standort für große neue Fabriken für Brennstoffe und Kautschuk, weil die alliierten Bomber von Stützpunkten in Großbritannien aus dieses Gebiet nicht erreichen konnten; und das »Projekt Riese« im niederschlesischen Eulengebirge,[113] ein Gewirr unterirdischer Stollen, das zuerst als Standort für ein bombensicheres Führerhauptquartier gedacht war und dann zu einer militärischen Produktionsstätte wurde. Alles in allem gab es im

nationalsozialistisch besetzten Europa Zehntausende Sklavenarbeits-
lager; das System reichte bis zur Insel Alderney im Ärmelkanal[114] und
bis zu den östlichsten Punkten der Sowjetunion, an die deutsche Soldaten vorgedrungen waren.

Trotz (oder wegen) seiner Größe war das System nicht effizient
und nicht gut geführt. Die Hälfte der Insassen von Auschwitz wurde
nie einer Arbeit zugewiesen.[115] Die SS-Firmen waren bei ihren Joint
Ventures mit Privatunternehmen zur Herstellung von Rüstungs-
gütern in den Lagern nicht profitabel und in der Regel auch nicht erfolgreich. Eine Ausnahme bildete ein Projekt zum Bau von Jagdflug-
zeugen in Flossenbürg in Kooperation mit Messerschmitt, es brachte
Geld ein und nützte den deutschen Kriegsanstrengungen.[116] Bis zur
Jahreswende 1943/44 wurden jüdische Sklavenarbeiter in der Regel
außerhalb des »Altreichs« festgehalten, und man brachte die Projekte zu ihnen in die besetzten oder annektierten Gebiete – unter den
Häftlingen, die Volkswagen 1941 bekommen hatte, waren nur einige
wenige jüdische politische Gefangene gewesen. Aber das NS-Regime
änderte diese Praxis, als Arbeitskräfte immer knapper wurden und
britische und amerikanische Luftangriffe ihren Tribut forderten. Dieser Kurswechsel hatte erhebliche Auswirkungen auf die Überlebenschancen der Menschen, die in Auschwitz eintrafen. Bis Ende 1943
wollte das Lager hauptsächlich Männer für die Arbeit auf Baustellen,
deshalb wurden weniger Frauen zum Verbleib im Lager ausgewählt
als Männer. In Verbindung mit der Tatsache, dass bei den Transporten in das Lager die Frauen im Allgemeinen in der Überzahl waren,
führte das dazu, dass die Sterblichkeitsrate der Frauen direkt nach
der Ankunft sehr viel höher lag als die der Männer. Gegen Ende des
Jahres 1943 stieg jedoch die Nachfrage nach Frauen für die Arbeit an
Fließbändern, sodass genauso viele und manchmal sogar mehr Frau-
en als Männer der sofortigen Vernichtung entgingen. Deshalb hatten
die jungen Frauen aus Ungarn, die 1944 in Auschwitz ankamen, bessere Überlebenschancen als nahezu jede andere Gruppe von Juden.[117]

Einen Eindruck von den wahren Schrecken des Systems der Sklavenarbeit vermitteln die Beispiele zweier Produktionsstätten im besetzten Polen, die noch in Betrieb waren, lange nachdem die meis-

ten anderen Einrichtungen, die Juden eingesetzt hatten, aufgelöst worden waren: Starachowice und Skarżysko-Kamienna. Beide lagen südlich von Radom mitten im Generalgouvernement, und beide bestanden fort, weil dort Munition produziert wurde. Beide hatten ein gemeinsames besonderes Merkmal, das sich als entscheidend für das Überleben einiger Sklavenarbeiter erwies: Sie gehörten nicht zum Lagersystem der SS unter der Aufsicht des Wirtschafts- und Verwaltungshauptamts. In Starachowice wie in Skarżysko-Kamienna hatten pragmatische Fabrikleiter das Sagen, die zwar launenhaft und unberechenbar handelten, aber insgesamt weniger brutal als die SS.

Starachowice entstand als Lager am 27. Oktober 1942 nach der Liquidierung der umliegenden Ghettos. Dabei wurden zwei Drittel der Bewohner nach Treblinka in den Tod geschickt und ein Drittel in das neue, hastig errichtete Lager gebracht. Das Lager existierte 21 Monate, bis zum 28. Juli 1944, als die Arbeiter nach Auschwitz deportiert wurden. Die Arbeitsschichten dauerten acht oder zwölf Stunden, je nachdem, wie anstrengend die Arbeit war; hinzu kamen noch die Fußmärsche vom Lager zur Fabrik und zurück. Die Produktionsvorgaben waren hoch, aber die Arbeitsbedingungen hingen stark von den Charakteren der deutschen oder polnischen Vorarbeiter ab, die sehr unterschiedlich sein konnten. Überlebende erinnerten sich vor allem an den unvorstellbaren Schmutz überall. Ein ehemaliger Insasse sagte, als er ins Lager Monowitz bei der Fabrik der IG Farben nahe Auschwitz gekommen sei, habe er diese heruntergekommene Anlage viel sauberer gefunden als das, was er von Starachowice gewohnt war. Dort habe er über Monate hinweg nicht duschen können.[118]

Skarżysko-Kamienna existierte von April 1942 bis August 1944 auf dem Gelände mehrerer ehemaliger staatlicher polnischer Munitionsfabriken, die ein deutscher Munitionsproduzent, die Hugo Schneider AG (HASAG), übernommen hatte. In den knapp zweieinhalb Jahren gingen rund 25 000 Juden durch das Lager, etwa vier Fünftel davon starben. Die Insassen arbeiteten in zwei Schichten, einer Tag- und einer Nachtschicht, ohne spezielle Arbeitskleidung und angemessene Schutzvorkehrungen. In der Abteilung, die Artilleriegranaten produzierte, mussten Frauen während ihrer zehnstündigen Schicht stündlich 180 vier Kilo schwere Granaten zu den Poliermaschinen tragen – mit anderen Worten, drei Granaten pro Minute. In der Abteilung, die Flugabwehrwaffen herstellte, wurden die Arbeiter, die Ausschuss produzierten, von den Aufsehern mit Peitschen geschlagen. In der Minen-Abteilung mussten die Arbeiterinnen mit bloßen Händen, ohne Handschuhe oder Schürzen, Sprengstoff in die Hüllen stopfen. Arbeiterinnen, die mit Pikrinsäure hantierten, bekamen schwarze Hände und grüne Haare, bei denen, die mit TNT umgingen, wurde die Haut krebsrot. Bei der Herstellung des TNT mussten die Frauen die kochende Substanz 1800 Mal pro Stunde umrühren, das hieß 21 600 Mal in einer zwölfstündigen Schicht, alles im Stehen. Zu essen gab es in der Regel Wassersuppe, Ersatzkaffee und Brotkrusten. Die Arbeiter trugen Holzschuhe. In den Kojen lagen weder Matratzen noch Leintücher, und es wimmelte von Läusen. Im Lager grassierte Typhus. Schwache Gefangene wurden bis Frühjahr 1943 erschossen, dann begannen die Deutschen sich Sorgen zu machen, dass ihnen die Arbeitskräfte ausgehen könnten.[119] Das Lager und seine Fabriken arbeiteten weiter, und einige jüdische Insassen überlebten, bis Ende Juli 1944 die Rote Armee am Horizont auftauchte. Da wurden die Kranken und Schwachen erschossen und alle anderen zu HASAG-Fabriken in Deutschland transportiert. Dass sie überlebten, war sehr ungewöhnlich. Sie verdankten es dem Umstand, dass nicht einmal Himmler es über sich brachte, den Tod von Menschen zu befehlen, die 1944 ein Drittel der Munition für die deutsche Infanterie produziert hatten.[120]

Ab Ende 1943 und zunehmend schneller im Lauf des Jahres 1944 rückten die Deutschen von der Politik ab, die Juden aus dem Reich fernzuhalten, und brachten immer mehr Insassen von Konzentrationslagern zur Arbeit nach Deutschland. Das Modell dafür wurde Mittelbau-Dora im Harz, die Produktionsstätte der V-Raketen.[121] Von 1943 bis 1945 gingen 60 000 Häftlinge durch das Lager, über 40 Prozent starben bis Kriegsende. Die SS richtete ein Fließband in zwei großen Stollen ein, die man als Lagerstätte für Flugbenzin seit 1937 in den Berg Kohnstein getrieben hatte. Die Stollen verliefen nicht gerade, sondern s-förmig, jeder ungefähr eineinhalb Kilometer lang, neun Meter breit und sieben Meter hoch, und neunzig Meter voneinander entfernt; etwa alle dreißig Meter waren sie durch kleinere Querstellen miteinander verbunden, sodass sich eine Art gebogene Leiter ergab. Ursprünglich war geplant, Eisenbahnschienen in jeden Stollen zu verlegen, die Vorratstanks in den Querstollen unterzubringen, dann auf der einen Seite mit den Zügen in den Berg zu fahren, die Tankwaggons mit Benzin zu füllen und auf der anderen Seite wieder herauszufahren. Diese Konstruktion ließ sich leicht zu Fließbändern für die Raketenproduktion umrüsten. Die Waffen wanderten die Schienen entlang, und die etwa 20 000 unterschiedlichen Komponenten, die in den Seitenstollen lagerten, wurden währenddessen nacheinander montiert. Aber nur einer der Stollen war tatsächlich durch den ganzen Berg hindurch- und auf der anderen Seite wieder herausgetrieben worden, deshalb musste das Fließband verändert werden. Doch auch so handelte es sich um eine gigantische unterirdische Produktionsstätte mit einer Gesamtfläche von über 250 000 Quadratmetern.

Das Projekt begann im August 1943 mit nichtjüdischen Arbeitskräften aus dem Konzentrationslager Buchenwald; in den ersten Monaten schickte das Lager pro Woche weitere 800 Arbeiter. Sie bekamen karge, wässrige Rationen, wurden in den übelriechenden, rußigen und von Läusen verseuchten Querstollen zusammengepfercht, wo es immer laut war, weil in zwei Zwölfstundenschichten rund um die Uhr gearbeitet wurde. Die Gefangenen hatten keinerlei Schutzkleidung und waren auch gegen ausbrechende Krankheiten kaum geschützt. In den Stollen mangelte es an Sauerstoff, auf dem Boden sammelte sich kaltes Wasser um die Füße der Arbeiter, die keine Stiefel trugen, und die Temperatur in den Schächten stieg nie über 15 Grad. Als die Raketenproduktion im Januar 1944 begann, zählte das angrenzende Lager Dora mehr als 10 000 Insassen, rund 4000 davon arbeiteten in den Stollen. In den folgenden drei Monaten produzierten sie etwa 300 Raketen, die meisten nicht funktionsfähig wegen Konstruktionsfehlern. Das Lager hatte einen üblen Ruf, was die Sterblichkeit anging. Anfang April 1944, als die meisten Produktionsprobleme behoben waren, waren 34 Prozent aller bis dahin 17 000

Lagerinsassen tot, das heißt fast 6000 Menschen. Die Sterblichkeit lag bei zwanzig bis 25 Insassen pro Tag, das war die höchste Todesrate aller Konzentrationslager zur damaligen Zeit. Weitere 20 000 Häftlinge starben in den nächsten zwölf Monaten. Damit kamen beim Bau der V1- und V2-Raketen ungefähr zwei Drittel mehr Menschen ums Leben als englische und belgische Staatsbürger durch den Abschuss dieser Raketen.[122]

Mittelbau-Dora war der Prototyp dessen, was im März 1944 das Jägerstab-Programm wurde, das große Vorhaben, die deutschen Waffenschmieden unter die Erde zu verlegen und so vor alliierten Bombenangriffen zu schützen.[123] Die Fabriken für die Flugzeugmotorenproduktion von Junkers und Fließbänder wurden im nördlichen Teil der Stollen von Mittelbau-Dora und in anderen Stollen in den nahegelegenen Bergen untergebracht. Im September 1944 arbeiteten in diesen Produktionsstätten in Mitteldeutschland 12 000 Häftlinge aus dem Lager Dora, inzwischen einschließlich ungarischer Juden, und Zehntausende Arbeiter aus anderen Lagern gruben Höhlen in die steilen Ufer des Rheins oder bauten und tarnten Betonhangars auf offenen Feldern in Bayern. Als immer mehr Häftlinge in Dora arbeiteten, errichtete die SS ein neues Konzentrationslager mit rund neunzig Baracken am südlichen Ausgang eines der Tunnel, wo ab September 1944 die V1-Raketen produziert wurden.

Niemand hat es bisher geschafft, genaue Zahlen zusammenzutragen, wie viele Menschen in Deutschland bei diesem wahnwitzigen Versuch starben, die Produktionsstätten vor Bomben in Sicherheit zu bringen, oder wie viele insgesamt als Sklavenarbeiter ihr Leben verloren. Die beste grobe Schätzung beläuft sich auf eine halbe Million Tote. Wir wissen, dass die Sterblichkeitsraten schwankten:[124] 1942 und 1943 war die Sterblichkeit hoch, weil anscheinend so viele Arbeitskräfte zur Verfügung standen, dass man verschwenderisch mit ihnen umgehen konnte; 1943 und 1944 sank die Sterblichkeit, und während des Jägerstab-Programms und des Zusammenbruchs Deutschlands stieg sie wieder an. Von den ehemaligen jüdischen Sklavenarbeitern waren 1945 vermutlich nur noch etwa 150 000 am Leben.

Die treibende Kraft hinter dem System der Sklavenarbeit war der

Staat und nicht etwa private Gier, wie oft behauptet wurde. Privatunternehmen fragten hauptsächlich deshalb nach Sklavenarbeitern, weil sie anders die erhöhten Produktionsziele nicht erfüllen konnten oder weil sie, später im Krieg, ihre Anlagen retten wollten, indem sie sie unter die Erde verlegten.[125] Für den Fall eines deutschen Sieges rechneten die Unternehmen natürlich mit Profit, weil sie die neuen Fabriken besitzen würden, an deren Errichtung die Sklavenarbeiter mitgewirkt hatten. Aber die Verantwortlichen in den Unternehmen hatten im Allgemeinen kurzfristigere Ziele im Blick: Sie wollten ihre nationale Pflicht erfüllen, ihre Stellung auf dem Markt oder ihre politische Position schützen und gewährleisten, dass die Produktion weiterging. In Auschwitz setzte die IG Farben immer Sklavenarbeiter ein und bezahlte für sie, obwohl Lagerinsassen nur rund 15 Prozent der Bauarbeiten verrichteten;[126] in erster Linie war das eine verdeckte Form der Bestechung der SS im Hinblick auf künftige Vergünstigungen. Insgesamt verdienten nur sehr wenige Unternehmen an dem System, nicht zuletzt weil viel von dem, was gebaut wurde, im Krieg oder direkt danach verloren ging. Zum Beispiel produzierten die Fabrik der IG Farben in der Nähe von Auschwitz und das Degussa-Werk in Gleiwitz nur wenige Monate, bevor sie von der Roten Armee überrannt wurden. Nutznießer von beiden war letztlich der kommunistische polnische Staat, der die Fabriken nach 1945 verstaatlichte und bis zum Sturz des Kommunismus 1989 weiter betrieb.

Mit anderen Worten: Der Einsatz von Sklavenarbeitern und -arbeiterinnen durch deutsche Unternehmen war verbrecherisch, aber nicht deshalb, weil die Unternehmen davon profitierten, das traf nur selten zu. Der Hauptnutznießer der Sklavenarbeit wie auch der Arisierung im Allgemeinen war der deutsche Staat,[127] der für die Arbeitskräfte Geld bekam, schätzungsweise 600 bis 700 Millionen Reichsmark allein in den Jahren 1943 und 1944.[128] Der Staat gab die meisten Projekte in Auftrag, bei denen Sklavenarbeiter eingesetzt wurden, und verbrauchte die meisten Produkte, die dabei erzeugt wurden.

Die wahrscheinlich mörderischste Phase der Sklavenarbeit war die letzte zwischen Januar und Mai 1945, als der Rückzug der Wehrmacht an allen Fronten das Regime veranlasste, Sklavenarbeiter für das Reich zu retten, indem es die Lagerinsassen auf Märschen zurück nach Deutschland führte. Aus dem Rettungsversuch wurde ein gewaltiger Vernichtungsprozess, bei dem in den letzten fünf Monaten des Zweiten Weltkriegs rund 35 Prozent der Betroffenen starben. Oft setzten sich Kolonnen von Gefangenen von einem Lager aus in Marsch ohne eine Vorstellung, wie sie dorthin gelangen sollten, wohin man sie schickte. Das rasche Vorrücken der sowjetischen und anderer alliierter Kräfte vergrößerte die Verwirrung noch weiter, weil sie oftmals Fluchtrouten blockierten, die zuvor noch offen gewesen waren. Die meisten Evakuierungskolonnen hatten wenig Nahrungsmittel dabei und bestanden aus Menschen mit zerschlissenen Schuhen und zerlumpten Kleidern, die durch den eisigen Winter zogen. Die Sterblichkeit war enorm, weil die Wachen in ihrer Angst, dem Feind in die Hände zu fallen, wenn die Häftlinge zu langsam marschierten, jeden erschossen, der wankte oder strauchelte. Bei der Räumung des Lagers Auschwitz im Januar 1945 marschierten die Häftlinge auf einer von zwei Straßen durch den Schnee, beide fast fünfzig Kilometer lang, bis sie eine noch funktionsfähige Eisenbahnlinie erreichten und bei Temperaturen unter dem Gefrierpunkt in offene Güterwaggons verladen wurden. Erstaunlicherweise war die Zahl der Toten in dieser ersten Phase des Rückzugs relativ moderat, um 7000 von 56 000 Häftlingen. Aber von den Überlebenden kamen 15 000 ins Lager Groß-Rosen, das im Februar ebenfalls aufgegeben wurde, und diesmal lag die Sterblichkeit viel höher, bei rund 50 Prozent der 97 000 Gefangenen, die aus dem Lager herausgeführt wurden.[129]

Zu den schlimmsten Todesmärschen gehörten die aus dem Lager Stutthof und seinen Außenlagern an der baltischen Küste im Januar 1945. Fast 69 000 überwiegend jüdische Gefangene, mehr als die Hälfte Frauen, verließen am Morgen des 25. Januar in sechs Kolonnen das Lager, viele barfuß. Jeder hatte 500 Gramm Brot und 100 Gramm Margarine bei sich. Glück hatten die Kolonnen, die den Sowjets in die Hände fielen; die anderen marschierten Hunderte Kilometer nach Westen und wurden dabei jeden Tag dünner, sofern sie nicht einen schnelleren Tod erlitten. In Palmnicken, einem Dorf fünfzig Kilometer westlich von Königsberg, wo eine Kolonne von rund

3000 Häftlingen für ein paar Nächte in einem Fabrikgebäude Unterschlupf suchte, beschlossen die Bewacher und der lokale NSDAP-Führer, dass die heranrückenden Russen sie nicht vorfinden sollten. Also führten sie die Häftlinge, überwiegend Frauen, ungefähr fünf Kilometer zu einer Reihe hoher Klippen über der Ostsee und mähten sie mit Maschinengewehrfeuer nieder. Die Leichen stürzten in das eisige Meerwasser.[130]

Diese schrecklichen Märsche hatten verhängnisvolle Weiterungen, weil die Lager, die die Häftlingsgruppen auf dem Rückzug aufnahmen, sie schon bald nicht mehr ernähren und versorgen konnten.[131] Im gesamten System der Konzentrationslager brach der Anschein von Versorgung und Entsorgung zusammen. In der Folge begannen die überforderten Wachen im Lager Neuengamme bei Hamburg, die kranken Häftlinge mit Giftspritzen zu töten; mindestens 8000 starben auf diese Weise von Februar bis April 1945. In Dachau wurden die Zustände so entsetzlich, dass im Februar 1945 4000 Insassen an Typhus starben. In Buchenwald wurden Neuankömmlinge in einem Sektor namens Kleines Lager zusammengepfercht; die Zahl seiner Insassen wuchs von 6000 im Januar auf 17 000 im April, obwohl rund 5200 Häftlinge in dieser Zeit starben. In Ravensbrück, Sachsenhausen und Mauthausen und möglicherweise auch in Dachau bestand die Reaktion darin, dass Gaskammern eingerichtet oder die kleinen Gaskammern der »Aktion 14f13« reaktiviert wurden, um kranke, schwache und lästige Gefangene zu töten. Von Februar bis April 1945 starben an diesen Orten rund 10 000 Häftlinge den Erstickungstod, meistens durch Zyklon, manchmal wohl auch in Gaswagen. Die letzte Vergasung im Rahmen des Holocaust fand am 29. April 1945 in Mauthausen statt, einen Tag vor Hitlers Selbstmord.

Die mit Abstand schlimmsten Bedingungen herrschten in dem nordwestdeutschen Lager Bergen-Belsen nicht weit von Hannover. Zunächst war es ein kleines Lager für Juden gewesen, die man gegen deutsche Gefangene in den Händen der Alliierten austauschen wollte. Bis November 1944 schwoll die Zahl der Insassen auf 15 000 an, überwiegend kranke Häftlinge, die aus anderen Lagern dort abgeladen worden waren. Am 31. März 1945 hausten 44 060 Menschen in Bergen-Belsen, obwohl im vorangehenden Monat durchschnittlich 240 bis 300 Personen pro Tag starben. Und Anfang April trafen noch einmal sechs Konvois mit 20 000 Gefangenen aus dem Lager Mittelbau-Dora ein. Soweit Historiker die Zustände aus den Aufzeichnungen rekonstruieren können, kamen in Bergen-Belsen in den letzten Kriegsmonaten ungefähr 35 000 Menschen durch Krankheiten und Hunger ums Leben.[132] Man könnte in diesem Fall von ungeplanter Vernichtung sprechen, allerdings muss man hinzufügen, dass die Vernichtungsabsicht durchaus vorhanden war, denn humanes Verhalten hätte bedeutet, die Häftlinge in den Lagern zu lassen, wo die Alliierten sie dann übernommen hätten. Die Entscheidungen, sie unter entsetzlichen Umständen wegzubringen und zu versuchen, so lange wie möglich die Kontrolle über sie zu behalten, waren mörderisch. Dabei starben genauso viele Menschen wie bei dem Massaker an den ungarischen Juden im Frühjahr 1944.

Diese Entscheidungen über das Schicksal der Lagerinsassen traf Heinrich Himmler.[133] Hitler hatte sich dafür ausgesprochen, alle Häftlinge umzubringen und die Lager in die Luft zu sprengen, aber die Leiter des Wirtschafts- und Verwaltungshauptamts der SS, die für die Flugzeug- und die V-Raketenproduktion zuständig waren, wollten ihre Arbeitskräfte so lange wie möglich behalten. Himmler hoffte außerdem, er könnte einige Juden als Druckmittel in den Verhandlungen mit den Alliierten verwenden. Obwohl er in den letzten Monaten schwankte, ob man die Häftlinge am Leben lassen oder umbringen sollte, war die Evakuierung ein Weg, beide Ziele gleichzeitig zu erreichen. Sein Befehl von Mitte April, »kein Häftling [darf] lebend in die Hände des Feindes fallen«,[134] überließ die letzte Entscheidung den Lagerkommandanten. Nicht alle schickten ihre Häftlinge auf eine Irrfahrt durch das schrumpfende Reichsgebiet, aber viele taten es.[135] Mitte April übernahmen die Briten die Kontrolle über Bergen-Belsen mitsamt den Häftlingen. Aber die 48 000 Insassen von Buchenwald wurden nur wenige Tage nach der Einnahme von Bergen-Belsen mit Zügen und zu Fuß nach Dachau und Flossenbürg gebracht; mindestens ein Drittel starb in den folgenden drei Wochen.[136] In Neuengamme begann die SS ebenfalls mit der Räumung und brachte 10 000 Häftlinge in die Hafenstadt Neustadt und dort auf drei Schiffe, die im Hafen vor Anker lagen. Als die Briten am 3. Mai Neustadt bombardierten, gingen die Schiffe in Flammen auf, mindestens 7000 Häftlinge verbrannten, ertranken oder wurden von deutschen Wachen erschossen, als sie an Land zu schwimmen versuchten.[137] In Flossenbürg begann die Räumung, während Häftlinge aus Buchenwald in das Lager strömten; von mindestens 46 000 Insassen, die größtenteils nach Süden in Richtung Dachau geführt wurden, starben mindestens 7000 in den folgenden drei Wochen. Ende April räumte die SS schließlich noch Sachsenhausen und Ravensbrück und zwang die Häftlinge, nach Nordwesten in Richtung Ostseeküste zu marschieren. Amerikanische Truppen befreiten rund 20 000 von ihnen in Schwerin. Rund 40 000 weitere campierten die letzten Tage des Kriegs unter freiem Himmel in einem nahegelegenen Wald, wo Tausende an Unterkühlung und Hunger starben.

Ende April 1945 waren noch Bayern und Österreich unter der Kontrolle der Nationalsozialisten und damit zwei große Lagerkomplexe, Dachau und Mauthausen, mit jeweils zahlreichen Nebenlagern. Als die SS die entferntesten Außenlager von Dachau aufgab, brannten die Wachen einfach die Baracken nieder, zusammen mit den darin verbliebenen schwächsten und kränksten Häftlingen.[138] Ende April, als die Auflösung des Hauptlagers begann, gab es keine Orte mehr, an die die Häftlinge hätten gehen können, und die Trupps, die sich auf den Weg machten, wurden so schnell von amerikanischen Soldaten aufgegriffen, dass nur 1500 Häftlinge unterwegs starben. In Dachau waren die Bedingungen für die dort verbliebenen oder mit Zügen hereinströmenden Häftlinge viel schlimmer, sehr viele starben buchstäblich in letzter Minute noch an Hunger und Krankheiten. Mauthausen und seine Nebenlager Gusen, Ebensee und Gunskirchen beherbergten Anfang 1945 rund 85 000 Häftlinge, obwohl die Sterblichkeit auf den Todesmärschen von anderen Lagern dorthin enorm gewesen war. So starben beispielsweise von 76 000 Juden, die Ungarn zur Jahreswende 1944/45 an der ehemaligen Grenze zu Österreich an Deutschland übergeben hatte, 45 000 Anfang 1945 auf dem Weg nach Mauthausen, oft durch die Hände von Zivilisten entlang der Strecke oder durch Angehörige des Volkssturms, die die Häftlingskolonnen bewachen sollten. Die übrigen, die das Lager erreichten, sahen sich denkbar widrigen Umständen gegenüber. Rund 15 000 Juden wurden Ende April 1945 von Mauthausen nach Gunskirchen geschickt; als am 4. Mai die Amerikaner eintrafen, fanden sie 5419 Überlebende vor. Wie ein Soldat düster schrieb, hatten »viele der noch lebenden Menschen ... das Aussehen von Toten. Von Haut bedeckte Knochen fast ohne jedes Fleisch, eingefallene Wangen und tief in den Höhlen sitzende Augen, ein glasiger Blick, der Blick eines toten Lebenden.«[139] Einer dieser toten Lebenden war Theodore Zev Weiss, nach dem der Lehrstuhl an der Northwestern University benannt ist, den ich 16 Jahre innehatte. Zu dem Zeitpunkt, da ich dies schreibe, ist er 85 Jahre alt und lebt in Wilmette in Illinois. Weder er noch andere Insassen sollten überleben. Wären die GIs nur eine oder zwei Wochen später eingetroffen, wäre keiner mehr am Leben gewesen.

## KAPITEL 5

# Die Opfer:
# Warum leisteten nicht mehr Juden mehr Gegenwehr?

NACH DEN TÄTERN und der Frage, warum und wie sie so viele Menschen umbrachten, wenden wir uns nun den Opfern der nationalsozialistischen Morde zu, den Bevölkerungen der betroffenen Länder und der internationalen Gemeinschaft sowie der Frage, warum sie alle nicht mehr tun konnten oder nicht mehr taten, um das Morden zu stoppen. Erstens wurde die heikle und kontroverse Frage »Warum haben nicht mehr Juden mehr Gegenwehr geleistet?« häufig gestellt, die nachfolgenden Generationen haben sie aus der Sicherheit ihrer Lebenssituation in liberalen und rechtsstaatlichen Gesellschaften heraus aufgeworfen. Warum erhoben sich die Bewohner des Warschauer Ghettos erst im April 1943 gegen die Deutschen, die Häftlinge in Treblinka und Sobibór erst im August und Oktober desselben Jahres und die Juden in den Sonderkommandos, die die Krematorien in Auschwitz am Laufen hielten, erst im Herbst 1944 – in allen Fällen also erst dann, als die Absicht der Deutschen, auch noch die Letzten von ihnen zu töten, unmissverständlich klar geworden war?

Diese Frage ist nicht ganz fair, denn immer wieder flammte bewaffneter Widerstand auf, wenn die Nationalsozialisten mit Deportationen von bestimmten Orten begannen. Zum Beispiel sprengte eine jüdische Gruppe im Dezember 1942 in Krakau ein bei deutschen Offizieren beliebtes Café in die Luft, um die Transporte zu verzögern.[1] Zwei Monate zuvor hatte ein Insasse von Treblinka einen deutschen SS-Mann namens Max Biala getötet.[2] Juden waren am 19. April 1943 an dem Versuch beteiligt, die rund 1000 Deportierten des zwanzigsten Transports von Belgien nach Auschwitz zu befreien; dabei entkamen 17 Personen aus einem Waggon, zehn davon wurden nicht wieder festgenommen.[3] Aber wie die geringen Zahlen zeigen, hatten diese Vorfälle nur eine sehr begrenzte Wirkung und wurden leicht erstickt. Vielleicht entstand, wie einige Forscher behaupten, in fünf bis sieben großen polnischen Ghettos, 45 kleineren, fünf Vernichtungs- und Konzentrationslagern in Polen und 18 Zwangsarbeitslagern ein bewaffneter jüdischer Untergrund,[4] aber er erreichte nicht viel. Alles in allem reagierten die Juden auf den Angriff der Nationalsozialisten, indem sie den Forderungen und Befehlen gehorchten in der Hoffnung, Schlimmeres zu verhüten.

## Gehorsam und Widerstand

Herausragende Vertreter der Holocaust-Forschung, insbesondere Raul Hilberg und Hannah Arendt, haben die Frage der jüdischen Reaktion in höchst provokanter Weise aufgegriffen. Hilberg spricht auf der allerersten Seite seiner monumentalen Untersuchung *Die Vernichtung der europäischen Juden* sowohl in der ersten Auflage 1961 wie auch in der erweiterten dritten Auflage, die 42 Jahre später erschien, vom »jüdischen Zusammenbruch« unter dem Ansturm der Nationalsozialisten und nennt das »eine Manifestation des Scheiterns«. Zudem schreibt er, dass die Bemühungen der jüdischen Gemeinden, weiterzuexistieren, die Ordnung aufrechtzuerhalten und die Nationalsozialisten zu besänftigen, den Deutschen die Vernichtung erleichterten. Hannah Arendt urteilt in ihrem berühmten Werk aus dem Jahr 1963, *Eichmann in Jerusalem*, in diesem Punkt noch härter.

Sie nennt »die Rolle der jüdischen Führer bei der Zerstörung ihres eigenen Volkes ... das dunkelste Kapitel in der ganzen dunklen Geschichte«. Ihrer Meinung nach wäre »ohne diese [jüdische] Hilfe bei Verwaltungs- und Polizeimaßnahmen ... entweder das völlige Chaos ausgebrochen, oder man hätte mehr deutsche Arbeitskräfte heranziehen müssen, als man zu diesem Zweck einsetzen konnte«.[5]

Der Vorwurf, den Hilberg und Arendt erheben, besteht aus zwei Teilen. Der erste Teil lautet, die Juden hätten keinen Widerstand geleistet, weil der einzige wirksame Widerstand bewaffnete Gegenwehr gewesen wäre, an der sich relativ wenige Juden beteiligten. Der zweite Teil besagt, dass die Juden alles noch schlimmer machten, indem sie auf andere Weise als durch Kämpfen zu überleben versuchten. Der israelische Forscher Yehuda Bauer hat beide Argumente nachdrücklich zurückgewiesen. Er definiert als jüdischen Widerstand jede Handlung, die gegen das Ziel der Deutschen gerichtet war, dem jüdischen Volk zu schaden oder es zu töten. Er verwendet das jüdische Wort *amida*,[6] um die vielen Formen zu beschreiben, die der nicht bewaffnete Widerstand annehmen konnte – vom Lebensmittelschmuggel bis hin zur Organisation von Untergrundschulen und Kulturveranstaltungen –, und betont, all dies sei das Beste gewesen, was die Juden in einer hoffnungslosen Situation tun konnten, ein Zeugnis ihrer Würde und ihres Willens, den enormen Widrigkeiten zu trotzen und zu überleben. Bauer ist entschlossen, nicht den Opfern die Schuld für ihr Schicksal zu geben, und obwohl das bedeutet, dass er die Definition von Widerstand manchmal derart erweitert, dass sie auch ganz normale Akte des Selbstschutzes mit einschließt, ist seine Position doch der von Hilberg und Arendt vorzuziehen. Ihre harschen Anschuldigungen hatten vor der geschichtlichen Forschung der letzten vierzig Jahre keinen Bestand. Vor allem aber unterschätzen sie die Formen des Widerstands, an denen Juden beteiligt waren, und überschätzen ihre Möglichkeiten zu bewaffnetem Widerstand oder auch nur zur Kooperationsverweigerung, sei es bei ihrem ersten Kontakt mit den Nationalsozialisten oder später.

Was die Unterschätzung angeht, hat Hilberg vermutlich recht mit der Feststellung, dass die Deutschen im Lauf des Vernichtungsprozesses höchstens einige hundert Mann durch Tod oder Verwundung verloren[7] und dass man nicht viele Beispiele nennen kann, in denen der Widerstand der Juden die Tötungsmaschinerie merklich verlangsamte oder behinderte. Doch in Litauen, Weißrussland und der besetzten Sowjetunion operierten bis zu 25 000 jüdische Kämpfer und einige tausend weitere in den Bergen von Griechenland und Jugoslawien. Verschiedenen Schätzungen zufolge ging der Anteil der Juden an den französischen Freiheitskämpfern von 40 Prozent zu Beginn der Besatzung auf später 15 bis 20 Prozent zurück, teils durch Ausfälle von Juden, teils weil mehr Nichtjuden zu den Waffen griffen.[8] An beiden Zahlen ist bemerkenswert, wie deutlich überrepräsentiert Juden im Vergleich zu ihrem Anteil an der französischen Bevölkerung (weniger als ein Prozent) waren. In Charles de Gaulles Freien Französischen Streitkräften gab es sechsmal mehr Juden, als ihrer Quote in der französischen Bevölkerung entsprach. Absolut waren dies keine gewaltigen Zahlen, aber dennoch mehr als nichts. Immerhin weiß Benjamin Ginsberg, der Verfasser von *How the Jews Defeated Hitler. Exploding the Myth of Jewish Passivity in the Face of Nazism*, dass solche Statistiken nicht ausreichen, um seine Argumentation zu untermauern. Er rechnet auch die Juden in den amerikanischen, britischen und sowjetischen Streitkräften und Geheimdiensten zu den jüdischen Widerstandskämpfern und verändert damit die Spielregeln grundlegend, denn diese Menschen waren nicht im Entferntesten den gleichen Zwängen unterworfen, handelten im Allgemeinen nicht als Juden, sondern im Rahmen der Kriegsanstrengungen ihrer jeweiligen Länder, und waren nicht unbedingt Freiwillige.

Um das Ausmaß der Überschätzung zu verstehen, müssen wir uns zunächst anschauen, wie die Deutschen im besetzten Osteuropa, wo das Morden hauptsächlich stattfand, gegen die Juden vorgingen. In erster Linie wandten die Nationalsozialisten in bemerkenswert kurzer Zeit all die Lektionen an, die sie bei der Verfolgung der deutschen und österreichischen Juden in den Jahren zuvor gelernt hatten. Noch bevor Polen vollständig erobert war, am 21. September 1939, wies der Chef der deutschen Sicherheitspolizei Reinhard Heydrich seine nachgeordneten Dienststellen im besetzten Teil Polens zur »Konzentrierung der Juden vom Lande in die größeren Städte« an, »die entweder Eisenbahnknotenpunkte sind oder zum mindesten an Eisenbahnstrecken liegen«.[9] Die Verantwortung für die Umsetzung dieser Politik und aller nachfolgenden deutschen Befehle hinsichtlich neuer Wohngebiete sollte so weit wie möglich den Judenräten der Ältesten übertragen werden, eingerichtet nach dem Vorbild der Institutionen, die die Nationalsozialisten 1938 in Wien geschaffen hatten und denen die Vorsteher der Gemeinden angehörten.[10] Sechs Tage später errichtete Himmler, wie wir gesehen haben, als Reichsführer-SS und Chef der deutschen Polizei das Reichssicherheitshauptamt unter Heydrich und übertrug ihm die Gesamtverantwortung für die Judenfrage. Innerhalb des Reichssicherheitshauptamts war Adolf Eichmann, der kurz zuvor die Auspressung und Vertreibung von Tausenden österreichischen Juden überwacht hatte, für das »Judenreferat« zuständig, das den Ablauf der beginnenden Ghettobildung organisieren sollte.

Weniger als einen Monat nach dem Einmarsch in Polen, der weitere rund zwei Millionen Juden in den Herrschaftsbereich der Nationalsozialisten brachte, hatte das NS-Regime ein System ersonnen, diese Menschen von der übrigen Bevölkerung zu isolieren, damit man sie später rasch zusammentreiben, ihnen währenddessen sowohl ihren gesamten unbeweglichen wie auch den Großteil ihres beweglichen Besitzes abnehmen und die Vorsteher ihrer Gemeinden zu Vollstreckern der deutschen Politik machen konnte.

Diese letzte Maßnahme, die Verantwortung für die Ausführung der deutschen Befehle auf die Judenräte zu übertragen, war ein teuflisch effizientes Mittel, um die Ressourcen, die Deutschland aufbieten musste, weitgehend zu minimieren und die Juden zu Komplizen ihrer eigenen Verfolgung zu machen. Tatsächlich wandten die Nationalsozialisten die altbewährte Praxis von Kolonialherren an, die Herrschaft indirekt durch bevorzugte Eingeborene auszuüben, die Privilegien erhielten oder von Strafen ausgenommen wurden als Gegenleistung dafür, dass sie halfen, alle anderen zu kontrollieren. Dieser Taktik des Teilens und Herrschens konnten die Juden praktisch keinen Widerstand entgegensetzen, weil sie mit Gewaltanwendung verbunden war. Als in Städten und Dörfern die ersten Judenräte ernannt wurden, oft noch bevor die Ghettobildung begonnen hatte, wurden alle, die sich weigerten, abscheuliche oder grausame deutsche Befehle auszuführen, einfach auf der Stelle erschossen. Manchmal mussten die zuerst eingesetzten Judenräte einzig und allein aus dem Grund sterben, um ihre Nachfolger einzuschüchtern. In Łódź beispielsweise wurden 22 der ersten dreißig Mitglieder des Judenrats umgebracht, um ein Exempel zu statuieren.[11] Die Tätigkeit als Judenrat und die Ausführung der Befehle der Deutschen waren die ersten Fälle von »Wahl ohne Wahlfreiheit« (Lawrence Langer), vor welche die deutschen Besatzer die Juden immer wieder stellten. Die Ausgewählten konnten ablehnen und sofort sterben oder zustimmen und vielleicht später sterben oder auch gar nicht. Fast überall entschieden sich die designierten Mitglieder der Judenräte wie auch die Bewohner der Ghettos insgesamt für die zweite Alternative und spielten auf Zeit.

Obwohl die Deutschen das Programm für die Ghettoisierung der Juden rasch entwickelten, setzten sie es in Polen nur ungleichmäßig und stockend in die Praxis um. In den Gebieten, die das Reich annektiert hatte – Oberschlesien, Westpreußen und den Warthegau –, ging es schneller voran. Zum Warthegau gehörte auch die Stadt Łódź, wo am 1. Mai 1940 das erste große Ghetto errichtet wurde, dessen Bewohner von der Außenwelt isoliert waren.[12] Anfangs lebten dort 163 177 Menschen zusammengepfercht auf gut vier Quadratkilometern in einem heruntergekommenen Teil der Stadt praktisch ohne Toiletten in den Häusern und ohne Kanalisation. Unter dem deutschen Verwalter Hans Biebow und dem Ältesten des Judenrats Chaim Rumkowski wurde Łódź zu dem Judenghetto, das sich am längsten selbst organisierte und am längsten Bestand hatte, obwohl es nun offiziell innerhalb Deutschlands lag.[13] Im Gegensatz dazu wurde das Warschauer Ghetto im Generalgouvernement erst im November 1940 abgeriegelt, und wegen seiner enormen Überfüllung – im März 1941 drängten sich über 460 000 Juden auf weniger als drei Quadratkilometern – war es schwieriger zu leiten und tödlicher für die Bewohner.[14] Weiter im Osten, in Lublin, schlossen sich erst im April 1941 die Tore für rund 40 000 Juden, und die Ghettozäune dort waren nicht gänzlich unüberwindlich.[15] Dasselbe gilt für viele kleinere Ghettos und sogar auch für das zweitgrößte Ghetto des Generalgouvernements in Częstochowa (Tschenstochau). In vielen Dörfern im ländlich geprägten Bezirk Lublin des Generalgouvernements lebte die Mehrheit der Juden 1942 noch in ihren Wohnungen.[16]

Die Unterschiede bei der Errichtung der Ghettos hatten viele Gründe. Die Tatsache, dass die deutsche Bevölkerungspolitik in Polen so chaotisch und widersprüchlich war, verzögerte die Ghettobildung ebenso wie Personalknappheit und fehlende Transportmöglichkeiten. Die deutschen Verwalter stritten, ob und wie die Ghettobewohner am Leben erhalten werden sollten, und somit darüber, wie viel Handel sie mit der Außenwelt und dem Besatzungsregime treiben durften. Bei den SS-Männern, die in den Ghettos im Einsatz waren, unterscheiden Forscher zwischen »Befürwortern einer Vernichtung durch Hunger«, die dafür waren, die Bewohner einfach sterben zu lassen, und »Produktivitätsbefürwortern«, die dafür plädierten, dass die Ghettos durch wirtschaftliche Aktivitäten ihren Unterhalt selbst verdienen sollten.[17] Vor allem wusste offenbar kein deutscher Planer, wie lange die Ghettos bestehen bleiben und wohin ihre Bewohner danach gebracht werden sollten. Die NS-Führer sprachen immer von einem »Reservat« für die Juden, benannten aber wechselnde Standorte. Mit jeder Änderung des Orts wurde die Deportation ein weiteres Mal hinausgeschoben, und damit gewannen die deutschen Besatzer den Eindruck, dass die Vollendung des Ghettosystems keine Eile hatte – allerdings verloren sie auch zunehmend die Geduld mit ihm.

Die Reaktion der jüdischen Ghettobewohner war genau entgegengesetzt: Je länger die Ghettos bestanden, desto mehr wuchs die Illusion, sie seien auf Dauer angelegt. Die Menschen ließen sich dort nieder in der Hoffnung, sie könnten funktionierende Institutionen schaffen, die wenigstens einen Teil der Bewohner am Leben erhalten würden. Anfang Januar 1942, bevor die Liquidierung der Ghettos begann, lebten in den Ghettos von Łódź und Warschau jeweils ungefähr genauso viele Menschen wie im Mai und November 1940, als sich die Tore geschlossen hatten. Wie Abbildung 5 für Łódź zeigt, hatten Neuankömmlinge Tausende Opfer ersetzt, die an Hunger und Kälte oder an den drei häufigsten Krankheiten in den Ghettos gestorben waren: Tuberkulose als Folge von Hunger und Feuchtigkeit, Bauchtyphus als Folge von verunreinigtem Essen oder Wasser und Fleckfieber, übertragen durch die allgegenwärtigen Läuse. Obwohl die Bedingungen schrecklich waren, schien Überleben möglich zu sein, zumindest für jene, die Geld, Arbeit oder einen Posten in der Verwaltung des Ghettos hatten. Solche Aussichten wurden jedoch zu Waffen in den Händen der Deutschen. Angesichts zunehmender Not wandten sich die Ghettobewohner in ihrem Kampf um Essen, Kleidung, Obdach und das schiere Überleben gegeneinander, und ihre Fähigkeit zu gegenseitiger materieller und moralischer Unterstützung erodierte stetig.[18]

ABBILDUNG 5: DAS SCHICKSAL EINES GHETTOS: ŁÓDŹ, 1940–1944[19]

| DATUM | BEWOHNER | ENTWICKLUNGEN |
|---|---|---|
| 1. Mai 1940 | 163 177 | Ghetto geschlossen; auf einem Gebiet von nur vier Quadratkilometern lebten mehr Juden als zu Beginn des Zweiten Weltkriegs in Böhmen und Mähren oder in den Niederlanden. |
| 31. März 1941 | 150 436 | |
| 1. Mai 1941 | 148 547 | Am 9. Oktober fiel die Zahl der täglichen Sterbefälle auf ihren bis dahin tiefsten Wert: elf. Vom 16. Oktober bis 3. November trafen 21 Transporte ein und brachten 19 883 Juden aus Deutschland, Österreich und Böhmen. |
| 1. Januar 1942 | 162 681 | Am 16. Januar begann die »Umsiedlung«; bis Ende Mai wurden 55 000 Menschen deportiert. |
| 1. Juni 1942 | 104 469 | Nach der zweiten großen Razzia im September 1942 wurden über 15 000 Menschen nach Chełmno deportiert. |
| 19. Januar 1943 | 87 164 | |
| 1. Juli 1943 | 84 495 | |
| 8. Februar 1944 | 79 777 | |
| 1. Juli 1944 | 73 217 | Am 23. Juni begann die Liquidierung des Ghettos. |
| 19. Januar 1945 | 877 | |

Von den Menschen, die ins Ghetto kamen, starben in einem Zeitraum von vierzig Monaten ungefähr 45 000 bis 50 000 an Hunger, Krankheiten, Misshandlungen oder einer Kombination dieser Ursachen. In den neun Monaten, in denen Deportationen stattfanden (Januar bis Mai und September 1942, Juni bis August 1944) wurden mindestens 140 000 Menschen umgebracht, die meisten in Chełmno, in der Endphase auch in Auschwitz.

Am 30. Mai 1942 notierte Dawid Sierakowiak, ein achtzehnjähriger Junge im Ghetto von Łódź, eine der schlimmsten Folgen in seinem Tagebuch: Sein Vater hatte die Brotrationen von Dawid und seiner Mutter an sich genommen und verzehrt und dann die karge Zuteilung von Fleisch und Molke für die gesamte Familie verschlungen.[20] Wenn selbst Familienbande zerrissen, kann man sich vorstellen, was aus der Solidarität zwischen nicht miteinander verwandten Menschen wurde.

Uneinigkeit unter den Bewohnern verschlimmerte die Situation zusätzlich.[21] In den Ghettos waren die Juden noch mehr gespalten als in Deutschland in den 1930er Jahren, allerdings verliefen die Frontlinien anders. Die tiefsten Spaltungen bestanden zwischen erstens den säkularen, sozialistischen, nicht auf Abschottung bedachten städtischen Juden, die mit den Bundisten sympathisierten; zweitens den zionistischen Gruppen, die in mehrere religiöse, säkulare, allgemeine, revisionistische und marxistische Fraktionen zerfielen; drittens den traditionalistischen orthodoxen Gruppen; viertens den ekstatischen Chassidim; und fünftens einer Handvoll Kommunisten. All diese Strömungen hatten ihre jeweiligen Institutionen, Netzwerke und weit zurückreichenden Verständigungsprobleme untereinander, und diese Differenzen verschwanden angesichts der Heimsuchung durch die nationalsozialistische Verfolgung nicht. In den Beratungen der Ghettobewohner, wie man sich gegenüber den Deutschen am besten verhalten sollte, nahmen die Gruppen unterschiedliche Positionen ein. Im Gegensatz zu den Zionisten lehnten es die Bundisten im Allgemeinen ab, bei der Verwaltung der Ghettos mitzuwirken, sprachen sich aber auch gegen offenen und bewaffneten Widerstand aus, sofern sich nicht auch nichtjüdische Gruppen außerhalb des Ghettos daran beteiligten. Generationenkonflikte überschnitten sich mit politischen und religiösen Konflikten; die unterschiedlichen Formen des Zionismus, besonders die militanteren, fanden unter den jüngeren Ghettobewohnern eine wachsende Anhängerschaft.

Schließlich entbrannten auch noch Klassen- und regionale Konflikte: Juden aus der Arbeiterschicht missfiel die Dominanz von Juden aus der Mittelschicht und aus Eliteberufen in manchen Judenräten. Menschen, die von anderswo in die Ghettos deportiert worden waren, fühlten sich manchmal gegenüber den ortsansässigen Bewohnern benachteiligt, vor allem wenn es darum ging, vorteilhaften Arbeiten zugewiesen zu werden. Ehemalige Angehörige angesehener Berufsgruppen empfanden es als Statusverlust, wenn sie keinen Posten in der Ghettoverwaltung bekamen, und die neureichen Schmuggler und Händler, die oft sehr demonstrativ auftraten, erregten Neid. Schon bevor die Deportationen begannen, entschieden Besitz und Status häufig darüber, ob jemand überlebte oder verhungerte. Mordechai Lensky, ein Arzt, der das Warschauer Ghetto überlebte, weil ihm in letzter Minute mit seiner Familie die Flucht auf die »arische Seite« der Stadt gelang, berichtet: »Als im Juli 1942 die Deportationen begannen ... löste sich die soziale Struktur der Gemeinschaft auf [und] die oberen wirtschaftlichen und sozialen Klassen opferten die unteren Klassen, um sich selbst zu retten.«[22]

Der interne Konkurrenzkampf ums Überleben war vielleicht der Faktor, der den organisierten Widerstand in den Ghettos am stärksten hemmte, aber er war nicht der einzige. Genau wie die Deutschen bei der Errichtung der Ghettos zögerten und immer wieder Zeit verstreichen ließen und damit verhinderten, dass die polnischen Juden wirklich begriffen, was 1940 mit ihnen geschah, erfolgte auch die Liquidierung der Ghettos 1942 bis 1943 in einer Weise, dass sich die Nachrichten davon nur langsam verbreiteten und die Juden nicht sofort das sich anbahnende Massaker erkannten. Deportationen aus Łódź und Lublin an entgegengesetzte Enden des besetzten Polens begannen Anfang 1942, aber Warschau war erst im Sommer des Jahres an der Reihe und Białystok erst im Februar 1943. Es folgten die Liquidierungen der Ghettos von Krakau im März, von Lemberg im Juni, von Minsk und Wilna im September, von Riga im November und schließlich derjenigen von Kaunas und Łódź im Sommer 1944. Selbst wenn die Menschen an einem Ort von den mörderischen Vorgängen an einem anderen hörten, konnten sie an der Hoffnung festhalten, dass ihr Schicksal anders sein würde, und weiter auf Zeit spielen. Die gleiche Illusion herrschte auch in den Ghettos, als die Liquidierungen begannen, weil sie in Wellen vonstattengingen, wie Abbildung 5 (oben) am Beispiel von Łódź zeigt.

Der drängende Wunsch, sich an einen Strohhalm zu klammern, war in den Ghettos so mächtig, weil der Massenmord nicht nur unvorstellbar schien, sondern auch schlichtweg irrational. Warum sollten die Deutschen Menschen umbringen, die nützlich für sie sein konnten, besonders in den Ghettos, in denen es leistungsfähige Werkstätten und Fabriken gab?[23] Die Überzeugung, dass die Deutschen nicht gegen ihre eigenen Interessen handeln würden, hat viel mit der bemerkenswerten Verleugnung der Ghettobewohner in Łódź und Białystok zu tun, die einfach nicht glauben wollten, dass die Deportierten umgebracht wurden,[24] selbst als die Züge, die die Menschen fortgebracht hatten, mit deren Kleidung und Kennkarten in die Ghettos zurückkehrten. Calel Perechodnik, der eine Zeitlang jüdischer Ghettopolizist war und später kurz Widerstandskämpfer, hinterließ bei seinem Tod 1944 ein bemerkenswertes Zeugnis, das auch die folgende Passage enthält. Sie zeigt anschaulich das Ausmaß der Verleugnung in seiner kleinen Stadt in Zentralpolen zu Beginn des Jahres 1942:

So wurde zum Beispiel erzählt, daß man in Słonim vierzehntausend Leute auf dem Platz versammelt hat: Frauen, Kinder, Männer, und alle wurden mit Maschinengewehren erschossen.

Ich frage euch ... kann man denn so etwas glauben? Ohne Grund Frauen und unschuldige Kinder erschießen? Einfach so? Am hellichten Tage? Man darf doch nicht einmal die größte Mörderin zum Tode verurteilen, wenn sie schwanger ist – und da sollten sie angeblich kleine Kinder umgebracht haben? Wo gibt es denn Menschen, Familienväter, die es wagen würden, mit einem Maschinengewehr auf wehrlose, kleine Kinder zu zielen? Wo bleibt das Urteil der kultivierten Welt? ... Wie kann die Welt schweigen? Das kann doch nicht stimmen.

Nach dieser Nachricht kam eine zweite, noch ungeheurere: in Wilna hat man sechzigtausend Menschen umgebracht, in Baranowice zwanzigtausend. Die Leute verstehen nichts mehr. Sie glauben es zwar, aber sie können sich das nicht vorstellen, daß nun eines Tages jemand kommen könnte, um ihr zweijähriges Töchterchen umzubringen, dessen einziges Vergehen es ist, von einer jüdischen Mutter und einem jüdischen Vater abzustammen.

Schlußendlich fanden wir eine Erklärung: diese Juden sind umgebracht worden, weil sie sowjetische Bürger waren und – vielleicht – gegen die Deutschen kämpften. Wir wiederum sind Bürger des Generalgouvernements, bei uns könnte so etwas nicht passieren. Dort herrscht schließlich Kriegszustand, wir aber haben eine zivile Verwaltung.[25]

In diesen vier Abschnitten wird aus Ungläubigkeit Herunterspielen, während die Menschen verzweifelt Wege suchten und fanden, sich gegen die umlaufenden Gerüchte zu immunisieren.

Was behinderte den organisierten Widerstand gegen die einsetzenden Deportationen darüber hinaus? Erstens bemühten sich die Nationalsozialisten sehr, zu verheimlichen, was sie taten.[26] Manchmal nahmen sie kranke Ghettobewohner und solche, die in Krankenhäusern lagen, von den Deportationen aus, um den Anschein zu erwecken, die Menschen würden tatsächlich in Lager weiter im Osten gebracht, um dort zu arbeiten. Manchmal tauschten sie demonstrativ die lokale oder Ghettowährung gegen andere Geldsorten, bevor die Menschen in die Züge stiegen, und manchmal schickten die Deutschen sogar Postkarten heim in die Ghettos, geschrieben angeblich von kürzlich Deportierten, um die Zurückgebliebenen hinsichtlich der Bestimmungsorte in Sicherheit zu wiegen. Das geschah besonders häufig bei Deportationen aus Westeuropa; die meisten Karten waren in Leipzig abgestempelt, aber einige kamen sogar aus Auschwitz und Birkenau.

Zweitens verbanden die Nationalsozialisten Zuckerbrot und Peitsche, Köder und Drohungen, um dafür zu sorgen, dass sich die Ghettobewohner den Deportationsbefehlen nicht widersetzten.[27] An den Sammelpunkten wurden Suppe, Brot und Marmelade ausgegeben, und den zur Deportation ausgewählten Menschen sagte man, sie würden beim Gepäck und bei Essensrationen bevorzugt behandelt, wenn sie pünktlich erschienen, andernfalls nehme man ihnen dies weg. Umgekehrt drohte man Adam Czerniakow, dem Vorsitzenden des Judenrats in Warschau, seine Frau zu erschießen, sollte er die Deportationen in irgendeiner Weise behindern. Joseph Parnes, ein jüdischer Verantwortlicher in Lemberg, wurde getötet, als er sich weigerte, Menschen für die Deportation in ein Arbeitslager auszuwählen. In Amsterdam sagten die Nationalsozialisten dem Judenrat, mangelnde Kooperationsbereitschaft bei den Deportationen »für die Arbeit im Osten« werde zur Folge haben, dass die Menschen stattdessen in Konzentrationslager wie Mauthausen gebracht würden, was zu Anfang viel schlimmer klang.[28]

Drittens vermittelte die Delegierung der schmutzigen Arbeit an die Judenräte ihnen die Illusion, sie hätten in gewissem Umfang die Kontrolle über das, was passierte, und lud ihnen die Verantwortung auf, den Schaden so gering wie möglich zu halten. In den meisten Ghettos lief es so ab wie in Amsterdam oder im Durchgangslager Westerbork: Die Nationalsozialisten sagten dem Judenrat einfach, wie viele Menschen sich an einem bestimmten Tag zur Deportation einzufinden hatten, und überließen die Auswahl dem Judenrat, und zwar bis kurz vor dem Ende der Liquidierungen. In Warschau verlangte die SS die Auslieferung von 6000 Menschen am 22. Juli 1942 und von weiteren 6000 bis 16 Uhr an jedem weiteren Tag, bis ein anderer Befehl erging. Wir wissen, in welche Lage das die jüdischen Verantwortlichen im Ghetto von Łódź brachte, weil es eine bemerkenswerte Aufzeichnung vom Besuch eines Deutschen namens Friedrich Hielscher im Frühjahr 1942 gibt. Er sprach mit dem Leiter der jüdischen Polizei, Leon Rosenblatt, der zugab zu wissen, dass die Deportierten vergast wurden, und dann Folgendes sagte:

Und ich muß die Leute dazu [offiziell zum »Umsiedeln«, tatsächlich zum Vergasen] aussuchen. Weigere ich mich, so werde ich erschossen. Das ist also für mich die einfachste Lösung. Aber was geschieht dann? Die SS hat es schon gesagt: dann sucht *sie* aus. Das heißt, die Ungebrochenen, die Schwangeren, die Rabbiner, die Schriftgelehrten, die Professoren, die Dichter wandern zuerst in den Ofen. Bleibe ich aber, so kann ich die Freiwilligen nehmen. Oft drängen sie sich. Und manchmal habe ich soviel beisammen, wie ich melden muß. Manchmal auch sind es weniger. Dann kann ich die Sterbenden nehmen, die mir von den jüdischen Ärzten benannt werden, und reichen die nicht aus, dann die Todkranken. Aber wenn die auch nicht reichen, was dann? Dann kann ich die Kriminellen nehmen ... Wer will da richten? ... Ich habe die Gemeindeältesten befragt, die Rabbiner, die Schriftgelehrten; sie haben mir Alle gesagt: du handelst richtig, bleib und such so aus, wie du es dir zurechtgelegt hast ... [S]o sagen Sie mir: soll ich bleiben, oder soll ich mich erschießen lassen?[29]

Die Überlegung »besser wir als sie« lag auch der Handlungsweise von Abraham Asscher und David Cohen zugrunde, den Co-Vorsitzenden des Judenrats in Amsterdam, als die Deutschen im Mai 1943 von ihnen verlangten, eine Liste mit 7000 Beschäftigten des Rats (ungefähr 40 Prozent) zu erstellen, die demnächst deportiert werden sollten.[30] Sie lehnten den Appell von Kollegen ab, nicht nachzugeben und stattdessen die zentrale Kartei zu vernichten, in der alle verbliebenen Juden verzeichnet waren, und arbeiteten mit Helfern zwei Tage und Nächte fieberhaft daran, Personen auszuwählen und die Namen zusammenzustellen.

Rosenblatt, Asscher und Cohen mochten geglaubt haben, das jüdische Religionsgesetz zu befolgen, aber so war es nicht. David Daube kommt in seiner sorgfältigen Untersuchung einschlägiger Passagen des Talmuds zu dem Schluss, dass es zulässig ist, auf Befehl einer Unterdrückermacht eine bestimmte, namentlich genannte Person auszuliefern. Aber »einfach irgendjemanden zur Hinrichtung« zu übergeben, sei nicht zulässig, weil dazu die Auswahl des Opfers gehöre, was persönliche Schuld bedeute.[31]

Das extremste Beispiel, in welch qualvolle Lage das Verfahren der Deutschen die Judenräte brachte, stammt vom 4. September 1942, als Chaim Rumkowski zu den versammelten Bewohnern des Ghettos von Łódź sprach:

Ein schwerer Schlag hat das Ghetto getroffen. Sie verlangen die Besten, die es besitzt – die Kinder und alten Leute ... Ich habe mir nie vorgestellt, dass ich jemals mit eigenen Händen das Opfer zum Altar bringen würde. In meinem fortgeschrittenen Alter strecke ich die Hände aus und bitte: Brüder und Schwestern, gebt sie mir! Väter und Mütter, gebt mir eure Kinder! ... Am gestrigen Tag bekam ich den Befehl, rund 20 000 Juden aus dem Ghetto zu schicken; wenn nicht – »Werden wir es tun«. Und die Frage tauchte auf: »Sollen wir es übernehmen und es selbst tun, oder sollen wir es anderen überlassen?« Aber weil uns nicht der Gedanke beherrschte, »Wie viele werden wir verlieren«, sondern »Wie viele können gerettet werden«, kamen wir, das heißt ich und meine engsten Mitarbeiter, zu dem Schluss, dass wir es in unsere eigenen Hände nehmen und das Dekret ausführen müssen, so schwer es auch für uns sein mag. Ich muss diese schwierige und blutige Operation durchführen. Ich muss Glieder abschneiden, um den Körper zu retten! Ich muss Kinder wegnehmen, denn wenn nicht, könnten noch andere, Gott behüte, weggenommen werden ... Man muss das Herz eines Verbrechers haben, um zu bitten, worum ich euch nun bitte. Versetzt euch in meine Lage und denkt logisch, und ihr werdet selbst zu dem Schluss kommen, dass man nicht anders handeln kann, weil der Teil, der gerettet werden kann, viel größer ist als der Teil, der ausgeliefert werden muss.[32]

Diese Passage illustriert, wie perfekt und teuflisch das System von Teilen und Herrschen funktionierte; auch die Listen der Menschen, die bei den ersten Deportationen verschont wurden und bei allen folgenden bis ganz zum Schluss, zeigen das. Die meisten leisteten wertvolle Arbeit für die Deutschen, aber noch zwei andere Gruppen stachen unter den Verschonten heraus: Menschen, die in der Ghettoverwaltung für die Judenräte tätig waren – in Łódź fast 13 000 und in Warschau 6000 – und Angehörige des jüdischen Ordnungsdiensts, der Ghettopolizei, die in Łódź aus 800 Personen bestand und in Warschau aus 2000.[33] Einige Polizisten hatte man aus den aus der Vorkriegszeit stammenden jüdischen Gemeinden dieser Städte rekrutiert, aber die meisten kamen von anderswoher und hatten deshalb kaum lokale Bindungen, die sie hemmten. Józef Szeryński, der Leiter der jüdischen Polizei in Warschau, war zum Katholizismus konvertiert, betrachtete sich nicht als Jude und hatte keine Bande zur lokalen Gemeinde. Er und seine Männer waren so verhasst, dass der Untergrund im Ghetto einen Mordanschlag auf ihn verübte, bei dem er schwer verwundet wurde, und seinen Nachfolger tötete.[34] Weil die Ghettopolizisten keinen oder nur einen geringen Lohn bekamen, wurden sie immer korrupter und erpresserischer. Sie verlangten Schmiergeld, damit Menschen nicht auf die Zwangsarbeiter- oder Deportationslisten gesetzt wurden, und nahmen regelmäßig verlockende Besitztümer an sich. Wenn die letzten Schritte einer Liquidierung nahten, wiesen die Deutschen die Räte an, nicht einzelne Personen namentlich für die Deportation auszuwählen, sondern die Juden aus bestimmten Teilen des Ghettos zusammenzutreiben, die geräumt werden sollten; meistens erledigte das die Ghettopolizei.[35] Dabei kalkulierten die Polizisten, dass sie und ihre Familien so lange am Leben bleiben würden, wie sie nützlich waren, und manchmal täuschten die Deutschen sie mit dem Versprechen, dass sie sogar noch länger leben würden. Aus den gleichen Motiven kooperierte der jüdische *Ordedienst* im Lager Westerbork, als 1943 in Apeldoorn und Amsterdam Juden zusammengetrieben wurden, und half auch beim Beladen und Plombieren der Züge, die von 1942 bis 1944 Holland verließen. Die Männer des *Ordedienst* hatten das gleiche Sozialprofil wie ihre Pendants in den polnischen Ghettos, das sie von den übrigen Bewohnern unterschied: Rund die Hälfte von ihnen, einschließlich ihres Kommandanten, waren nicht holländische Juden, sondern deutsche oder österreichische, die als Flüchtlinge in die Niederlande gekommen waren.[36]

Ein vierter Faktor, der den Widerstand hemmte, war der geschwächte Zustand der Ghettobewohner. Filmische Darstellungen des Holocaust können das im Allgemeinen nicht wiedergeben. Wie in Łódź und Kaunas richteten die Deutschen die Ghettos üblicherweise in den elendesten Vierteln der Städte ein, wo es weder Kanalisation noch fließendes Wasser gab. Die tägliche Nahrungsaufnahme der meisten Ghettobewohner schwankte zwischen 400 und 1000 Kalorien, mehr bekamen die privilegierten, die in der Verwaltung oder in der kriegswichtigen Produktion arbeiteten.[37] In den größten Ghettos lagen die täglichen Rationen pro Person zwischen 180 und 220 Kalorien.[38] In Perechodniks Ghetto in Otwock vegetierten die meisten der 14 000 Juden Anfang 1941 mit einer Wochenration von einenhalb Pfund Brot pro Person dahin;[39] es gab kein Fleisch, keine Eier, kein Gemüse. Hunger, grassierende Krankheiten, Kälte, Schmutz, Überfüllung und Schwäche forderten einen schrecklichen Tribut und machten den Wunsch, sich zu wehren, zunichte. Bis Juli 1941 starben im Warschauer Ghetto jeden Monat 5500 Menschen, fast 200 pro Tag.[40] 100 000 Juden starben von der Eröffnung des Ghettos bis zum Beginn der großen Deportationen Mitte 1942. Die Deutschen sorgten dafür, dass die Ghettos das Bild von der Verkommenheit der Juden, ihrem Schmutz und ihren Krankheiten bestätigten, das die NS-Ideologie verbreitete; insofern erfüllten die Ghettobewohner eine ideologische Prophezeiung, und das Zusammenpferchen der Menschen war Teil des Plans. In Warschau beispielsweise stand für sieben Ghettobewohner ein Zimmer zur Verfügung, und die Bevölkerungsdichte lag im April 1941 bei 200 000 Menschen pro Quadratkilometer; in Kaunas lebten 30 000 Menschen dort, wo früher 7000 gelebt hatten, in Wilna 29 000, wo einmal 4000 Platz gefunden hatten. Unter solchen Bedingungen verloren die meisten Ghettobewohner die Fähigkeit, vorauszudenken, und die wenigen, die dazu noch in der Lage waren, meinten im Allgemeinen, dass Ausharren besser sei als Widerstand oder Flucht, weil sie Familienmitglieder und andere, die von ihnen abhingen, nicht in Gefahr bringen wollten. Die Flucht aus dem Ghetto war für die meisten ebenfalls keine verlockende Aussicht, weil die Topografie Polens kaum Möglichkeiten bot, sich zu verstecken, und die Haltung der nichtjüdischen Bevölkerung in der Umgebung wenig Hoffnung machte.

Ein fünfter und letzter Grund war, dass die bösartigen Vergeltungsmaßnahmen der Deutschen ein wirkungsvolles Abschreckungsmittel gegen Widerstand darstellten. Die Deutschen übten nicht nur individuell Vergeltung, indem sie einzelne Personen schlugen oder erschossen, sondern auch kollektiv. Wenn man den Heldenmut der Menschen beiseitelässt, die den Aufstand im Warschauer Ghetto ins Werk setzten, war die militärische Bilanz der Versuche, gegen die Deutschen zu kämpfen, katastrophal. Bei der Niederschlagung des Aufstands erlitten die Deutschen und ihre Hilfskräfte Verluste zwischen 110 Personen (den offiziellen Zahlen zufolge 17 Tote und 93 Verwundete) und über 300 (nach den Angaben der Widerstandskämpfer). Beide Zahlen sind verschwindend gering im Vergleich zu den 56 065 Menschen, die die Deutschen gefangen nahmen oder umbrachten.[41] Ein paar Wochen später endete der schlecht vorbereitete, eher spontane Widerstand, als die Deutschen versuchten, das Ghetto von Białystok zu räumen, mit genau neun verwundeten deutschen Soldaten gegenüber rund 30 000 toten Juden, die entweder bei den Kämpfen oder infolge der Deportationen nach Auschwitz und Majdanek gestorben waren.[42] Ebenfalls im August 1943 ermöglichte der versuchte Ausbruch aus Treblinka es nur fünfzig bis siebzig Insassen, den Krieg zu überleben. Der Aufstand im Lager Sobibór im Oktober desselben Jahres führte zum Tod von nur elf oder zwölf SS-Männern und zwei Hiwis; von rund 650 Insassen bei Ausbruch der Kämpfe kamen nur 47 mit dem Leben davon.[43] Der Preis für diese Vorfälle war überdies die »Aktion Erntefest« im Herbst 1943, als Himmler die Liquidierung nahezu aller verbliebenen polnischen Arbeitslager und Ghettos anordnete als Vergeltung für diese jüdischen Widerstandsakte und als sichere Methode, weitere zu verhindern. Die Erschießung von 42 000 Juden am 3. und 4. November 1943 im Bezirk Lublin, die meisten in Majdanek und dem nahegelegenen Poniatowa, war das größte Einzelmassaker des Holocaust.[44] In Poniatowa versuchte eine Männerbaracke Widerstand zu leisten; die Deutschen verriegelten die Türen von außen und setzten die Baracke in Brand. Alle, die sich noch darin befanden, verbrannten. Die einzigen bekannten Überlebenden dieses zweitägigen Mordens waren drei Frauen, die man für tot gehalten und in ein Massengrab geworfen hatte. Tatsächlich waren sie nur leicht verletzt, kletterten im Schutz der Dunkelheit heraus, erhielten Hilfe von einer Polin und erlebten das Kriegsende.

In Anbetracht dieser Umstände blieb den Juden in den Ghettos kurzfristig nur eine wirksame Form des Widerstands: Sie mussten die Bemühungen der Nationalsozialisten, sie auszuhungern, vereiteln. Der wichtigste Weg, das zu erreichen, war Schmuggel, und sowohl die Verwaltung des Warschauer Ghettos wie auch individuelle Netzwerke entwickelten ihn zu einer hohen Kunst. Ohne Zweifel verlängerte dies das Leben vieler Menschen.[45] Der Schmuggel konnte die Deportationen zwar nicht aufhalten, sobald sie begonnen hatten, aber er konnte den einen oder anderen davor bewahren. Die einzige andere Form des Widerstands, die eine gewisse Aussicht auf Erfolg hatte, war selbst ein Ausdruck der Hoffnungslosigkeit. In beinahe allen Ghettos versuchte man, die Verbrechen der Nationalsozialisten zu dokumentieren und Beweise zu hinterlassen, dass die Juden existiert und um ihr Überleben gekämpft hatten. In Warschau und in Łódź trugen Netzwerke in großem Umfang Archivmaterial zusammen, das sie versteckten, und erstellten eine Chronik der wichtigsten Ereignisse in der Geschichte des Ghettos. In Warschau leisteten dies Emanuel Ringelblum, ein Historiker, und eine Organisation namens Oneg Schabbat, die von der Ghettoverwaltung unabhängig war; die gesammelten Dokumente vergruben sie unter Kellern, wo die meisten nach dem Krieg entdeckt wurden.[46] In Łódź war die Chronik das Werk von Historikern, die im offiziellen Archiv des Ghettos arbeiteten, das der Judenrat eingerichtet hatte. Rund zwei Drittel der Aufzeichnungen wurden nach 1945 unter verschiedenen Gebäuden im Ghetto ausgegraben.[47] Zusammen mit einer Reihe erhalten gebliebener persönlicher Tagebücher sind das unsere wichtigsten Informationsquellen über die Lebensbedingungen in den Ghettos während des Holocaust.

Der vielleicht schlüssigste Beleg, dass die Juden nur sehr eingeschränkt in der Lage waren, ihr Schicksal zu beeinflussen, ob sie nun den Widerstand wählten oder nicht, ist der Ausgang: Verschiedene jüdische Ghettoverwaltungen wandten unterschiedliche Überlebensstrategien an, unterschiedliche Mischungen von Gehorsam und Auflehnung, aber egal, für welche Strategie sie sich entschieden, das Ende war immer gleich.[48] In Warschau setzte Adam Czerniakow, der Vorsitzende des Judenrats, darauf, die Deutschen zu besänftigen, bis er begriff, dass sie vorhatten, alle Bewohner des Ghettos umzubringen. Daraufhin beging er im Juli 1942 Selbstmord, statt weiter zu kooperieren. Seine Tat konnte die Ermordung des Großteils der Warschauer Juden in jenem Sommer und der letzten verbliebenen im Mai und Juni 1943 nicht verhindern. In Wilna versuchte Jacob Gens, der Leiter des Judenrats, es beiden Seiten recht zu machen: Er lieferte den Deutschen Arbeitskräfte und kooperierte mit ihnen, unterstützte aber auch den Widerstand in der Stadt und der Umgebung. Dennoch liquidierten die Nationalsozialisten im September 1943 das Ghetto von Wilna, ohne dass der Widerstand eingriff. In Minsk stellten sich die beiden jüdischen Anführer Eliyahu Mushkin und Moshe Yaffe den Deutschen nicht in den Weg, aber sie gehörten zu den Vorsitzenden von Judenräten, die den bewaffneten Widerstand am stärksten unterstützten, vielleicht weil rund 10 000 Juden in den nahegelegenen weißrussischen Wäldern kämpften. Doch das nützte ihnen wenig. Die Bevölkerung des Ghettos fiel von 100 000 im Oktober 1941 auf 12 000 im August 1942. Da waren auch beide Männer tot, und die Reste des Ghettos wurden im Oktober 1943 aufgelöst. Schließlich ist noch Chaim Rumkowski zu nennen, der Vorsitzende des Judenrats in Łódź. Er vertrat am beharrlichsten die Auffassung, die einzige Überlebensmöglichkeit bestehe darin, den Deutschen jede Laune zu erfüllen. Diese Strategie trug wohl dazu bei, dass das Ghetto von Łódź länger bestand als alle anderen, aber die Liquidierung der letzten 70 000 Bewohner im August 1944 konnte sie nicht verhindern. Kurzum, was immer die Judenführer taten – sich umbringen, den Widerstand unterstützen, die Nationalsozialisten besänftigen –, das Ergebnis war immer gleich. Das Urteil des Historikers David Silberklang, der Hunderte von Ghettos im Bezirk Lublin des Generalgouvernements untersucht hat, gilt für Osteuropa und darüber hinaus wahrscheinlich für den gesamten Kontinent: »Keine jüdische Aktion brachte für große Gruppen von Menschen einen signifikanten Unterschied hinsichtlich des Überlebens, obwohl bestimmte Aktionen für Einzelne etwas bewirken konnten.«[49]

Die Juden hatten so gut wie keine Kontrolle über ihr kollektives

Schicksal. Einzelne Personen konnten in die Wälder fliehen und versuchen zu überleben, aber ganze Gemeinden konnten das nicht. Ebenso wenig konnten sie eine Strategie ersinnen, die mehr erreichte als einen Aufschub ihres Todes. Es ist unfair und falsch, die jüdischen Opfer für das verantwortlich zu machen, was ihnen widerfuhr. Ob sie lebten oder starben, hing allein von zwei Dingen ab: vom Handeln des NS-Regimes und vom Vorrücken der alliierten Armeen.

Zwei Ereignisse – ein Akt des Widerstands und einer der Unterwerfung – zeigen das deutlich. Das erste, bereits diskutierte ist der Aufstand im Warschauer Ghetto 1943. Er scheiterte, weil die Aufständischen sich gegen die bewaffnete Macht der Nationalsozialisten nicht behaupten konnten. Das zweite Ereignis, das zeigt, wie abhängig die Juden vom Vorrücken der Alliierten waren, ist das Schicksal des Ghettos von Łódź. Als dessen Liquidierung begann, standen die sowjetischen Streitkräfte nur 120 Kilometer weiter östlich, wo sie ihre Offensive auf Warschau gestoppt hatten, um sich neu zu formieren, ihre Soldaten mit Nachschub zu versorgen und den Nationalsozialisten die Niederschlagung eines Aufstands zu erlauben, den polnische Nationalisten in der Stadt begonnen hatten, als die Rote Armee nahte. Stalin plante, nach dem Krieg ein kommunistisches Regime in Polen zu errichten, und dachte, dass es nach der Unterdrückung dieses Aufstands durch die Deutschen leichter sein würde, dieses Ziel zu erreichen. Hätte er diese zynische Rechnung nicht angestellt und stattdessen den militärischen Vormarsch zügig fortgesetzt, hätten die Deutschen wahrscheinlich nicht die Zeit gehabt, die restlichen jüdischen Ghettobewohner von Łódź zu liquidieren, und Rumkowskis Kalkül, langfristiges Überleben mit Unterwerfung unter die Wünsche der Nationalsozialisten zu erkaufen, hätte sich vielleicht ausgezahlt. Natürlich hätten die Nationalsozialisten die Überlebenden weiter nach Westen schaffen können, und viele wären dabei wohl gestorben – genau so erging es im Juli 1944 den Bewohnern von Kaunas, dem zweiten verbliebenen großen Ghetto. Aber wahrscheinlich hätten mehr Menschen am Ende des Kriegs das Ghetto von Łódź lebendig verlassen, als es tatsächlich der Fall war. Während des gesamten Holocaust waren die Juden den Entscheidungen anderer ausgeliefert.

Leo Baeck, Rabbiner und Führungspersönlichkeit der deutschen Juden, der das Kriegsende in Theresienstadt erlebte, wusste das, und dieses Wissen lag seiner umstrittensten Entscheidung zugrunde. Nachdem er erfahren hatte, dass die meisten Juden vergast oder erschossen wurden, weigerte er sich, es den Menschen in seinem Umfeld mitzuteilen. Er verschwieg ihnen ihr wahrscheinliches Schicksal. Warum? Weil er glaubte, dass »in Erwartung des Todes ... zu leben nur noch härter wäre« als das Leben mit einer Illusion.[50] Wie die späten Zeitpunkte der Aufstände in den Ghettos und Lagern zeigen, war die Hoffnung, zu überleben, der Feind der Gegenwehr. Solange noch Hoffnung bestand, entschieden sich die Menschen im Allgemeinen, die Deutschen nicht zu reizen, und drängten ihre Leidensgenossen, es auch nicht zu tun, um keine Vergeltungsmaßnahmen auszulösen. Überall griffen die Juden nur dann zu den Waffen, wenn sie wussten, dass die Alternative der sichere Tod war.

Im Mai und Juni 1944 erfuhren auch die Führungspersonen der ungarischen Juden, was in Auschwitz geschah, allen voran Samu Stern, der Vorsitzende des nationalen Judenrats, der entstanden war, als die Deutschen im März das Land besetzt hatten. Auch sie beschlossen, die Information für sich zu behalten, als die Deportationen aus der ungarischen Provinz begannen. Stern glaubte, er führe »einen Wettlauf gegen die Zeit«,[51] bei dem es seine Aufgabe sei, zumindest einige Juden am Leben zu erhalten, bis der Vormarsch der Feinde Deutschlands die Transporte stoppen würde. Damit dies gelinge, so Stern, müssten sie den Behörden gehorchen, und um sicherzustellen, dass sie es taten, enthielt er ihnen das Wissen vor, welches Schicksal jene erwartete, die in die Züge einstiegen. Das Ergebnis war die fast vollständige und fast widerstandslose Vernichtung der ungarischen Juden, weil die Nationalsozialisten sie schneller deportierten, als die Russen vorrückten.

Um den jüdischen Widerstand gegen den Holocaust zu bewerten, sind einige Vergleiche hilfreich. Hat sich eine andere Gruppe von Verfolgten heftiger gewehrt? Nehmen wir das Verhalten der 5,7 Millionen sowjetischen Kriegsgefangenen, von denen 3,3 Millionen in deutscher Gefangenschaft starben, eine Sterblichkeitsrate von 58

Prozent. Bis Kriegsende begannen die Häftlinge in den Gefangenenlagern oder Arbeitsbrigaden keinen großen Aufstand, obwohl es sich bei ihnen im Gegensatz zu den Juden in den Ghettos und den besetzten Ländern fast ausschließlich um junge Männer mit militärischer Ausbildung handelte. Oder nehmen wir das Verhalten der Menschen in den besetzten europäischen Ländern. Widerstandsbewegungen spielten dort im Allgemeinen erst nach Stalingrad eine Rolle, zu einem Zeitpunkt, als die meisten europäischen Juden bereits tot waren. Selbst 1943 und 1944 waren nach der zuverlässigsten Schätzung nur zwei Prozent der Franzosen aktive Widerstandskämpfer.[52] Und schließlich sollte man, wenn man über das Verhalten der Judenräte urteilt, daran denken, dass die an der Spitze der Ministerien verbliebenen holländischen Beamten zwar gegen die Deportationen protestierten und mit Rücktritt drohten, falls sie weitergehen sollten, aber nicht den Mut aufbrachten, es tatsächlich zu tun. Stattdessen halfen die holländische Polizei und holländische Transportarbeiter und Eisenbahnbedienstete den Deutschen regelmäßig bei der Ausführung ihrer Pläne.[53]

Erfolgreiche Widerstandsbewegungen hatten meist vier Vorteile: eine günstige Topografie mit Bergen und/oder großen Waldgebieten wie in Jugoslawien und Mittelfrankreich; eine sympathisierende lokale Bevölkerung; ausgebildete militärische Kämpfer von der Art, wie sie die Deutschen beim Vorrücken nach Osten in der Regel umbrachten; und von den Alliierten gelieferte Ausrüstung. Die Juden in den Ghettos, besonders in Polen und der Ukraine, hatten nichts von alldem.

Warum also leisteten nicht mehr Juden mehr Gegenwehr? Weil die Umstände gegen sie waren, weil sie nicht sahen oder nicht zu sehen ertrugen, was ihnen bevorstand, weil die geringste Chance, dass doch einige überleben könnten, sie davon abhielt, Selbstmord zu begehen, indem sie zurückschlugen, und weil sie auch unter immer widrigeren Umständen am Leben hingen. Wir haben kein Recht, zu erwarten oder zu fordern, dass sie sich entschlossener oder heroischer hätten verhalten sollen. Letztlich waren sie grausamer Folter unterworfen und standen vor der »Wahl ohne Wahlfreiheit«, bei der andere Handlungsoptionen mehr Gefahr als Erleichterung verhießen.

Dass wir uns mit Urteilen zurückhalten sollten, möchte ich anhand von zwei ikonischen Fotografien untermauern, die in Abbildung 6 wiedergegeben sind. Das erste Bild zeigt einen kleinen Jungen mit einer Stoffmütze und erhobenen Händen bei der Gefangennahme im Warschauer Ghetto, das zweite Bild eine Gruppe von Bewohnern desselben Ghettos, die von den Deutschen weggebracht werden, darunter in der vorderen Reihe rechts ein kleines Mädchen. Beide Bilder wurden von deutschen Fotografen aufgenommen und tauchten nach dem Krieg in einigen wenigen erhalten gebliebenen Exemplaren eines Albums auf, das zum Gedenken an die Unterdrückung des Aufstands zusammengestellt worden war und später unter dem Titel *Der Stroop-Bericht* veröffentlicht wurde, benannt nach dem für die Niederschlagung des Aufstands verantwortlichen Befehlshaber Jürgen Stroop. Weil der Anblick der Bilder so schmerzhaft ist, wird ein Aspekt oft übersehen, der doch zu den bemerkenswertesten gehört: Beide Bilder zeigen, dass bei der Liquidierung des Ghettos ein Kind unter zehn Jahren dabei war. Tatsächlich sind auf dem ersten Bild noch drei oder vier weitere Kinder im Hintergrund zu sehen. Damals war die Bewohnerzahl des Ghettos von fast 460 000 auf dem Höhepunkt im März 1941 auf rund 53 000 kurz vor Ausbruch des Aufstands im Frühjahr 1943 gesunken; die entsprechenden Zahlen für die Kinder lauten von 51 000 auf weniger als 500, 255 Jungen und 243 Mädchen.[54] Zudem erfolgte der Aufstand sieben Monate nachdem Rumkowski den Juden von Łódź gesagt hatte, dass sie alle Kinder, die jünger waren als zehn, herauszugeben hätten. Die einzigen Kinder, die in Łódź verschont wurden, waren die von jüdischen Polizisten und Feuerwehrmännern, die halfen, die anderen zusammenzutreiben, sowie die der Mitglieder der jüdischen Ghettoverwaltung.

Quelle: United States Holocaust Memorial Museum

Ziemlich sicher galt das auch für Warschau. Die Kinder, die diese Fotos zeigen, dürften also die Nachkommen von Menschen sein, die der Verwaltung des Ghettos angehörten oder enge Beziehungen zu Mitarbeitern der Verwaltung hatten, Menschen mit genügend Macht, um ihre Kinder vor der Deportation zu bewahren, Menschen, die zugleich von den deutschen Ausnahmen profitierten und vielleicht geholfen hatten, die Deportation anderer zu organisieren, Menschen, die sich wahrscheinlich gegen Widerstand ausgesprochen hatten, solange sie aufgrund ihrer Positionen eine Überlebenschance sahen. Tatsächlich wissen wir, wer das Mädchen war, bei dem Jungen auf dem ersten Foto wissen wir es nicht. Der Familienname des Mädchens lautete Neyer, und sie geht (von links nach rechts) neben ihrer Mutter Yehudit, ihrer Großmutter väterlicherseits und ihrem Vater Avraham, der Mitglied der Bund-Partei war und als Einziger aus seiner Familie den Krieg überlebte.[55] Empfinden Sie nun, da Sie die Geschichte dieser Kinder kennen und wissen, was ihre Eltern womöglich getan haben oder nicht, weniger Mitgefühl für die beiden als beim ersten Blick auf die Bilder? Ich hoffe nicht.

Unmittelbar nach dem Holocaust hatten die Überlebenden Schwierigkeiten, diesen Punkt zu verstehen, nicht zuletzt, weil ihr Schmerz so frisch war und ihr Wunsch, sich einen anderen Ausgang vorzustellen, so intensiv. *Ad hoc* eingerichtete jüdische Ehrengerichte machten sich daran, angebliche jüdische »Kollaborateure« zu entlarven und zu bestrafen, insbesondere sogenannte Kapos (die Anführer von Arbeitstrupps) und Angehörige der Judenräte und der jüdischen Polizei. Ein solches Gericht in Italien verurteilte zwei ehemalige Mitglieder der Judenräte in Lemberg und Będzin und schloss sie von »jeder Position im öffentlichen Leben der Juden« aus. Ein ähnliches Gericht in der amerikanischen Besatzungszone in Deutschland gelangte bei einem ehemaligen Mitglied des Judenrats in Oberschlesien zum gleichen Urteil und zur gleichen Strafe. Auch ein Gericht in Amsterdam kam zur gleichen Entscheidung und verhängte 1947 die gleiche Strafe über die beiden Co-Vorsitzenden des dortigen Judenrats, Abraham Asscher, der Bergen-Belsen überlebt hatte, und David Cohen, der aus Theresienstadt zurückgekehrt war.[56] Aber ein Votum des Ständigen

Ausschusses des Dachverbands der jüdischen Gemeinden der Niederlande hob dieses Urteil drei Jahre später auf. Asscher starb kurz darauf, der jüdischen Gemeinde vollkommen entfremdet. Cohen verteidigte sein Verhalten bis zu seinem Tod 1967 und rückte nie von der unglaubwürdigen Behauptung ab, von den Vernichtungslagern habe er erst in Theresienstadt erfahren und deshalb bis zu diesem Augenblick nicht gewusst, dass die Menschen, deren Namen er auf die Deportationslisten setzte, dem beinahe sicheren Tod entgegengingen.

Der Fall von Resző (oder Rudolf) Kastner im Israel der Nachkriegszeit war noch kontroverser und sein Ausgang noch brutaler. Kastner war während des Kriegs ein zionistischer Funktionsträger in Budapest, der Juden aus anderen Gebieten half, in Ungarn Unterschlupf zu finden. Er wusste im Mai 1944, dass die Juden, deren Deportation aus dem Land bevorstand, wahrscheinlich sterben würden, aber er unternahm nichts, um sie zu warnen; stattdessen verhandelte er mit Eichmann darüber, eine begrenzte Zahl gegen Bezahlung einer bestimmten Summe entkommen zu lassen. Auf diese Weise rettete er 1625 Menschen, darunter mehrere hundert aus seiner Heimatstadt, seine Mutter, seine Frau und seine Geschwister und viele überzeugte Zionisten. Nach dem Krieg war er Parlamentskandidat für die regierende Arbeitspartei in Israel und Pressesprecher eines Ministeriums; dadurch wurde sein Verhalten zu einem Thema der israelischen Parteipolitik und Identitätsdiskussion. 1952 veröffentlichte ein älterer Journalist namens Malkiel Grünwald ein Pamphlet, in dem Kastner als NS-Kollaborateur angeprangert wurde, der einen Teil seiner Familie und Freunde gerettet und im Gegenzug zugelassen habe, dass die ungarischen Juden sich in falscher Sicherheit wiegten, als sie in die Züge nach Norden stiegen. Der israelische Generalstaatsanwalt klagte Grünwald wegen Verleumdung an. Der vorsitzende Richter in dem Verfahren urteilte, Kastner habe »seine Seele dem Satan verkauft ... indem er vorsätzlich seine Pflicht ... vernachlässigt hat ... den Juden das ihnen drohende Schicksal aufzudecken«. Im Januar 1958 hob das Oberste Gericht Israels das Urteil gegen Kastner mit vier zu eins Stimmen mit der Begründung auf, dass »seine Gedanken auf das Gute und nicht auf das Schlechte gerichtet waren, auf Rettung und nicht auf Vernichtung«. Aber Kastner hatte nichts mehr von dem Urteilsspruch; er war zehn Monate zuvor ermordet worden.[57]

Die wenigen überlebenden Juden aus der Führung der Ghettos oder der Judenräte, die der Sowjetunion in die Hände fielen, wurden rasch abgeurteilt.[58] Moshe Kopelman, von 1941 bis 1943 Leiter der jüdischen Polizei im Ghetto Kaunas, entkam bei der Liquidierung des Ghettos im Juli 1944. Zwei Monate später wurde er von der Roten Armee gefangen genommen und als Kollaborateur zu 15 Jahren Zwangsarbeit verurteilt, obwohl sich mehr als siebzig Überlebende von Kaunas mit einem Gnadengesuch für ihn eingesetzt hatten. Fast genau ein Jahr später starb er in einem Straflager in Sibirien. Walter Lustig, den letzten Vorsitzenden dessen, was von der Reichsvereinigung in Berlin noch übrig geblieben war, verurteilten die Sowjets als Kollaborateur und richteten ihn im Dezember 1945 hin.

Sowjetische Richter waren mit solchen Urteilen rasch bei der Hand. Nachdenklichere Töne schlug David Ben-Gurion, der erste Ministerpräsident Israels, in zwei Briefen an – einen schrieb er direkt nach dem Gerichtsurteil gegen Kastner, den anderen fast fünf Jahre später: »Ich würde mir nicht anmaßen, auch nur einen Juden zu verurteilen, der dort [in Europa] war. Die Juden, die während der Hitlerzeit in Sicherheit lebten, können weder über ihre Brüder urteilen, die verbrannt und abgeschlachtet wurden, noch über die, die gerettet wurden ... Diese Tragödie ist finsterer als die Hölle, und die Angehörigen unserer Generation, die diese Hölle nicht erlebt haben, täten (meiner bescheidenen Meinung nach) am besten daran, betrübt und demütig zu schweigen.«[59] Im Lauf der Zeit schlossen sich die meisten Israelis Ben-Gurions Standpunkt an. 1950 erließ das israelische Parlament, die Knesset, das Gesetz zur Bestrafung von Nationalsozialisten und NS-Kollaborateuren; der letzte Prozess gegen einen Juden wegen Verstoßes gegen das Gesetz fand 1964 statt.[60]

# Die Welt der Lager

Man kann nicht über den Holocaust schreiben oder über Gehorsam und Widerstand, ohne das System der Konzentrationslager zu erörtern. Aber das ist ein verwirrendes und düsteres Thema, das sich oftmals dem Zugriff entzieht. Es ist wahrscheinlich auch der Aspekt des Holocaust, über den die Menschen die meisten falschen Vorstellungen hegen, nicht zuletzt, weil die meisten Filme es nicht wagen, eine derart furchtbare Realität zu zeigen, und sie deshalb entstellen. Der größte Sünder in dieser Hinsicht ist der mit einem Oscar ausgezeichnete Spielfilm *Das Leben ist schön*, aber selbst *Schindlers Liste* hat das Lager Płaszów aus künstlerisch-symbolischen Gründen falsch abgebildet (in Wirklichkeit befand sich die Villa des Lagerkommandanten Göth etwas unterhalb und nicht oberhalb der Baracken, und er zielte mit seinem Gewehr nach oben, nicht nach unten, auf die Gefangenen).

Es gab sehr viele unterschiedliche Lagertypen; einige wenige, insbesondere Auschwitz und Majdanek, vereinten alle Merkmale in sich. Allein die schiere Zahl der Lager ist überwältigend. Es heißt oft, 1945 hätten über 1000, verteilt auf Deutschland, existiert. Doch wenn man alle Orte einbezieht, die das Holocaust Memorial Museum der Vereinigten Staaten identifiziert hat, das eine große, mehrbändige Enzyklopädie der Lager und Ghettos veröffentlicht, beläuft sich die Gesamtzahl aller Lager, die zum einen oder anderen Zeitpunkt in Deutschland und im besetzten Europa existierten, auf über 40 000.[61] Die Lager waren, kurz gesagt, weder selten noch unsichtbar, sondern konstante, häufige Erscheinungen auf dem Kontinent und im Reich. Und sie waren von ihrer Umgebung nicht vollkommen abgeschottet, sondern in vielen Fällen durchaus zugänglich. Manchmal statteten ihnen sogar lokale Würdenträger Besuche ab oder inspizierten sie.

Den Kern des Systems bildeten die Lager für politische Häftlinge, Menschen, die das NS-Regime als Bedrohung oder als illoyal ansah, zunächst in Deutschland (zum Beispiel Dachau, Buchenwald, Sachsenhausen, Groß-Rosen, Flossenbürg und Ravensbrück) und dann in den besetzten und annektierten Gebieten (zum Beispiel Mauthausen in Österreich, Westerbork in den Niederlanden, Natzweiler im Elsass, Theresienstadt in Böhmen, Stutthof in Nordpolen). Diese Einrichtungen und ihre Nebenlager hatten bei Kriegsbeginn 1939 weniger als 22 000 Insassen und verzeichneten dann während des Kriegs ein enormes Wachstum, bis sie mit mehr als 714 000 Menschen im Januar 1945 (davon waren 28 Prozent Frauen) den Höchststand erreichten. Ohne Berücksichtigung der Juden gingen zwischen 1933 und 1945 rund 1,65 Millionen Menschen durch die Lager, rund eine Million starb.[62] Für Juden sahen die Überlebenschancen sehr viel schlechter aus; von vier Millionen Juden, die man in diese Kernlager geschickt hatte, waren am Ende des Kriegs höchstens 150 000 noch am Leben.[63] In den Lagern, die nur der Ermordung von Menschen dienten, den »Todesfabriken«, waren die Überlebensraten verschwindend gering:[64] In Chełmno lebten bei Kriegsende noch sieben Personen, in Bełżec zwei, alles Männer.

In den Lagern entwickelte sich ein streng hierarchisches System der indirekten Herrschaft. Die NS-Offiziere waren eine gefürchtete Präsenz, hielten sich aber gewöhnlich fern und delegierten die Verwaltung der Insassen an privilegierte Gefangene. Diese Funktionshäftlinge sind in den Erinnerungen der Überlebenden oft viel lebhafter gegenwärtig – und viel verhasster – als das SS-Personal. Kapos leiteten Arbeitstrupps, und für jede Baracke war ein Blockältester verantwortlich. Die SS wählte diese Personen in der Regel aus dem Kreis der politischen oder kriminellen Häftlinge aus. Unter den Häftlingen bestand eine Hierarchie; jede Gruppe war durch die Winkel auf ihrer Uniform oder Häftlingskleidung eindeutig erkennbar, dazu gab es noch die Häftlingsnummern. Politische Gefangene trugen einen roten Winkel, Kriminelle einen grünen, sogenannte Asoziale einen schwarzen, Homosexuelle einen rosa, Zeugen Jehovas einen lila, Sinti und Roma einen braunen und Juden einen gelben, manchmal allein, manchmal auch in Verbindung mit einem Winkel in einer anderen Farbe.

Da Nahrungsmittel knapp waren und äußerst mühsame Arbeit verrichtet werden musste, war die Konkurrenz um Vorteile groß und Korruption allgegenwärtig. Die Roten, Grünen und Schwarzen führten einen beständigen Kampf um die Kontrolle der wichtigsten Vertrauensstellungen[65] – nicht nur als Kapos und Blockälteste, sondern auch als Schreiber in den Büros der Lagerverwaltung, wo ein Gefangener wichtige Informationen sammeln konnte, und als Beschäftigte in den Küchen, wo es zusätzliches Essen gab. Wenn Häftlinge mit einem roten Winkel das Sagen hatten, wurden die Zustände im Allgemeinen besser, vor allem für Mitgefangene mit der gleichen politischen Überzeugung. Hermann Langbein, politischer Häftling in Dachau, Auschwitz und Neuengamme, hat in seinem Buch *Menschen in Auschwitz*[66] ein lebhaftes Bild gezeichnet, wie um Posten gerangelt wurde und welche Folgen das hatte. Aber welche Häftlinge auch immer ausgewählt wurden, es waren fast nie Juden. Die Juden standen ganz unten in der Lagerhierarchie, zusammen mit den Homosexuellen. Hier wie in den Ghettos weckte das System der permanenten Furcht und Entbehrung die niedersten Instinkte, und oft sah es so aus, als verlange das eigene Überleben, andere zu opfern.

An dieser Stelle sollte vielleicht das Thema der »anderen Opfer« des Holocaust angesprochen werden, auch wenn das in gewisser Weise bedeutet, vom zentralen Thema dieses Kapitels abzuschweifen. Bisher haben wir ausschließlich die Juden und die kranken und behinderten Menschen im Rahmen der »Aktion T4« als Opfer des Holocaust betrachtet. Aber die meisten Museen und Gedenkstätten in den Vereinigten Staaten erinnern auch an andere Gruppen, die eigene Winkelfarben hatten, insbesondere an die Zeugen Jehovas (oder Bibelforscher, wie sie in Deutschland auch hießen), an Sinti und Roma sowie Homosexuelle. Zwar stimmt es, dass der Nationalsozialismus auch diese Gruppen ins Visier nahm, aber nicht aus demselben Grund wie die Juden und nicht mit der gleichen Intensität und im gleichen Ausmaß. Die Nationalsozialisten sahen keine dieser Gruppen als nur annähernd so bedrohlich für die deutsche Macht an wie die Juden und sannen darum nicht darauf, jeden einzelnen Gruppenangehörigen umzubringen. In ihren Augen lagen die Verfehlungen dieser Gruppen in ihrem Verhalten, nicht in ihrem Wesen. Wenn sie ihr anstößiges Verhalten änderten, wurden sie häufig verschont, eine Option, die Menschen jüdischer Abstammung nicht hatten. Das

Dritte Reich verfolgte die Zeugen Jehovas, weil sie Pazifisten waren; wenn sie abschworen und sich bereit erklärten, in der Wehrmacht zu dienen, waren sie willkommen. Allerdings ergriffen nur sehr wenige diese Chance.

Die meisten Sinti und Roma waren in den Augen der Deutschen »rassisch unrein«, jedoch nicht alle. Dementsprechend wurden manche deutsche Sinti und Roma umgebracht, andere durften am Leben bleiben.[67] Das NS-Regime duldete bis 1943 sogar einige in der Wehrmacht. Letztlich hat das Reich wohl rund zwei Drittel dieser Sinti und Roma deportiert und umgebracht und ein Drittel verschont. In den meisten besetzten Ländern wurden die nicht sesshaften zusammengetrieben, und jene, die eine feste Wohnung hatten, blieben unbehelligt. Die Deportationsquote von Sinti und Roma aus Westeuropa war folglich nicht sehr hoch. Weiter im Osten verfuhr man ebenfalls unterschiedlich, aber der Anteil, der ermordet wurde, war viel geringer als der entsprechende Anteil der Juden. Etwa 5000 bis 7000 von fast 12 000 Sinti und Roma, die bis 1943 im Protektorat Böhmen und Mähren aufgespürt wurden, kamen in Lager und wurden umgebracht. Im besetzten und annektierten Teil Polens scheint die Zahl der Getöteten bei 8000 von 28 000 gelegen zu haben, im besetzten Serbien bei 20 000 von 150 000, in Ungarn vielleicht bei 30 000 von 300 000. Die tödlichste Region war die besetzte Sowjetunion, aber auch dort war das Vorgehen je nach Zeitpunkt und Ort verschieden. Auf der Krim starben fast alle Sinti und Roma, aber die sesshaften weiter nördlich hatten eine Überlebenschance; waren sie muslimisch, wurden sie manchmal anders behandelt, so etwa in Kroatien. Zwei Drittel der litauischen Sinti und Roma überlebten die deutsche Besatzung, aber in Lettland und Estland starben praktisch alle. Als Illustration der willkürlichen und launischen Politik der Nationalsozialisten gegenüber den Sinti und Roma mag das Beispiel von sechs Roma dienen, die 1940 aus der Grenzregion zwischen dem Warthegau und dem Generalgouvernement deportiert und in ein Arbeitslager in Bełżec gebracht wurden. Statt sie dort zur Arbeit zu zwingen und später in dem Vernichtungslager zu vergasen, das im folgenden Jahr direkt daneben entstand, wurden sie freigelassen mit der Warnung, dass man sie wieder festnehmen werde, sollte man sie ohne offizielle Genehmigung innerhalb der deutschen Grenzen antreffen. Sie überlebten nicht nur den Krieg und kehrten nach Deutschland zurück, sondern reichten bei einer Landesregierung eine Petition für die Rückgabe ihres verlorenen Besitzes ein. Insgesamt kann man sagen, dass die Nationalsozialisten zwar Sinti und Roma ermordeten, darunter 20 000 in Auschwitz, aber nicht systematisch. Schätzungen, wie viele während der NS-Zeit in Europa starben, rangieren zwischen 200 000 und 500 000, doch die Historiker wissen nicht genau, wie viele es 1939 gewesen waren. Auf jeden Fall lag der Anteil derjenigen, die starben, deutlich unter dem Wert von zwei Dritteln wie bei den Juden, wahrscheinlich zwischen einem Fünftel und einem Viertel.

Auch die Homosexuellen wurden weit weniger hart und systematisch verfolgt als die Juden.[68] Zunächst einmal interessierte sich das NS-Regime nahezu ausschließlich für homosexuelle deutsche Männer und ihre Partner. Die Zahl der in den besetzten Ländern verfolgten Homosexuellen war verschwindend gering. Beispielsweise kamen in den Niederlanden von 1940 bis 1943 nur 138 Fälle vor Gericht, neunzig endeten mit einer Verurteilung. Das gesetzliche Verbot gleichgeschlechtlicher sexueller Handlungen, Paragraf 175 des Strafgesetzbuchs, galt nicht für Frauen, deshalb gerieten nur wenige lesbische Frauen ins Visier des Regimes und erfuhren seine Härte. Außerhalb Deutschlands begrüßten es die Nationalsozialisten, wenn ein Satellitenregime neue Gesetze erließ, die Sex zwischen Männern unter Strafe stellten, wie es das Vichy-Regime in Frankreich 1942 tat, aber Deutschland übte keinen entsprechenden Druck aus, anders als bei den Juden, deren Deportation es verlangte. Selbst innerhalb Deutschlands war die Verfolgung unterschiedlich. Die NS-Behörden schätzten die Zahl der männlichen Homosexuellen in Deutschland 1933 auf zwei Millionen oder etwa 6,25 Prozent der männlichen deutschen Bevölkerung von damals rund 32 Millionen. Die männliche Bevölkerung wuchs bis 1939 auf fast 38 Millionen, hauptsächlich wegen des Anschlusses von Österreich und des Gebiets, das einmal die westliche Tschechoslowakei gewesen war, und wenn man den gleichen Prozentsatz zugrunde legt, kommt man auf knapp 2,4 Millionen homosexuelle Männer. Aber das Dritte Reich verhaftete zwischen 1933 und 1945 nur 100 000 Männer nach Paragraf 175, verurteilte 50 000 und schickte 10 000 davon in Lager, wo 6000 starben.

Die homosexuellen Männer, die in die Mühle dieses Systems gerieten, erlitten entsetzliche Misshandlungen, aber sie waren nur ein winzig kleiner Teil der Zielpopulation. Warum? Weil die Nationalsozialisten sich ausschließlich für ihr Verhalten interessierten, nicht für ihre Natur. Himmler glaubte bis mindestens 1943 – danach gibt es Hinweise, dass er wohl zu zweifeln begann –, dass die meisten homosexuellen Männer mit den richtigen Maßnahmen »heilbar« wären. Ziel der Nationalsozialisten war es, homosexuelles Verhalten bei den Deutschen auszumerzen durch Einschüchterung, Bestrafung, Umerziehung und in den sogenannten unverbesserlichen Fällen wiederholter Verfehlung durch Kastration und Todesstrafe. Anders ausgedrückt: Himmler glaubte, die meisten homosexuellen Männer könnten durch Abschreckung auf den richtigen Weg gebracht werden. Sie umzubringen war einfach nicht nötig, in den besetzten Ländern schon gar nicht. Das größte Verbrechen eines homosexuellen deutschen Mannes bestand darin, sich nicht fortzupflanzen, und in den besetzten Gebieten war es wünschenswert, dass die einheimische Bevölkerung sich nicht reproduzierte. Deshalb spielten die deutschen Behörden 1939 kurz mit der Idee, im besetzten Polen Sex zwischen Männern zu entkriminalisieren. Eine Vorstellung davon, was die nationalsozialistische Politik gegenüber homosexuellen Männern antrieb, vermittelt der Name der Institution, die 1936 zu ihrer Verfolgung gegründet wurde: Reichszentrale zur Bekämpfung der Homosexualität und Abtreibung. Weil man sie nicht als unverbesserliche Feinde des deutschen Volkes erachtete, musste die Gruppe der homosexuellen Männer – anders als die Juden – nicht als Ganzes umgebracht werden. Deutsche Homosexuelle, die ihre Neigung nicht offen zeigten, blieben unbehelligt; ausländische Homosexuelle, die sich von deutschen Zivilisten und Soldaten fernhielten, waren den Nationalsozialisten gleichgültig.

Als Fazit kann man sagen, dass die Nationalsozialisten viele Gruppen ins Visier nahmen, aber nicht alle auf die gleiche Weise. Doch wenn Zeugen Jehovas, Sinti und Roma und Homosexuelle in die Maschinerie der Lager gerieten, hatten sie untereinander und mit den Juden viel gemeinsam. Diese Gruppen wurden am meisten ausgebeutet, am schlimmsten behandelt und hatten die wenigsten Möglichkeiten, etwas an ihrer Situation zu verändern.

Eine weitere Gruppe, deren Zahl im Lagersystem im Lauf der Zeit exponentiell wuchs, waren die Slawen. Sie trugen keine Winkel in einer bestimmten Farbe, hauptsächlich, weil sie üblicherweise als »politische« oder »asoziale« Häftlinge galten. Manche Beobachter haben sie mit anderen Opfern des Holocaust in einen Topf geworfen; bekannt ist vor allem die Formulierung von Simon Wiesenthal, dem Holocaust seien elf Millionen Menschen zum Opfer gefallen, sechs Millionen Juden und fünf Millionen andere, überwiegend Slawen. Aber diese Zahl ist aus der Luft gegriffen – die zivilen sowjetischen Opfer allein summieren sich auf mehr als zehn Millionen Menschen –, und in den Augen der Deutschen waren nicht alle Slawen gleich.[69] Die NS-Ideologie verdammte einige – hauptsächlich Polen, Russen und Serben – zur Vernichtung, aber erst im Lauf der Zeit, als immer mehr deutsche Siedler in den eroberten Osten kamen und ihr Interesse an einheimischen Sklaven immer weiter abnahm. Himmlers Generalplan Ost sah die allmähliche Reduzierung der polnischen Bevölkerung um 85 Prozent vor, der weißrussischen um 75 Prozent, der ukrainischen um 65 Prozent und der tschechischen um 50 Prozent. Andere Slawen jedoch waren in den Augen der Nationalsozialisten wertvolle »rassische« Verbündete, so etwa die Bulgaren, Kroaten, Slowaken und manche Ukrainer. Hitler und Himmler meinten sogar, viele Tschechen und Polen kämen für die »Germanisierung« infrage, das heißt, sie könnten die deutsche Sprache übernehmen und »rassisch« assimiliert werden.

Kurzum, obwohl die Lager viele unterschiedliche Arten von Menschen aufnahmen, die alle dort schreckliches Leid erlebten, wurde keine andere Gruppe so hart und systematisch verfolgt wie die Juden. Und nicht einmal unter den Insassen der deutschen Heil- und Pflegeanstalten war die Todesrate so hoch wie unter Europas Juden.

Wenn man die Lager betrachtet, muss man sich zunächst einmal vor Augen führen, wie die Menschen dort eintrafen:[70] in der Regel ausgetrocknet und ausgehungert, nach tagelangen Zugfahrten in überfüllten, stickigen Waggons voller jammernder, nicht selten verrückt gewordener Menschen, viele dem Tod nahe oder bereits tot. Die Deportierten aus den polnischen Ghettos ertrugen das alles nach kräftezehrenden Monaten, in denen sie sich an ein Leben unter geringfügig besseren Bedingungen geklammert hatten. Manche begrüßten die Deportation als Erleichterung, selbst wenn sie das Schlimmste befürchteten, und folgten mehr oder weniger dem Sprichwort: »Besser ein Ende mit Schrecken als ein Schrecken ohne Ende.« Direkt gesagt: Menschen, die man vor und während der Deportation so brutal behandelt hatte, besaßen nicht mehr viel Kraft, um sich dagegen aufzulehnen. Wer erwartet, dass sie massenhaft hätten Widerstand leisten sollen, als sie in Auschwitz oder Bełżec oder Treblinka ankamen, hat einfach keine Vorstellung, was sie durchgemacht hatten.

Um das Verhalten der Neuankömmlinge besser zu verstehen, sollte man sich an die wichtige Beobachtung des Historikers Michael Marrus erinnern, dass die Lager »die vollständigste totalitäre Struktur« waren, »die jemals von Menschen ersonnen wurde«.[71] Die Insassen wurden von dieser Struktur niedergedrückt, durch Erschöpfung, Hunger, extreme Hitze und Kälte sowie Krankheiten ausgelaugt und von jeglicher Hilfe von außen abgeschnitten. Jeder Verstoß gegen die banalsten Regeln führte dazu, dass die Nationalsozialisten kollektive Vergeltung übten und ganze Gruppen von Häftlingen grausam bestraften, nicht nur diejenigen, die eine Linie übertreten hatten. Zu den Strafen gehörten Stockschläge und Prügel, endlose Appelle bei jedem Wetter, gruppenweises Erhängen und zwei besonders brutale Maßnahmen: Häftlinge wurden lebendig in die Öfen der Krematorien geworfen oder im Winter im Freien an Pfosten gebunden oder an Seilen aufgehängt und dann mit Wasser übergossen; das Wasser erstarrte zu Eis, und die Opfer erfroren. Nicht umsonst hat eine Überlebende Auschwitz als »ein Gemisch von Hölle und Irrenhaus« bezeichnet.[72]

Die KZ-Insassen waren wie die Bewohner der Ghettos eingeschüchtert und in sich gespalten durch die ständige Angst, dass

Widerstand oder nur Nichtbefolgung einer Anweisung der Deutschen ihr Leiden noch vergrößern könnte. Damit hängt zusammen, dass Untergrundorganisationen in den Lagern nur zögerlich entstanden, dauernd auf der Hut waren und ihre Pläne änderten. So trafen die Insassen des »Familienlagers« für tschechische Juden in Auschwitz, das mehrere Monate bestand, ausgeklügelte Vorbereitungen, sich in dem Augenblick zu erheben, in dem die Nachricht kam, dass ihre Vergasung unmittelbar bevorstand.[73] Aber als es dann so weit war, verließ die Planer ihre Entschlossenheit, weil sie fürchteten, dass in einer erbitterten Auseinandersetzung die Kinder Schaden nehmen könnten. Am Ende gingen alle ohne Gegenwehr ins Gas.

Wer Widerstand leisten wollte, musste auch damit rechnen, dass Spione allgegenwärtig waren, motiviert durch die Aussicht auf eine Extraration Brot oder Schlaf oder Zigaretten oder die Verschonung bei der nächsten Selektion als Gegenleistung dafür, dass sie die deutschen Wachen über Pläne der Häftlinge informiert hatten. Die Gefangenen mussten zudem mit nationalen und sprachlichen Unterschieden zurechtkommen, die die Kommunikation und Koordinierung erschwerten. Und wie das Beispiel des tschechischen Familienlagers zeigt, waren die NS-Wachen zwar nicht sehr zahlreich, aber sehr mächtig und deshalb furchteinflößend. Es sei noch einmal daran erinnert, dass letztlich kein Lageraufstand Erfolg hatte. Selbst ganz am Ende des Kriegs, am 2. Februar 1945, als 419 allerdings sehr geschwächten sowjetischen Kriegsgefangenen der Ausbruch aus Mauthausen gelang, schaffte es das NS-Regime, sie praktisch alle wieder einzufangen.[74] Nur elf waren noch am Leben, als der Krieg acht Wochen später endete. Wir haben bereits erwähnt, wie wenige Menschen die Aufstände in Sobibór und Treblinka 1943 und in Auschwitz Ende 1944 überlebten.

Die einzige Form des Widerstands in den Lagern, die Erfolg haben konnte, war die Flucht, aber auch da waren die Aussichten gering.[75] Für Bełżec sind nur fünf Fälle bekannt, dass Menschen aus dem Lager entkamen, und die beiden, die den Krieg überlebten, waren nicht wirklich aus dem Lager geflohen. Rudolf Reder entkam, als er in die nahegelegene Stadt geschickt wurde, um Baumaterial abzuholen, und unter der Aufsicht eines schläfrigen Wärters zurückblieb, während die anderen zum Essen gingen. Chaim Hirszman sprang aus einem Zug, der ihn von Bełżec nach Sobibór bringen sollte. Treblinka war etwas durchlässiger, weil der Zaun nicht unter Strom stand und nicht mit Alarmanlagen gesichert war. Trotzdem überlebte nur eine Handvoll von den mehreren Dutzend geflohenen Häftlingen längere Zeit, entweder weil sie sich in Ghettos versteckten, die später liquidiert wurden, oder weil die Deutschen sie rasch wieder aufspürten. Sobibór wiederum war von einem Minenfeld umgeben, das die Flucht von dort ganz besonders erschwerte. In Auschwitz, dem am besten bewachten Vernichtungslager, gab es nicht weniger als 802 Ausbruchsversuche von Häftlingen, von denen mindestens 144 glückten. Juden, in der zweiten Jahreshälfte 1942 die Hälfte der Lagerinsassen und danach die Mehrheit, unternahmen nur 115 Fluchtversuche (14 Prozent), vier davon erfolgreich (das sind drei Prozent aller bekannten geglückten). Diese Zahlen sagen viel aus über die Hierarchie, die Abstufungen bei der Behandlung und die eingeschränkte Rolle, die Juden im Lagerwiderstand spielten. An all diesen Orten wurde für Fluchtversuche brutal Vergeltung geübt, sie reichte vom öffentlichen Auspeitschen und Erhängen wieder eingefangener Häftlinge oder mutmaßlicher Fluchtwilliger bis hin zu dem einfachen Verfahren, für jeden verschwundenen Häftling zehn Insassen oder sogar jeden zehnten Insassen umzubringen. Solche Zahlenverhältnisse lassen die Bilanz der Fluchtversuche vielleicht als problematisch erscheinen, mit Ausnahme eines Aspekts: Die Menschen, denen die Flucht aus den Vernichtungslagern gelang, in denen mit Kohlenmonoxid getötet wurde, waren nach dem Zweiten Weltkrieg praktisch die Einzigen, die Zeugnis gegen die Mörder ablegen konnten und damit erreichten, dass wenigstens einige vor Gericht gestellt und bestraft wurden.

In den Lagern konnten die Nationalsozialisten außer auf ihre Feuerkraft auf drei Umstände bauen, die ihnen die vollständige Kontrolle sicherten. Da waren zunächst die Bedingungen im Lager, die darauf abzielten, den Menschen ihr Gefühl für Würde zu rauben, tatsächlich ihr Gefühl für sich selbst, und sie derart zu enthumanisieren, dass sie resigniert und fatalistisch wurden. Angefangen damit, dass die Insassen nie mit Namen angesprochen wurden, sondern immer nur mit ihrer Nummer, und sich auch selbst so zu melden hatten, über die ständigen Beschimpfungen durch Kapos und Wärter und die Weigerung, die Häftlinge die Latrinen aufsuchen zu lassen, bis hin zu der dreckigen und verlausten Kleidung und entsprechendem Bettzeug – alles diente der Erniedrigung. Manche Häftlinge wurden zu »Muselmännern«, ein anderes Wort für Muslime, offensichtlich weil die Insassen, die den Begriff prägten, glaubten, dass Muslime ähnlich wie sie alles hinnahmen, was ihnen geschah. Wenn die Menschen erst ihren Lebenswillen verloren hatten, waren sie für jede Widerstandsbewegung nutzlos, aber auch für die Nationalsozialisten selbst, und dem sicheren Tod geweiht. Nach dem Krieg erinnerte sich Hanna Lévy-Hass, die 1944 und 1945 in Bergen-Belsen war, dass das Leben im Lager die Menschen abstumpfen ließ, sogar gegenüber ihren eigenen Erinnerungen. Sie schrieb: »Wir erinnerten uns nicht mehr an unsere Vergangenheit. Wie sehr ich mich bemühte, auch Kleinigkeiten zu rekonstruieren ... nicht eine einzige menschliche Erinnerung fiel mir noch ein ... Sie schafften es, in uns nicht nur unser Recht auf Leben in der Gegenwart zu töten ... sondern ... jeden Sinn für ein menschliches Leben in unserer Vergangenheit ... Ich drehe und wende die Dinge in meinem Kopf hin und her, ich möchte ... und ich erinnere mich an absolut nichts mehr.«[76]

Die zweite entscheidende Waffe in den Händen der Wärter war die Macht, die Insassen in die völlige Erschöpfung zu treiben. Das bezweckte man mit den langen Märschen hin zur Arbeit und wieder zurück und den noch längeren Stunden an den Arbeitsorten, wo die Häftlinge Gräben ausheben und Bauten errichten mussten, mit den endlosen Appellen, den überfüllten Kojen und den erzwungenen Freiübungen zu Beginn oder am Ende eines Arbeitstags, alles in Verbindung mit Unterernährung. Die Gefangenen waren zu erschöpft, um zu denken, geschweige denn Widerstandsaktionen zu planen.

Manche Psychologen betonen noch ein drittes Element: das Bewusstsein der Insassen, dass sie ohne eigenes Verschulden einem willkürlichen, negativen Universum ausgeliefert waren. Das erklärt die enorme Wirkung des berühmten Vorfalls, als Primo Levi, frisch in Auschwitz angekommen, angesichts eines Akts von unvorstellbarer Bösartigkeit fragte: »Warum?«, und zur Antwort bekam: »Hier ist kein Warum.«[77] Die Häftlinge dachten vollkommen zu Recht, dass sie ihr Schicksal nicht verdient hatten, aber dieser Gedanke weckte oft Selbstmitleid und Lähmung. Sich obsessiv mit der Ungerechtigkeit der Situation zu beschäftigen und zu erkennen, dass sie die Nationalsozialisten mit Worten nicht erreichen konnten, führte zu Verzweiflung und Aufgabe des Lebenswillens.

Wer also überlebte nun? Grob gesagt jene, die spät kamen, die Glück hatten und die gut vernetzt waren. Menschen, die spät in die Lager deportiert wurden, etwa 1944, und die relativ jung waren (aber nicht zu jung), hatten die besten Überlebenschancen. Das galt auch für jene, die Glück bei der Zuweisung ihrer Arbeit hatten wie die bereits erwähnten Frauen, die der Degussa-Filiale in Gleiwitz zugeteilt wurden. Und es überlebten die mit Verbündeten an wichtigen Stellen, was bedeutet, dass Nichtjuden eher überlebten als Juden. Die Nichtjuden sorgten in der Regel für sich und taten wenig, um Juden zu helfen. Rudolf Vrba, der im April 1944 als einer von ganz wenigen Juden aus Auschwitz floh, drückte es unverblümt so aus: »Der Widerstand im Lager dient nicht einem Aufstand, sondern dem Überleben der Angehörigen des Widerstands.«[78] Selbst wenn es einen Untergrund im Lager gab, trug er wenig dazu bei, den Holocaust aufzuhalten. In Auschwitz starben 75 000 Polen, vielleicht ein Drittel aller Polen, die dorthin deportiert wurden, aber wahrscheinlich vier Fünftel aller jemals in dem Lager registrierten Juden.[79] Wenn wir noch die nicht registrierten Juden hinzurechnen, die gleich nach der Ankunft umgebracht wurden, lag die Todesrate der Juden in Auschwitz bei über 90 Prozent.

Natürlich kennen wir die ganze Realität des Lagerlebens nicht und können nicht genau ermessen, was nötig war, um zu überleben. Erstens ist alles, was wir wissen, einseitig; es stammt aus den Schriften und Zeugenaussagen von Menschen, die überlebt haben, und ist deshalb in der einen oder anderen Weise verzerrt. Was bei den einen funktioniert hat, hat bei unzähligen anderen möglicherweise versagt, aber wir wissen nicht, wie viele es mit den gleichen Methoden versucht haben und gescheitert sind. Zweitens ist klar, dass das Überleben oft willkürlich war und vom schieren Zufall abhing, davon, dass jemand eine Fähigkeit hatte, die die Deutschen zu einem bestimmten Zeitpunkt brauchten, dass er oder sie durch Glück in ein bestimmtes Arbeitskommando kam oder aus irgendeinem Grund, und sei es eine Laune des Betreffenden, die Gunst eines wichtigen Verantwortlichen im Lager oder eines Kapos besaß. Zev Weiss überlebte Auschwitz, wie er sagt, weil ihm ein bestimmter Appellruf für seine Baracke seltsam vorkam. Er quetschte sich durch einen Spalt in der Wand des Gebäudes, mischte sich unter die Insassen einer anderen Baracke und ließ sich dort an der Stelle eines anderen verschwundenen oder toten Häftlings registrieren, eine durchaus übliche Form des Widerstands im Lager. Bis heute kann er nicht erklären, was ihn veranlasste, so zu handeln, wie er es in jenem Augenblick tat, aber er ist sich sicher, dass es ihm das Leben rettete, denn fast alle aus seiner ursprünglichen Baracke, die zu diesem Appell antraten, wurden vergast. Göran Rosenberg, dessen Eltern beide Auschwitz überlebten, schreibt: »Alle Wege, die fortführen von Auschwitz, sind unwahrscheinlich.«[80]

Die eindrücklichsten Einsichten zu diesem Thema sind immer noch die Schilderungen von Terrence Des Pres in seinem 1976 veröffentlichten Buch *Der Überlebende*. Des Pres identifizierte vier Schlüsselelemente, die darüber entschieden, wer die Lager überlebte. Das erste war, ein Ziel zu haben – Zeugnis ablegen. Die tägliche Aufzeichnung der Ereignisse half den Insassen, das Bewusstsein für Zukunft und Hoffnung zu bewahren und den Schrecken, der sie umgab, zu transzendieren. In die Zukunft zu denken war auch ein Akt des Widerstands. Die Nationalsozialisten verspotteten die Insassen häufig, indem sie sagten, niemand werde je erfahren, was mit ihnen geschehen sei. Einfach so zu tun, als könnte man den Nationalsozialisten das Gegenteil beweisen, dürfte manchen Insassen geholfen haben, Lebensmut und Selbstachtung zu bewahren, die daraus geboren waren, dass sie sich der Anonymität widersetzten.

Ein zweites für das Überleben wichtiges Element war die Einsicht, dass es darauf ankam, auf die eigene Erscheinung zu achten. Dazu gehörte die Erkenntnis, dass ein Zweck der Lager darin bestand, Menschen zu erniedrigen, sie dreckig und schamerfüllt zu machen und dann genau dafür zu bestrafen. Es gab praktisch keine Möglichkeiten, sich zu waschen, die Latrinen waren primitiv, und der Zugang wurde oft verwehrt. Die Aufseher quälten die Häftlinge, indem sie ihnen verboten, sich außerhalb von zwei bestimmten Zeiten am Tag zu erleichtern, gleichzeitig wurden sie auf eine Weise ernährt und behandelt, die Durchfälle förderte. Die Häftlinge verbargen ihre Exkremente entweder in ihrer Kleidung oder versuchten, sie in den einzigen Gefäßen verschwinden zu lassen, die sie hatten, ihren Näpfen, und ihre Gedanken kreisten darum, wie sie ihre Eingeweide kontrollieren konnten. Eine solche Umgebung zehrte an der Selbstachtung und ließ alltägliche Bedürfnisse als so übermächtig erscheinen, dass die Menschen keine Energie mehr hatten, über offenen Widerstand nachzudenken. Des Pres bezeichnet das als »Angriff mit Exkrementen«.[81] Er sagt, diejenigen, die das durchschauten, hätten die besten Überlebenschancen gehabt. Sie wuschen sich, auch wenn das Wasser dreckig war. Sie banden ihre abgetragenen Holzschuhe sorgfältig zusammen und verschnürten ihre zerschlissenen Kleider, nicht nur, um nicht die Aufmerksamkeit der SS zu erregen, sondern auch um ihrer Selbstachtung willen.

Ein drittes Schlüsselelement, um das Lager zu überstehen, war die Überwindung des Ankunftsschocks. Untersuchungen zur Sterblichkeit unter Gefangenen, die seit Erscheinen von Des Pres' Buch unternommen wurden, bestätigen das: Wer die ersten drei Monate überlebte, hatte eine überdurchschnittliche Chance, am Leben zu bleiben. Wenn Trauer und Abscheu nicht zu Lebensüberdruss führten, konnte die Zeit genutzt werden, sich zu sammeln, oder, anders gesagt, wenn das Schicksal eine Person lange genug verschonte, dass sie sich von Trauer und Abscheu erholen konnte, war Überleben möglich. All das war sehr schwierig, weil die meisten Menschen, die in die fremde Welt der Lager stürzten, dazu neigten, diese Realität zu verleugnen, sie zu erleben, als wäre es ein Albtraum. Und das erwies sich oft als fatal. Auf der Hut zu sein war der beste Schutz, sich dem Schock nicht zu ergeben, und unerlässlich für das Überleben. Wer diesen

Übergang schaffte, hatte die Chance, dass er oder sie die Fähigkeit entwickelte, wachsam und illusionslos zu handeln – jeden Tag so zu nehmen, wie er kam. Der Unterschied zwischen Leben und Sterben war manchmal der Unterschied zwischen demjenigen, der seine Chancen kalkulierte und verzweifelte, und demjenigen, der eine Überlebenschance von eins zu hundert oder eins zu tausend ausreichend fand. Insofern ist es nicht überraschend, dass Statistiken und Berichte von Überlebenden dafür sprechen, dass die Chancen, den ersten Schock zu überstehen, besser waren, wenn die Menschen bei relativ gutem Wetter ankamen – im Frühling und im Sommer waren sie besser als im tiefsten Winter.

Eine vierte Determinante für das Überleben in den Lagern bestand darin, einen Weg zu finden, mit den Umständen und gleichzeitig gegen sie zu leben, wie Des Pres es nennt: so weit mit den Umständen, um nicht getötet zu werden, und ausreichend gegen sie, um ebenfalls dem Tod zu entgehen. Beide Extreme – die vollständige Unterwerfung unter die Regeln oder die vollkommene Auflehnung – bedeuteten den Tod. Die Häftlinge mussten lernen, sich in den Zwischenbereichen zu bewegen, »zu organisieren«, wie es im Lagerjargon hieß. Sie mussten lernen, zu bestechen, zu schmuggeln, nützlichen Tauschhandel zu treiben, und all das hing davon ab, ob jemand fähig war, kleine Netzwerke von Häftlingen zu knüpfen, die sich gegenseitig halfen, oder sich solchen Netzwerken anzuschließen. In Auschwitz gehörte zu einem solchen hilfreichen Netzwerk immer jemand, der im Effektenlager Kanada arbeitete. Dort wurden die Besitztümer der vergasten Ankömmlinge in riesigen Lagerhäusern am Rand des Lagers Birkenau sortiert; die Insassen nannten diesen Lagerbezirk Kanada, weil es nach ihrer Vorstellung in Kanada einen Überfluss an natürlichen Ressourcen gab. Jeden Tag schafften es die Häftlinge, die dort arbeiteten, ein bisschen Brot, Kleidung und Wertgegenstände herauszuschmuggeln, obwohl sie mindestens dreimal von SS-Wärtern durchsucht wurden. Solche Diebstähle und Geschäfte mit korrupten Wärtern waren die wichtigste Grundlage des ausgedehnten Schwarzmarkts innerhalb der Lager, auf dem es meistens um wertvolle Kleinigkeiten ging – alles von Nadeln und Messern bis zu Zuckerstücken, Süßstofftabletten, Brühwürfeln und dergleichen.

Zum Lernprozess, wie man mit dem System und zugleich gegen es lebte, gehörte auch das Wissen, wann man lügen sollte, um eine Tätigkeit in der Lagerverwaltung oder eine begehrte Aufgabe in einem Lagerhaus zu bekommen, die einen am Leben erhalten konnte. Wenn die Deutschen die ankommenden Häftlinge fragten, wer Chemiker oder Schneider und Zimmermann oder Schlosser war, musste man bereit sein, vorzutreten und ja zu sagen, ob man es war oder nicht – es überlebten praktisch nur diejenigen, die der harten körperlichen Arbeit entgingen, bei der die Häftlinge in Anbetracht der kargen Essensrationen entweder an Erschöpfung starben oder riskierten, zu Tode geprügelt oder im Arbeitseinsatz erschossen zu werden. Ein weiteres Beispiel, wie man mit den Umständen und zugleich gegen sie leben konnte, boten manche Kapos, die es verstanden, unter den Augen des SS-Personals den Häftlingen gegenüber Bösartigkeit an den Tag zu legen, um sie auf diese Weise zu schützen. Erinnerungen ehemaliger KZ-Insassen erzählen von einem System der Gegenverwaltung, bei dem Häftlinge in Büros und Krankenabteilungen scheinbar die Anweisungen der SS buchstabengetreu befolgten, aber zugleich Mittel und Wege fanden, um die wahre Identität von Mithäftlingen zu verbergen oder Diagnosen zu fälschen. Natürlich half nicht jeder Häftling in einer Schlüsselposition seinen Leidensgenossen, aber die Solidarität wurde gefördert durch das Wissen, dass man sich an den Handlangern der SS rächen konnte, wenn die SS-Leute nicht zusahen. In Auschwitz wurden Kollaborateure gern in die offenen Latrinen gestoßen, wo sie ertranken, scheinbar durch einen Unfall. In praktisch allen Lagern entwickelte sich auch ein Geheimdienst, bestehend aus Häftlingen, die als Schreiber in den SS-Büros arbeiteten, und aus Fachkräften, die Reparaturarbeiten in den Baracken ausführten. Während sie dem Anschein nach der Lagerverwaltung dienten, sammelten sie Informationen über Vorgänge im Lager oder Ereignisse in der Außenwelt und verbreiteten sie.

Schließlich betonen Primo Levi und andere noch, dass das Überleben oft davon abhing, dass man sich mit einem anderen Insassen

»zusammentat«,[82] sich umeinander kümmerte und damit zugleich den vielfältigen Angriffen des Lagers entgegenwirkte, die jeden Sinn für menschliche Solidarität zerstören sollten.

Des Pres und andere Überlebende, die uns Erinnerungen dazu hinterlassen haben, mögen recht haben. Aber es gibt auch viele Berichte von ehemaligen Häftlingen, die sagen, dass sie nicht wissen, wie sie durch die Lager gekommen sind, die sich an keine bestimmte Überlebensstrategie erinnern und keinen Grund nennen können, warum sie überlebten und andere starben. Stattdessen erinnern sie sich an eine Art endlose Benommenheit, einen Zustand, als wäre die Tätigkeit des Geistes unterbrochen worden, der erst bei der Befreiung endete.

Kurzum, die Lagerinsassen entwickelten viele verschiedene Überlebensmechanismen, aber ihre Chancen standen trotzdem immer schlecht, genau wie in den Ghettos. In den Lagern wie in den Ghettos starben die meisten Menschen früher oder später, sofern nicht die Alliierten schneller waren. Die wichtigste Erklärung, warum der Widerstand niemals die Tötungsmaschinerie zum Stillstand brachte oder die Kontrolle der Deutschen gefährdete, ist, dass das System von Teilen und Herrschen in den Lagern mit der gleichen teuflischen Effizienz funktionierte wie in den Ghettos. Die Häftlinge waren nicht nur waffenmäßig unterlegen, sie wurden auch atomisiert und generell in die Resignation getrieben. Die Deutschen nutzten innere Spaltungen und den Überlebenswillen des Einzelnen bis zur Auflösung der Lager aus. Wie Imre Kertész, der ungarische Romanautor und Auschwitz-Überlebende, schreibt: Wenn »der Mensch auch unter den Bedingungen des Totalitarismus am Leben hängt, so trägt er … zum Erhalt des Totalitarismus bei: Das ist der einfache Trick der Organisation.«[83]

## KAPITEL 6

# Die Heimatländer:
# Warum waren die Überlebensraten
# so unterschiedlich?

DIE JUDEN KONNTEN relativ wenig tun, um die Gewalt des Holocaust abzuwenden oder zu brechen. Aber wie sah es mit ihren nichtjüdischen Mitbürgern in den betroffenen Ländern aus? Was versuchten oder versäumten sie und warum? Erklärt Mut auf Seiten Einzelner oder umgekehrt der Mangel an Mut, warum die Überlebensraten der Juden von Land zu Land so unterschiedlich waren?

Jeder weiß oder sollte zumindest wissen, dass Freiheit unteilbar ist; wenn einem Menschen die Freiheit weggenommen wird, kann sie allen weggenommen werden. Aber selbst unter den günstigsten Umständen wagen es nur wenige, nach diesem Grundsatz zu handeln, oder nur wenige meinen, dass sie ihr Handeln daran ausrichten sollten. In Zeiten der Verfolgung ist die Versuchung für die nicht unmittelbar Betroffenen groß, irgendwie durchzuhalten, bis der Schrecken endet, und unterdessen wegzuschauen oder von der Situation zu profitieren. Das galt ganz besonders im von Deutschland besetzten Europa, weil das NS-Regime dafür sorgte, dass die Menschen wussten, was sie riskierten, wenn sie Juden halfen. In Westeuropa gehörte die Deportation in ein Konzentrationslager dazu. In Osteuropa drohte Helfern, die Juden versteckten, die Hinrichtung zusammen mit ihrer ganzen Familie. Solche Strafen stehen hinter einer besonders unbequemen Wahrheit des Holocaust. So richtig es ist, dass wir den Gerechten unter den Völkern, an die in Yad Vashem erinnert wird, und den tapferen Einzelnen Beachtung schenken, die ihr Leben aufs Spiel setzten, um Menschen zu verstecken oder sie auf andere Weise zu retten – höchstens fünf bis zehn Prozent der Juden, die den Holocaust überlebten, verdankten dies dem Heldenmut anderer.

## Unterschiedliche Verhaltensweisen

Zwar gab es in allen Ländern Europas die Bereitschaft, Juden zu helfen, aber die Zahl der Menschen, die helfen wollten, ihr Anteil an der lokalen Bevölkerung, ihre Eigenschaften und Motive variierten stark von Ort zu Ort und im Lauf der Zeit. Deutsche dürften in den Kriegsjahren zwischen 5000 und 10 000 Juden versteckt und gerettet haben, nicht mitgezählt all jene, die durch die Ehe mit nichtjüdischen Partnern oder andere Sonderregelungen geschützt waren. In Holland wurden zwischen 7000 und 8000 Juden gerettet, für Polen liegt die Zahl irgendwo zwischen 20 000 und 65 000. Aber diese absoluten Zahlen entsprechen sehr viel kleineren prozentualen Anteilen an der jeweiligen jüdischen Bevölkerung der Länder, als etwa die Zahlen der in Dänemark oder Italien Geretteten. Menschlichkeit war nicht das Privileg von ein oder zwei bestimmten Nationalitäten und bei anderen gänzlich abwesend, doch sie war auch nicht geografisch und zeitlich gleichmäßig verteilt. Besonders in den ersten eineinhalb Jahren der massenhaften Tötungen, als das Blutbad seinen Höhepunkt erreichte und die Juden am meisten Hilfe brauchten, war die Bereitschaft zu helfen allgemein selten, auch dort, wo sie später größer wurde.

Wo solche Bereitschaft sich zeigte, hatte sie im Allgemeinen Wurzeln in drei Bereichen: in den politischen, religiösen und persönlichen Überzeugungen. Linke unterstützten Juden mit größerer

Wahrscheinlichkeit als Konservative, teils weil kommunistische und sozialistische Einstellungen rassistisches Denken ablehnten, teils weil die kommunistische Parteidisziplin verlangte, dass man sich nach der Invasion in der Sowjetunion allen Handlungen der Nationalsozialisten widersetzte. Manchmal förderte auch die Zugehörigkeit zu einer religiösen Minderheit die Identifikation mit den verfolgten Juden.[1] Zum Beispiel halfen polnische und ukrainische Katholiken in der Westukraine Juden mit höherer Wahrscheinlichkeit als polnische Katholiken im überwältigend katholischen Polen oder die zahlreicheren orthodoxen Ukrainer, die weiter östlich dominierten. Ebenso waren Quäker und Baptisten in Deutschland vor 1939 eher bereit, Juden aus dem Land zu schmuggeln, und nach 1939, Juden zu verstecken, als ihre katholischen und evangelischen Landsleute. Und im katholischen Frankreich wurden in dem abgelegenen, überwiegend protestantischen Dorf Le Chambon-sur-Lignon rund 3500 Juden gerettet, darunter viele Kinder (und noch dazu 1500 andere von der Gestapo verfolgte Menschen); allerdings soll nicht unerwähnt bleiben, dass einige Katholiken in der Region ebenfalls halfen.

Nicht immer war ein Minderheitenstatus nötig, um die Frommen daran zu erinnern, dass sie sich für die Verfolgten einsetzen sollten.[2] Die protestantischen Bischöfe im lutherischen Norwegen protestierten kollektiv, als im November 1942 Deportationen aus dem Land vorbereitet wurden. Der orthodoxe Primas von Bulgarien – das Oberhaupt der Amtskirche im Land – spielte eine zentrale Rolle dabei, Deportationen aus Bulgarien zu verhindern. Und obwohl der Papst es ablehnte, seine Stimme gegen die Behandlung der Juden zu erheben, und die meisten katholischen Kardinäle und Erzbischöfe in der Mehrheit der katholischen Länder ebenfalls schwiegen, galt das nicht für alle. Kardinal Jozef-Ernest van Roey in Belgien und Kardinal Pierre Gerlier von Lyon, Erzbischof Jules-Gérard Saliège von Toulouse und Bischof Pierre Théas von Montauban in Frankreich gehörten zu den katholischen Prälaten, die offen den deutschen Rassismus anprangerten.

Was die persönlichen Motive betrifft, Juden zu schützen, so waren bestimmte Charakterzüge und Verhaltensweisen bessere Prädiktoren für entsprechendes Handeln als andere.[3] Die Soziologin Nechama Tec untersucht in ihrem Buch *When Light Pierced the Darkness* die Rettung polnischer Juden durch 754 polnische Christen. Sie kommt zu dem Schluss, dass Menschen mit ausgeprägtem Individualismus, starker Empathie und einer langen Vorgeschichte, anderen in Not zu helfen, Juden eher schützten als solche, die sich an den Verhaltensstandards ihrer Umgebung orientierten und stärker selbstbezogen waren. Dieses Urteil ist, vielleicht zwangsläufig, ein Zirkelschluss. Aber eine andere gründliche Untersuchung von Rettern, *The Altruistic Personality* von Samuel und Pearl Oliner, die von einer ähnlich kleinen Stichprobe ausgeht, aber Retter aus dem ganzen besetzten Europa einbezogen hat, unterstützt Tecs Folgerungen in einer wichtigen Hinsicht: Menschen, die Juden retteten, kamen in der Regel aus Familien, die starke ethische und moralische Wertvorstellungen, Empathie und Sinn für das Gemeinwohl förderten. Beide Untersuchungen sprechen dafür, dass Solidarität und Mut nicht spontan auftraten, wie es oft den Anschein hatte, sondern vielmehr ein Ergebnis der Erziehung eines Menschen waren, das sich über lange Zeit entwickelt hatte. Otto Jodmin, Hausmeister eines Wohnblocks in Berlin, der Juden in den Kellern versteckte und anderen bescheinigte, dass sie ausgebombt worden waren, sodass sie Ausweispapiere und Lebensmittelmarken bekamen, führte sein Handeln auf seine Erziehung zurück. Sie habe ihn zu der Einstellung gebracht: »Ich musste es einfach tun … Ich konnte nicht anders handeln.«[4] Eine polnische Forscherin namens Teresa Prekerowa widersprach Ende der 1990er Jahre solchen Analysen auf der Grundlage einer viel größeren Stichprobe von 3300 Menschen, die sie als »typisch« für all jene erachtete, die Juden halfen. Sie gelangte zu dem Fazit: Die Helfer »waren ganz normale Menschen, die sich erheblich voneinander unterschieden, wie es eben bei normalen Menschen der Fall ist, und ich denke nicht, dass es möglich ist, Merkmale zu finden, die sie gemeinsam hatten«.[5] Vielleicht ist das so, aber viele sozialpsychologische Untersuchungen deuten darauf hin, dass Altruismus vermittelt und praktiziert werden muss, weil er sonst verkümmert. Man kann ihn sich als eine Art von Muskelgedächtnis vorstellen. Wenn jemand sich fragt: »Was hätte ich getan?«, ist der beste Anhaltspunkt dafür, wie die Antwort ausfallen wird, ob er oder sie in der Vergangenheit Zeit und Energie darauf verwendet hat, Menschen in Gefahr zu helfen.

Wir wissen nicht genug über die Jugendjahre verschiedener Diplomaten, die zwischen 1940 und 1942 Juden halfen, um sagen zu können, ob sie in dieses Muster passten, aber bei einigen war es so. Als die Nationalsozialisten über Europa herfielen, kam praktisch die einzige Rettung aus den schnellen, nicht autorisierten Entscheidungen außergewöhnlicher ausländischer Diplomaten, Juden auf der Flucht Einreisevisa für ihre Heimatländer auszustellen. Ein bemerkenswertes Beispiel war Mitte 1940 Aristides de Sousa Mendes, der portugiesische Generalkonsul in Bordeaux, der sich wiederholten direkten Anweisungen seiner Regierung widersetzte und Tausende Einreise- und Transitvisa unterzeichnete, als die Wehrmacht auf die Stadt vorrückte.[6] Er war ein *marrano*, ein Katholik, dessen jüdische Vorfahren Jahrhunderte zuvor zwangsweise zum Christentum bekehrt worden waren, und zutiefst gläubig. Die Verbindung von religiöser Überzeugung und Familiengeschichte mag dazu beigetragen haben, dass er in so bemerkenswerter Weise Mut und Mitgefühl an den Tag legte. Ein ähnliches, ebenfalls bemerkenswertes Zusammenwirken gab es damals am entgegengesetzten Ende des NS-Reichs. Es war eine gemeinsame Aktion des holländischen Konsuls Jan Zwartendijk und seines japanischen Kollegen Chiune Sugihara im litauischen Kaunas, das die Sowjets kurz zuvor besetzt hatten. Die beiden stellten teilweise gefälschte Dokumente her, die es fast 2000 Juden ermöglichten, durch die Sowjetunion nach Shanghai und an andere Orte zu entkommen.[7] Ein weiteres gefeiertes Beispiel quasi offizieller Rettungsbemühungen eines Einzelnen ist der amerikanische Journalist Varian Fry, der im Auftrag des neu gebildeten Emergency Rescue Committee nach Frankreich reiste und 1940 und 1941 die Flucht von rund 2000 Menschen über die Pyrenäen nach Spanien finanzierte, überwiegend Juden, darunter einige berühmte Künstler und Intellektuelle.[8] Ein Schweizer Konsulatsbeamter in Österreich namens Ernest Prodolliet half 1938 Juden, in sein Heimatland zu gelangen. Er wurde gerügt und nach Amsterdam versetzt, wo er erneut geschickt Anweisungen unterlief, indem er nach der deutschen Besetzung der

Niederlande holländischen Juden eine Reihe von Transitvisa durch die Schweiz ausstellte. Kurz bevor sein Büro 1942 geschlossen wurde, übergab er das restliche Geld des Konsulats, insgesamt 180 000 Dollar nach dem Geldwert von 2014, an Gertrude van Tijn, die Leiterin der noch funktionierenden Auswanderungsabteilung des holländischen Judenrats. Als Gegenleistung erbat er nur das nicht durchsetzbare (aber letztlich erfüllte) Versprechen, dass die Vertreter des American Jewish Joint Distribution Committee, der Hilfsorganisation amerikanischer Juden für Glaubensgenossen in Europa, in der Schweiz das Geld zurückzahlen würden.[9]

Leider muss gesagt werden, dass nicht genug Menschen in Europa die gleichen humanitären Reflexe besaßen wie diese Einzelpersonen. Es gab auch nicht genug Menschen wie Oskar Schindler, den sudetendeutschen Opportunisten und Möchtegern-Kriegsprofiteur, der eine Emaillefabrik in Krakau übernahm und sich nach und nach entschloss, rund 1300 Juden, die bei ihm arbeiteten, das Leben zu retten. Sein Heldentum ist nicht zu erklären, weil es anscheinend nicht zu dem ausschweifenden und zügellosen Leben passt, das er davor und danach führte. Aber er legte großen Einfallsreichtum und große Unverschämtheit an den Tag, wenn es darum ging, die SS zu überlisten. Seine Geschichte hebt sich nicht nur deshalb von anderen ab, weil er Juden zu helfen versuchte, sondern auch, weil er Erfolg damit hatte. Er konnte so handeln, weil das Unternehmen ihm gehörte und er sein Tun nicht gegenüber Vorgesetzten erklären oder rechtfertigen musste, die die Nationalsozialisten über seine Absichten hätten informieren können. Anders als Schindler war Berthold Beitz, der kaufmännische Leiter der Karpathen-Öl AG in Boryslaw in Ostgalizien, nicht selbstständig. Er rettete Hunderte Juden, die fast zwei Jahre für ihn im Bohrfeld arbeiteten.[10] Beim Rückzug der Deutschen 1944 schaffte er es nicht, die Juden in einer anderen Fabrik unterzubringen, weil ihn sonst Vorgesetzte bei der Gestapo denunziert hätten. Immerhin konnte er seine Angestellten warnen, bevor die SS gegen sie vorging, und so ermöglichte er es vielen, unterzutauchen. Alfred Rossner, ein Deutscher, der mehrere Uniformfabriken in Będzin im östlichen Oberschlesien leitete, gelang es mit Bestechung und

Schmeichelei bei den lokalen NS-Behörden von Mai 1942 bis August 1943, seine jüdischen Arbeiter vor der Deportation zu bewahren; einige versteckte er sogar in seinen Werkstätten. Aber letztlich wurden bei der Räumung der oberschlesischen Ghettos nicht nur viele doch noch zusammengetrieben und deportiert, sondern die Gestapo bekam auch heraus, was Rossner tat. Er wurde im Dezember 1943 verhaftet und starb 1944 im Gefängnis, erhängt entweder von den Wärtern oder von eigener Hand.[11]

Die vielleicht bemerkenswerteste Geschichte eines Arbeitgebers, der seine jüdischen Beschäftigten zu retten versuchte und damit in vielen Fällen Erfolg hatte, stammt aus dem Herzen des Dritten Reichs, der Hauptstadt Berlin, aus einer Werkstatt in der Rosenthaler Straße mitten in der Stadt. Dort leitete Otto Weidt eine Besen- und Bürstenbinderei, die stets rund dreißig blinde und taubstumme Juden aus einer nahegelegenen Anstalt beschäftigte. Die gesamte Kriegszeit hindurch gerieten insgesamt etwa 56 Menschen aus seiner Werkstatt wegen ihrer Behinderung und ihrer Abstammung ins Visier der nationalsozialistischen Vernichtungsmaschinerie. Jedes Mal, wenn der Name eines seiner Arbeiter oder einer Arbeiterin auf einer Deportationsliste auftauchte, setzte sich Weidt mit der Gestapo auseinander. Er betonte, dass seine Arbeit kriegswichtig sei, und bestach sogar Beamte des NS-Regimes, damit sie die Namen wieder von den Listen strichen. Die Hälfte seiner Arbeiter überlebte den Krieg, genau wie er.[12]

Individueller Heldenmut konnte angesichts der Gewalt der Nationalsozialisten nur begrenzt etwas ausrichten, doch ein Viertel der Juden, die 1939 in später von den Nationalsozialisten besetzten oder mit dem nationalsozialistischen Deutschland verbündeten Ländern Europas lebten, und ein Drittel aller europäischen Juden überstanden den Holocaust. Wie und warum? Einen ersten Ansatz zu einer Antwort finden wir, wenn wir uns Abbildung 7 anschauen. Dort sind die von den Nationalsozialisten besetzten oder mit ihnen verbündeten europäischen Länder nach zwei Merkmalen sortiert: ob mehr oder weniger als der kontinentweite Durchschnitt von zwei Dritteln der jüdischen Einwohner getötet wurde und ob jeweils direkt die Deutschen herrschten oder eine Kollaborationsregierung.

Es gibt sich ein eindeutiges, wenn auch nicht unmittelbar einsichtiges Muster. Dass die tödlichsten Teile des Kontinents diejenigen waren, die von den Deutschen besetzt und von deutschen Beamten verwaltet wurden, bedeutet nicht, dass Kollaboration dort keine Rolle spielte. In Serbien und Griechenland erklärten sich hochrangige Kriegsveteranen bereit, Marionettenregierungen vorzustehen, die die deutschen Befehle ausführten; ähnliche Konstellationen gab es in den baltischen Staaten.[13] Überall dort funktionierten die lokalen Polizeikräfte und/oder Milizen weiter, oft beteiligten sie sich an Razzien gegen Juden, und viele Einwohner denunzierten eifrig solche, die sich versteckt hielten. Ein berüchtigtes Beispiel dafür waren die holländischen Mitarbeiter einer Organisation namens Recherchegruppe (oder Kolonne) Henneicke, die 8000 bis 9000 Juden aufspürten und auslieferten, die sich in den Niederlanden zu verstecken versuchten[14] – das heißt mehr Juden, als im Verborgenen im Land überlebten. Umgekehrt bedeuten die im Allgemeinen geringeren Todesraten unter einheimischen Kollaborationsregierungen nicht, dass ihre Mitarbeiter oder Staatsbürger Juden nicht verfolgten. Im Gegenteil, Vichy-Frankreich unter Philippe Pétain, Ungarn unter dem Regenten Miklós Horthy, Rumänien unter Marschall Ion Antonescu und Bulgarien unter Zar Boris III. erließen unabhängig voneinander massiv antisemitische Gesetze, erkannten Juden die Staatsbürgerschaft ab, lieferten bestimmte Gruppen von Juden an Deutschland aus und/oder brachten sie um.

ABBILDUNG 7: REGIERUNGSFORM UND STERBLICHKEIT IM HOLOCAUST

|  | TODESRATE ÜBER 2/3 | TODESRATE UNTER 2/3 |
|---|---|---|
| Unter deutscher Verwaltung | Baltische Staaten, Weißrussland, Holland, Deutschland, Griechenland, Luxemburg, Protektorat Böhmen und Mähren, Polen, Serbien, Ukraine | Belgien |
| Unter Kollaborationsregierungen | Slowakei, Kroatien, Ungarn 1944 | Bulgarien, Rumänien, Dänemark, Finnland, Norwegen, Frankreich, Italien, Ungarn bis 1944 |

Die wichtigste Variable, die über die Todesrate in einem bestimmten Land entschied, war die Zeit – genauer gesagt, ob das nationalsozialistische Regime die einheimischen Juden 1941 und 1942 attackierte. Wo die Deutschen direkt herrschten, machten sie sich fast immer sofort und mit aller Härte an die Verfolgung der Juden, ohne Rücksicht darauf, ob die Zusammenarbeit mit der lokalen Regierung und Bevölkerung reibungslos funktionierte. Eine Ausnahme war Belgien, aber letztlich doch wieder nicht. Obwohl Belgien unter deutscher Verwaltung stand, lag die Zuständigkeit für die Polizei und die sogenannte Rassenpolitik bis Mai 1942 in den Händen der Wehrmacht und nicht der SS oder der NSDAP. Und obwohl eigentlich keine Kollaborationsregierung herrschte, weil das Kabinett (aber nicht der Monarch) nach Großbritannien geflohen war, funktionierte der einheimische Staatsdienst weiter; die Deutschen fanden es praktisch, ihn zu erhalten und mit ihm weiterzuarbeiten. Doch in einer Hinsicht stellte Belgien eine große Ausnahme dar: Über 90 Prozent der Juden dort waren Ausländer, die Sorte Menschen, die an den meisten Orten als Erste deportiert wurden, und trotzdem überlebte die Hälfte von ihnen. Eine weitere Ausnahme von ganz anderer Art war Griechenland. Dort existierte nominell eine Marionettenregierung, nachdem das Land vor Deutschland und Italien kapituliert hatte, aber die Deutschen kontrollierten ihre besetzten Regionen sehr strikt. Dennoch begannen sie erst im März 1943 mit der Deportation der Juden; für die etwas weniger zahlreichen Juden in der von Italien besetzten Zone war es erst 1944 so weit. Trotz dieses verzögerten Beginns lag die Todesrate letztlich zwischen 80 und 90 Prozent.

Wo die lokalen Verwaltungen bestehen blieben und mehr Autonomie behielten, ließen die Deutschen zunächst dem einheimischen Antisemitismus freien Lauf und konzentrierten sich auf die größeren jüdischen Populationen, die anderswo in die Fänge des Reichs geraten waren. Ende 1942, als die meisten dieser Juden tot waren und Deutschland auf ihre vollständige Vernichtung drängte, wendete sich das Kriegsglück. Verbündete Regierungen wurden der Verfolgung zunehmend überdrüssig, zumal sie fürchteten, dass sie nach einer Niederlage Hitlers den alliierten Siegern würden Rede und Antwort stehen müssen. Ein Zeichen für das veränderte Klima sind die Deportationszahlen aus zwei Ländern, in denen die endgültige Todesrate relativ niedrig war: Die Mehrheit der Juden, die aus Frankreich und Belgien deportiert wurden, verließ die Länder 1942; danach verlangsamte sich in beiden Fällen das Tempo.[15] Aufschlussreich ist auch das Verhalten von Hitlers Verbündeten auf dem Balkan. Bulgarien, Ungarn und Rumänien lieferten den Nationalsozialisten einige oder alle Juden in den Regionen aus, die sie 1938 bis 1941 mit deutscher Billigung ihren Nachbarn abgenommen hatten, lehnten aber 1942 und 1943 die Auslieferung der jüdischen Einwohner ihrer Kerngebiete ab. Selbst die Slowakei, die Anfang 1942 eifrig der Deportation der meisten Juden zustimmte – das nationalsozialistische Deutschland sogar dafür bezahlte, dass es dem Land die Juden abnahm –, hatte gegen Ende des Jahres Skrupel und stoppte die Auslieferungen, die in den meisten Fällen direkt nach Auschwitz geführt hatten.[16]

Die unterschiedlichen Zahlen, wie viele Juden im nationalsozialistischen Europa gerettet wurden oder starben, hingen folglich von vier Hauptfaktoren ab: erstens davon, wie schnell die Deutschen vorrückten – wenn sie bereits 1941/42 mit dem großen Morden begannen, fielen ihnen fast alle Juden in einem bestimmten Gebiet zum Opfer; zweitens davon, wie lange die Deutschen blieben – ihre Anwesenheit ermöglichte die Vorgänge in Ungarn von Mai bis Juli 1944 und hätte auch zur Ermordung der französischen Juden geführt, wenn nicht der D-Day die Deportation aller verbliebenen Juden verhindert hätte, die die Deutschen weniger als zwei Monate zuvor angeordnet hatten; drittens davon, ob die Deutschen es mit einer einheimischen und zumindest teilweise autonomen Regierung zu tun hatten, die ein Interesse daran hatte, den Krieg zu überstehen; und viertens davon, ob die Mehrzahl der Juden zur Zeit der Schlachten von El-Alamein und Stalingrad 1942/43 – im Zeitabschnitt, den Winston Churchill als »Schicksalswende« bezeichnet hat – in einem bestimmten Gebiet noch am Leben war. Zu dem Zeitpunkt schwand die Wahrscheinlichkeit, dass das Dritte Reich den Krieg gewinnen würde, außerdem begann Deutschland damals mit der Aushebung von Zwangsarbeitern. Nun bildete sich bei den Juden und in den jeweiligen besetzten Ländern ein gemeinsames Interesse heraus, gegen Deutschland Widerstand zu leisten. Diese Entwicklungen wirkten zugunsten der Juden, die zu der Zeit noch am Leben waren.

Wie wichtig es war, dass die nationalen Interessen und die Interessen der Juden zusammenflossen, wird am Beispiel der Juden in einem Gebiet und zu einem Zeitpunkt deutlich, wo es sich genau umgekehrt verhielt – wo die nationalen Interessen anscheinend dafür sprachen, mit den Nationalsozialisten zusammenzuarbeiten und die Juden zu opfern, nämlich in den baltischen Staaten und der Ukraine in den Jahren 1941 bis 1943. Die ukrainischen Nationalisten hatten von 1919 bis 1921 erlebt, wie das bolschewistische Regime ihre Unabhängigkeitsbestrebungen zerschlug, und in den 1930er Jahren eine Reihe von Hungersnöten und Säuberungen erlitten, die ihre Entfremdung vom sowjetischen Staat noch vertieften. Litauer, Letten und Esten hatten mit der Besetzung durch die UdSSR 1940 ihre Unabhängigkeit verloren. In den Augen der Nationalisten waren die Deutschen potenzielle Befreier von der Versklavung durch die Sowjets, zumal Deutschland Unterstützung für ihre Ziele bekundet und mehreren nationalen Befreiungsbewegungen erlaubt hatte, Büros in Berlin zu eröffnen.[17] Weil fast alle diese nationalistischen Bewegungen traditionell antisemitisch waren, erschien den jüdischen Staatsbürgern dieser Länder in den Jahren 1940 und 1941 die sowjetische Herrschaft als die bessere Alternative. Manche profitierten von der Sowjetherrschaft, die Juden weniger diskriminierte, aber viele litten auch durch die Verstaatlichung ihres Besitzes durch die Kommunisten oder wurden Opfer der Deportationen nach Sibirien. In der Folge waren Juden 1940 und 1941 im Vergleich zu ihrem Anteil an der litauischen Bevölkerung nicht nur in der Kommunistischen Partei und der Geheimpolizei überrepräsentiert, sondern auch unter den Menschen, die die Kommunisten nach Russland verschleppten.[18]

Im größten Teil des Ansiedlungsrayons entwickelte sich dadurch anscheinend ein Konflikt zwischen den jüdischen und den jeweiligen nationalistischen Interessen. Den Juden erschien die Besetzung durch die Sowjetunion 1940 als das kleinere von zwei Übeln; wie ein Jude aus der Region damals sagte, brachte die Sowjetunion die lebenslange Freiheitsstrafe, NS-Deutschland die Todesstrafe.[19] Aber ukrainische und baltische Nationalisten, anfangs sogar auch der katholische Metropolit Erzbischof Andrej Scheptyzkyj, der später versuchte, Juden zu schützen, zogen die deutschen Besatzer vor.[20] Sie strebten nach Unabhängigkeit und halfen bereitwillig mit, eine Bevölkerungsgruppe loszuwerden, die sie verabscheuten, um sich bei den Deutschen anzubiedern. Schon vor der deutschen Invasion in der Ukraine hatten beide Flügel der Organisation Ukrainischer Nationalisten (OUN), die Banderisten wie die Melnykisten, die Juden als Verbündete des Bolschewismus angeprangert und sich für die Tötung männlicher Juden ausgesprochen. Am 1. Juli 1941, einen Tag nach der Besetzung Lembergs durch die Deutschen, verteilte diese Organisation ein Flugblatt, in dem sie die Ukrainer dazu aufrief, das Judentum zu »vernichten«, und es folgte ein Pogrom.[21] In ähnlicher Weise erklärte die Litauische Aktivistenfront, die Juden hätten das Land »verraten« und darum keine Zukunft dort.[22]

Anfangs hatte die SS zwar einige Schwierigkeiten, entsprechend ihren Befehlen in den von deutschen Truppen eroberten Städten Pogrome anzuzetteln, aber die lokalen Milizen begriffen schon bald, welchen Umgang mit den Juden die Deutschen von ihnen erwarteten. In Wilna, Kaunas und Riga, den größten Städten von Litauen und Lettland, prügelten sie Juden zu Tode. Litauische Milizionäre töteten möglicherweise mehr von den 180 000 Juden, die bis 1941 in dem Land ums Leben kamen, als die Deutschen. Ukrainische Polizei und Milizen spielten bei den Massakern in ihren Heimatländern im Jahr 1941 eine aktive Rolle,[23] so auch im September in Babi Yar, obwohl die Deutschen zu dem Zeitpunkt schon klargemacht hatten, dass sie die Unabhängigkeit der Ukraine ablehnten. Sie hatten sogar Stepan Bandera, den Anführer eines Flügels der Organisation Ukrainischer Nationalisten, festgenommen. Solange Deutschland an der Ostfront in der Offensive war, gab es keinen Mangel an lokalen Freiwilligen für Milizen und Sicherheitskräfte, die Juden jagten und umbrachten. 1943 hatte Himmler im besetzten Osten rund 300 000 überwiegend kooperative lokale Polizisten unter seinem Kommando;[24] russische Forscher gehen davon aus, dass 1,2 Millionen Staatsbürger der besetzten UdSSR während des Kriegs in Einheiten der Wehrmacht und der SS dienten. Als Deutschland im Krieg in die Defensive geriet und die baltischen und ukrainischen Nationalisten endlich erkannten, dass die nationalsozialistische Neue Ordnung in Europa ihnen ihre Unabhängigkeit nicht wiederbringen würde, waren fast alle Juden in der Ukraine und den baltischen Staaten tot. Aber selbst dann kämpften noch viele Kollaborateure weiter für Hitler, weil sie so tief in seine Verbrechen verstrickt waren, dass ihnen nichts anderes übrig blieb, und im Fall der Ukrainer auch, weil sie immer noch Polen und Juden aus ihrem Land eliminieren wollten. Diese Männer und ihre Familien zogen sich 1944 und 1945 mit den deutschen Armeen zurück und stellten nach Kriegsende einen erheblichen Anteil der Menschen in den Lagern für Displaced Persons.

All das soll nicht heißen, dass nationale Interessen die einzige Triebkraft waren, warum an so vielen Orten im besetzten Osten die lokale Bevölkerung bei der Ermordung der Juden mitmachte. Auch die Aussicht auf Beute war ein starker Anreiz. Ein Pole, der am Stadtrand von Wilna lebte und die Massaker beobachtete, schrieb: »Für die Deutschen bedeuten 300 Juden 300 Feinde der Menschheit, für die Litauer sind es 300 Paar Schuhe, 300 Hosen usw.«[25] Trotzdem wurde das nationale Interesse als die Triebkraft wahrgenommen, die derartige Begehrlichkeit weckte und scheinbar legitimierte.

Ein weiteres Zeichen, dass es ganz entscheidend von nationalen politischen Erwägungen abhing, welches Schicksal die Juden erlitten, war die unterschiedliche Behandlung von im Land geborenen jüdischen Staatsbürgern, insbesondere Kriegsveteranen, und eingewanderten Juden fremder Nationalität in vielen Staaten, die sich offiziell oder stillschweigend mit NS-Deutschland verbündet hatten. Allerdings war das von Land zu Land unterschiedlich. Vichy-Frankreich beispielsweise war bereit, geradezu begierig, ausländische Juden für Deportationen auszuliefern, aber zurückhaltender, wenn es um französische Staatsbürger ging, obwohl es auch sie manchmal übergab. Mehr als die Hälfte der rund 350 000 Juden, die 1940 in Frankreich lebten, war seit Beginn des 20. Jahrhunderts als Immigranten oder illegale Flüchtlinge ins Land gekommen.[26] Die Kollaborationsregierung in Vichy nutzte die wachsende Fremdenfeindlichkeit der 1930er Jahre und die verbreitete Bereitschaft, den Juden die Schuld für Frankreichs Niederlage 1940 zu geben, um von sich aus antisemitische Gesetze zu erlassen, die in mancher Hinsicht noch härter waren als die deutschen. Vichy duldete auch, dass im besetzten nördlichen Teil Frankreichs ab Oktober 1940 ausländische Juden festgenommen wurden; oft führte sogar die französische Polizei die Razzien durch. Im Sommer 1942 trieb ebenfalls die französische Polizei mehr als 10 000 ausländische Juden im nicht besetzten Teil Frankreichs zusammen und übergab sie den Deutschen. Im März des Jahres hatten die Deportationen begonnen, in deren Verlauf insgesamt rund 76 000 Juden aus Frankreich in Konzentrationslager gebracht wurden, mehr als zwei Drittel Ausländer; nur etwa 2500 überlebten.[27] Alles in allem starben mehr polnische Juden, die Zuflucht in Frankreich gesucht hatten, durch die Hände der Nationalsozialisten als französische Juden. Die Überlebensrate der ausländischen Juden in Frankreich belief sich letztlich auf über 50 Prozent, während sie für Juden, die französische Staatsbürger waren, bei knapp unter 90 Prozent lag. Nachdem mehr als die Hälfte der Unglücklichen 1942 das Land verlassen hatten, ließ sich die Vichy-Regierung Zeit, teils weil sie auf ihren Status als unabhängiges, souveränes Gebilde pochte, teils weil sie sich im Hinblick auf den Ausgang des Kriegs nach allen Seiten absichern wollte.[28]

In ähnlicher Weise machten die drei Verbündeten Deutschlands in Südosteuropa – Rumänien, Bulgarien und Ungarn bis 1944 – Unterschiede zwischen Juden, die sie an Deutschland auslieferten, und solchen, die sie nicht auslieferten, und gestalteten ihre Politik gegenüber den Juden entsprechend ihren jeweiligen nationalen politischen Interessen. Die politisch Verantwortlichen der drei Staaten hegten unterschiedlich intensive antisemitische Überzeugungen, und alle drei waren bereit, Juden aus Gebieten von Nachbarstaaten, die sie von 1938 bis 1941 mit deutscher Billigung annektiert hatten, den Deutschen zu übergeben. So trieb Ungarn im August 1941 17 000 Juden aus den Teilen der Slowakei, die es 1938 annektiert hatte, ins von Deutschland besetzte Polen und in die Ukraine, wo die SS 11 000 davon ermordete. Anfang 1942 brachte Ungarn ungefähr weitere 1000 Juden in einem Gebiet um, das es sich bei der Zerschlagung Jugoslawiens im April 1941 einverleibt hatte.[29] Und nachdem Bulgarien 1940 und 1941 Thrakien von Griechenland, Mazedonien von Jugoslawien und die Dobrudscha von Rumänien bekommen hatte, lieferte es Anfang 1943 11 384 Juden an die Deutschen aus. In all diesen Fällen war das wichtigste, auf zynische Weise selbstbezogene Motiv die Demografie. Überall dort, wo die Ermordung von Juden den Anteil der nicht-ungarischen und nicht-bulgarischen Bevölkerung reduzierte und die Absorption der Gebiete durch Ungarn und Bulgarien beschleunigte, waren die Länder bereit, mit den Deutschen zu kooperieren.

Bulgarien und Ungarn erließen auch antisemitische Gesetze, um den Juden ihren Besitz zu rauben und sie aus dem Staatsdienst auszuschließen. Die ungarische Gesetzgebung ging sogar so weit, dass sie den jüdischen Anteil in allen Berufen auf sechs Prozent begrenzte und sexuelle Beziehungen sowie neue Ehen zwischen Juden und Ungarn verbot. Doch selbst 1941 und 1942 vertraten die Länder unterschiedliche Positionen zu weiteren Deportationen. Die Bulgaren versprachen, 1943 damit zu beginnen, und die Ungarn lehnten beharrlich ab; allerdings verpflichteten sie erwachsene ungarische Juden zu Zwangsarbeit an der russischen Front, wo rund 42 000 von ihnen starben oder umgebracht wurden. Die Bulgaren stellten die Deutschen eine Zeitlang zufrieden, indem sie bulgarische Juden für die Arbeit auf dem Land aushoben. Aber im März und April 1943 revidierten sie ihre Haltung zu Deportationen, teils weil es im Land verbreitet heftigen Widerstand gab, teils weil die Sorge wuchs, dass Deutschland den Krieg nicht gewinnen werde. Fast alle bulgarischen Juden überlebten letztlich, weil die Deutschen das Land nicht besetzten.

In Ungarn hingegen brach der Widerstand gegen Deportationen nach dem März 1944 zusammen, als deutsche Truppen ins Land strömten, angeblich, um Ungarn vor einer drohenden sowjetischen Invasion zu beschützen, tatsächlich, weil Ungarn erwog, sich an das Beispiel Italiens zu halten und einen Ausweg aus der Allianz der Achsenmächte zu suchen. Nach einer ersten Phase, in der die ungarischen Juden isoliert und ausgeplündert wurden, erfolgte innerhalb von nur 55 Tagen, vom 15. Mai bis zum 9. Juli, die Deportation von fast 60 Prozent, etwa 437 000 Personen. In Auschwitz-Birkenau wurden rund 25 Prozent dieser Menschen zur Arbeit ausgewählt und meistens nach Deutschland gebracht; von ihnen überlebte fast die Hälfte, etwa 55 000 Menschen, den Krieg. Die übrigen Deportierten, über 325 000 Menschen, gingen direkt nach ihrer Ankunft in die Gaskammern. Damit belief sich die Totenzahl aus diesen Deportationen auf rund 380 000 Menschen und die Gesamtzahl der ungarischen Juden, die nach einer weiteren Runde Deportationen Ende 1944 und danach bei einer Reihe schrecklicher Todesmärsche im Holocaust starben, auf zwischen 500 000 und 565 000.

Zwar kamen die meisten Opfer durch Deutsche zu Tode, nicht Ungarn, aber für die Gründlichkeit, mit der diese Operation durchgeführt wurde, trug Ungarn die Verantwortung.[30] Fast 97 Prozent der Juden auf dem Land und in den annektierten Gebieten wurden dabei erfasst, Überlebende gab es praktisch nur in der Hauptstadt Budapest. Nur 150 bis 200 deutsche SS-Leute waren an den Razzien gegen ungarische Juden beteiligt; sie wurden von den eigenen nationalen und lokalen Polizeikräften durchgeführt, ergänzt um Staatsbedienstete und Freiwillige. Die Leitung der Aktionen hatte das Innenministerium, in dem viele extrem rechts eingestellte ungarische Antisemiten arbeiteten. Die Verteilung der Juden auf 55 Ghettos im Land, die nur kurz Bestand hatten, folgte einem Plan für die schrittweise Säuberung von sechs verschiedenen Landesabschnitten. Dieser Plan, den Adolf Eichmann und mehrere ungarische Polizisten ausgearbeitet hatten, ähnelte sehr einem Programm, das zwei nationalistische ungarische Generäle 1942 ersonnen hatten, fast zwei Jahre vor der deutschen Besetzung. Peter Kenez, Historiker des modernen Ungarns und selbst aus dem Land geflohen, fasst dies treffend zusammen: »Die Rolle der Deutschen bei der Vernichtung der ungarischen Juden ist am besten so zu verstehen, dass sie einigen entschlossenen [ungarischen] Antisemiten die Chance gaben, eine Politik umzusetzen, die sie schon ersehnten und planten.«[31]

Wie lassen sich der Umfang und das Tempo der Ermordung

der ungarischen Juden erklären, die nur mit der Liquidierung des größten Teils des Warschauer Ghettos innerhalb von 53 Tagen im Sommer 1942 vergleichbar waren und so schnell vonstattengingen, dass Rudolf Höß, der Kommandant von Auschwitz, wiederholt versuchte, das Tempo zu drosseln?[32] Ein Teil der Antwort lautet, dass das Reichssicherheitshauptamt sich ganz auf Ungarn konzentrieren konnte – schließlich waren die meisten anderen Juden Europas tot oder in der Zeit von Mai bis Juli 1944 außerhalb der Reichweite der Deutschen. Hinzu kommt, dass die Tötungsfabrik in Birkenau nahe lag und mörderischer arbeitete denn je dank der kurz zuvor fertiggestellten Eisenbahnstrecke, die im Lager praktisch an den Türen zweier Gaskammern endete. Eine zweite, eher technische Erklärung lautet, dass die Deportation in Zusammenhang mit den Kriegsanstrengungen stand und deshalb besonders viele Züge – 147 im Verlauf der Aktion, drei bis sechs pro Tag – zur Verfügung gestellt wurden.[33] Auschwitz sollte 100 000 arbeitsfähige Menschen auswählen, zehn bis 15 Prozent der erwarteten Deportierten, und umgehend nach Deutschland schicken, wo sie für das gigantische Vorhaben gebraucht wurden, die kriegswichtigen Produktionsstätten unter Tage zu verlagern. Aber eine ebenfalls wichtige dritte Komponente der Antwort hängt mit der Geschichte des Antisemitismus in Ungarn zusammen. Wie in Deutschland wurden Juden vor dem Ersten Weltkrieg in Ungarn immer selbstverständlicher akzeptiert, sie genossen mehr Chancen und Wohlstand. Doch nach der Niederlage und den Gebietsverlusten 1918 und 1919 und der blutigen Unterdrückung einer kommunistischen Revolution, an der Juden maßgeblich beteiligt waren, begegnete man ihnen zunehmend feindselig. In der Zwischenkriegszeit schwadronierten in Ungarn genau wie in Deutschland antisemitische Kräfte beharrlich über den angeblichen Zusammenhang zwischen Juden, Illoyalität und Unruhen und schürten Ressentiments gegen die prominente Rolle von Juden in Wirtschaft, Industrie, Recht und Medizin. Diese Agitation resultierte in der Errichtung einer autoritären Regierung, der Verabschiedung antisemitischer Einschränkungen und dem Aufstieg einer breiten antisemitischen politischen Bewegung, der Vereinigung Erwachende Ungarn (EME), alles mehr als zehn Jahre bevor in Deutschland Hitler an die Macht kam.[34]

Als Deutschlands diplomatische Erfolge von 1938 bis 1941 erst die Zerschlagung der Tschechoslowakei und später Jugoslawiens zur Folge hatten, während Ungarn und Rumänien wechselseitig Ansprüche auf Siebenbürgen erhoben, verfügten die ungarischen Herrscher aus Dankbarkeit dafür, dass Hitler ihnen Gebiete zuwarf, neue Einschränkungen der Bürgerrechte der Juden und ihrer wirtschaftlichen Aktivitäten. Aber durch die Gebietsgewinne verdoppelte sich die jüdische Bevölkerung Ungarns nahezu, von 401 000 auf 725 000 (oder von 491 999 auf 825 000, wenn man Konvertiten jüdischer Abstammung mitzählt); damit lebten in Ungarn mehr Juden als im gesamten Westeuropa.[35] Die hinzugekommenen Juden sprachen seltener Ungarisch, kleideten sich anders und pflegten andere religiöse Praktiken als ihre Glaubensgenossen in den alten Grenzen des Landes. Das schürte den Antisemitismus, der bereits im Militär und in manchen Regierungskreisen bis hinauf zum Staatsoberhaupt Admiral Horthy verbreitet war. Als Horthy schließlich im März 1944 den nationalsozialistischen Forderungen nachgab, 100 000 bis 300 000 »jüdische Arbeiter für die deutsche Kriegsproduktion«[36] zur Verfügung zu stellen, wurden als Erstes die annektierten Gebiete im Nordosten des Landes durchkämmt, die zufällig auch am nächsten zu den vorrückenden russischen Truppen lagen. Als Letztes sollte die Hauptstadt gesäubert werden, wo die meisten assimilierten und wirtschaftlich wertvollen Juden lebten. Kurzum, die ungarischen Wünsche und ungarische Mitwirkende beschleunigten nicht nur die Deportationen, sondern bestimmten auch ihren Ablauf. Als die ungarischen Verantwortlichen hingegen zwischen Juli und Oktober 1944 ihre Kooperation mit den Deutschen beendeten, konnten Eichmann und seine Helfer bis auf die Deportation von 2700 Gefangenen, die bereits in Lagern auf ungarischem Boden interniert waren, praktisch nichts mehr durchsetzen.

Die mit Abstand widersprüchlichste und verwirrendste Politik gegenüber den Juden betrieb Rumänien von 1940 bis 1945. Ein genauer Blick auf Abbildung 8 hilft, sie zu verstehen. Marschall Antonescu, der rumänische Diktator, war ein unverbesserlicher Antisemit, der für alle Schwächen seines Landes die Juden verantwortlich machte. Insbesondere behauptete er, die Juden hätten es begrüßt, als Rumänien 1940 die nördliche Provinz Bukowina, die nordöstliche Provinz Bessarabien (damals auch als Ostmoldau bezeichnet) und Nordsiebenbürgen verlor. Die ersten beiden Gebietsverluste waren die Folge eines sowjetischen Ultimatums und der dritte Ergebnis einer deutsch-italienischen Entscheidung über Gebietsansprüche, in der diese Region Ungarn zugesprochen wurde. Antonescu wollte alle drei Gebiete zurückerobern. Deshalb machte er bei der Invasion der Sowjetunion im Juni 1941 mit und begann mit der Ermordung der Juden in der Bukowina und in Bessarabien, einmal, um sie dafür zu bestrafen, dass sie angeblich die Sowjetunion unterstützten, und dann, um die Rumänisierung der Regionen zu beschleunigen. Er hoffte außerdem, durch die Bereitschaft, Juden zu deportieren und zu töten, Hitler zur Rückgabe von Nordsiebenbürgen bewegen zu können.

ABBILDUNG 8: RUMÄNIEN 1941 BIS 1944

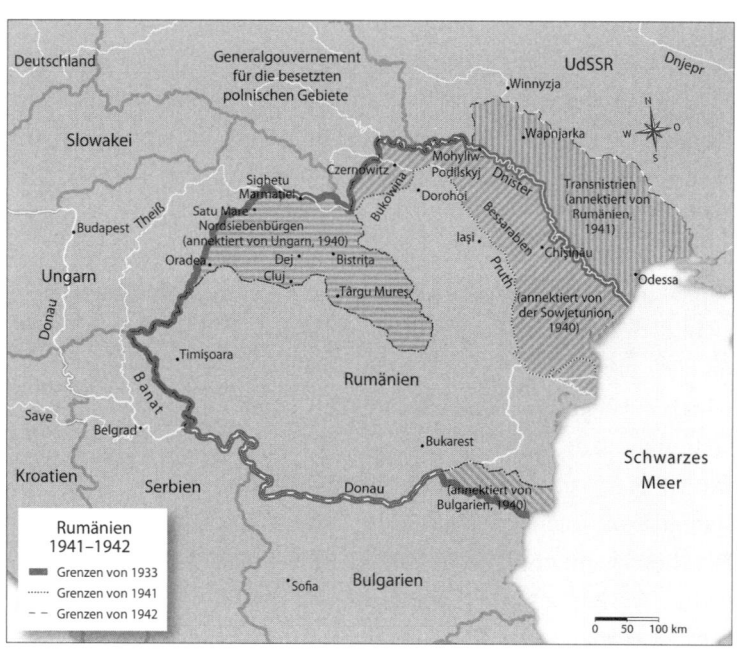

Als Ergebnis erwarb sich Rumänien die zweifelhafte Ehre, der deutsche Verbündete zu sein, der die meisten Juden umbrachte: mehr als 400 000 in der Bukowina, in Bessarabien und in einem Gebiet, das die Rumänen Transnistrien nannten, dem Teil der Ukraine, mit dem Hitler Antonescu für den Verlust eines Teils von Siebenbürgen entschädigte.

Aber 1942, als die Deutschen einen Zeitplan für die Deportation der Juden aus den Kernprovinzen Rumäniens verlangten, dem sogenannten *Regat* oder Altreich, zögerte Antonescu. Seine Generäle an der Ostfront warnten ihn bereits, dass sich dort eine Katastrophe anbahne, und er wollte den Juden erst noch ihren letzten Besitz abpressen, bevor er sie fortschickte. Deshalb spielte er auf Zeit und verzögerte die ersten für Oktober 1942 angesetzten Deportationen bis ins Frühjahr 1943. Dann tat er es den Bulgaren nach und rückte von seinen früheren Versprechungen ab. Er gab den verrückten Traum nie auf, alle rumänischen Juden nach Transnistrien zu deportieren und so ein ethnisch reines rumänisches Kernland zu schaffen, aber er lieferte die Juden des Altreichs nicht den Nationalsozialisten aus. Und so kam es zu einer großen Ironie des Holocaust: Das Land, das nach Deutschland die meisten Juden umbrachte, war 1945 in Europa auch das Land mit der größten überlebenden jüdischen Bevölkerung. Während 80 Prozent der Juden in der Bukowina, in Bessarabien und Transnistrien durch die Hand von Rumänen starben, waren 80 Prozent der Juden im Altreich bei Kriegsende noch am Leben. Sie vegetierten unter elenden Bedingungen, weil das rumänische Regime sie eingeschüchtert und in die Armut getrieben hatte, aber sie lebten.[37]

In all diesen Fällen hatte zynische praktische Politik einen größeren Einfluss auf das Schicksal der Juden als moralische Erwägungen. Moralisch entschiedene Solidarität mit den Juden erwies sich sogar als kontraproduktiv, wenn sie nicht zum richtigen Zeitpunkt kam.[38] Verfrühter massiver Widerstand gegen die Diskriminierung durch die Nationalsozialisten konnte wie in Holland nach hinten losgehen. Dort beschleunigte ein Generalstreik im Februar 1941 aus Protest gegen die Verfolgung der Juden deren Schicksal noch, und als katholische Bischöfe gegen die Deportation von zum Katholizismus konvertierten Juden Einspruch erhoben, wurden vermehrt Konvertiten verhaftet. Die deutschen Verwalter der Niederlande, von denen viele 1938 und 1939 mit der Verfolgung von Juden in Österreich Erfahrung gesammelt hatten, gingen nun mit einem Furor zu Werk wie in keinem anderen besetzten westeuropäischen Land. Von Juli 1942 bis September 1943 trieben sie 110 000 holländische Juden – von einer Gesamtzahl von 140 000 – zusammen und deportierten sie.

Schließlich mögen als Beleg dafür, wie wichtig die Politik für das Schicksal der Juden war und vor welchen Schwierigkeiten individuelle Rettungsversuche standen, die Vorgänge in den zwei Ländern dienen, in denen die Überlebensraten der Juden dank breiter Solidarität in der Bevölkerung ungewöhnlich hoch waren, nämlich Dänemark und Italien. Dänemark ist natürlich bekannt dafür, dass es fast alle 8000 im Land lebenden Juden versteckte und über die Meerenge nach Schweden schaffte. Italien verweigerte entschieden jegliche Deportation, nicht nur aus dem Land selbst, sondern auch aus den Teilen Frankreichs, Jugoslawiens, Albaniens und Griechenlands, die es besetzt hatte und verwaltete – sogar als Mussolini antisemitische Gesetze erließ. In Dänemark wie in Italien verzögerten sich Razzien gegen Juden durch besondere politische Umstände. Bis 1943 amtierte eine dänische Regierung und kooperierte mit den deutschen Besatzern, und Mussolinis Regime war ein Verbündeter in der Achse. Den Deutschen war es wichtiger, diese Konstellationen zu erhalten, als die beiden Länder zu zwingen, Listen von Juden zu erstellen oder die Juden Abzeichen tragen zu lassen, ganz zu schweigen von Deportationen. Erst als die politischen Umstände sich gegen Ende 1943 änderten, hatten die Deutschen freie Hand. In Dänemark geschah dies mit dem Rücktritt der Regierung, weil die Deutschen als Reaktion auf den wachsenden Widerstand der Bevölkerung das Kriegsrecht verhängten, in Italien, als die Deutschen sich anschickten, das Land zu besetzen, weil der König den Duce entlassen und sein Nachfolger einen Waffenstillstand mit den Alliierten geschlossen hatte. Damit erfolgten die Angriffe auf die Juden genau in dem Augenblick, als es ein Akt des nationalen Widerstands gegen ausländische Besatzer und Unterdrücker wurde, Juden zu helfen.

Viele andere glückliche Umstände spielten darüber hinaus eine Rolle:[39] Die Dänen handelten mit dem stillschweigenden Einverständnis des Reichsbevollmächtigten Werner Best, und sowohl der Militärkommandant in Dänemark, General Hermann von Hanneken, wie auch der dortige Gestapo-Chef Rudolf Mildner lehnten die Aktion gegen die Juden ab. Best steckte in einem Dilemma: Einerseits drängte Himmler ungeduldig darauf, mit den Deportationen zu beginnen, und andererseits war er selbst davon überzeugt, dass dies den Stand der Besatzer erschweren werde, und so spielte er ein doppeltes Spiel. Er befürwortete die Aktion gegenüber der SS in Berlin, um es Himmler recht zu machen, ließ aber die Nachricht von bevorstehenden Razzien über einen Deutschen namens Georg Duckwitz vier Tage vorher gegenüber den dänischen Juden durchsickern, um eine gute Arbeitsbeziehung zur dänischen Verwaltung und Polizei aufrechtzuerhalten. Dadurch hatten die Juden Zeit, ihre Wohnungen zu verlassen, bevor am Abend des 1. Oktober 1943 die deutsche Polizei anrückte, um sie festzunehmen. In den folgenden Wochen hatten die jüdischen Dänen noch zwei unschätzbare Vorteile bei ihrer Flucht: Die schwedische Regierung bot jedem, der an die Küsten Schwedens gelangte, Asyl an, und bis nach Schweden war nur eine schmale Wasserstraße zu überwinden. Trotzdem kamen die meisten nur davon, weil deutsche Patrouillenboote vor der dänischen Küste keinen Versuch unternahmen, die rund 700 Wasserfahrzeuge – überwiegend Fischerboote – aufzuhalten, mit denen der Exodus stattfand. Bei der Razzia am 1. Oktober fielen den Nationalsozialisten nur 284 dänische Juden in die Hände, und 22 der Geflohenen ertranken auf der Flucht. 7742 erreichten schließlich Schweden, darunter 1376 jüdische Flüchtlinge aus Deutschland und 686 nichtjüdische Ehepartner. Vielleicht noch erstaunlicher als diese Zahlen ist die Tatsache, dass diese Menschen bei ihrer Rückkehr nach Dänemark nach Kriegsende ihre Wohnungen und Besitztümer nicht nur unversehrt vorfanden, sondern vielfach sogar bestens versorgt in ihrer Abwesenheit.

In Italien hatte Mussolini unmittelbar vor seinem Sturz im Juli 1943 angekündigt, dass italienische Juden Zwangsarbeit leisten müssten, und kurz davor gestanden, Deportationen zu befehlen. Die Juden im von Italien besetzten Kroatien waren bereits in einem potenziellen Durchgangslager interniert.[40] Aber im Chaos beim Einmarsch der Wehrmacht konnten die restlichen 2600 kroatischen Juden fliehen, und den meisten der 32 000 italienischen Juden, die sich in den nördlichen zwei Dritteln des Landes aufhielten, blieb genug Zeit, um unterzutauchen. Sie hatten die geografischen Vorteile einer bergigen Landschaft – der Apennin in der Mitte und die Alpen im Norden boten ideale Verstecke – und der Nähe zu den Frontlinien der Alliierten, die sich auf den italienischen Stiefel vorschoben.

Die jüngsten Untersuchungen sprechen dennoch dafür, dass rund ein Viertel dieser trotz allem verwundbaren Juden im Holocaust getötet wurde, dass viele von denen, die nach der Besetzung Italiens durch die Deutschen deportiert wurden, von italienischen Kollaborateuren festgenommen worden waren und dass in den Regionen, wo die Deutschen am stärksten präsent waren, zum Beispiel rund um Triest im Nordosten, die Haltung der Italiener kaum eine Rolle spielte und 90 Prozent der jüdischen Bevölkerung starben.[41] Ein Grund, warum die Deutschen in dieser Region so gründlich vorgingen, ist, dass nach der Räumung der Lager im Osten SS-Einheiten der »Aktion Reinhardt« dorthin verlegt wurden. Der Heldenmut der Bewohner vor Ort konnte die Unbarmherzigkeit der Deutschen nicht aufwiegen, wie das Schicksal von Giovanni Palatucci zeigt, einem Kommissar im Polizeihauptquartier im nahegelegenen Fiume. Er nutzte sein Büro, um Razzien zu verhindern und Juden zu helfen, sodass sie per Boot nach Süditalien entkommen konnten. Im September 1944 verhaftete ihn die Gestapo und schickte ihn nach Dachau, wo er kurz vor der Befreiung des Lagers starb.[42]

Der zeitliche Ablauf, die geografischen Gegebenheiten und die geringe Anzahl waren Faktoren, die die hohen Überlebensraten der Juden in Dänemark und Italien begünstigten. Den Juden half auch, dass es im Herbst 1943 sehr danach aussah, dass Deutschland den Krieg verlieren würde. Und auch noch andere Umstände hatten Anteil daran, genau wie in Bulgarien. In keinem der genannten Länder spielten die Juden eine prominente Rolle im wirtschaftlichen und kulturellen Leben oder in der kommunistischen Politik, weshalb man sie schlecht als Profiteure oder als Bedrohung hinstellen konnte. Zudem waren in allen drei Ländern die jüdischen Gemeinden kulturell stark assimiliert. Die Mitglieder sprachen die jeweilige Landessprache und kleideten sich wie die Mehrheit der Bevölkerung. Anders als bei den meisten Juden in der Ukraine, in Polen, Litauen, Rumänien und im ländlichen Ungarn war Jiddisch nicht ihre *Lingua franca* und das orthodoxe Erscheinungsbild selten. In Italien hatte 1938 über ein Drittel aller verheirateten Juden nichtjüdische Ehepartner.[43] Manchmal wird das Schicksal der städtischen Juden in Deutschland und Ungarn als warnendes Beispiel angeführt, wohin die kulturelle Assimilierung führen könne, als Beweis, dass sie die Juden nicht vor der Feindseligkeit anderer schütze. In diesen Fällen war es tatsächlich so. Aber die Assimilierung versagte nicht immer als Schutz. Die andersartigen Erfahrungen der weitgehend integrierten jüdischen Gemeinschaften von Bulgarien, Dänemark und Italien, wo ein großer Teil der nichtjüdischen Bevölkerung die Juden schützte, verdienen ebenfalls Beachtung.

## Der Fall Polen

Wahrscheinlich ist kein anderer Teilaspekt des Verhaltens der nichtjüdischen Bevölkerungen während des Holocaust heikler als das, was in Polen geschah. Das Land war schließlich das Epizentrum des Holocaust: Dort standen die Vernichtungslager, dort lebte vor dem Zweiten Weltkrieg die Hälfte der Opfer, dort starben 90 Prozent der Juden, die 1939 dort gelebt hatten. Viele Überlebende hatten den Eindruck, dass christliche Polen ihnen wenig geholfen, vielfach ihre Vernichtung befürwortet und sogar gefördert hatten.

Diese Wahrnehmung wurde von Claude Lanzmanns monumentalem, neunstündigem Dokumentarfilm aus den 1980er Jahren, *Shoah*, unterstützt. Darin sind polnische Bauern in der Nähe von Chełmno zu sehen, die erklären, dass die Juden starben, weil sie Jahrhunderte zuvor Christus getötet hätten, und andere Bauern in der Nähe von Auschwitz, die sich lächelnd an die Ankunft der Züge mit den Deportierten erinnern. 2001 lenkte Jan Gross' Buch *Nachbarn* erneut die Aufmerksamkeit auf die angespannten Beziehungen zwischen Juden und Nichtjuden in Polen während der nationalsozialistischen Besatzung. Gross schildert ein furchtbares Massaker an Juden, das christliche polnische Bauern in dem Dorf Jedwabne im von der Sowjetunion annektierten Teil Polens verübten, kurz nachdem die Deutschen 1941 eingetroffen waren. Er übertreibt die Zahl der Opfer und der Täter und untertreibt die Rolle der Deutschen als Anstifter, belegt aber eindeutig, dass Einheimische die Juden töteten, oft auf bestialische Weise. Werke wie die von Lanzmann und Gross haben vielleicht etwas mit einer interessanten Beobachtung von Christopher Browning zu tun, als er sich mit Aussagen von Überlebenden des Arbeitslagers Starachowice beschäftigte: Die Juden beschrieben das Verhalten der Polen unmittelbar nach Kriegsende viel milder und weniger zornig als später. Das Gefühl von Bitterkeit und Verrat wuchs im Lauf der Zeit.[44]

Gleichzeitig war, abgesehen von Weißrussland, in Polen die deutsche Besatzung für die betroffenen Menschen schlimmer als irgendwo sonst. Während des Einmarschs mähten deutsche Truppen wiederholt Zivilisten und Kriegsgefangene mit Maschinengewehren nieder. In den von Deutschland besetzten Teilen Polens starben allein bis Dezember 1939 mindestens 50 000 und womöglich mehr als 60 000 Menschen. Bevor das Massaker an den Juden begann, liquidierten die Deutschen gezielt einen Großteil der polnischen Intelligenzija; sie töteten ein bis zwei Drittel aller Professoren, Journalisten, Rechtsanwälte, Priester, führenden Politiker[45] und so weiter und schwächten damit massiv das Land, das später aus dem Zweiten Weltkrieg hervorging. Das Konzentrationslager Auschwitz wurde ursprünglich für diese Menschen eingerichtet, nicht für Juden. Ein paar Zahlen vermitteln einen Eindruck, wie vollständig die »Säuberung« in manchen Gebieten war:[46] In der katholischen Diözese Poznań (auf Deutsch Posen) im Warthegau wurden zwischen 1939 und 1945 77 Prozent der Priester in Konzentrationslager gebracht, deportiert oder ermordet. In den sechs polnischen Diözesen, die NS-Deutschland annektierte, variierte die Todesrate von Priestern während des Kriegs von einem Minimum bei 30 Prozent bis zu einem Maximum bei über

50 Prozent. Außerdem ließ Himmler Tausende blonder, blauäugiger, nach sogenannten Rassenmerkmalen deutsch aussehender Kinder ihren polnischen Eltern rauben und an nationalsozialistische Adoptivfamilien im Reich übergeben. Zu seiner Bevölkerungspolitik im Warthegau gehörte auch, dass 300 000 Polen vertrieben und zur Armut verdammt wurden; die Willkürherrschaft der Nationalsozialisten im Generalgouvernement sorgte außerdem dafür, dass Tausende weitere durch die Hände von Deutschen starben. Noch einmal rund zwei Millionen wurden als Zwangsarbeiter ins Reich verschleppt und unterschiedlich stark misshandelt.

Den Zurückgebliebenen erging es nicht viel besser. Zu Hunderten wurden sie bei Vergeltungsaktionen für den Widerstand gegen deutsche Maßnahmen oder für Sabotageakte gegen deutsche Truppen erschossen, ihre Bauernhöfe und Dörfer in Brand gesteckt. Höhere Bildung war Polen nahezu vollständig verwehrt, alle Universitäten wurden geschlossen und geplündert. Hans Frank, der NS-Herrscher im Generalgouvernement, erklärte ganz offen, dass es ihn nicht kümmere, ob die Polen »etwas zu essen haben oder nicht«. Dies führte dazu, dass die offiziellen Rationen für Polen 1941 gerade einmal 29 Prozent der täglichen Kalorienmenge entsprachen, die der Völkerbund festgesetzt hatte; bis 1943 sank dieser Wert auf 17 Prozent.[47] Die meisten Polen überlebten, indem sie auf dem Schwarzmarkt einkauften, aber die Suche nach Lebensmitteln war zeitraubend und anstrengend, und die Preise waren schwindelerregend. Martin Winstone, der die gründlichste neuere Untersuchung über das Generalgouvernement verfasst hat, schreibt, die »Brotpreise – das wichtigste Barometer für den Schwarzmarkt – lagen bei rund 4000 Prozent des Vorkriegsniveaus«[48] von 1941 an bis zum Ende der deutschen Besatzung. Allein in den ersten Monaten der deutschen Herrschaft waren die Ressourcen und Einrichtungen des Generalgouvernements so weitgehend geplündert, dass Hans Frank es im März 1940 als »wirtschaftlich gesehen ein leeres Gebilde« bezeichnete. »Was an Rohstoffen da war, hat der Vierjahresplan soweit wie möglich herausgeholt.«[49] Obwohl die Nationalsozialisten selbst einen Widerspruch darin erkannten, die Ordnung im Land zu erhalten und es in die Armut zu treiben, lösten sie ihn nicht, und der Lebensstandard sank während der Besatzung kontinuierlich weiter ab.

Die Politik war ein Grund, warum die annektierten und besetzten Teile Polens so schwer litten, das Personal war ein weiterer. Die Deutschen besetzten die Spitzen der Distrikte des Generalgouvernements in der Regel mit langjährigen, absolut ergebenen Parteimitgliedern, die meistens besonders rassistisch eingestellt und oft auch besonders inkompetent, gierig und skandalumwittert waren. Hans Frank, der Generalgouverneur, entsprach genau diesem Typus. Obwohl manche NS-Verwalter dadurch empfänglich für Bestechung wurden, womit sich die Situation unter Umständen verbessern ließ, waren die neuen deutschen Herren zugleich auch fest entschlossen, aus den besetzten Gebieten alles herauszuholen, was sie konnten, sowohl für das Reich wie für sie selbst. Fritz Cuhorst, der erste von den Nationalsozialisten ernannte Stadtpräsident von Lublin, sprach vielen aus der Seele, als er im Dezember 1939 sagte: »In einer Dienstbesprechung ... haben wir beschlossen, uns von nun an genau umgekehrt wie zu Hause als Beamte zu benehmen: d.h. saumäßig.«[50] Die Folgen beschrieb ein anonymer polnischer Arzt so: »Es war, als lebte man in einem Land, wo man alle Diebe und Verbrecher freigelassen hatte und die Vollstreckung der Gesetze endgültig ausgesetzt war.«[51]

Vielleicht bekommt man den besten Eindruck von Polens Leiden im Zweiten Weltkrieg, wenn man die Ereignisse dort mit den beiden größten Feuerstürmen des Kriegs vergleicht: dem Luftkrieg gegen Deutschland und gegen Japan. Bei der Bombardierung Warschaus 1939 kamen mehr Polen zu Tode als Deutsche bei dem Bombenangriff auf Dresden 1945. Tatsächlich starben allein mehr Einwohner von Warschau, rund 720 000 Menschen, im Zweiten Weltkrieg, als Deutsche bei alliierten Bombenangriffen ums Leben kamen.[52] Noch schockierender ist eine weitere Zahl: Bei der Niederschlagung des Warschauer Aufstands 1944 wurden wohl mehr Polen getötet als ein Jahr später Japaner bei den Atombombenabwürfen auf Hiroshima und Nagasaki.[53] Insgesamt verloren in den Jahren der NS-Besatzung von 1939 bis 1945 rund zwei Millionen nichtjüdische polnische Staatsbürger ihr Leben, eine gigantische Opferzahl, die aber an die der getöteten polnischen Juden nicht heranreicht und, wenn man sich die prozentualen Anteile beider Gruppen an der Vorkriegsbevölkerung vor Augen führt, kaum vergleichbar ist. Die oft zitierte Aussage, unter der NS-Herrschaft seien ebenso viele christliche wie jüdische Staatsbürger gestorben, ist falsch. Jakub Berman, ein polnischer Kommunistenführer, der Jude war, übertrieb die Zahlen im Dezember 1946 aus politischen Gründen; durch eine gründliche statistische Analyse wurde nachgewiesen, dass sie falsch waren.[54] Trotzdem ist richtig, dass sehr viele Nichtjuden im annektierten und besetzten Polen starben. Richtig ist auch, dass währenddessen viele polnische Nichtjuden Zehntausende Juden versteckten und retteten. Und noch ein überraschender Vergleich: Die Zahl der jüdischen Überlebenden in Warschau war genauso groß wie in Amsterdam.[55]

Seit 1945 haben polnische Juden und Nichtjuden darum gewetteifert, wer unter den Nationalsozialisten mehr gelitten hat, und sich wechselseitig Gleichgültigkeit vorgeworfen; beides hat das Gefühl der Distanz zwischen Juden und Nichtjuden verfestigt. Bedauerlich oft haben Juden sich so geäußert, als wären die Polen während des Holocaust noch schlimmer gewesen als die Deutschen, und viele nichtjüdische Polen haben jede Form von Kritik an ihrem Verhalten als verräterische, undankbare Beleidigung einer bedrängten Nation aufgefasst. Im April 2015 ging der polnische Außenminister so weit, den amerikanischen Botschafter einzubestellen, um sich darüber zu beschweren, dass in einer Rede und in einer Zeitungskolumne des FBI-Direktors James Comey von den »Mördern und Komplizen ... aus Polen«[56] die Rede war – eine, wie dieses Kapitel belegt, vollkommen gerechtfertigte Bemerkung. Der Außenminister erkannte darin eine Beleidigung der vielen heldenhaften Polen, die gegen NS-Deutschland Widerstand geleistet hatten. Natürlich zeigten Polen während des Zweiten Weltkriegs sowohl Komplizenschaft wie auch Heldenmut, auf das eine zu verweisen heißt nicht, das andere zu bestreiten. Überdies gingen, wie wir noch sehen werden, der Widerstand gegen den Nationalsozialismus und die Verwicklung in den Holocaust in Polen manchmal Hand in Hand. Aber Comey entschied, diplomatisch zu handeln und sich zu entschuldigen. Derartige Empfindlichkeiten sind sogar in heutigen wissenschaftlichen Kreisen außerhalb Polens aufgetaucht in Form der kritischen Reaktion auf Timothy Snyders wichtiges Buch *Bloodlands*, das 2010 erschien (auf Deutsch 2011). Snyder verglich das Leiden der Juden durch die Nationalsozialisten mit dem Leid, das Polen, Ukrainern und anderen Osteuropäern von 1933 bis 1945 im Ansiedlungsrayon hauptsächlich durch Sowjets zugefügt wurde. Als Reaktion darauf warfen eine Reihe prominenter jüdischer Forscher im Westen und in Israel Snyder vor, er spiele den polnischen Antisemitismus herunter und gebe eine übertrieben polenfreundliche Darstellung des Massakers.[57]

Wie können wir die wechselseitigen Vorwürfe auseinanderdividieren und zu einer besonnenen Bewertung der Geschehnisse gelangen? Ich denke, ein erster Ansatz ist es, sich sieben wichtige und teilweise widersprüchliche Tatsachen vor Augen zu führen.

Erstens war der Antisemitismus in Polen vor 1939 beträchtlich und auf dem Vormarsch.[58] Selbstverständlich waren nicht alle Polen Antisemiten. Die Bauernpartei, die ihren Rückhalt im Volk hatte, und die eher elitäre Demokratische Partei, die kurz vor dem Zweiten Weltkrieg gegründet wurde, sprachen sich für Toleranz gegenüber Juden und gegen ihre Verfolgung aus. Der wichtigste Befürworter der Diskriminierung von Juden war Roman Dmowski. Seine Nationale Partei (die bis 1928 Nationale Demokratie hieß oder Endecja) gewann nach 1935 an Einfluss. In der Zeit verabschiedete die Regierung, die auf die des verstorbenen Marschalls Józef Piłsudski folgte, eine Reihe von Maßnahmen, die darauf abzielten, Juden aus der polnischen Wirtschaft und letztlich aus dem Land zu drängen. In den späten 1930er Jahren flammten wiederholt kleinere Pogrome in Kleinstädten in Zentralpolen auf, bei denen 14 Juden ums Leben kamen und 2000 verwundet wurden. Ein Regierungserlass, wonach Geschäfte die vollständigen Namen ihrer Besitzer anzugeben hatten, erleichterte es, jüdische Unternehmen zu boykottieren, dem gleichen Ziel diente die Aufteilung der städtischen Markthallen in einen jüdischen und einen nichtjüdischen Bereich. Diskriminierende Zulassungsverfahren hatten zur Folge, dass der jüdische Anteil unter den Studenten in Polen von 1928 bis 1938 um fast zwei Drittel zurückging (von

20,4 Prozent auf 7,5 Prozent). Die Juden, die sich einschreiben konnten, mussten ab 1937 in den Vorlesungsräumen auf speziell gekennzeichneten Bänken sitzen und wurden manchmal heftig attackiert. Von 1936 bis 1939 schränkte das polnische Parlament das Schächten erst ein und verbot es dann ganz. Inzwischen hatten praktisch keine Juden mehr Ämter in Büros der nationalen oder kommunalen Verwaltung, bei der Eisenbahn und der Post und in Branchen, die Monopole der Regierung waren wie Tabak-, Alkohol- und Bauholzindustrie. Bis auf zwei getaufte Generäle jüdischer Abstammung waren die wenigen Juden in der polnischen Armee fast ausschließlich Ärzte. Gesetze schrieben vor, dass jüdische Schauspieler nur in jiddischen Theatern auftreten und jüdische Journalisten nur bei Zeitungen in jüdischem Besitz arbeiten durften. Verschiedene Berufsverbände, darunter der Verband der Elektroingenieure und die Ärztevereinigung, stimmten für den Ausschluss von Juden. Die politische Organisation, die 1936 zur Unterstützung der Nachfolgeregierung des Piłsudski-Regimes gegründet worden war, das Lager der Nationalen Vereinigung (OZON), nahm ebenfalls keine jüdischen Mitglieder auf.

1937 sprach sich der Vorsitzende der Konservativen Partei, Fürst Janusz Radziwiłł, für die »zwangsweise Emigration der Juden« aus. Die polnische Regierung schickte eine Delegation nach Madagaskar, die erkunden sollte, ob es möglich wäre, die Juden dorthin zu bringen.[59] Im Jahr darauf diskutierte der polnische Außenminister die Idee sogar mit seinem französischen Amtskollegen und versuchte, rund 400 000 Hektar Land auf der Insel zu pachten, damit in den nächsten fünf bis sechs Jahren 30 000 jüdische Familien jährlich auswandern könnten, insgesamt 500 000 bis 600 000 Menschen. Kurz darauf nahm der polnische Botschafter in den Vereinigten Staaten Gespräche mit einer Gruppe wohlhabender und einflussreicher amerikanischer Juden auf, in denen es darum ging, mit deren Geld die portugiesische Kolonie Angola als »zusätzliche jüdische Heimstatt« zu kaufen.[60] Das Bestreben der polnischen Regierung, die Juden loszuwerden, war so stark, dass sie 1938 und 1939 sogar rechtsgerichtete zionistische Kämpfer in Polen ausbildete und nach Palästina schickte.[61] Die Regierung hoffte, die Kämpfer würden dort so viele Gewalttaten begehen, dass die Briten entweder das Gebiet verließen oder die Beschränkungen für die Immigration lockerten.

In der tiefen Verwurzelung und weiten Verbreitung des polnischen Antisemitismus spiegelte sich das enge Band zwischen dem polnischen Nationalismus und dem polnischen Katholizismus wider. In den Augen vieler Polen konnte man nicht polnischer Nationalität sein, ohne katholisch zu sein, und die polnischen Priester stimmten dieser Aussage aus tiefstem Herzen zu. Sie waren der am deutlichsten antisemitische katholische Klerus in Europa und unterstützten im Allgemeinen Dmowski und seine Nationalisten. Kirchenführer und Veröffentlichungen brachten die Juden immer wieder mit allen fremden und angeblich verwerflichen, schmutzigen Kräften des modernen Lebens in Verbindung und so mit jeder Meinungsströmung und jedem Verhalten, die die Autorität, die Macht und die Einkünfte der Kirche bedrohten. Polens Kardinäle machten die Juden besonders unverfroren für alle Probleme des Landes verantwortlich. Die offizielle Haltung der Kirche gegenüber den Juden hatte sich seit dem Mittelalter nicht verändert: Die Juden waren böse, aufrührerische Menschen, denen man aus dem Weg gehen, aber keinen körperlichen Schaden zufügen sollte.

Typisch für die erbitterte Feindschaft der Verantwortlichen der katholischen Kirche Polens gegen die Juden war der Hirtenbrief mit dem Titel »Über die Prinzipien der katholischen Moral«, den der polnische Primas Kardinal August Hlond im Februar 1936 herausgab. Darin hieß es: »Es ist eine Tatsache, dass die Juden … die Vorhut der Gottlosigkeit, der bolschewistischen Bewegung und revolutionärer Umtriebe sind. Es ist eine Tatsache, dass der jüdische Einfluss auf die Moral verderblich ist und dass ihre Verlagshäuser Pornografie verbreiten. Es stimmt, dass die Juden Betrug und Wucher dulden … Aber seien wir gerecht. Nicht alle Juden sind so … Man kann seine eigene Nation mehr lieben, aber man darf nicht alle Juden hassen. In geschäftlichen Dingen ist es gut, wenn wir unsere eigenen Leute über alle anderen stellen, jüdische Geschäfte und jüdische Stände auf dem Markt meiden, aber man darf jüdische Geschäfte nicht plündern … Wir müssen uns gegen den schädlichen moralischen Einfluss des

Judentums abschotten ... insbesondere die jüdische Presse und zersetzende jüdische Verlage boykottieren, aber es ist nicht erlaubt, die Juden anzugreifen, zu schlagen, zu verletzen, ihnen Schaden zuzufügen, sie zu schmähen.«[62]

Zwei Jahre später fasste Pater Józef Kruszyński, der ehemalige Rektor der katholischen Universität Lublin und wichtigster intellektueller Verbreiter der *Protokolle der Weisen von Zion* in der Zwischenkriegszeit in Polen, die ambivalente Lehre der Kirche gegenüber den Juden zusammen. Er bezeichnete ihre Verfolgung in Deutschland als barbarisch, fügte aber hinzu: »Hitler hat die Juden die Mikroben der Welt genannt. Der Vorwurf ist ungewöhnlich hart, doch wir müssen zugeben, dass er richtig ist.«[63] Kurzum, der traditionelle religiöse Antisemitismus war in Polen nach wie vor lebendig und stark, und sehr wenige katholische Priester, vor allem in den Gemeinden, erhoben ihre Stimme zur Verteidigung der Juden oder forderten die Mitglieder ihrer Gemeinden auf, den Juden zu helfen. Im Gegenteil: Die katholische Hierarchie entschuldigte wiederholt die »bedauerlichen Exzesse« polnischer Antisemiten, wie sie es nannte, und stellte sie als verständliche Reaktionen auf die Missachtung »des Glaubens und der Traditionen der Christen« dar, die die Juden angeblich an den Tag legten.[64]

Zweitens hatten Juden und Polen in großen Teilen von Vorkriegspolen als getrennte ethnische Gemeinschaften gelebt und empfanden wenig wechselseitige Solidarität. In einer Umfrage vor dem Krieg gaben nur zwölf Prozent der polnischen Juden Polnisch als ihre Muttersprache an.[65] Die ambivalent formulierten Fragen lassen vermuten, dass diese Zahl zu gering sein könnte, und aus Aufzeichnungen über die Ausleihungen aus Bibliotheken geht hervor, dass die Juden mehr auf Polnisch lasen als auf Jiddisch. Trotzdem sprachen die meisten Juden in erster Linie Jiddisch, und das Gros derer, die Polnisch konnten, hatte einen deutlichen Akzent. Heiraten zwischen Juden und Christen und Konversionen waren selten. Die Juden hatten ihre eigenen Gesangvereine, Genossenschaften, Kreditvereine, Kulturgesellschaften, Krankenhäuser, Orchester, Waisenhäuser, Zeitungen, Verlagshäuser, Sportklubs und Theaterkompanien.

In einem großen Teil des Landes waren Juden und Christen nach Wohnorten und Berufen getrennt.[66] Vor dem Krieg hatten Juden zehn Prozent der polnischen Bevölkerung ausgemacht, aber 33 Prozent aller Stadtbewohner in West- und Zentralpolen und zwischen 40 und 60 Prozent in verschiedenen Gebieten in der Osthälfte des Landes, die 1939 an die Sowjetunion fiel. Während nur ein Prozent der Juden akademische Berufe ausübte, waren 1921 63 Prozent der Beschäftigten im Handel Juden, und zehn Jahre später stellten sie 56 Prozent der Ärzte, außerdem 43 Prozent der Lehrer, 33,5 Prozent der Anwälte und 22 Prozent der Journalisten und Verleger. Am Vorabend des Zweiten Weltkriegs arbeiteten über 40 Prozent der polnischen Erwerbstätigen in Firmen, die Juden gehörten, und Juden zahlten zwischen 35 und 40 Prozent der Steuern in Polen. Neben der ethnischen Verschiedenheit und religiösen Unterschieden sorgten somit Klassenressentiments und Neid für Distanz zwischen den beiden Bevölkerungsgruppen. In Polen war die Überzeugung weit verbreitet, die Juden seien durch unfaire Kungelei unverhältnismäßig reich geworden, deshalb hätten die Polen das Recht, sich zurückzuholen, was rechtmäßig ihnen gehörte. Doch ein hoher Prozentsatz der jüdischen Bevölkerung blieb arm, manchmal bitterarm, wozu die diskriminierende Arbeits- und Steuerpolitik der Regierung ihren Teil beitrug. Bei Ausbruch des Zweiten Weltkriegs hing ungefähr ein Drittel der Juden in Polen von der Unterstützung mit Hilfsgütern ab, die überwiegend von jüdischen Organisationen in den Vereinigten Staaten kamen.

All dies traf in Warschau weniger zu als andernorts: Die Juden in der relativ kosmopolitischen Hauptstadt waren stärker assimiliert, sprachen mit höherer Wahrscheinlichkeit Polnisch und hatten mit Nichtjuden Kontakt, und ihnen schlugen weniger systematisch Neid und Ablehnung entgegen. Die relativ häufigen Kontakte zwischen jüdischen und nichtjüdischen Einwohnern erklären die Zahl der Juden, die in der Stadt versteckt und gerettet wurden: rund 11 500, vielleicht auch mehr. Gunnar S. Paulsson, der die Rettung von Juden in Warschau besonders gründlich untersucht hat, kommt zu dem Ergebnis, dass 70 000 bis 90 000 Nichtjuden daran beteiligt gewesen sein müssen. Im Juni 1943 versteckten sich so viele Juden – wahrscheinlich über 25 000 – in Warschau, dass die Nationalsozialisten zu einem Trick griffen. Sie behaupteten, sie hätten Einreisedokumente für verschiedene lateinamerikanische Länder und würden sie an Juden verkaufen, die dann bei den Alliierten gegen deutsche Staatsbürger im Ausland getauscht würden. Die Deutschen brachten sogar einige Juden komfortabel im Hotel Polski unter, dem angeblichen Sammelpunkt für den Austausch. Rund 3500 Juden gingen in die Falle und verließen ihre Verstecke; sie starben in Auschwitz.[67]

Drittens trennte auch die Politik Polen und Juden. Bereits im polnisch-sowjetischen Krieg von 1919 bis 1920 internierte die polnische Armee ihre jüdischen Soldaten in einem Lager, weil sie angeblich ein Sicherheitsrisiko darstellten.[68] In der Zwischenkriegszeit stand in Polen ein größerer Prozentsatz von Juden als von Nichtjuden politisch links, und in den 1930er Jahren stellten Juden mehr als die Hälfte der lokalen Parteiführer der polnischen Kommunistischen Partei und die meisten Angehörigen ihres Zentralkomitees, obwohl die Mehrzahl der Juden der Partei nicht angehörte.[69] Die Mehrheit der Polen glaubte in den Jahren 1939 bis 1941, die Juden seien kommunistenfreundlich eingestellt, und angesichts dessen, was die Deutschen mit den Juden vorhatten, war die Überzeugung begründet. Aus Yehuda Bauers Buch über das von der Sowjetunion annektierte polnische Gebiet geht hervor, dass die Juden dort die Russen als das für sie kleinere von zwei Übeln in Osteuropa ansahen, und sich im Allgemeinen kooperativ verhielten, als die Sowjets kamen.[70] Calel Perechodnik blickte 1943 auf das Jahr 1939 zurück und schrieb von »unbändiger Freude«, mit der die Juden die sowjetischen Besatzer Ostpolens begrüßten. Er fügte hinzu: »Wen wundert es. Von der einen Seite marschiert der Deutsche ein, Parolen von der erbarmungslosen Vernichtung und Ermordung aller Juden verbreitend, von der anderen Seite kommt der Bolschewik mit der Parole, daß für ihn alle Menschen vor dem Gesetz gleich sind. Da gab es nichts zu vergleichen.«[71]

Angesichts des tiefsitzenden Hasses der Polen auf Russland, der auf die lange zaristische Besatzung im 19. Jahrhundert zurückging und auf die Deportation von rund einer halben Million Polen aus den annektierten Gebieten nach Sibirien in den Jahren 1940 und 1941, musste die Haltung der Juden die beiden Bevölkerungsgruppen noch weiter auseinandertreiben. In Jedwabne lieferte angeblich sowjetfreundliches Verhalten der Juden in den Jahren 1939 bis 1941 den Vorwand für die an ihnen verübten Morde. Und die Massaker dort waren keineswegs eine Ausnahme:[72] Allein im Landkreis Suwałki gab es 66 derartige Vorfälle, in den von der Sowjetunion annektierten östlichen Kreisen insgesamt rund 200. Stefan Rowecki, General des polnischen Widerstands, berichtete am 4. Juli 1941 der polnischen Exilregierung in London, während die deutschen Truppen in das von den Sowjets eingenommene polnische Staatsgebiet vordrangen: Viele Polen seien bereit, »in diesen Gebieten den Deutschen administrative und wirtschaftliche Hilfe zu leisten ... [als] spontane Reaktion der Dankbarkeit auf ihre Befreiung von der bolschewistischen Unterdrückung, an der die Juden einen großen Anteil hatten«.[73] Ironischerweise, so Yehuda Bauer, höhlten zwei Faktoren den Zusammenhalt der jüdischen Gemeinschaft in Ostpolen zwischen 1939 und 1941 aus: die Faszination, die die Sowjetgesellschaft auf die Juden dort ausübte, besonders auf die jüngeren, und die wirtschaftlichen und antireligiösen Maßnahmen der Kommunisten. Das untergrub ihre Fähigkeit, gegen die Deutschen Widerstand zu leisten, als sie kamen, genau wie Meinungsverschiedenheiten über die sowjetischen Besatzer die Solidarität zwischen Juden und Polen in der Region beeinträchtigten.

Jan Kozielewski, ein heldenhafter nichtjüdischer Widerstandskämpfer während des Kriegs, der unter dem Decknamen Jan Karski operierte, schrieb im Februar 1940 einen Bericht für die Exilregierung in London, in dem er ganz klar formulierte, wie tief die Spaltung zwischen den jüdischen und nichtjüdischen Polen bereits war. Er schloss mit der Feststellung, die Nationalsozialisten hätten die jüdische Frage zu einer »schmalen Brücke« gemacht, »auf der Deutsche und ein großer Teil der polnischen Bevölkerung Übereinstimmung erzielen« konnten.[74] Als Folge davon schloss die wichtigste Widerstandsorganisation, die Armia Krajowa (AK) oder Heimatarmee, nahezu überall außerhalb Warschaus Juden aus ihren Reihen aus, weil sie als Sicherheitsrisiko und tendenziell prosowjetisch galten. Als die russischen

Armeen die Deutschen zurück an die polnische Grenze trieben, steigerte das bei einigen Kommandanten der Heimatarmee, die nun einen Zweifrontenkrieg gegen die Deutschen und gegen die prosowjetische Polnische Volksarmee führten, die Feindschaft gegen die Juden noch weiter. Das führte dazu, dass nicht weniger als 22 jüdische Insassen des Lagers Sobibór, die während des Aufstands im Oktober 1943 flohen, in den darauffolgenden Tagen durch die Hände von Polen starben, mindestens acht von ihnen wurden von einer Einheit der Armia Krajowa getötet.[75] Im August 1944 entdeckte die Einheit Barwy Biale der Heimatarmee, die mittlerweile zum Infanterieregiment der 2. Legion gehörte, drei oder vier Dutzend jüdische Flüchtlinge aus der Munitionsfabrik Skarżysko-Kamienna, die sich in einem Wald versteckt hatten. Sie wurden allesamt kaltblütig umgebracht.[76]

Ob aus religiösen, sozialen, persönlichen oder politischen Gründen – viele Bauern und sogar Einheiten des Widerstands in ländlichen Regionen brachten regelmäßig Hunderte von Juden um, die sich zu verstecken versuchten, oder verrieten sie an die Nationalsozialisten. Im Lauf der Zeit geschah das immer öfter, und zwar bis zum Ende der deutschen Besatzung. Zygmunt Klukowski, ein Arzt in einer Kleinstadt in der Nähe von Lublin, schrieb am 26. November 1942 in sein Tagebuch: »Die Bauern ergreifen die Juden, die sich in den Dörfern verstecken, aus Angst vor Vergeltung und bringen sie in die Stadt oder töten sie gleich auf der Stelle. Im Allgemeinen ist das Verhältnis zu den Juden auf seltsame Art brutal geworden. Eine Psychose hat die Menschen ergriffen, und nun folgen sie dem deutschen Beispiel und betrachten die Juden nicht mehr als menschliche Wesen, sondern eher als schädliche Seuche, die mit allen verfügbaren Mitteln ausgemerzt werden muss wie ein tollwütiger Hund oder eine Ratte.«[77]

In vielen Fällen waren auch die sogenannte Blaue Polizei, die noch verbliebenen polnischen Streifenpolizisten, und lokale Einheiten der freiwilligen Feuerwehr daran beteiligt, Juden aus ihren Verstecken herauszutreiben oder festzunehmen, wenn Einheimische sie verraten hatten. Bei jeder erfolgreichen Jagd auf versteckte Juden hatten die politisch Verantwortlichen vor Ort das Recht, sämtlichen Besitz der Opfer, der ihnen in die Hände fiel, einschließlich ihrer Kleidung, zu verteilen. Die Deutschen zahlten zudem Belohnungen für jeden ausgelieferten Juden, manchmal ein paar Kilogramm Zucker, manchmal Geld, manchmal Schnaps, und drohten Gemeinden mit kollektiver Bestrafung, sollten sie dort versteckte Juden finden.[78] Die Angst vor solchen Strafen hatte viel mit der kollektiven Psychose zu tun, die Klukowski registrierte.

Wenn man alle Belege zusammennimmt, kann man sagen, dass es nach zurückhaltender Schätzung mindestens genauso viele nicht-jüdische Polen gab, die Juden verrieten, wie solche, die sie vor den Nationalsozialisten versteckten. Die große Mehrheit der polnischen Christen tat weder das eine noch das andere, aber die Minderheiten, die Juden halfen oder ihnen schadeten, waren nicht gleichmäßig verteilt. Besonders in ländlichen Gebieten standen die Chancen schlecht, dass Juden lange genug geschützt wurden, um zu überleben. Eine Untersuchung der Vorgänge im Landkreis Dąbrowa Tarnowska gut achtzig Kilometer östlich von Krakau hat anhand von Unterlagen aus polnischen und deutschen Archiven und von Prozessakten aus der Nachkriegszeit das Schicksal von 337 Juden nachgezeichnet, die sich nach der Liquidierung der Ghettos dort zu verbergen versuchten. 51 hatten Glück und lebten noch, als die sowjetischen Armeen kamen, aber 286 verloren zwischen 1942 und 1945 ihr Leben. Von den Getöteten starben mehr durch die Hände von polnischen Zivilisten und Polizisten als durch Deutsche: 122 gegenüber 105.[79] Bezeichnenderweise kommentierte die Untergrundpresse diese Art der Kollaboration sehr unterschiedlich. Einige Widerstandszeitungen verdammten sie als schändlich, während andere verkündeten: »[W]ir müssen diejenigen bestrafen, die Juden verstecken wollen, und sie [das heißt die Beschützer] zu Verrätern erklären.«[80] Dieser Unterschied könnte noch etwas anderes erklären, was aus den Zahlen aus Dąbrowa Tarnowska hervorgeht: Die meisten Menschen, die Juden versteckten, taten das gegen Geld oder eine andere Bezahlung, aber nur sehr wenige Juden, denen unter solchen Bedingungen Schutz gewährt wurde – nur neun Prozent –, überlebten tatsächlich den Krieg.[81] Das lässt vermuten, dass sie verraten wurden, als sie keine Wertsachen mehr hatten, die sie gegen Schutz eintauschen konnten.

Viertens tat der polnische Widerstand während der deutschen Besatzung wenig, um Polens Juden zu helfen, obwohl er frühzeitig und umfassend erst über die Bedingungen in den Ghettos und später über die Deportationen und die Vernichtungslager informiert war. Die Armia Krajowa gab ihr Wissen, auch konkrete Informationen über Vergasungen, an die polnische Exilregierung in London weiter, die es veröffentlichte, und sorgte dafür, dass die Untergrundpresse im Land die Informationen verbreitete. Offizielle Proklamationen warnten die Polen, sich an der Judenverfolgung zu beteiligen oder Juden, die sich versteckt hatten, zu erpressen; später im Krieg ahndeten Einheiten der Armia Krajowa Verstöße mit Hinrichtungen.[82] Außerdem rief die Exilregierung im November 1942 Jan Karski nach Großbritannien und schickte ihn im Juli 1943 weiter in die Vereinigten Staaten, wo er den politisch Verantwortlichen mitteilen sollte, was in Polen geschah. Aber entsprechend der Strategie der Heimatarmee, Kräfte zu sammeln und abzuwarten, bis die NS-Herrschaft in Polen am Rand des Zusammenbruchs stehen würde, unternahm sie keine Anstrengungen, die Transporte aus Warschau zu behindern oder die Gleise nach Bełżec, Sobibór und Treblinka in die Luft zu sprengen. Aus demselben Grund leistete die Armia Krajowa beim Aufstand im Warschauer Ghetto im Frühjahr 1943 kaum Hilfe: Sie lieferte insgesamt fünfzig Pistolen, fünfzig Handgranaten und etwa viereinhalb Kilogramm Sprengstoff, unternahm zwei erfolglose Versuche während der Kämpfe, Löcher in die Wände des Ghettos zu sprengen, und ein paar Scharfschützen feuerten auf deutsche Wachen.[83] Diese Unterstützung war tatsächlich der Gipfel der Hilfe, die die Armia Krawoja den polnischen Juden leistete. Nachdem Tadeusz Komorowski als Nachfolger des gefangengenommenen Generals Rowecki im Juli 1943 das Kommando der Heimatarmee übernommen hatte, ließ deren Bereitschaft, den wenigen noch lebenden polnischen Juden zu helfen, weiter nach. Stattdessen kämpfte die Armia Krajowa mit großem Eifer gegen das sogenannte Banditentum jüdischer Flüchtlinge und der Partisaneneinheiten, die bei Bauern requirierten, was sie zum Leben brauchten.[84]

Die vielleicht eindrücklichste Demonstration, wie halbherzig der polnische Widerstand die Juden unterstützte, ist die Geschichte der Organisation, die die Exilregierung eigens zu diesem Zweck ins Leben rief. Żegota, der Rat für die Unterstützung der Juden, sollte gefälschte Papiere und Verstecke finanzieren. Aber er wurde erst spät gegründet, im Herbst 1942, als die meisten polnischen Juden schon tot waren, und seine Wirksamkeit war begrenzt. Die Schätzungen, wie viele Menschen die Organisation tatsächlich rettete, variieren erheblich, belaufen sich aber auf höchstens einige tausend, überwiegend Kinder. Selbst in dem Flugblatt, das zu öffentlichen Protesten gegen die Deportationen aufrief und zur Gründung von Żegota führte, kommt eine ambivalente Einstellung zu Rettungsversuchen zum Ausdruck, die diese Bemühungen untergrub. Die Verfasserin Zofia Kossak konnte nicht umhin festzustellen: »Unsere Gefühle gegenüber den Juden haben sich nicht verändert. Wir betrachten sie weiterhin als politische, wirtschaftliche und ideologische Feinde Polens.« Die Oberen der katholischen Kirche leisteten keinerlei Hilfe und nahmen kaum Notiz von Żegota; der Großteil der Geldmittel der Organisation – ganz sicher der Großteil dessen, was tatsächlich nach Polen gelangte – stammte aus jüdischen Quellen im Ausland, nicht von der polnischen Exilregierung in London.[85] Ein Grund dafür war, dass die Vertreter der Nationalen Partei in der Exilregierung die Beteiligung an Żegota und die Unterstützung dieser Organisation ablehnten und kontinuierlich weiter antisemitische Propaganda im Untergrund verbreiteten.

Die Präsenz der Nationalen Partei und ihr Handeln widersprachen den Beteuerungen der Exilregierung, Nachkriegspolen werde ein Staat sein, in dem alle Bürger gleiche Rechte genössen. Tatsächlich ist einer der bemerkenswertesten Aspekte des Holocaust in Polen, wie wenig das Massaker die in der Vorkriegszeit herrschenden Einstellungen gegenüber den Juden des Landes veränderte. Eine Studie über die Anführer von 13 politischen Gruppierungen im polnischen Widerstand Ende 1943 fand heraus, dass sie im Verhältnis von neun zu vier der Liquidierung oder Emigration der Juden vor der Integration und Gleichstellung in einem Nachkriegsstaat den Vorzug gaben.[86] Hermann Langbein zufolge fiel selbst unter politischen Gefangenen in den Konzentrationslagern der hartnäckige Antisemitismus der Polen auf.[87]

Fünftens gilt, gerade weil in Polen mehr Juden lebten als anderswo, hatten mehr Menschen etwas zu gewinnen als andernorts, wenn die Juden verschwanden, und auch das höhlte die Solidarität aus. Die Nationalsozialisten legten es gezielt darauf an, sich die Loyalität der Nichtjuden zu erkaufen, insbesondere in den Regionen, die sie 1941 von der UdSSR erobert hatten, indem sie den Besitz jüdischer Haushalte umgehend an die lokale Bevölkerung verteilten und Schulen, Häuser der jüdischen Gemeinde, Synagogen und Krankenhäuser in Einrichtungen für Nichtjuden umwandelten. Selbst die Vernichtungslager wurden zu Quellen der Bereicherung, weil die Dörfer in der Umgebung von dem Geld profitierten, das die Wachen ausgaben, und manchmal auch vom Schwarzmarkt mit Dingen, die man den ermordeten Menschen abgenommen hatte. Aufgrund von Gerüchten, die sich im ganzen besetzten Land verbreiteten, eröffneten 1942 und 1943 Devisen- und Juwelenhändler Läden rund um Treblinka, und Prostituierte zogen in die Region.[88] In welchem Umfang viele ganz normale polnische Bürger von den Morden profitierten, wird noch heute in den polnischen Restitutionsgesetzen deutlich, in denen es heißt, dass nur Einwohner Polens Eigentum zurückfordern können, das Juden gestohlen wurde. Weil die meisten überlebenden Juden nach 1945 das Land verließen oder Ende der 1960er Jahre vertrieben wurden, schützt dieses Gesetz in erheblichem Umfang den Diebstahl, und es wurde genau so konzipiert, weil er so massiv war.

Sechstens überdauerte der Antisemitismus in Polen den Holocaust. Nechama Tec, die sich wissenschaftlich mit den Rettern befasst hat und dank einiger die Kriegszeit in Polen überlebte, schreibt in ihrem Erinnerungsbuch *Eine Art Leben*, nach der Befreiung ihrer Stadt durch die Russen hätten ihre Retter sie als Erstes gebeten, niemandem zu sagen, wer sie versteckt hatte.[89] Andere in Polen versteckte Kinder haben das Gleiche berichtet, und als die Jüdische Historische Kommission in Krakau 1947 begann, die Namen von Rettern zu veröffentlichen, wurde sie von vielen ersucht, in Zukunft ihre Namen nicht mehr zu nennen.[90] Polnische Judenretter erwarteten von ihren

Nachbarn häufig nicht Lob oder Respekt, sondern Verachtung wegen ihrer Freundlichkeit, und oft genug widerfuhr ihnen, was sie erwarteten. Die einzige Familie, die 1941 Juden vor dem Massaker in Jedwabne versteckte, wurde nach dem Krieg so angefeindet, dass die meisten ihrer Mitglieder nach Chicago auswanderten.[91]

Nach dem Krieg gab es viele Pogrome in Polen; bei einem davon starb Chaim Hirszman, einer von nur zwei Überlebenden des Vernichtungslagers Bełżec. In Kielce kam es 1946 zu einem Pogrom, als jemand behauptete, die in das jüdische Gemeinschaftszentrum zurückgekehrten Juden hätten ein nichtjüdisches Kind entführt und getötet, genau wie es die alte Ritualmordbeschuldigung besagte. Jan Gross, der in seinem Buch *Fear* die Vorgänge genau untersucht hat, schreibt, das Pogrom sei nicht nur ein Ausbruch des endemischen Judenhasses gewesen, sondern auch ein Versuch, Zeugen für die Komplizenschaft der Polen beim Holocaust zu beseitigen. Tatsächlich spricht ein großer Teil der prosopografischen Befunde dafür, dass einige der glühendsten polnischen Antisemiten der Jahre 1942 und 1946 nach dem Krieg ihre Spuren zu verwischen suchten, indem sie besonders eifrige polnische Kollaborateure der Kommunisten wurden.[92] Andere Antisemiten führten indessen einfach die alte Tradition fort, die Juden als ein Volk darzustellen, das Polen jederzeit an die Roten verraten würde, und verbreiteten Geschichten – die wieder übertrieben waren, aber nicht vollkommen unbegründet – über die angebliche »Überrepräsentation« der Juden in den kommunistischen Geheimdiensten.[93]

Als Folge der zutiefst antisemitischen Atmosphäre flohen in den ersten Jahren nach Kriegsende rund 250 000 Juden, darunter viele, die gerade erst von einer früheren Flucht in die Sowjetunion ins Land zurückgekehrt waren, in den Westen. In den späten 1960er Jahren organisierte die kommunistische Nachkriegsregierung eine sogenannte antizionistische Kampagne, die hauptsächlich dazu diente, Unmut im Volk zu schüren; sie sollte aber auch das Gerücht, das Regime sei ein Werkzeug der Juden, zerstreuen, das sich beharrlich in der polnischen Öffentlichkeit hielt. Nach 1989 und dem Sturz des Kommunismus in Polen demonstrierte Lech Wałęsa, der Held der Bewegung Solidarność, wie hartnäckig der Antisemitismus in Teilen der polnischen Gesellschaft war. Er versuchte, einen Mitbewerber um das Amt des Präsidenten mit der Behauptung zu diskreditieren, er sei jüdischer Abstammung. Später wies er Jan Gross' Erkenntnisse über Jedwabne zurück als Werk eines »Juden, der Geld machen möchte«.[94]

Siebtens wird in Yad Vashem an mehr Polen erinnert, die Juden retteten, als an Menschen jeder anderen Nationalität. Teilweise hing das einfach damit zusammen, dass es in Polen mehr Juden gab als anderswo, sodass selbst eine unter dem Durchschnitt liegende Zahl von Rettern mehr Menschen gerettet oder den Versuch, dies zu tun, mit dem Leben bezahlt haben könnte als andernorts. Die Untersuchungen von Nechama Tec und anderen Wissenschaftlern enthalten Tausende Geschichten von polnischem Heldenmut bei der Verteidigung von Juden an einem Ort, wo das besonders gefährlich war. Emanuel Ringelblum, der Schöpfer des Archivs Oneg Schabbat im Warschauer Ghetto, kam mit seiner Frau, seinem Sohn und 34 weiteren Juden in einem Versteck unter, das einem Nichtjuden namens Mieczysław Wolski gehörte und von ihm eingerichtet worden war.[95] Wolski und sein Neffe wurden zusammen mit den Juden umgebracht, als die Deutschen den Bunker im März 1944 entdeckten. Polnische und deutsche Forscher haben verlässlich fast 1000 Fälle aufgedeckt, in denen Polen hingerichtet wurden, weil sie Juden geholfen hatten, sich zu verstecken; fast alle werden in Yad Vashem nicht erwähnt.[96]

Zu welcher Schlussfolgerung führen nun diese sieben Punkte? Vor allem sind sie ein Appell zum Verständnis und zur Aufgabe der wechselseitigen Beschuldigungen und des Wetteiferns, wer mehr zu leiden hatte. Einen entscheidenden Punkt darf man nie vergessen: Die Nationalsozialisten schufen in den annektierten und besetzten Teilen Polens eine Welt, die an Hobbes' Kampf aller gegen alle erinnerte – ohne einheimische Regierung, die mäßigend hätte wirken können – und in der die verschiedenen Gruppen der Bevölkerung in einem verzweifelten Kampf ums Überleben beständig gegeneinander aufgehetzt wurden. In diesem Umfeld konnte ein Bewusstsein für gemeinsame Interessen nicht gedeihen. Vielmehr förderte dieses

Umfeld, dass jeder sich nur um seine eigenen Interessen kümmerte und Gelegenheiten ausnutzte, die sich boten. Deshalb immunisierte die Tatsache, dass die Nationalsozialisten die Polen in vielerlei Hinsicht zu Opfern machten, manche Polen nicht dagegen, in der einen oder anderen Weise zu Komplizen der deutschen Verbrechen zu werden.

Zu einer derart abgewogenen Sicht zu gelangen war für die Menschen in Polen viel schwerer, als es für Menschen in anderen Ländern sein sollte, und wird es auch bleiben. Das hängt damit zusammen, dass die Interpretation der Geschichte eines Landes immer eine emotional hoch aufgeladene politische Aufgabe seiner Bürger ist. Oder wie es William Faulkner in einer berühmten Formulierung ausgedrückt hat: »Das Vergangene ist nicht tot. Es ist nicht einmal vergangen.« Seit 1945 haben Schilderungen, wie sich nichtjüdische Polen während des Holocaust gegenüber Polen jüdischer Abstammung verhielten, immer wieder heftige Kontroversen in Polen ausgelöst. Linke, die sich selbst immer öfter für säkular und progressiv und vielleicht weniger verbittert durch die Erfahrung des Kommunismus und die Erinnerung daran halten, haben die Feindschaft oder Gleichgültigkeit der katholischen Kirche und die Abneigung der Heimatarmee gegen die Juden hervorgehoben. Rechte, die sich mit dem Katholizismus und traditionellen Werten identifizieren und bis heute wegen einer angeblichen Verbindung zwischen Juden und Bolschewiken argwöhnisch sind, haben sich auf jedes noch so entlegene Beispiel christlicher Nächstenliebe und nationaler Großherzigkeit gegenüber dem verfolgten Volk in der Kriegszeit konzentriert. Weil diese Geschichtsansichten als Quellen der Identität wie auch der Legitimität in der Gegenwart funktionieren, werden die Polen auch weiterhin leidenschaftlich darüber streiten, wer in den Jahren von 1939 bis 1945 wem was auf ihrem Boden angetan hat.

Aber wir anderen sollten weniger Probleme damit haben, ohne falsche Gleichsetzungen das Leiden nahezu aller Betroffenen anzuerkennen und mitfühlend zu betrachten. Das Schicksal der Nichtjuden, die größtenteils den Krieg überlebten, war nicht das gleiche wie das der Juden, die zumindest in Polen praktisch ausgelöscht wurden. Juden im besetzten Polen wurden mit fünfzehnmal größerer Wahrscheinlichkeit umgebracht als Nichtjuden.[97] Der Unterschied hat einen ideologischen Grund: In der Neuen Ordnung der Nationalsozialisten waren die Juden für einen schnellen Tod bestimmt, die Polen für Versklavung und Ausbeutung und für Vernichtung erst dann, wenn Deutschland ihre Arbeitskraft nicht mehr brauchen würde.

## KAPITEL 7

# Zuschauer:
# Warum kam nur so wenig Hilfe
# von außen?

WENN DIE NATIONALSOZIALISTEN ernst meinten, was sie in den 1930er Jahren sagten, nämlich dass es keine Juden mehr auf deutschem Boden geben sollte, dann hätten die Juden nur eine Chance gehabt, um dem zu entgehen, was zum Holocaust wurde: die Flucht in andere Länder. Tatsächlich kamen 60 Prozent der Juden in Deutschland auf diese Weise davon, außerdem 67 Prozent der Juden in Österreich und rund 25 Prozent der Juden in Böhmen und Mähren. Aber nur sehr wenige Juden in den Gebieten, in die Hitlers Weg auf der Suche nach Lebensraum führte, konnten in den 1930er Jahren emigrieren – und noch weniger, als das Morden erst einmal begonnen hatte. Stattdessen stellten die Juden fest, dass keine Macht außerhalb Deutschlands ihnen viel mehr als rhetorische Unterstützung und Versprechen, Vergeltung zu üben, bieten wollte und später auch bieten konnte. Und selbst diese Form des Rückhalts fiel sehr sparsam aus. Warum konnten nicht mehr Juden in Sicherheit gebracht werden? Warum bekamen die Juden nur so wenig Hilfe?

Die kurze Antwort lautet, dass eine Mischung aus Antisemitismus sowie wirtschaftlichen und politischen Interessen verhinderte, dass während des Holocaust Juden in großer Zahl in anderen Ländern aufgenommen wurden und auf andere Weise Hilfe erhielten. Früher oder später entschied jedes Land, das hätte helfen können, dass es andere Prioritäten hatte, als Juden zu retten und zu verteidigen. Das galt auch für den Völkerbund in Genf, für die meisten Nichtregierungsorganisationen wie das Internationale Olympische Komitee, das Internationale Komitee vom Roten Kreuz und fast alle transnationalen religiösen Institutionen, einschließlich der katholischen Kirche. Das hatte zur Folge, dass sich die Chancen für die in Deutschland Verfolgten dauernd änderten. Am besten standen die Chancen, den Nationalsozialisten zu entrinnen, 1933 und 1934 und dann wieder 1938 und 1939, aber in den Jahren dazwischen und danach waren sie sehr gering. Für die Juden in Ost- und Südosteuropa waren die Aussichten in den 1930er Jahren noch schlechter.

## Ausreden in der Vorkriegszeit

Die erste Gelegenheit eröffnete sich für Deutschlands Juden durch die Gastfreundschaft von vier Demokratien am Rand des Reichs: Frankreich, die Niederlande, Belgien und die Tschechoslowakei. In allen vier Ländern regte sich Empörung über die Brutalität der Nationalsozialisten, in Frankreich kam noch die prinzipielle Aufnahmebereitschaft dazu, die das Land seit dem Aderlass im Ersten Weltkrieg gegenüber Immigranten an den Tag gelegt hatte; 55 000 Juden fanden dort zwischen 1933 und 1939 Zuflucht.

Aber in allen vier Ländern nahm das Mitgefühl im Lauf der Zeit ab, besonders in Frankreich. Dort führte der im Vergleich zu anderen Ländern späte Ausbruch der Wirtschaftskrise dazu, dass die Ablehnung von Flüchtlingen als wirtschaftliche Konkurrenten gerade zu dem Zeitpunkt ihren Höhepunkt erreichte, als die Zahl der Asylsuchenden am höchsten war. Mitte der 1930er Jahre erließ Frankreich verschiedene Bestimmungen, die Immigranten abschrecken sollten. So wurde beispielsweise die medizinische Versorgung auf Staatsbürger beschränkt, und für die Aufnahme ausländischer Handwerker galten Obergrenzen.[1]

Nach 1936 tauchten vier weitere Argumente auf und erschwerten den Zugang nach Frankreich.[2] Erstens war die Beschwichtigungspolitik populär – das heißt, dass man bei einigen Bedingungen des Versailler Vertrags Zugeständnisse machte, um Krieg zu vermeiden –, und vor diesem Hintergrund waren jüdische Flüchtlinge politisch unerwünscht. Zweitens mobilisierte 1936 die Wahl Léon Blums, eines Juden, zum Regierungschef einer Linksregierung namens Volksfront antisemitische Gefühle bei den französischen Konservativen. Drittens schürten Gegner der Immigration den Verdacht, unter den Flüchtlingen aus NS-Deutschland könnten Spione sein, die die Sicherheit Frankreichs gefährdeten. Und viertens gaben Kritiker zu bedenken, wenn man Flüchtlinge aus Deutschland ins Land lasse, würden noch sehr viel mehr Juden aus Polen zu fliehen versuchen. Der einflussreiche Journalist Emmanuel Berl, selbst Jude, schrieb im November 1938, solche Menschen seien »als Gruppe nicht sehr wünschenswert«. Ihnen die Grenzen zu öffnen wäre ein Akt »verrückter Großzügigkeit«.[3] Selbst im französischen Judenrat gingen die Meinungen auseinander, ob es ratsam war, mehr Juden ins Land zu lassen, und er sprach sich nicht eindeutig dafür aus. Nach den Novemberpogromen machte Frankreich es Flüchtlingen schwerer, nicht leichter, ins Land zu kommen, es verhängte Gefängnisstrafen bei illegaler Einwanderung und verurteilte sogar die Tante und den Onkel von Herschel Grynszpan zu sechs Monaten Haft, weil sie ihn als illegalen Einwanderer in ihrer Wohnung beherbergt hatten.[4]

In den Niederlanden, in Belgien und der Tschechoslowakei entwickelten sich die Dinge ähnlich, wenn auch nicht aus genau den gleichen Gründen.[5] Holland verfolgte die Politik, alle Flüchtlinge aufzunehmen, die die Grenzen überschritten hatten, gleichzeitig aber dafür zu sorgen, dass der lokale Judenrat über das 1933 gebildete Jüdische Flüchtlingskomitee für ihren Unterhalt aufkam, und sie dann zur Weiterreise zu drängen. So schränkte die holländische Regierung in den 1930er Jahren nach und nach die Arbeitsmöglichkeiten für Juden ein. Die 22 000 deutschen Juden, die Ende 1937 in den Niederlanden lebten oder sie durchquert hatten, hingen fast vollständig von wohltätiger Unterstützung ab. Den Großteil erhielten sie vom American Jewish Joint Distribution Committee, kurz »dem Joint«. Der Name spiegelte die Anfänge der Organisation als Zusammenschluss verschiedener Wohlfahrtsverbände wider, die mit unterschiedlichen politischen und religiösen Strömungen des amerikanischen Judentums verbunden waren. Nach dem Novemberpogrom 1938 beschloss die holländische Regierung, alle neu Eingewanderten in Lagern zu internieren, für deren Bau und Unterhalt das Flüchtlingskomitee eine Million Gulden (nach damaligem Geldwert 550 000 Dollar) bezahlen sollte. Zwar machte Holland im Allgemeinen seine Drohung nicht wahr, ab Dezember 1938 alle Flüchtlinge an den Grenzen abzuweisen, aber Anfang 1939 begann der Bau des Internierungslagers Westerbork für geschätzte 23 000 bis 30 000 jüdische Flüchtlinge aus Deutschland. 7000 bis 8000 gelang vor der deutschen Invasion im Mai 1940 die Weiterreise. Belgien nahm zwischen 1933 und 1939 ebenfalls rund 30 000 deutsche Juden auf, jeweils etwa die Hälfte vor und nach dem Pogrom, erschwerte aber auch schrittweise die Einreise und den Verbleib im Land. Zahlen aus der Tschechoslowakei zeigen, wie der politische Kurs härter wurde: Nach dem Novemberpogrom 1938 bemühten sich 60 000 österreichische Juden, ins Land zu gelangen, aber nur etwa 6000 schafften es, die meisten illegal. Kurzum, die Chancen, in Westeuropa Zuflucht zu finden, wurden geringer, während der verzweifelte Wunsch, aus NS-Deutschland zu fliehen, wuchs.

Die Schweiz bietet das eklatanteste Beispiel für die Tendenz, die Schlupflöcher genau in dem Augenblick zu stopfen, als sie am meisten gebraucht wurden.[6] In den 1930er Jahren hatte sie nicht sehr viele jüdische Flüchtlinge aufgenommen, was hauptsächlich auf die Bemühungen eines Antisemiten namens Heinrich Rothmund zurückzuführen war, der an der Spitze der Eidgenössischen Fremdenpolizei stand. Am 19. August 1938 schloss die Schweiz ihre Grenzen dann vollständig und kommandierte Soldaten ab, die jeden aufgreifen und über die Grenze zurückbringen sollten, der ohne Visum vom nationalsozialistisch besetzten Österreich ins Land zu gelangen versuchte.

Paul Grüninger, ein mutiger Polizeihauptmann aus dem grenznahen Kanton St. Gallen, lehnte es als einer von wenigen Beamten ab, diese Instruktionen zu befolgen. In seinem Zuständigkeitsbereich schafften es rund 1000 Juden in die Schweiz, bis er Anfang 1939 entlassen wurde. Um den normalen Touristenverkehr mit NS-Deutschland aufrechtzuerhalten und gleichzeitig die Einreise von Juden zu verhindern, überredeten die Schweizer die Deutschen, in die Pässe von Juden ein großes J zu stempeln; von da an wiesen sie Juden kategorisch an der Grenze ab. Einen Monat später, im Oktober 1938, folgten die Schweden dem Beispiel der Schweiz.

Die UdSSR lehnte es die gesamten 1930er Jahre hindurch ab, mehr als einer Handvoll hochrangiger jüdischer Kommunisten Zuflucht zu gewähren. Die Verantwortlichen argumentierten, die jüdischen Flüchtlinge seien für das Leben in einer ihnen fremden sozialistischen Gesellschaft nicht geeignet und auf jeden Fall trage die UdSSR keine Verantwortung für sie, weil ihre Verfolgung ein Ergebnis der im Kapitalismus angelegten Auseinandersetzungen sei. Ab September 1935 mussten Juden, die ins Mutterland des Sozialismus einreisen wollten, mehrere abschreckende und letztlich zumindest teilweise widersprüchliche Bedingungen erfüllen:[7] Sie mussten proletarischer Abstammung sein, über erhebliche finanzielle Mittel verfügen, bereit sein, sowjetische Staatsbürger zu werden und auf Baustellen in den nördlichen und östlichen Regionen der Sowjetunion zu arbeiten.

Großbritannien sah seine Rolle in der Krise des deutschen Judentums als die eines »Transitlandes«, das Flüchtlingen allenfalls erlaubte, auf der »engen kleinen Insel« an Land zu gehen, sie aber nicht lange bleiben ließ.[8] Weil auch die Dominions Kanada, Australien, Neuseeland und Südafrika sich gegen die Aufnahme von Flüchtlingen sträubten – Südafrika beispielsweise akzeptierte in den 1930er Jahren nur 6000 bis 7000 jüdische Flüchtlinge und Kanada im gesamten Zeitraum von 1933 bis 1945 weniger als 5000 und 1938, im Jahr der »Kristallnacht«, ganze 23 aus Österreich und Deutschland –, wandten sich Juden, die aus Deutschland herauszukommen versuchten, nur selten nach Großbritannien. Das Land nahm in den 1930er

Jahren nur rund 70 000 europäische Juden auf, davon nur 10 000 bis Ende 1937 und ganze 50 000 in dem kurzen Zeitraum von Januar bis September 1939, einschließlich rund 10 000 junger Menschen im Rahmen des berühmten Kindertransports.

Eine ähnlich restriktive Politik verfolgten die Briten auch in Palästina, dem Landstrich im Nahen Osten, aus dem die Römer in der Antike die meisten Juden vertrieben hatten und in den die Zionisten zurückkehren wollten. Palästina stand zur damaligen Zeit als Mandatsgebiet des Völkerbunds unter britischer Herrschaft.[9] In der Balfour-Deklaration aus dem Jahr 1917 hatte die britische Regierung nominell ihre Unterstützung für die Errichtung einer »Heimstätte für das jüdische Volk« in der Region zugesichert, hauptsächlich aus zwei zynischen Gründen: Erstens wollte Großbritannien seine Ansprüche auf das Gebiet nach dem Krieg untermauern. Zweitens hoffte das britische Kabinett, die Deklaration würde einflussreiche Juden in den Vereinigten Staaten und anderswo bewegen, die Länder zu unterstützen, die sich damals im Krieg mit Deutschland und Österreich befanden. Ausgerechnet der einzige Jude im Kabinett, Edwin Montagu, stimmte gegen die Deklaration, teils weil ihn die antisemitischen Untertöne dieser Fantasie von jüdischer Macht schockierten, teils weil er den Zionismus ablehnte, der nach seiner Einschätzung Zwist und Elend nach Palästina tragen würde. Unter anderem als Folge der Balfour-Deklaration wuchs die jüdische Bevölkerung in Palästina Mitte der 1930er Jahre auf 400 000 Menschen an. Dieser Anstieg löste in Form des arabischen Aufstands von 1936 bis 1939 die gewaltsame Gegenreaktion aus, die Montagu vorausgesagt hatte. Von da an befanden die Briten, dass ihre Kontrolle nicht nur über Palästina, sondern auch über den Suezkanal, die Lebensader des britischen Empire, davon abhing, sich das Wohlwollen der Araber zu erhalten. Deshalb reduzierten sie die sowieso schon geringe jährliche Quote für jüdische Einwanderer weiter. Während von 1933 bis 1935 noch 149 076 Juden aus allen Ländern nach Palästina kamen, waren es von 1936 bis 1938 nur 54 899. Obwohl die Zahl 1939 auf 31 195 anstieg, setzte ein Weißbuch der Regierung vom Mai desselben Jahres, kurz nach der Niederschlagung des Aufstands, die Quote für die folgenden fünf Jahre auf 15 000 pro Jahr und insgesamt lediglich 75 000 fest; danach sollte die jüdische Zuwanderung in die Region ganz aufhören. Die Briten erklärten ausdrücklich, es sei ihr Ziel, den jüdischen Anteil an der Bevölkerung Palästinas auf ein Drittel zu begrenzen.

In Großbritannien wie in praktisch allen anderen Ländern auch behaupteten die für diese restriktive Politik Verantwortlichen, sie machten sich Sorgen, was geschehen könnte, wenn sie großzügiger wären.[10] Sie fürchteten, eine Öffnung der Grenzen würde die osteuropäischen Länder, insbesondere Polen, Ungarn, Rumänien und Litauen, dazu bringen, noch mehr antisemitische Maßnahmen zu erlassen, als sie es schon getan hatten, um so den Exodus von fast fünf Millionen Juden auszulösen, was dem Fünfeinhalbfachen der jüdischen Bevölkerung Deutschlands, Österreichs und der westlichen Tschechoslowakei im Jahr 1933 zusammengenommen entsprochen hätte. Derartige Sorgen waren keineswegs Hirngespinste. Bei der Zusammenkunft des Völkerbunds im Mai 1938 drückten Polen und Rumänien explizit den Wunsch aus, den Anteil ihrer jüdischen Bevölkerung zu reduzieren, und baten um Hilfe dabei. Im folgenden Oktober versuchte der polnische Botschafter in London, Großbritannien durch Erpressung dazu zu bringen, jährlich 100 000 polnischen Juden die Einwanderung in seine Kolonien zu gestatten. Andernfalls, so drohte er, sähe sich seine Regierung »unweigerlich gezwungen, die gleiche Art der Politik anzuwenden wie die deutsche Regierung«.[11]

Das Schicksal der osteuropäischen Juden beschäftigte auch die Jewish Agency in Palästina, der die britische Besatzungsbehörde die Aufgabe übertragen hatte, das jährliche Kontingent an legaler Einwanderung zu verteilen. Dadurch wurde es für deutsche Juden noch schwerer, in die Region zu gelangen. Weil die Juden in Polen und Rumänien genauso bedroht schienen, aber traditionell dem Zionismus stärker zuneigten und aktuell weniger Fluchtmöglichkeiten hatten als die deutschen Juden, beschränkte die Jewish Agency den Anteil der von 1933 bis 1938 jährlich vergebenen Zulassungen für deutsche Juden auf durchschnittlich nur 22 Prozent.[12] Nur im letzten Jahr dieser Zeitspanne lag der Anteil über einem Drittel, bei mehr als 40 Prozent. Der nationalsozialistische Rassismus setzte, kurz gesagt, einen Teufelskreis in Gang. Der teilweise Erfolg bei der Vertreibung der Juden aus Deutschland verlockte Fanatiker in östlichen Ländern zur Nachahmung, was wiederum potenziell aufnahmebereite Länder dazu veranlasste, die möglichen Fluchtwege für deutsche Juden einzuschränken.

Auch die Vereinigten Staaten hatten Angst vor einer Flüchtlingsflut; daneben standen noch andere Hindernisse der großzügigen Aufnahme von Menschen entgegen, die vor der Verfolgung durch die Nationalsozialisten flohen. Die Spitze der amerikanischen Administration stellte nicht das Problem dar. Präsident Franklin D. Roosevelt war kein Antisemit, er berief sogar mehr Juden in Führungspositionen seiner Regierung als jeder Präsident vor ihm. Er war gegen die Deutschen eingestellt, was teils damit zusammenhing, dass er als Kind schlechte Erfahrungen mit einer deutschen Gouvernante gemacht hatte, und teils auf seine Dienstzeit als stellvertretender Staatssekretär im Marineministerium zurückging, während die Vereinigten Staaten 1917 und 1918 im Ersten Weltkrieg gegen Deutschland kämpften. Aber die bestehenden amerikanischen Gesetze und die öffentliche Meinung hinderten ihn daran, in den 1930er Jahren in größerem Umfang jüdischen Flüchtlingen zu helfen, und er vermied es, wegen der ausländischen Juden politische Risiken einzugehen.

Die juristischen Hindernisse rührten von dem Quotensystem her, das die Vereinigten Staaten in den 1920er Jahren eingeführt hatten. Es setzte eine Obergrenze von 150 000 Einwanderern fest, die jährlich legal ins Land kommen konnten. Diese Quote wurde fast vollständig auf die europäischen Länder verteilt je nach der Größe der Anteile der amerikanischen Bevölkerung, die bei der Volkszählung 1890 angegeben hatten, dass sie aus diesen Ländern stammten. Dieses Jahr war nicht beliebig oder zufällig ausgewählt worden, sondern absichtlich aus eugenischen Gründen. Der Kongress hatte sich für 1890 entschieden, weil er davon ausging, dass um die Jahrhundertwende ein großer Immigrantenzustrom aus Italien, dem Balkan und Russland einsetzen würde. Die amerikanischen Gesetzgeber wollten weißen angelsächsischen Protestanten den Vorrang vor allen anderen geben. Das führte ausgerechnet dazu, dass pro Jahr mit 25 957 Immigranten relativ viele Deutsche aufgenommen wurden – relativ viele im Verhältnis zu allen anderen zugelassenen Immigranten (über ein Sechstel), aber natürlich sehr wenige angesichts der Situation in den 1930er Jahren, denn Deutschland hatte 560 000 Einwohner, die die Nationalsozialisten bei Hitlers Machtergreifung als Juden betrachteten, und später kamen noch einmal rund 300 000 Juden in Österreich, im Sudetenland und in Böhmen und Mähren dazu. Hätten 26 000 deutsche Juden jährlich in die Vereinigten Staaten einwandern dürfen, hätte es 33 Jahre gedauert, sie alle aufzunehmen; allein die 1939 von fast 310 000 deutschen, österreichischen und tschechischen Juden beantragte Aufnahme hätte sich über fast zwölf Jahre hingezogen.[13]

Aber die Vereinigten Staaten hatten nicht die Absicht, das volle Jahreskontingent deutscher Immigranten zuzulassen, und schon gar nicht sollten Juden die Quote erfüllen. Von 1933 bis 1939, als nach der Quote bis zu 156 000 Menschen hätten ins Land kommen dürfen, ließen die Vereinigten Staaten nur 77 000 herein, darunter 65 000 Juden. Aus ganz Europa nahmen die Vereinigten Staaten in diesem Zeitraum nur 92 000 Juden auf. Wenn man den Rahmen auf die Jahre von 1933 bis 1944 ausdehnt, liegt die gesamte Zuwanderung europäischer Juden nach Amerika bei geschätzten 225 000 Personen, darunter 120 000 Juden aus Deutschland und Österreich, und die Zahl ungenutzter Plätze, die nach der Quote auf Deutschland entfielen, steigt auf 190 000.[14]

Diese Zahlen sind kümmerlich angesichts von neun Millionen europäischer Juden im Jahr 1939 oder sechs Millionen Juden, die im Holocaust getötet wurden. Aber 225 000 ist das Dreifache der Zahl von Menschen, die Großbritannien aufnahm, und fast das Fünfzigfache derjenigen, die Kanada ins Land ließ. 120 000 Juden ist mehr, als jedes andere Land aus dem Deutschen Reich einreisen ließ. Die Zahl der Einwanderer in die Vereinigten Staaten stieg in jedem Jahr von 1933 bis 1940 an, und die Gesamtzahl aller, die zwischen 1937 und 1941 legal ins Land kommen durften, war über viermal so hoch wie in den vier Jahren davor. 1938 legte Präsident Franklin Roosevelt die Einwanderungsquoten für Deutschland und Österreich zusammen, um die Zahl auf 27 370 zu erhöhen und damit die Chancen der Juden zu verbessern, aus den beiden Ländern herauszukommen, und 1939 erließ er ein präsidentielles Dekret, wonach die Besuchervisa aller Juden, die sich zu dem Zeitpunkt in den Vereinigten Staaten aufhielten, unbegrenzte Gültigkeit besaßen. Das rettete noch einmal 15 000 Juden vor der Rückkehr in ihre Heimat und dem Tod. Die maßgebliche Untersuchung über Franklin D. Roosevelt und die Juden kommt zu dem Schluss, zwischen 1937 und 1941 habe »FDRs Kurs in seiner zweiten Amtszeit dazu beigetragen, die Leben von deutlich über 100 000 Juden zu retten«.[15] Mit anderen Worten: Amerika versagte kläglich angesichts der Krise des europäischen Judentums, außer im Vergleich zu allen anderen Ländern. Außerdem öffnete Amerika bis zum Beginn des Zweiten Weltkriegs seine Grenzen stetig weiter, zu einer Zeit, als es immer schwieriger wurde, in Europa Zuflucht zu finden.

Warum taten die Vereinigten Staaten nicht mehr? Die kurze Antwort lautet, dass sowohl mächtige Einzelne wie auch die öffentliche Meinung dagegen waren, mit der Folge, dass es keine ernsthaften Bemühungen gab, die Einwanderungsquoten zu erhöhen. Außerdem hielt die strikte Durchsetzung der Immigrationsbestimmungen die Zahl derjenigen niedrig, die bis Ende der 1930er Jahre ins Land gelassen wurden. Die amerikanische Politik war nicht so streng wie die britische; in Großbritannien wurden mehr als fünf Siebtel aller Flüchtlinge erst in letzter Minute vor Ausbruch des Zweiten Weltkriegs aufgenommen.[16] Die vergleichbare Zahl für die Vereinigten Staaten in dem kurzen Zeitraum zwischen der »Kristallnacht« und der Jahresmitte 1939 lautet immerhin: die Hälfte.

Der Widerstand gegen die Immigration hatte hauptsächlich drei Ursachen: Angst vor wirtschaftlicher Konkurrenz, Isolationismus und verbreitete Ablehnung von Zuwanderung in der Bevölkerung sowie Antisemitismus bei den Eliten. Die Angst vor wirtschaftlicher Konkurrenz kam in vielen Bereichen zum Ausdruck.[17] Zum Beispiel wirkten die Zahnärzte in Westchester County auf Roosevelts politischen Berater Samuel Rosenman ein, um die Aufnahme von Zahnärzten unter den Flüchtlingen zu verhindern, und die nationalen Konvente der Veteranen ausländischer Kriege und der Amerikanischen Legion verabschiedeten Resolutionen gegen weitere Einwanderung, solange in den Vereinigten Staaten Arbeitslosigkeit herrschte. Derartiger Widerstand führte dazu, dass die LPC-Regel (Likely to Become a Public Charge), die Menschen ohne ausreichende finanzielle Mittel die Einwanderung versagte, weil sie wahrscheinlich auf staatliche Unterstützungsleistungen angewiesen wären, strikt angewendet wurde. Amerikanische Konsularbeamte im Ausland, die Einwanderungsanträge bearbeiteten, forderten umfangreiche Angaben über die zu erwartende finanzielle Situation nach der Ankunft in den Vereinigten Staaten und legten allgemein, genau wie ihre Vorgesetzten in Washington es verlangten, hohe Maßstäbe an die wirtschaftliche Sicherheit an, bevor sie Visa erteilten. Arbeitsministerin Frances Perkins setzte sich nachdrücklich für eine Lockerung dieser Standards ein, aber das Außenministerium verteidigte sie ebenso entschieden. Bis auf zwei kurze Phasen, eine Ende 1936 und die zweite Ende 1938 und Anfang 1939 nach dem Anschluss Österreichs und der »Kristallnacht«, stellte sich Roosevelt auf die Seite des Außenministeriums.

Roosevelt hatte einen einfachen Grund für seine Haltung: Die amerikanische Öffentlichkeit war dagegen, mehr Menschen ins Land zu lassen.[18] In den 1930er Jahren sprachen sich in jeder landesweiten Umfrage zu diesem Thema zwei Drittel bis drei Viertel oder noch mehr Amerikaner gegen die Lockerung der Quotenregelung und die Aufnahme von mehr Flüchtlingen aus. In der Folge lehnte der Kongress Anfang 1939 die Wagner-Rogers Bill ab, den Gesetzesvorschlag, 20 000 jüdische Kinder unter 14 Jahren in die Vereinigten Staaten einreisen zu lassen. Nicht nur die allgemeine Öffentlichkeit war hartherzig, auch die akademische Welt: Der *Daily Northwestern* berichtete am 13. Dezember 1938, dass 68 Prozent der amerikanischen Studenten gegen die Aufnahme weiterer Flüchtlinge waren aus Angst, dass dies »die Lebensbedingungen in den Vereinigten Staaten gefährden« könnte. Die traurige Wahrheit ist, dass praktisch kein Politiker außerhalb einiger weniger städtischer Zentren an der Ostküste in den 1930er Jahren hoffen konnte, gewählt zu werden, wenn er in seinem Wahlprogramm versprach, den Juden Europas Asyl zu gewähren. Roosevelt musste im ganzen Land Stimmen gewinnen, nicht nur in diesen Enklaven der Empathie.

Die Ablehnung von Zuwanderung und der Isolationismus wurden durch Radiosendungen eines Priesters aus dem Raum Detroit mit Namen Pater Charles Coughlin geschürt. Er verbreitete die gleichen Vorwürfe gegen die Juden, die andere Jahrzehnte zuvor gegen seine irischen Vorfahren erhoben hatten, nämlich dass sie sich nicht in das amerikanische Leben würden einfügen können. Jede Woche hörten ihm drei Millionen Anhänger zu, und zur Untermauerung seiner Position zitierte er die berüchtigten *Protokolle der Weisen von Zion* (die er auch nachdrucken ließ). Die katholische Amtskirche ließ ihn bis 1942 gewähren. Unterdessen appellierten auch Persönlichkeiten des Mainstreams an den amerikanischen Antisemitismus, darunter führende Politiker der Republikanischen Partei. Sie sagten, mit der Ernennung so vieler Juden habe Roosevelt Amerika nicht den New Deal gebracht, sondern den Jew Deal. Angesichts solcher Einstellungen verwundern die Ergebnisse einer Umfrage aus dem Jahr 1938 nicht, wonach 58 Prozent der Amerikaner der Meinung waren, die Juden in Europa seien zumindest »teilweise« selbst schuld an ihrer Verfolgung. In einer weiteren Umfrage im Juli 1939 gaben 32 Prozent der Amerikaner an, nach ihrer Einschätzung hätten die Juden zu viel Einfluss in der Wirtschaft, und weitere zehn Prozent sprachen sich für die Deportation von Juden aus.[19] Weil derartige Ansichten so verbreitet waren, wählten viele, die sich dafür einsetzten, jüdischen Flüchtlingen zu helfen, ihre Worte vorsichtig und sprachen von »Verfolgten«, die Hilfe brauchten, nicht von Juden.

Ein aufschlussreiches Beispiel, welche Formen der Antisemitismus annehmen konnte, bietet die Geschichte der Universität, an der ich 36 Jahre gelehrt habe. Sie hatte bis in die 1960er Jahre eine Obergrenze für die Zahl der jährlich zugelassenen Juden. Im Januar 1939 erschien im *Daily Northwestern* ein Artikel über eine Klasse der Medill School of Journalism, die eine Liste der zehn wichtigsten Nachrichten des Jahres 1938 zusammengetragen hatte. Die Studenten hielten es für angebracht, heute lange vergessene Ereignisse wie den »Falsche-Richtung-Flug« von Douglas Corrigan auf die Liste zu setzen – er wollte anscheinend von New York nach Kalifornien fliegen, flog aber stattdessen nach Irland –, und die panamerikanische Konferenz in Lima, aber nicht die »Kristallnacht«, obwohl die *Chicago Tribune* auf der Titelseite über die brennenden Synagogen in Deutschland berichtet hatte. Die fast vollständig weißen und überwiegend protestantischen Studenten von Medill scheinen den Angriff auf die Juden in Deutschland kaum zur Kenntnis genommen zu haben.

Die Einstellungen an der Northwestern University kündeten davon, wie stark der Antisemitismus der amerikanischen Eliten in den 1930er Jahren war. Ein besonders wichtiger Vertreter dieser Strömung war ein Staatssekretär im Außenministerium mit dem wohltönenden angelsächsisch-protestantischen Namen Breckenridge Long. Long war früher Botschafter in Italien gewesen und bewunderte Mussolini glühend; er kämpfte sehr dafür, die Zahl der jährlich in die Vereinigten Staaten aufgenommenen Juden möglichst niedrig zu halten. Sein bequemstes und wirksamstes Argument lautete, dass die in Deutschland verbliebenen Verwandten benutzt werden könnten, die ausgewanderten Juden durch Erpressung dazu zu bringen, Spionage für das Deutsche Reich zu treiben. Jeder Zug und jedes Schiff, das Juden aus dem nationalsozialistischen Deutschland herausbringe, sei »für Deutschland eine perfekte Gelegenheit, Agenten in die Vereinigten Staaten einzuschleusen«.[20] In der Folge wies das amerikanische Außenministerium Anfang Juni 1941 seine Konsulate weltweit an, Ausländern, die enge Verwandte in Deutschland oder in Ländern unter deutscher Herrschaft hatten, Einreisevisa zu verweigern.[21]

Gegen diese Widerstände, mehr Flüchtlinge aufzunehmen, erhob sich keine politische Kraft, die stark genug war, um sich durchzusetzen. Roosevelt entschied, in wichtigen Augenblicken maßvoll Hilfe zu leisten, aber sie sollte keine politischen Kosten verursachen.[22] Unmittelbar nach dem Anschluss Österreichs fragte er sein Kabinett, ob der Kongress einer Erhöhung der Einwanderungsquote für Deutsche zustimmen würde; als die Antwort negativ ausfiel, ließ er das Thema fallen. Nachdem die Republikaner, unter denen sich viele Isolationisten befanden, bei den Wahlen im November 1938, wenige Tage vor der »Kristallnacht«, 81 Sitze im Repräsentantenhaus und acht im Senat gewonnen hatten, wurde er noch vorsichtiger. 1939 ermunterte er mehrere lateinamerikanische Länder, insbesondere Bolivien, Brasilien, die Dominikanische Republik und Paraguay, mehr jüdische Flüchtlinge ins Land zu lassen. Aber er war nicht bereit zu einer speziellen Anweisung, die es dem Flüchtlingsschiff *St. Louis* gestattet hätte, in einem Hafen der Vereinigten Staaten oder auch nur der Amerikanischen Jungferninseln vor Anker zu gehen, wie der dortige Gouverneur und die gesetzgebende Versammlung angeboten und zwei Mitglieder seines Kabinetts empfohlen hatten. Auch die Unterstützung der Wagner-Rogers Bill lehnte Roosevelt ab. Auf lange Sicht, so glaubte er, würden derartige Maßnahmen seine Bemühungen unterlaufen, den Kongress zur Aufhebung der Neutralitätsgesetze zu bewegen, und das würde ihn später hindern, anderen Ländern in ihrem Kampf gegen Hitler zu Hilfe zu kommen. Kurz darauf rückte Roosevelt auch von der Idee ab, den Juden Alaska als Zufluchtsort zur Verfügung zu stellen, weil er erfahren hatte, dass er dann neue Reisebeschränkungen zwischen Alaska und Kontinentalamerika würde erlassen müssen. Auf einer Pressekonferenz im Juni 1940 wiederholte er sogar Longs Behauptung, die deutsche Regierung drohe damit, die im Reich zurückgebliebenen Verwandten von Flüchtlingen zu erschießen, die es ablehnten, für Deutschland zu spionieren. Im März 1941 sah Roosevelt schließlich tatenlos zu, als die Maritime Commission, die Behörde für die Seeschifffahrt, einem Ozeandampfer, der *S. S. Washington*, die 1700 Passagiere befördern konnte, die Erlaubnis verweigerte, eine direkte Route von New York nach Lissabon zu bedienen – beinahe das letzte Schlupfloch, das noch aus Europa herausführte.

Interessanterweise schmiedeten deutsche Geheimdienststellen im besetzten Holland tatsächlich einen Plan, wie man unter dem Deckmantel, Juden freizugeben, Agenten nach Nord- und Südamerika einschmuggeln könnte.[23] Zwischen Mai 1941 und Januar 1942 wurde es 486 Juden gestattet, die Niederlande in Richtung Spanien, Karibik und Südamerika verlassen. Aber in Anbetracht des Zeitpunkts war dieses Projekt wohl ebenso sehr ein Produkt der Befürchtungen, die Long immer wieder formulierte, wie deren Rechtfertigung.

Die jüdische Gemeinschaft in Amerika schaffte es ebenfalls nicht, breite Solidarität mit den europäischen Juden zu mobilisieren. Die

Juden hatten damals zwar einen etwas größeren Anteil an der Bevölkerung der Vereinigten Staaten als heute, aber sie waren traditionell zwischen dem American Jewish Committee und dem American Jewish Congress gespalten. Die Mitglieder des Jewish Committee hatten überwiegend deutsche Wurzeln, die des Jewish Congress, an dessen Spitze Stephen Wise stand, kamen mehrheitlich aus Osteuropa. Das Jewish Committee fürchtete, zu viel Propaganda für die Einwanderung von Juden würde dem Antisemitismus Vorschub leisten, und zog es deshalb vor, hinter den Kulissen an höheren Stellen Einfluss auszuüben. Der Jewish Congress setzte auf öffentliche Kundgebungen und Boykotte deutscher Waren, um Druck auf das NS-Regime zu erzeugen. Beide Organisationen schafften es nicht, die amerikanische Flüchtlingspolitik spürbar zu verändern. Beide unterschieden sich auch in ihrer Haltung gegenüber der Gründung eines Judenstaats: Die Führungspersonen des Jewish Committee waren keine Zionisten und teilweise eher Antizionisten, der Jewish Congress hingegen befürwortete die Ansiedlung von Juden in Palästina und letztlich die Errichtung eines jüdischen Staates. Die Haltung des Jewish Congress bedeutete, dass er widersprüchliche Prioritäten setzte: Die Flucht in die Vereinigten Staaten war nicht die Flucht in die zukünftige jüdische Heimstätte, insofern war sie gleichzeitig wünschenswert und unerwünscht. Selbst David Ben-Gurion, der wichtigste jüdische Aktivist in Palästina, sah das zionistische Projekt in Gefahr, wenn zu viele jüdische Flüchtlinge anderswo aufgenommen wurden. Umgekehrt wollte das amerikanische Jewish Joint Distribution Committee, in dem das Jewish Committee dominierte, seine Ressourcen lieber darauf konzentrieren, die zunehmend verarmten jüdischen Gemeinschaften in Deutschland und Osteuropa zu unterstützen und Flüchtlingen in Europa und der westlichen Hemisphäre zu helfen, als die Einwanderung nach Palästina zu erleichtern.[24]

Die Schwierigkeiten, aus Deutschland herauszukommen, ließen Ende 1938 eine ungewöhnliche Fluchtroute entstehen, eine von wenigen, die in den frühen Jahren des Zweiten Weltkriegs noch offen standen. Ungefähr 17 000 bis 20 000 europäische Juden gelangten so nach Shanghai an der chinesischen Ostküste, konkreter in den Teil der Stadt, der International Settlement hieß. Dieses Gebiet wurde bis zum Einmarsch japanischer Truppen im Dezember 1941 von einem Zusammenschluss von elf Ländern verwaltet. Wer es bis zum International Settlement schaffte, brauchte dort kein Visum, nur Transitvisa für die Länder, die er unterwegs passierte, in der Regel die UdSSR und den japanischen Marionettenstaat Mandschukuo in Nordchina; beide strichen gerne die Gebühren ein. Die japanischen Besatzer verbannten die Juden in einen Slum namens Hongkew, wo die meisten den Krieg überlebten, obwohl der Transfer von Hilfsleistungen des Joint Distribution Committee sehr schwierig war.[25]

Die vergebliche Konferenz von Evian 1938 spiegelte eine bei vielen Ländern verbreitete Tendenz wider, das Problem, den Juden zu helfen, einfach weiterzureichen. Das Ergebnis bestätigte eine Beobachtung, die Chaim Weizmann, der Präsident der Zionistischen Weltorganisation, zwei Jahre zuvor gemacht hatte: Die Juden sähen sich einem Globus gegenüber, »der in Orte geteilt ist, wo sie nicht leben können, und andere, wohin sie nicht gelangen können«. Der Historiker Bernard Wasserstein schreibt: »Holländisch-Guyana, Angola, Zypern, die Philippinen, Belgisch-Kongo, die Dominikanische Republik, Mexiko, Haiti, Äthiopien – alle waren [Ende der 1930er Jahre] im Visier, gesucht und gepriesen als potenzielle Zufluchtsstätte. In allen Fällen fand man Hindernisse, und die Globen drehten sich wieder, bis die Augen auf das neueste, noch unwahrscheinlichere Land der Erlösung fielen.«[26] Betrachtet man all dies, ist bemerkenswert, wie vielen Menschen die Flucht gelang, und nicht, wie wenige es schafften. Das Schicksal der Passagiere des Flüchtlingsschiffs *St. Louis* war in dieser Hinsicht exemplarisch. Von den 937 Juden an Bord gingen 28 in Kuba an Land und einer starb durch Selbstmord. Von den verbliebenen 908 wurden 620 in Frankreich, Belgien und Holland aufgenommen, wo 365 den Krieg überlebten. Großbritannien ließ 288 ins Land, die Überlebensrate war komplett.[27] Kurzum, rund drei Viertel der ehemals scheinbar Verdammten fanden eine sichere Zuflucht vor den Deutschen, und etwa die Hälfte von ihnen gelangte später in die Vereinigten Staaten. Aber das waren deutsche Juden, und der große Anteil derer, die entkamen, spiegelt den generell relativ hohen

Anteil ihrer Schicksalsgenossen wider, die fliehen konnten. Weiter im Osten standen die Chancen sehr viel schlechter. 1937 zum Beispiel schafften es nur 9000 Juden, legal von Polen in eine neue Heimat zu emigrieren, und die jährliche Einwanderungsquote der Vereinigten Staaten für Polen lag bei nur 6000 Personen.[28]

Einen ähnlich ambivalenten Eindruck hinterlässt das Handeln eines weiteren internationalen Akteurs, der in den 1930er Jahren mehr hätte tun können, um den Juden zu helfen: die römisch-katholische Kirche und insbesondere ihr geistliches Oberhaupt im Vatikan. Die Bilanz der Kirche weist Licht und Schatten auf, aber letztlich war es wie in allen anderen Ländern, die wir bisher betrachtet haben: Sie kümmerte sich zuerst um sich selbst und tat nicht annähernd so viel, wie sie hätte tun können und wie auch ihre führenden Vertreter zum einen oder anderen Zeitpunkt für geboten hielten.

Den Kirchenführern in Rom war von Anfang an klar, dass es sich beim Nationalsozialismus um eine barbarische Kraft handelte. Die deutschen Kardinäle mussten sie zur Unterzeichnung des Reichskonkordats mit Hitler im Juli 1933 überreden. Eine Mehrheit der Kardinäle befürwortete das Konkordat, weil sie darin den einzigen Weg sahen, die Einmischung der Nationalsozialisten in kirchliche Angelegenheiten zu begrenzen. Beinahe unmittelbar nach Hitlers Machtergreifung begann eine Gruppe von Jesuiten, eine Verurteilung des Nationalsozialismus zu verfassen, die der Papst veröffentlichen sollte. Vier Jahre später ging daraus die Enzyklika *Mit brennender Sorge* hervor. Trotz der dramatischen Überschrift war der Wortlaut erheblich verwässert, verglichen mit dem, was die Jesuiten vorbereitet hatten. Die Enzyklika prangerte zwar die Glorifizierung von Rasse und Nation als »Götzenkult« an, aber der Begriff Nationalsozialismus kam nicht vor, und insgesamt stand sie dem Regime in Deutschland sehr viel weniger kritisch gegenüber als eine andere, wenige Tage zuvor veröffentlichte Enzyklika dem Kommunismus, der darin verdammt wurde.[29] Die Gegenüberstellung ist aufschlussreich: Sosehr die Kirchenführer in Rom auch den Nationalsozialismus verabscheuten, den Kommunismus hassten und fürchteten sie allezeit mehr, und das führte stets dazu, dass der Vatikan sich im Umgang mit dem Hitler-Regime zurückhielt. Als 1935 die Nürnberger Gesetze beschlossen wurden, schwieg die Kirche. Sie schwieg auch 1938, als ein nationalsozialistischer Mob Synagogen in Brand steckte, Wohnungen und Läden zerstörte, Juden zusammenschlug und festnahm.

Kirchenvertreter konnten die Juden schlecht laut gegen Verfolgung verteidigen, weil die Kirche selbst so lange Formen der Verfolgung befürwortet und sogar praktiziert hatte. Als Mussolini 1938 die ersten antisemitischen Gesetze Italiens bekanntgab, die Juden aus der faschistischen Partei, dem Militär und dem staatlichen Bildungswesen ausschlossen, aus Ehrengesellschaften verbannten, all jenen die Staatsbürgerschaft aberkannten, die sie seit 1919 bekommen hatten, und Obergrenzen festsetzten, wie groß die Unternehmen oder Ländereien sein durften, die sie besaßen, erklärte er, dass diese Restriktionen weniger einschneidend seien als jene, die die Päpste in den Gebieten verhängt hatten, in denen sie bis 1870 herrschten, einschließlich der Stadt Rom.[30] Zudem entsprachen die der Handlungsfreiheit von Juden gesetzten Grenzen weitgehend dem, was die wichtigsten katholischen Publikationen seit über fünfzig Jahren forderten, darunter auch *La Civiltà Cattolica*, die Halbmonatsschrift der Jesuiten, deren Inhalt vom Vatikan geprüft wurde, bevor sie in Druck ging. Dieser Haltung lag die traditionelle Überzeugung der Kirche zugrunde, dass der Kontakt mit Juden den Glauben frommer Katholiken verderben könnte, nun noch verstärkt durch die Ansicht, dass Juden, Freimaurer und Bolschewiken eine unheilige moderne, verschwörerische Allianz gegen all das bildeten, wofür die heilige Mutter Kirche stand. Kurz bevor *Mit brennender Sorge* erschien, veröffentlichte *La Civiltà Cattolica* einen Artikel mit der Überschrift »Die jüdische Frage«. Darin prangerte sie die angebliche »Herrschaft [der Juden] über das Geld und ihre Vormacht im Sozialismus und Kommunismus« an und schloss mit der Feststellung, die einzige Möglichkeit, den Einfluss der Juden einzudämmen, bestehe darin, ihnen in christlichen Ländern die Staatsbürgerschaft abzuerkennen. Im Mai 1937 begann ein weiterer Artikel mit dem Satz: »Es ist eine offensichtliche Tatsache, dass die Juden wegen ihrer Herrschsucht und ihrer Vormacht in revolutionären Bewegungen ein störendes Element sind«, deshalb sollten sie von den Christen isoliert werden. Mitte Juli 1938 schrieb die Zeitschrift über die »messianische Sehnsucht [der Juden] nach der Weltherrschaft«[31] und sprach sich dann für die jüngst in Ungarn verabschiedeten Gesetze aus, die die beruflichen Möglichkeiten von Juden einschränkten.

Papst Pius XI., der bis Februar 1939 im Amt war und den die nationalsozialistischen Verstöße gegen das Reichskonkordat und die Glorifizierung der »arischen Rasse« zunehmend empörten, erwog, sich öffentlich zu Wort zu melden. Im September 1938 sagte er vor einer Gruppe belgischer Besucher im Vatikan: »Der Antisemitismus ist unannehmbar. Spirituell sind wir alle Semiten.« Und kurz vor Weihnachten desselben Jahres bezeichnete er das nationalsozialistische Hakenkreuz als ein Kreuz, »das der Feind des Kreuzes Christi ist«.[32] Aber diese Bemerkungen erreichten nur die wenigen, die sie hörten und weitergaben. Opportunisten und überzeugte Antisemiten im Vatikan sorgten nicht nur dafür, dass es so blieb, sondern vereitelten auch eine Initiative, die der Papst im Juni zuvor ergriffen hatte. Damals hatte er einen amerikanischen Jesuiten namens John LaFarge gebeten, eine Enzyklika mit dem vorläufigen Titel »Die Einheit der Menschheit« zu entwerfen.[33] Włodzimierz Ledóchowski, der glühend antisemitische Generalobere des Jesuitenordens, wählte zuerst zwei traditionell eingestellte Kleriker aus, die LaFarge helfen sollten, und hielt dann den fertigen Text monatelang zurück, bevor er ihn widerstrebend im Januar 1939 weiterleitete, nicht einmal einen Monat bevor der Papst starb. Das Dokument gelangte nicht weiter als auf den Nachttisch des Papstes. Doch es ist erhalten geblieben, und es zeigt, dass weder die Kirche noch der amtierende Papst sich von der vorsichtigen Politik gegenüber dem Nationalsozialismus und dem Vermächtnis bestimmter Formen des Antisemitismus in der Kirchenlehre lösen konnten. Der Text blieb ambivalent. Auf der einen Seite verdammte er den Rassismus als Irrlehre und forderte ein Ende der Judenverfolgung, auf der anderen Seite bezog er sich wiederholt auf die angeblichen sittlichen Mängel der Juden und die Gefahr, die den Gläubigen drohte, wenn sie sich um Juden kümmerten oder engen Kontakt mit ihnen hatten.

Selbst das war für den Nachfolger von Pius XI., den ehemaligen

Staatssekretär im Vatikan Kardinal Eugenio Pacellli, der den Papstnamen Pius XII. annahm, zu viel der Kritik am nationalsozialistischen Rassismus. 1936 hatte Pacelli sich dagegen ausgesprochen, die Schrift *Mit brennender Sorge* als Enzyklika erscheinen zu lassen, die auch in deutschen Kirchen verlesen würde, und vorgeschlagen, lediglich einen Hirtenbrief an die deutschen Bischöfe zu richten.[34] Nicht ohne Grund hatten die nationalsozialistischen Abgesandten in Rom darauf gehofft, dass das Konklave ihn zum neuen Papst wählen würde.[35] Nach seiner Wahl im dritten Wahlgang im März 1939 vernichtete er nicht nur alle Exemplare des Entwurfs seines Vorgängers für eine Enzyklika, die seine Mitarbeiter finden konnten, sondern auch die Druckplatten mit dem Text einer Ansprache, die Pius XI. zu dem Thema hatte veröffentlichen wollen. Pius XII., von seiner Abstammung her Aristokrat und von seinem Werdegang Diplomat, war in politischer und theologischer Hinsicht ein sehr vorsichtiger und konservativer Mann. Als päpstlicher Nuntius in Deutschland vor Hitlers Machtergreifung hatte er Gefallen an dem Land gefunden. Er kritisierte die katholische Zentrumspartei, weil sie sich an der demokratischen Politik beteiligte, die er verabscheute, und weil sie sich so lange sträubte, eine Koalitionsregierung mit den Nationalsozialisten zu bilden, die er befürwortete.[36] Obwohl er nicht glücklich darüber war, welche Form das Reichskonkordat angenommen hatte, und enttäuscht, dass es keinen Schutz für jüdische Konvertiten zum Katholizismus vorsah, handelte er das Abkommen aus und hielt sich in den folgenden Jahren daran, weil es die beste Gewähr für das Überleben der Kirche im Dritten Reich zu bieten schien.[37] Mehr als alles andere verabscheute er den »gottlosen Kommunismus« und akzeptierte daher jedes politische Regime, das ihn bekämpfte.

Pius XII. fühlte sich in erster Linie der Kirche und den Katholiken verpflichtet, nicht leidenden Menschen im Allgemeinen.[38] Manche Kritiker haben ihm deshalb vorgeworfen, eher Kirchturmspolitik zu betreiben als pastorale Politik. Nicht alle Kritiker äußerten sich rückblickend oder standen außerhalb der Kirche. Einige hohe deutsche Kleriker, insbesondere der Berliner Bischof Konrad von Preysing, rieten ihm, im Umgang mit dem NS-Regime fester aufzutreten und deutlicher Solidarität mit den deutschen Juden zu bekunden, aber andere wischten solche Argumente beiseite. Die vorherrschende Stimme war die von Kardinal Adolf Bertram in Breslau, der fürchtete, eine neue Verfolgung der katholischen Kirche in Deutschland zu provozieren, wie sie Reichskanzler Otto von Bismarck im Kulturkampf in den 1880er Jahren betrieben hatte.[39] Deshalb unterstützte der Vatikan weder die vielfältige Hilfe, die Preysing in Berlin für die Juden organisierte, vor allem für die zum Christentum konvertierten, noch Initiativen nach dem Berliner Vorbild in anderen Diözesen.

Um einzuschätzen, welchen Druck die Kirchenführer in den 1930er und 1940er Jahren spürten, müssen wir uns die Bedeutung der Sakramente in der katholischen Kirchenlehre vor Augen halten.[40] Vereinfacht gesagt, gilt für die Kirche der Grundsatz »ohne Sakramente keine Erlösung«, das heißt, niemand kann in den Himmel kommen ohne die sieben Sakramente Taufe, Kommunion, Firmung, Beichte, Eheschließung, Weihesakrament und Letzte Ölung (die heute Krankensalbung heißt). Außerdem gibt es die Sakramente nicht ohne den Klerus, der sie spendet: keine Erlösung ohne Priester. Graham Greenes Roman *Die Kraft und die Herrlichkeit* (1940) illustriert hervorragend, wie wichtig die Sakramente in der Lehre der katholischen Kirche sind. Der frevlerische, alkoholabhängige, unkeusche »Schnapspriester«, der im Mittelpunkt steht, geht in den 1930er Jahren in Mexiko in den Untergrund, als die Regierung die Kirche unterdrückt. In der Geschichte zählt die Entschlossenheit, mit der er sein Leben aufs Spiel setzt, damit die Mittel zur Erlösung für die Gläubigen weiterhin verfügbar sind, mehr als seine persönlichen Mängel und macht aus einem Sünder einen heiligen Mann. Auf den Überbringer kommt es an, die Macht der Sakramente wiegt seine Sünden und die seiner Gemeinde auf und tilgt sie.

Die Unverzichtbarkeit der Sakramente ist ein Punkt der Lehre, der die Kirche entwaffnen kann, wenn sie sich mit skrupellosen, gewalttätigen politischen Bewegungen konfrontiert sieht. Die Drohung, Priester abzusetzen und die Kirche zu unterdrücken, ist im Zusammenhang mit der katholischen Lehre gleichbedeutend mit der Drohung, allen Katholiken in dem betroffenen Gebiet jede Hoffnung auf

Erlösung zu rauben. Die Furcht davor befeuerte sowohl den Antikommunismus der Kirche, weil die Kommunisten entschlossen zu sein schienen, gegen die Kirche vorzugehen, wie auch ihren vorsichtigen Umgang mit dem Nationalsozialismus, um Repressionen zu vermeiden. Und das NS-Regime verstand es geschickt, diese Befürchtungen auszunützen. Es demonstrierte gelegentlich Feindseligkeit gegen die Kirche, vor allem wenn es versuchte, Kruzifixe aus Klassenzimmern zu entfernen, und in den 1930er Jahren Schauprozesse gegen angeblich schamlose Mönche inszenierte. Aber vor einer generellen Verfolgung der Katholiken in Deutschland schreckten die Nationalsozialisten doch zurück. Die katholischen Kirchenführer handelten darum wie viele andere deutsche Individuen und Institutionen, die, wie wir gesehen haben, sich nach Kräften bemühten, das Regime nicht zu provozieren, »um Schlimmeres zu verhüten«. Aber schlimmer für wen oder was? Im Allgemeinen für sie und ihre Kirche.

## Prioritäten während des Kriegs

Während die deutschen Politiker schrittweise auf die Entscheidung zusteuerten, die europäischen Juden zu ermorden, war die Welt weiterhin nicht in der Lage, gemeinsam zur Verteidigung der Juden aufzustehen. Um es noch einmal festzuhalten: Bis Oktober 1941 duldeten die Nationalsozialisten die Emigration aus Europa, und vom Ausbruch des Kriegs bis zu diesem Datum reisten ungefähr 72 000 Juden aus dem Großdeutschen Reich aus.[41] Aber diese Zahl war relativ klein im Verhältnis zu all jenen, die hätten fliehen müssen. Und nachdem das Gemetzel begonnen hatte, taten die Länder, die sich gegen NS-Deutschland verbündet hatten, der Vatikan, neutrale Länder und die Juden im Ausland wenig, um die Mörder zu hindern, geschweige denn zu stoppen. Warum?

Die Passivität der Alliierten rührte nicht daher, dass sie nicht wussten, was im nationalsozialistisch besetzten Europa vor sich ging. Diplomaten und Journalisten aus neutralen Ländern – zu denen bis Dezember 1941 auch die Vereinigten Staaten gehörten – lasen in der deutschen Presse Berichte über Ghettos, und Geschäftsleute aus diesen Ländern, wie beispielsweise Schweizer Fabrikbesitzer in Polen, sahen mit eigenen Augen, wie es den Juden dort erging, und berichteten ihrem Stammsitz darüber.[42] Die Alliierten erfuhren fast unmittelbar nach Beginn des Mordens von diesem Treiben. Der britische Geheimdienst fing von Anfang an Berichte über Massenerschießungen durch die Ordnungspolizei in Russland auf und gab den ganzen Sommer 1941 hindurch Zusammenfassungen davon an Winston Churchill weiter.[43] Aber Churchill und die Codeknacker entschieden am 12. September, dass das überflüssig sei, weil er sowieso nichts dagegen tun könne. Er konnte die schrecklichen Informationen noch nicht einmal allgemein bekannt machen, weil die Deutschen sonst erfahren hätten, dass die Briten ihre Botschaften entziffern konnten. Im Oktober 1941 berichtete der Geschäftsträger des Vatikans in der Slowakei, Giuseppe Burzio, dem Papst von den Massentötungen.[44] Im März 1942 schilderte ein Vertreter des Joint Distribution Committee in Budapest die massenhaften Morde in Russland bei einer Pressekonferenz in New York City, viele amerikanische Zeitungen griffen die Nachricht auf und veröffentlichten sie. Im selben Monat begannen die großen Deportationen in die ersten Vernichtungslager. Der päpstliche Nuntius in Bern sammelte genügend Informationen über die Vorgänge, um dem Vatikan berichten zu können, dass Deportation gleichbedeutend mit Exekution war. Der erste Bericht über Ermordungen mit Gas erschien am 10. März 1942 in der Londoner *Times*, unmittelbar nachdem die Vergasungen im großen Stil begonnen hatten.

Im Mai 1942 verdichteten sich die Informationen. Pater Pirro Scavizzi, ein Militärkaplan bei den italienischen Truppen, der an der Invasion der Sowjetunion teilnahm, bat im Fronturlaub um eine Audienz beim Papst und erzählte ihm von den Massenerschießungen.[45] Unterdessen schmuggelte die jüdische Bund-Partei in Polen einen Bericht über die Ermordung der polnischen Juden im Allgemeinen und die Vergasungen in Chełmno im Speziellen an die Exilregierung in London, der von der britischen Regierung veröffentlicht und von der amerikanischen Presse aufgegriffen wurde. Im Juni und Juli 1942 berichteten die BBC und amerikanische Zeitungen ziemlich häufig über Massenmorde, obwohl das Wissen über Vergasungen noch nicht verbreitet und der Name Auschwitz öffentlich noch nicht gefallen war.

Aber die Informationen trafen auf erheblichen emotionalen und psychischen Widerstand, und selbst unter den politischen Führungspersonen der Juden herrschte lange Zeit Unglauben vor. Die massenhafte Vernichtung schien unvorstellbar. Wer nicht akzeptieren wollte, dass so etwas tatsächlich passierte, erinnerte an die übertriebenen Geschichten, die 1914 bis 1918 über die Brutalität der deutschen Besatzung Belgiens im Umlauf gewesen waren als Beispiel, dass in Kriegszeiten nun einmal vieles aufgebauscht werde. Ende Dezember 1944 glaubte eine Mehrheit der englischen Bevölkerung immer noch nicht an die sogenannten Gräuelmeldungen, die aus dem besetzten Europa kamen.[46] Der Unglauben hielt sich hartnäckig, obwohl ihm in der Zeit von August bis November 1942 jede Grundlage entzogen wurde. Im August erzählte Gerhart Riegner, der Vertreter des Jüdischen Weltkongresses in der Schweiz, dem amerikanischen Vizekonsul dort und jüdischen Vertretern in London, er habe einen verlässlichen Bericht erhalten, dass die Nationalsozialisten planten, alle Juden im Osten mittels Cyanwasserstoff »mit einem Schlag auszurotten«; Cyanwasserstoff (oder Blausäure) ist der Wirkstoff von Zyklon. Die Quelle seiner überwiegend, aber nicht ganz richtigen Information wurde kurz nach dem Krieg enthüllt: Eduard Schulte, Generaldirektor eines großen deutschen Zinkproduzenten mit Sitz in Oberschlesien, nicht weit von Auschwitz entfernt; sein redseliger Stellvertreter war ein enger Freund des dortigen Gauleiters.[47] Schulte, ein altmodischer deutscher Nationalist, dessen Söhne an der Ostfront kämpften, war nicht eben prädisponiert für die Weitergabe von Informationen an Ausländer. Aber das Verhalten des NS-Regimes war ihm so zuwider geworden, dass er beschloss, seine regelmäßigen Geschäftsreisen in die Schweiz zu nutzen, um den Feind seines Landes Erkenntnisse zu überbringen, nicht nur über Massenmorde, sondern auch über Truppenbewegungen und dergleichen.

Im November 1942 kamen aus drei zweifelsfreien Quellen Bestätigungen für die Vergasungen im Osten:[48] Die erste Quelle war Carl Jacob Burckhardt, damals Vizepräsident und später Präsident des Internationalen Komitees vom Roten Kreuz mit Sitz in Genf; er gab sein Wissen an das amerikanische Außenministerium weiter. Die zweite Bestätigung waren eine Reihe von Lecks aus dem offiziell verschwiegenen Vatikan. Die dritte Quelle wischte die letzten Zweifel der jüdischen Politiker beiseite; es war eine Gruppe von Juden aus Palästina, die die Deutschen in Europa interniert und dann gegen deutsche Gefangene der Alliierten ausgetauscht hatten. Diese repatriierten Juden erzählten, was sie mit eigenen Augen in den Ghettos und Lagern gesehen hatten. Das Ergebnis war die Erklärung der Alliierten vom 17. Dezember 1942, in der sie das Massaker an den Juden anerkannten und verurteilten. Damit informierten sie zugleich jede neutrale oder mit den Nationalsozialisten verbündete Regierung in Europa über das, was vor sich ging, und über ihre Absicht, die Verbrechen nach dem Krieg zu bestrafen. Auf die Erklärung folgte eine Radioansprache des Literaturnobelpreisträgers Thomas Mann, der im amerikanischen Exil lebte, im deutschen Programm der BBC. Er teilte allen Zuhörern mit, was das NS-Regime den Juden antat.[49]

Trotzdem hatten die Verantwortlichen der Alliierten Schwierigkeiten, die Realität zu begreifen. Das wird am eindrücklichsten durch einen Funkspruch deutlich, den der britische Geheimdienst am 11. Januar 1943 abfing. Er enthielt eine Liste von Hermann Höfle, dem Pendant zu Adolf Eichmann im Generalgouvernement, die Aufschluss darüber gab, wie viele Juden bis dahin in den Vernichtungslagern der »Aktion Reinhardt« ermordet worden waren: 1 274 166.[50] Die Zahl ist atemberaubend angesichts der Tatsache, dass nur die Toten der Lager Bełżec, Sobibór und Treblinka erfasst sind, die alle zu dem Zeitpunkt noch nicht einmal zehn Monate in Betrieb waren. Aber die Codeknacker kannten die Namen der Lager nicht und wussten mit den Kürzeln nichts anzufangen, mit denen sie in dem Dokument bezeichnet waren. Deshalb wurde die Information nicht veröffentlicht und verschwand im Archiv.

Die Informationen zu begreifen war das eine Problem, genauso schwierig war es, zu entscheiden, was man damit tun sollte. Die wichtigsten Alliierten befürchteten, wenn sie sich zu sehr um das Leiden der Juden kümmerten, würden sie der NS-Propaganda in die Hände spielen, die behauptete, Churchill, Roosevelt und Stalin kämpften für die Juden, seien gar Agenten der Juden.[51] Deshalb sträubten sie sich, die Besonderheit des nationalsozialistischen Angriffs auf die Juden zu sehen, geschweige denn zu betonen. Sie sprachen lieber vom Leiden der »Staatsbürger« in den besetzten Ländern, daran änderte sich selbst nach Kriegsende nichts. Angesichts der Geschwindigkeit, mit der die Deutschen vorgingen, und weil sich die Vernichtungslager außerhalb der Reichweite der alliierten Flugzeuge befanden, hätten die Alliierten wenig tun können, um die Morde aufzuhalten, außer die Nachricht in der Welt zu verbreiten, die Hilfe neutraler Staaten zu mobilisieren und dazu aufzurufen, gegen die Deutschen Widerstand zu leisten. Aber die Sorge, sie könnten dadurch zu judenfreundlich erscheinen, hielt sie zurück.

Und das war nicht die einzige Restriktion bei öffentlichen Äußerungen der Alliierten. Die UdSSR weigerte sich weiterhin, ethnische Unterschiede zwischen den Opfern des Nationalsozialismus anzuerkennen. Stalin erwähnte während des gesamten Zweiten Weltkriegs nur ein einziges Mal das Schicksal der Juden – in einer Rede am 7. November 1941, in der er den Deutschen vorwarf, Pogrome durchgeführt zu haben. Weder er noch ein anderer sowjetischer Militärführer forderte Partisaneneinheiten auf, den Juden zu helfen oder bei Angriffen auf Juden einzuschreiten. Die UdSSR erwog auch nie die Idee, die Eisenbahnstrecken in die Lager zu bombardieren oder Vorstöße in Richtung der Lager zu unternehmen.[52] Die Russen hörten den Begriff Auschwitz im November 1943 zum ersten Mal, ungefähr acht Monate bevor die Alliierten die Existenz des Lagers bestätigten.[53] Im August 1944, als sowjetische Truppen nur noch 160 Kilometer entfernt waren, wussten die Verantwortlichen der russischen Geheimpolizei NKWD sehr genau Bescheid, was im Lager vor sich ging. Doch die Information gaben sie in der Kommandokette nicht nach unten weiter, und die Einnahme des Lagers wurde nicht zum militärischen Ziel. 1944 intervenierten verschiedene Vertreter jüdischer Organisationen bei sowjetischen Diplomaten, Auschwitz aus der Luft anzugreifen. Zu der Zeit hatte die UdSSR an der Ostfront siebenmal mehr Flugzeuge als die Deutschen, und Auschwitz lag in Reichweite aller leichten Bomber, einschließlich der Pe2-Sturzkampfbomber, die sich ideal dafür eigneten, kleine Ziele wie die Krematorien eines Lagers anzugreifen. Aber es geschah nichts, offenbar hauptsächlich deshalb, weil Stalin keine Aufmerksamkeit auf die Situation der Juden lenken wollte. Die Einstellung der Sowjets kam in ihrem Verhalten nach der Befreiung von Auschwitz im Januar 1945 zum Ausdruck: Bis Mai wahrten sie vollkommenes Stillschweigen, dann gaben sie einen Bericht heraus und brachten im Radio eine Beschreibung, in denen das Wort »Jude« nicht einmal vorkam.

Die Spitzen der britischen Regierung bekundeten unterdessen Mitgefühl mit der Not der Juden, aber weil sie darauf bedacht waren, die Araber nicht zu verärgern, hielten sie sich mit Taten zurück. Churchill, der das Weißbuch vom Mai 1939 abgelehnt hatte, das Obergrenzen für die Einwanderung von Juden nach Palästina festsetzte, drängte die Briten am nachdrücklichsten, etwas zu unternehmen, um den Holocaust zu stoppen. Die Erklärung der Alliierten vom Dezember 1942, in der sie die Morde verurteilten, kam hauptsächlich auf britisches Insistieren zustande, und 1944 forderte Churchill, die Briten sollten ernsthaft prüfen, wie sie Auschwitz angreifen könnten. Aber er bekam keine klare Unterstützung von seinem eigenen Außenminister Anthony Eden, der antisemitisch und sehr araberfreundlich eingestellt war, und praktisch keinen Rückhalt aus den unteren Ebenen der britischen Bürokratie. Luftfahrtminister Sir Archibald Sinclair blockierte die Pläne für Bombardierungen, andere Beamte vereitelten sonstige Rettungsbemühungen.[54] 1943 bezeichnete ein britischer Beamter die Möglichkeit, dass 70 000 Juden aus Rumänien »freikommen« könnten, als »erschreckende Aussicht«,[55] denn sie könnten womöglich nach Palästina gehen und das fragile politische Gleichgewicht dort stören. Aus derselben Sorge heraus waren die Briten entschiedene Gegner der verschiedenen Pläne, die gegen Kriegsende erwogen wurden, die Juden, die sich noch in der Gewalt der Nationalsozialisten befanden, freizukaufen. Nur 37 451 Juden konnten vom Ausbruch des Zweiten Weltkriegs bis Ende 1944 legal nach Palästina einwandern,[56] über ein Drittel davon gelangte erst in jenem letzten Jahr dorthin. Eine besonders verhängnisvolle Rolle spielte das Bemühen der Briten, nur nicht den Anschein zu erwecken, sie würden sich für die Juden einsetzen. Damit waren sie verantwortlich dafür, dass sowohl die Vereinigten Staaten wie auch das Vereinigte Königreich nach April 1943 über ein Jahr lang konsequent Berichte polnischer Geheimdienstquellen ignorierten, die Auschwitz als Schauplatz eines Massenmords identifizierten.[57]

Ein Grund, warum die Briten und andere Alliierte zögerten, das Leiden der Juden und die Dringlichkeit ihrer Flucht aus Europa besonders hervorzuheben, war ein Mann namens Hajj Mohammed Amin al-Husseini, seit 1921 Großmufti und damit höchste Autorität für islamisches Recht in Jerusalem. Al-Husseini gehörte zu den Anführern der arabischen Revolte in Palästina von 1936 bis 1939; die Briten vertrieben ihn erst von dort, dann aus dem Irak und schließlich aus dem Iran. Im November 1941 fand er zusammen mit mehreren anderen arabischen Nationalisten Asyl in Berlin. Seine Propagandaschriften und Radiosendungen, in denen er Amerika, Großbritannien, den Kommunismus und die Juden als die gemeinsamen Feinde der Araber und der Achsenmächte darstellte, hatten kaum praktische Auswirkungen, ausgenommen vielleicht die, dass die Zahl der Palästinenser, die im Vorfeld der Schlacht von El-Alamein im Herbst 1942 aus Einheiten der britischen Armee desertierten, einen Höhepunkt erreichte.[58] Ob im Exil oder nicht, die führenden arabischen Politiker waren während des Zweiten Weltkriegs untereinander so gespalten und zerstritten, dass keiner von ihnen, auch nicht der Mufti, für größere Teile der Öffentlichkeit im Nahen Osten sprechen konnte. Aber die Briten fürchteten im Besonderen, dass demonstrative Unterstützung für die Juden und deren Interessen die Situation verändern könnte, von vermehrten Sabotageakten gegen Militäreinheiten der Alliierten und Operationen in der Region bis hin zu einem Aufstand, der wertvolle Truppenteile und Ressourcen binden und den Kriegsanstrengungen entziehen würde.

Wie die osteuropäischen Nationalisten, die kalkulierten, dass ein Bündnis mit den Nationalsozialisten ihre Chancen auf eine künftige Unabhängigkeit erhöhen würde, und die Hunderttausende Muslime im Süden der Sowjetunion, die sich der Wehrmacht und der SS anschlossen, um Stalins Joch abzuschütteln, erlebte auch der Mufti, dass seine Hoffnungen auf eine Annäherung an die Achsenmächte enttäuscht wurden.[59] Hitler zögerte, ihm mehr als die mündliche Zusicherung zu geben, die Kolonialherrschaft im Nahen Osten zu beenden, weil das verbündete Italien nicht nur beabsichtigte, Libyen und Äthiopien nach dem Krieg zu behalten, sondern seine Gebietsansprüche in der Region sogar noch auszudehnen gedachte. Die Deutschen weigerten sich auch beharrlich, zu akzeptieren, dass eine von Arabern geführte Armee an ihrer Seite kämpfte. Stattdessen beschränkten sie sich darauf, einige Muslime in bosnische und albanische SS-Einheiten aufzunehmen (mit deutschen Offizieren) und ein kleines deutsch-arabisches Bataillon aufzustellen, das im August 1942 gerade einmal aus 243 Freiwilligen bestand. Die Soldaten erwiesen sich als vollkommen ineffektiv. 1943 wurde das deutsch-arabische Bataillon nach Nordafrika verlegt und wuchs durch Rekrutierungen vor Ort auf 2000 Mann. Es kämpfte so schlecht, dass die Offiziere es in Arbeitstrupps aufspalteten. Im Herbst 1944 lösten die Deutschen die bosnischen und albanischen Einheiten auf, nachdem die Zahl der Deserteure überhandgenommen hatte; den Anstoß zur Aufstellung dieser Einheiten hatte der Mufti gegeben, und er hatte auch bei ihrer Organisation geholfen. Im November 1944 sprach sich das Dritte Reich, die militärische Niederlage vor Augen, für die »Anerkennung der Unabhängigkeit der arabischen Länder« aus, aber der richtige Zeitpunkt, um arabische oder muslimische Unterstützung für die nationalsozialistische Sache zu mobilisieren, war längst vorbei. Alles in allem kämpften im Zweiten Weltkrieg weit mehr Araber für die Alliierten als für die Achsenmächte und wahrscheinlich auch mehr Muslime.

Unterdessen verbuchte der Mufti ein paar Siege, vor allem Ende 1942, als er seinen Einfluss auf Himmler nutzte, um den geplanten Austausch jüdischer Kinder aus der Slowakei, Polen und Ungarn gegen deutsche Zivilisten in Palästina unter der Ägide des Roten Kreuzes zu verhindern. In den folgenden Monaten hielt al-Husseini außerdem die deutschen Verbündeten Rumänien und Bulgarien davon ab, gegen Geldzahlungen Tausende Juden nach Palästina emigrieren zu lassen. Er schlug dem bulgarischen Außenminister sogar vor, die Kinder stattdessen nach Polen zu bringen, obwohl er direkt von Himmler erfahren hatte, was in Polen mit den Juden passierte. Aber das waren kleine, kurzlebige Triumphe, langfristig hatte die Nähe des Muftis zu den Achsenmächten schwerwiegende, letztlich katastrophale Auswirkungen für sein Ziel eines Palästinenserstaats, ganz zu schweigen von einem Palästinenserstaat unter seiner Führung, wie er es sich für die Zeit nach dem Krieg erhoffte.[60] Er schaffte es, nach Deutschlands Niederlage nach Kairo zu entkommen, und überlebte so. Aber die von ihm geknüpfte Verbindung zwischen Arabern und Nationalsozialisten trug dazu bei, dass die Vereinten Nationen 1947 die Teilung Palästinas beschlossen und die Vereinigten Staaten und das Vereinigte Königreich sich im Bürgerkrieg in Palästina 1948 auf die Seite der Juden stellten. Al-Husseinis aktive politische Karriere endete, weil er sich beharrlich weigerte, die Teilung zu akzeptieren, weil er als Führungspersönlichkeit während der Kämpfe in jenem Jahr kläglich versagte und weil er für die einstigen Gegner des nationalsozialistischen Deutschlands als Gesprächspartner inakzeptabel war. Im Dezember 1948 löste König Abdullah von Jordanien ihn als Großmufti ab.

Während die Briten sich mehr Sorgen über ihre Position in Palästina und dem Nahen Osten machten als um das Schicksal der Juden, dachte Papst Pius XII. in erster Linie daran, wie er, bevor die atheistischen Sowjets ins Herz Europas vordrangen, Rom schützen und ein Ende des Kriegs erreichen könnte. Er wollte seine Position als »gemeinsamer Vater« aller Katholiken überall bewahren, auch der Katholiken, die Gräueltaten begingen.[61] Deshalb schwieg er beharrlich öffentlich zur Ermordung der Juden, über die er genauestens informiert war. Er sprach auch nicht öffentlich über die Verhaftungen katholischer Priester in verschiedenen Teilen des besetzten Europas oder die Morde an Sinti und Roma und sowjetischen Kriegsgefangenen. Ein bisschen weniger zurückhaltend war er lediglich mit seiner Kritik am deutschen Euthanasieprogramm, das Bischof von Galen aus dem Reich heraus verurteilte. Die einzige öffentliche Äußerung des

Papstes zum Thema Juden war in seiner Weihnachtsbotschaft 1942 enthalten: ein versteckter, kurzer Hinweis (27 Worte in einem 26-seitigen Dokument) auf die Tragödie von Hunderttausenden unschuldiger Menschen, die wegen ihrer ethnischen Herkunft starben. Stillschweigend und hinter den Kulissen versuchte er jedoch, etwas gegen die Verfolgung zu unternehmen. Zum Beispiel wies er seinen Botschafter in Vichy-Frankreich an, im Juli 1942 Marschall Philippe Pétain mitzuteilen, dass der Papst die Deportationen ablehne.[62] Einige Monate später willigte Pétain ein, nur ausländische Juden in den von Deutschland besetzten Landesteilen zu deportieren. Aber der Erfolg war dahin, als die Deutschen im November 1942 die Besatzung auf ganz Frankreich ausdehnten. Nachdem der Papst einen außergewöhnlichen französischen Mönch und Retter namens Pater Marie-Benoît in Audienz empfangen hatte, nutzten im August 1943 Pius XII. und der Vatikan diplomatische Kanäle, um Spanien dazu zu bewegen, Einreisevisa auszustellen und alle spanischen Juden aus dem besetzten Frankreich zurückzuholen, auch die, die im spanischen Bürgerkrieg einige Jahre zuvor gegen das herrschende Regime gekämpft hatten.[63]

Aber größtenteils überließ der Papst die Entscheidungen, ob und wie die Kirche den Juden helfen sollte, einzelnen Bischöfen, Äbten, Priorinnen und den päpstlichen Gesandten in der katholischen Welt; gleichzeitig enthielt er ihnen die Informationen vor, die er über die Morde bekam.[64] Noch verblüffender: Er lehnte es ab, bei den Deutschen zu intervenieren, als sie 1943 begannen, Juden aus Rom zu deportieren, während er zugleich von NS-Vertretern das Versprechen erwirkte, die Menschen unbehelligt zu lassen, die in vielen römischen Kirchen Zuflucht gesucht hatten. Bis zur Befreiung Roms durch die Alliierten verzichtete Pius auch darauf, den Herrscher Ungarns, Admiral Horthy, 1944 zu einem Stopp der Deportationen aus Ungarn zu drängen. Als der Papst dann am 25. Juni 1944 an Horthy appellierte – ganze drei Wochen nachdem amerikanische Truppen in die Vatikanstadt vorgedrungen waren –, hatten bereits 115 Züge mit über 340 000 ungarischen Juden die Selektionsrampe von Birkenau erreicht. Bei der Wiederaufnahme der Deportationen nach Horthys Sturz im Herbst 1944 weigerte sich Pius, noch einmal zu protestieren.[65]

Pius XII. agierte zögernd und vorsichtig und hoffte, er könnte die Rolle des Vermittlers spielen und einen Frieden aushandeln, der den Krieg beenden würde. Damit benahm er sich mehr wie ein Politiker – und ein ziemlich launischer dazu – als wie ein Prälat, handelte mehr in der Rolle dessen, der die Schlüssel zu den prachtvollen Kirchen Roms bewahrte, als desjenigen, der die Schlüssel zum Himmlischen Königreich besaß, und damit eher wie ein provinzieller Römer als wie der Fürst der universellen Kirche. Ob man sein Verhalten gutheißt oder kritisiert, hängt hauptsächlich davon ab, was man als die wichtigste Verantwortung und Verpflichtung des Papstes ansieht. Nach seiner Überzeugung waren es die Katholiken und der Besitz des Heiligen Stuhls. Das Urteil über Pius XII. hängt auch davon ab, ob man dem polnischen Exilpräsidenten Władysław Raczkiewicz zustimmt, der der päpstlichen Weigerung, die nationalsozialistischen Gräueltaten anzuprangern, mit den Worten widersprach: »[D]as göttliche Gesetz kennt keinen Kompromiss.«[66] Stimmt das? Vielleicht kennt es keinen Kompromiss für einen Kirchenmann, der sich selbst als Vikar Christi auf Erden sieht, aber sicher gibt es Kompromisse für jemanden, der sich als Oberhaupt einer moralisch und materiell wertvollen Institution versteht. Das Handeln Pius' XII. spricht dafür, dass er sich mehr in der letztgenannten Position sah als in der erstgenannten. Der Historiker Michael Bess hat das Verhalten des Papstes so zusammengefasst: »Es kam nicht hart auf hart, weil der Vatikan auf die Härte der Nationalsozialisten nicht hart regierte.«[67]

Eine gute Seite hatte die päpstliche Politik der Nichteinmischung in die Judenverfolgung: Pius' Gebaren ließ einigen Klerikern freie Hand, es besser zu machen als er. Wie wir gesehen haben, erhoben mehrere französische und holländische Bischöfe ihre Stimme gegen die Übergriffe auf Juden und die Massaker an ihnen. Diese tapferen Einzelnen bildeten nahezu nirgendwo eine Mehrheit der Bischöfe, die meistens schwiegen, aber sie zeigten, dass zumindest einige Prälaten andere Prioritäten setzten als der Papst. Wir haben bereits den Metropoliten Scheptyzkyj in Lemberg vorgestellt, der auf zwei außergewöhnlichen Wegen versuchte, die Beteiligung der Ukrainer an der Ermordung der Juden zu verhindern. Erstens schrieb er Himmler im Februar 1942 einen Brief, in dem er darum bat, katholische ukrainische Polizisten nicht bei Aktionen gegen Juden einzusetzen. Zweitens gab er im nächsten Monat einen Hirtenbrief heraus, in dem er Gemeindepriestern die Befugnis entzog, Gemeindemitgliedern, die Morde gebeichtet hatten, die Absolution zu erteilen. Diese Befugnis behielt er sich selbst vor; die Gläubigen sollten Katholiken, die bei Morden mitgemacht hatten, »mit der Verachtung und Schande« behandeln, »die sie verdienen«.[68]

Erzbischof Aloysius Stepinac von Zagreb in Kroatien übte ebenfalls offen Kritik. Im November 1941 beklagte er gegenüber den führenden Politikern des Landes die »unmenschliche und grausame Behandlung von Nichtariern«, und in den folgenden Jahren hielt er mehrere Ansprachen, in denen er die Beteiligung an der Ermordung von Roma und Juden verbot und Rassismus verurteilte. Stepinac ließ es nicht mit Worten bewenden. Er verschaffte Juden Taufscheine und Arbeitserlaubnisse und versteckte viele in Gebäuden der katholischen Kirche. In Frankreich protestierte die Französische Bischofskonferenz gegen die ersten Razzien und Deportationen Mitte 1942 mit einem Brief ihres Vorsitzenden Kardinal Emmanuel Célestin Suhard an Marschall Pétain. Darin hieß es unter anderem: »Tief erschüttert durch die Nachrichten, die uns über die massenhaften Verhaftungen von Israeliten erreichen, welche in der letzten Woche stattgefunden haben, und durch die harte Behandlung, die sie erfahren haben ... können wir den Ruf unseres Gewissens nicht unterdrücken. Unsere Stimme erhebt sich im Namen der Menschlichkeit und der christlichen Grundsätze, um für die unveräußerlichen Rechte von Menschen Protest einzulegen. Dies ist auch ein schmerzerfüllter Ruf nach Mitleid ... vor allem mit demjenigen [Leiden] von Müttern und Kindern.« Aber die Bischöfe erhoben in ihrem Brief keine konkreten Forderungen, und der päpstliche Nuntius in Vichy, Monsignore Valerio Valeri, tat das Dokument als »platonisch« ab.[69] Die Kirchenführung in der Slowakei brauchte noch länger, um ihre Christenpflicht zu erkennen. Ein Hirtenbrief, den die Bischöfe 1942 ins Land sandten, nahm nur Juden in Schutz, die zum Katholizismus konvertiert waren, und rechtfertigte ansonsten die Deportationen mit antisemitischen Argumenten. Doch weniger als ein Jahr später änderten die Verfasser ihre Meinung. Im März 1943 gaben sie einen weiteren Hirtenbrief heraus, in dem sie die Transporte als unzulässige Anwendung des Prinzips der Kollektivschuld brandmarkten, die gegen die Goldene Regel verstoße. Die Deportationen aus der Slowakei hatten zu diesem Zeitpunkt zwar schon aufgehört, aber die Intervention der Geistlichen band dem slowakischen Präsidenten Jozef Tiso die Hände, einem antisemitischen katholischen Priester, der wiederholt mit dem Gedanken spielte, die Transporte wieder aufzunehmen. Bis zu den letzten Tagen von Tisos Regime Ende 1944 gab es keine Deportationen mehr.[70]

Je weiter unten in der Hierarchie der katholischen Kirche man sich umsieht, desto mehr tapferes und von moralischen Prinzipien geleitetes Verhalten findet man. In Polen beispielsweise boten rund zwei Drittel der Frauenklöster jüdischen Kindern und Erwachsenen Zuflucht. Nach bestmöglicher Schätzung retteten die Nonnen auf diese Weise mindestens 1500 Menschen. In Litauen rügten während der Massaker von 1941 mehrere Gemeindepriester die Gläubigen ihrer Gemeinden, weil sie Juden misshandelt und beraubt hatten, obwohl ihre Bischöfe zunächst eine unklare Haltung einnahmen und erst 1943 die Judenverfolgung kritisierten und Rettungsmaßnahmen organisierten. In Belgien brachte ein Netzwerk mit zwei katholischen Laien an der Spitze, Albert van den Berg und Georges Fonsny, das von Kapuziner- und Franziskanermönchen und den Schwestern des heiligen Vinzenz von Paul unterstützt wurde, rund 400 Kinder in verschiedenen katholischen Einrichtungen unter und rettete sie auf diese Weise.[71] Es war eine von mindestens sechs solcher vorwiegend katholischer Gruppen, die während des Kriegs in Belgien Juden versteckten. Und in Rom fanden 1943 und 1944 etwa 4000 Juden Zuflucht in Klöstern, Konventen und Kirchen.[72] Aber es hätten noch sehr viel mehr sein können, wenn der Papst die Rettung der Juden zur offiziellen Politik der Kirche gemacht, die Gläubigen dazu ermahnt und einen Teil der Devisen des Heiligen Stuhls dafür eingesetzt hätte – lauter Schritte, die der Vatikan beharrlich ablehnte.

Wenn ausländische Diplomaten dem Papst drängende Fragen

stellten, warum er nicht mehr tat, verwies er immer auf die Gefahren, die sich daraus ergeben könnten, wenn er seine Stimme gegen die Judenverfolgung erhob.[73] Womöglich würde das die Deutschen zusätzlich reizen und noch mehr Gewalt provozieren, so wie der Protest der holländischen Bischöfe gegen die Deportation von zum katholischen Glauben konvertierten Juden zur Folge gehabt hatte, dass die Deportationen beschleunigt weitergingen – allerdings zog der Papst diesen Vergleich nie explizit.[74] Doch weder der holländische Ministerpräsident noch die Königin der Niederlande ließen sich einschüchtern. Nur Tage nachdem im Juli 1942 die ersten Züge aus Holland nach Osten gerollt waren, verurteilte der Ministerpräsident die Deportationen; kurz darauf war in einer Radiosendung auf Radio Oranje, dem offiziellen Organ der holländischen Exilregierung, von Gaskammern die Rede. Im Oktober sagte Königin Wilhelmina im selben Sender ihrem Volk, sie fühle sich »persönlich betroffen [durch] die systematische Vernichtung« der holländischen Juden.[75] Aber diese politischen Persönlichkeiten sprachen aus der Sicherheit des Exils, und die Vorgänge in Deutschland warfen ein Schlaglicht auf die Gefahr der Vergeltung. Zwar ließ die Gestapo Bischof von Galen unbehelligt, nachdem er gegen die Euthanasie protestiert hatte, aber 37 Geistliche in seiner Diözese wurden festgenommen und in Lager gebracht, wo sechs von ihnen starben.[76]

Manchmal behauptete der Papst auch, offener Protest könnte patriotische Deutsche bewegen, sich vom Glauben abzuwenden, entweder während des Kriegs oder aus Zorn nach einer eventuellen deutschen Niederlage, die sie ihm anlasten würden. Das waren die Befürchtungen einiger deutscher Bischöfe und Kardinäle, und wie sie entschied sich Pius XII., die Konfrontation zu vermeiden, »um Schlimmeres zu verhüten«. Wieder wirkten die Sakramente als Hemmnis: Der Papst fühlte sich nicht nur dafür verantwortlich, sie für die Gläubigen verfügbar zu halten, sondern auch dafür, dass die Gläubigen für die Sakramente und damit für die Erlösung offen blieben. Derartige Befürchtungen hinderten jedoch Bernhard Lichtenberg, den Dompropst der katholischen St.-Hedwigs-Kathedrale in Berlin, nicht daran, öffentlich für die Juden zu beten, die deportiert wurden, und ein von Goebbels formuliertes Flugblatt, das jede Form der Unterstützung von Juden als »Verrat am eigenen Volk« brandmarkte, als »Hetzblatt« zu bezeichnen. Die Gestapo verhaftete Lichtenberg daraufhin im Oktober 1941, schickte ihn für zwei Jahre ins Gefängnis, danach in ein Arbeitslager und schließlich nach Dachau. Die Haft und die Misshandlungen hatten ihm so zugesetzt, dass er auf dem Weg nach Dachau am 5. November 1943 starb.[77] Anders als für den Papst konnte in den Augen von Lichtenberg die Furcht vor massenhaftem Abfall vom Glauben das Gebot, den eigenen Nächsten hier und jetzt zu lieben, nicht außer Kraft setzen. Viel besser als Pius XII. lebte Lichtenberg die eindringlichen Worte der ersten Enzyklika des neuen Papstes, »*Summi Pontificatus:* Über die Einheit der menschlichen Gesellschaft« (Oktober 1939): »In der Erfüllung dieser Unserer Sendung werden Wir Uns nicht von irdischen Rücksichten beeinflussen lassen, weder Misstrauen noch Widerspruch ... noch von der Furcht, missverstanden oder falsch ausgelegt zu werden ... Die unerschütterliche Geschlossenheit der kirchlichen Hierarchie ... geeint um Petri Nachfolger ... [bleibt] unbeugsam, wenn sie, selbst um den Preis von Verfolgung und blutigem Tod, erklären muss: *Non licet,* es ist nicht erlaubt.«[78]

Als alle anderen Argumente für Tatenlosigkeit versagten, spielte der Papst seine letzte Karte aus, um Appelle der Alliierten abzuwehren, sich offener zu äußern: Er behauptete, wenn er die nationalsozialistischen Verbrechen kritisierte, müsste er mit den sowjetischen Verbrechen genauso verfahren, und das könnten die Alliierten nicht wollen, solange die Kämpfe noch andauerten. Aber natürlich schwächte er seine entschiedene Gegnerschaft zum Kommunismus nie ab, deshalb erzürnte dieser Vorwand die Vertreter der Alliierten ganz besonders.

Die größten Hoffnungen auf Rettung der in Europa gefangenen Juden ruhten wohl auf den Vereinigten Staaten. Aber sie reagierten zögerlich, teils aus Gründen, die bereits vor dem Krieg bestanden hatten, teils aus neu hinzugekommenen. Erstens nahm der Antisemitismus in der amerikanischen Bevölkerung während des Kriegs zu. In einer Gallup-Umfrage vom Juli 1942 sagten 44 Prozent der Befragten, die Juden hätten zu viel Macht und Einfluss; zwei Jahre später gaben ebenfalls 44 Prozent an, die Juden seien »eine Bedrohung« für die Vereinigten Staaten.[79] Zweitens blieb Breckenridge Long bis 1944 im Amt und widersetzte sich allem, was den Zustrom von Juden in die Vereinigten Staaten hätte vergrößern können. Roosevelt, der Long seit Langem kannte, seit ihrem gemeinsamen Dienst im Marineministerium während des Ersten Weltkriegs, hörte weiterhin auf ihn, insbesondere auf sein Argument, die Flüchtlinge bedeuteten ein Sicherheitsrisiko. In der Folge gelangten 1940 und 1941, in den beiden Jahren vor dem Kriegseintritt der Vereinigten Staaten, nur etwa 30 000 deutsche Juden ins Land[80] und vielleicht noch einmal so viele aus anderen Ländern Europas. Drittens vertraten insbesondere die militärischen Planer die Auffassung, der einzige Weg, den Juden zu helfen, bestehe darin, den Krieg so schnell wie möglich zu gewinnen. Dieses Argument setzten sie ein, um kleinere Hilfsmaßnahmen abzulehnen. Zum Beispiel wurden Vorschläge, mehr Immigranten in die Vereinigten Staaten zu bringen, von 1941 bis 1944 wiederholt abgewiesen, weil es angeblich an Transportmöglichkeiten fehlte. Doch 400 000 deutsche Kriegsgefangene wurden über den Atlantik in die Vereinigten Staaten transportiert, und viele Munitionsfrachter kehrten leer aus Europa zurück.[81]

Von dieser harten Haltung rückte Washington Ende 1943 infolge mehrerer Entwicklungen langsam ab. Jan Karski, der polnische Widerstandskämpfer, der schon früher seiner Exilregierung über den wachsenden Antisemitismus im besetzten Polen berichtet hatte, hatte sich kurzzeitig ins Lager Izbica Lubica nahe Lublin eingeschmuggelt und dort mit eigenen Augen gesehen, was vor sich ging. Als er bei einer persönlichen Begegnung mit Roosevelt erzählte, was er 1943 erlebt hatte, legte der Präsident zunächst kein besonderes Interesse an dem Thema an den Tag. Doch die Begegnung dauerte doppelt so lang wie geplant, und Roosevelt wirkte danach aufgewühlt wie nie zuvor durch die Massaker.[82] Zur gleichen Zeit wendete sich das Kriegsglück zugunsten der Alliierten, sodass Handeln nunmehr möglich schien: Der Kongress erhöhte den Druck, teilweise auf Drängen von Peter Bergson, dem forschen Vertreter des rechten Flügels der Zionisten in den Vereinigten Staaten. Außerdem überzeugten Finanzminister Henry Morgenthau und andere den Präsidenten, dass Long gehen müsse, nachdem er vor einem Kongressausschuss eine irreführende Aussage gemacht hatte. Im Januar 1944 wurde ein War Refugee Board eingerichtet, dem üppige finanzielle Mittel zur Verfügung standen, die fast vollständig vom Joint Distribution Committee und anderen jüdischen amerikanischen Organisationen bereitgestellt wurden. Das Geld kam den Juden auf vielfältige Weise zugute: von der Bestechung von NS-Beamten über die Herstellung von schützenden Identitäten für Einzelne bis hin zu Interventionen bei ausländischen und neutralen Regierungen zugunsten von Juden und der Unterstützung von Fluchtunternehmen.[83] Das Board konnte zwar die Deportation der ungarischen Juden in der ersten Jahreshälfte 1944 nicht aufhalten, aber es förderte die Aktivitäten von Raoul Wallenberg, einem schwedischen Geschäftsmann, der Diplomat geworden war. Wallenberg reiste später im Jahr 1944 nach Budapest und organisierte dort die Ausgabe von Tausenden schwedischen und Schweizer Schutzpässen an Juden. Anfang 1945 retteten die Nahrungsmittel, die das Board kaufte und in schwedischen Häfen lagerte, Tausende von Leben, als Himmler kurzzeitig versuchte, einen Kanal für Verhandlungen mit den westlichen Alliierten zu öffnen, indem er dem Internationalen Roten Kreuz erlaubte, Häftlinge in Ravensbrück und anderen Lagern in Norddeutschland zu versorgen.[84] Rückblickend ist klar, dass das Board sehr spät eingerichtet wurde, aber vielleicht doch noch früh genug, dass es Menschenleben retten konnte.

Jedoch reichte selbst der wachsende Einfluss des War Refugee Board in Washington nicht aus, das Kriegsministerium davon zu überzeugen, Auschwitz und die Bahngleise dorthin zu bombardieren.[85] Die Vereinigten Staaten begriffen erst im März 1944, wo Auschwitz lag und was dort passierte, obwohl der polnische Untergrund sich schon früher bemüht hatte, die Aufmerksamkeit der Amerikaner auf das Lager zu lenken. Ungefähr zur selben Zeit konnten nach der Instandsetzung eroberter Luftwaffenstützpunkte in Italien erstmals amerikanische und britische Flugzeuge die Lager erreichen und wieder zurückfliegen, ohne dass ihnen unterwegs der Treibstoff ausging. Die ersten Vorschläge jüdischer Gruppen in den Vereinigten Staaten für Bombardierungen erreichten das Außenministerium und das Heeresamt zwischen dem 16. Mai und dem 2. Juni 1944. John Pehle, der Direktor des War Refugee Board, leitete Ende Juni ähnliche Ersuchen an John McCloy weiter, den Unterstaatssekretär im Kriegsministerium. Kurz darauf, am 7. Juli, erkundigte sich der britische Außenminister Anthony Eden bei Luftfahrtminister Sinclair, ob man durch Bombardierungen die Ermordung der ungarischen Juden stoppen könnte. Die ungarischen Juden waren da schon fast alle tot, die letzten Deportationszüge verließen Ungarn am 9. Juli. Anfang August forderte der amerikanische Luftwaffenchef Aufklärungsfotos aus der Region Auschwitz-Birkenau an, die am 4. April, 31. Mai, 26. Juni und 8. Juli aufgenommen, aber noch nicht entwickelt worden waren. Ein formelles Ersuchen, Auschwitz zu bombardieren, wieder an McCloy gerichtet, kam am 9. August vom Jüdischen Weltkongress in New York, aber John Pehle sprach sich am 11. August dagegen aus, weil er befürchtete, dass bei einem Angriff viele Lagerinsassen sterben würden. Drei Tage später lehnte auch McCloy ab mit der Begründung, ein solcher Angriff sei »nicht möglich«, obwohl sich zu dem Zeitpunkt niedrig fliegende Bomber, die die Krematorien hätten treffen können, auf italienischen Stützpunkten befanden. McCloy vertrat auch die Ansicht, mit solchen Angriffen würden in unzulässiger Weise militärische Ressourcen auf ein nichtmilitärisches Ziel umgelenkt.

Das militärische Argument hatte eine gewisse Berechtigung, vor allem in der damaligen Situation. In dem Zusammenhang müssen wir uns erinnern, dass die alliierte Luftkriegführung vor September 1944 drei Hauptziele hatte: die Produktionsstätten und die Abschusseinrichtungen der deutschen V1- und V2-Raketen zu zerstören, mit denen England terrorisiert wurde; die Alliierten beim Vorrücken auf dem italienischen Stiefel zu unterstützen, wo sie nur sehr langsam vorankamen; und den deutschen Widerstand in der Normandie zu brechen, was am 12. August endlich erreicht war, mehr als zwei Monate nach dem D-Day, genau zu der Zeit, als McCloy den Vorschlag des Jewish World Congress prüfte. Danach griffen die meisten amerikanischen Bomber Deutschlands Treibstoffproduktion an, um die

Armeen des Reichs aufzuhalten, während die Alliierten im Westen und im Osten auf die deutschen Grenzen zustürmten. Unterdessen gab Pehle am 1. Oktober zunächst eine polnische Bitte, Auschwitz anzugreifen, weiter und schloss sich am 8. November persönlich der Bitte an. Auch die amerikanischen Bomber, die am 20. August und am 13. September Auschwitz direkt überflogen und fotografierten, hatten den Auftrag, die nahegelegene Fabrik der IG Farben in Monowitz zu treffen, gerade einmal fünf bis sechs Kilometer von den Gaskammern entfernt.

Letzten Endes hätte eine Bombardierung der Lager vielleicht gar nicht viele Leben gerettet.[86] Zu der Zeit, als die alliierten Flugzeuge am Himmel auftauchten, waren 90 Prozent der Opfer von Auschwitz bereits tot. Die SS verlegte im Juli 1944 und am Ende des Jahres über die Hälfte der Insassen des Lagerkomplexes – insbesondere vom zentralen Lagerteil Auschwitz-Birkenau – in Lager weiter im Landesinneren Deutschlands.[87] Zwar trafen weiterhin Judentransporte ein und brachten neben Insassen für die Lager auch Opfer für die Gaskammern, aber die Deutschen hätten die Anzahl von Menschen, um die es dabei ging (30 000 im Oktober beispielsweise[88]) ohne Schwierigkeiten auch auf andere Weise umbringen können. Die Vergasungen waren jedenfalls weitgehend vorbei: Himmler beendete sie in Auschwitz am 2. November. Hätten alliierte Kampfflugzeuge das Lager angegriffen, wäre es zu Kollateralschäden gekommen, so wie es der Fall war, als die US-Luftwaffe am 24. August 1944 die an das Lager Buchenwald grenzenden Rüstungsanlagen bombardierte, wobei 315 Gefangene starben, und Anfang 1945, als Flugzeuge mutmaßliche Atomenergieeinrichtungen nahe Sachsenhausen angriffen und dabei etwa 250 Häftlinge töteten.[89] Rund um Auschwitz war ein so großes Gelände befestigt, dass nur wenige Menschen hätten ausbrechen können, wenn die Krematorien getroffen worden wären.

Aber das alles wussten die militärischen Planer damals nicht, und so bleibt die Frage: Warum versuchten sie es nicht? Die Antwort mit Blick auf die militärisch Verantwortlichen wie mit Blick auf die erwähnten Regierungen und den Vatikan ist einfach: Es war ihnen nicht wichtig genug, es zu versuchen; andere Notwendigkeiten oder

Ziele waren wichtiger. Selbst bei Schritten, die die Alliierten und der Papst 1942 hätten unternehmen können und die funktioniert hätten – nämlich mehr über die Verbrechen der Nationalsozialisten öffentlich zu berichten –, überwogen politische und theologische Hemmungen.

Sollten wir noch das Verhalten der amerikanischen und palästinensischen Juden zu den Gründen hinzufügen, weshalb die Reaktion der Welt auf die Judenverfolgung so unzureichend ausfiel? Tatsächlich war die amerikanische jüdische Gemeinschaft gespalten und nicht in der Lage, ihre Lobbybemühungen zu konzentrieren. Stephen Wise vom American Jewish Congress verehrte Präsident Roosevelt und weigerte sich, Druck auf ihn auszuüben.[90] In ähnlicher Weise beschreibt Yehuda Bauer, der Verfasser einer mehrbändigen Geschichte des Joint Distribution Committee, die Menschen, die in dessen Hauptquartier in New York arbeiteten, als »konstitutionell unfähig, einer Administration, die zwischen der jüdischen Gemeinschaft und dem Antisemitismus oder Schlimmerem stand, ernsthafte Fragen zu stellen, geschweige denn ernsthafte Kritik an ihr zu üben«.[91] Die Juden machten während des Kriegs nur 3,6 Prozent der amerikanischen Bevölkerung aus, die zunehmend antisemitische Ansichten vertrat. Ihnen fehlte ganz einfach die Macht, die die Antisemiten ihnen ständig zuschrieben. Ähnliches gilt für die Juden des *Jischuw*, die jüdische Bevölkerung in Palästina vor der Gründung des Staates Israel. Auch sie zeigten sich der Herausforderung überwiegend nicht gewachsen. Sie waren ebenfalls relativ wenige, etwa 400 000 Menschen im Jahr 1940, und über 85 Prozent von ihnen lebten in nur drei städtischen Regionen: Haifa, Tel Aviv und Jerusalem.[92] Die jüdischen Politiker in Palästina, die sich gleichfalls in einer exponierten, verwundbaren Position befanden, begriffen, dass sie wenig materielle Ressourcen hatten, die sie für Rettungsversuche einsetzen konnten, und hatten bis 1944 wenig Erfolg. Alles in allem konnten sie mit ihrem geheimen Programm der *Alija Bet*, der illegalen Einwanderung nach Palästina, zwischen 1939 und 1945 nicht mehr als 19 000 Juden nach Palästina einschleusen. Ein Problem war die Zersplitterung: Der *Jischuw* war ebenso zutiefst politisch gespalten wie die Juden in den Ghettos, teils entlang derselben Konfliktlinien, deshalb fehlte koordiniertes Handeln auf der Grundlage einer kohärenten Strategie. Und das zweite Problem war der wachsende Fatalismus. Die Befürworter eines künftigen Judenstaats erkannten 1943 die deprimierenden Implikationen dessen, was die Nationalsozialisten bereits erreicht hatten: dass die Population, die nach der Vorstellung der Zionisten die überwältigende Mehrheit der künftigen Siedler hätte bilden sollen, weitgehend ausgelöscht war. Die demografische Zukunft einer jüdischen Heimstatt schien deshalb bei den 800 000 Juden in Nordafrika und den arabischen Ländern zu liegen und mehr denn je davon abzuhängen, dass sie die Alliierten nicht verprellten, indem sie ihnen vorwarfen, nicht genug zu tun, um dem nationalsozialistischen Morden ein Ende zu bereiten.

Es ist die Tragödie der Jahre 1939 bis 1945, dass das Schicksal der Juden Europas für alle außer für die Juden und das Regime, das sie umbringen wollte, immer nur zweitrangig war. Das gilt ganz besonders für die Schweiz, die beinahe letzte potenzielle Zuflucht für Juden im von den Nationalsozialisten beherrschten Europa. Die offizielle Politik der Alpenkonföderation im Zweiten Weltkrieg lautete: »Flüchtlinge nur aus Rassengründen, z. B. Juden, gelten nicht als politische Flüchtlinge.«[93] Aber diese Politik wurde nicht konsequent umgesetzt.[94] Etwa 2000 Juden gelangten von 1939 bis 1945 legal ins Land. Fast 20 000 weitere wurden ins Land gelassen und in Internierungslagern festgehalten, rund 24 500 wurden an der Grenze abgewiesen, obwohl die Schweizer Regierung reichlich Informationen darüber besaß, wie ihr weiteres Schicksal aussehen würde.

Ähnlich mitleidlos verhielt sich anfangs das Land, das sich später gegen die Judenverfolgung auflehnte: Schweden. Bis Ende 1942 und bis zur nationalsozialistischen Razzia gegen die norwegischen Juden standen Schweden und seine Diplomaten der jüdischen Katastrophe gleichgültig gegenüber, entschlossen, die Neutralität Schwedens im Krieg und die lukrativen Geschäfte mit Eisenerz und Kugellagern mit den Nationalsozialisten nicht aufs Spiel zu setzen. Aber danach dehnte die schwedische Regierung ihren Schutz kontinuierlich auf immer größere Gruppen von Juden aus. Der erste Schritt in diese Richtung erfolgte im Dezember 1942, als das schwedische Kabinett die deutsche Regierung informierte, Schweden werde seine Grenzen für alle in Norwegen verbliebenen Juden öffnen, unabhängig von ihrer Staatsangehörigkeit, und ihnen Asyl gewähren. Ziemlich genau elf Monate später, Anfang Oktober 1943, kündigte Schweden die gleiche Politik gegenüber allen Juden in Dänemark an, was den Weg für ihre massenhafte Flucht über die Ostsee bereitete. Die Schweden versuchten sogar, allerdings vergeblich, die deutsche Regierung zu bewegen, ein Schiff, das einige wenige verhaftete dänische Juden an Bord hatte, in einen schwedischen Hafen umzulenken.[95]

Als der Exodus aus Dänemark begann, gab die schwedische Botschaft in Kopenhagen provisorische Pässe für Juden aus, die irgendeine Beziehung zu Schweden nachweisen konnten. Manchmal reichten diese Dokumente aus, dass die Deutschen die Inhaber unbehelligt ließen. Dieser Präzedenzfall erwies sich im März 1944 als überaus wichtig, als Deutschland Ungarn besetzte und verängstigte Juden die schwedische Botschaft belagerten. Aber für einen provisorischen Pass brauchte man einen Geschäfts- oder Wohnsitz in Schweden und die Zustimmung Stockholms; solche Pässe konnten nicht beliebig ausgestellt werden, und deshalb reichten sie in der konkreten Situation nicht aus. Botschafter Carl Ivar Danielsson und sein wichtigster Mitarbeiter Per Anger improvisierten daraufhin eine Hierarchie von Schutzdokumenten nach dem Vorbild der sogenannten Schutzpässe, die der Schweizer Vizekonsul in Budapest, Carl Lutz, seit 1942 ausgab. Es waren ganz einfach offiziell aussehende Papiere mit dem schwedischen Wappen in Farbe und passenden Stempeln, darauf ausgelegt, die ungarische Polizei zu überzeugen, dass der Inhaber nicht ungarischer Staatsbürger und deshalb von den Deportationen ausgenommen war. Aber die Deportationen in Ungarn begannen in Randprovinzen, weit weg von der schwedischen Botschaft, sodass diese Schutzmaßnahme anfangs wenig nützte. Das galt auch für die schwedische Entscheidung Mitte Juni, der Botschaft die Ausgabe provisorischer Pässe und Einreisevisa zu erlauben, ohne dass Stockholm jeweils vorab seine Zustimmung erteilte.

Wirkungsvoller war ein Brief von König Gustav V. von Schweden an Miklós Horthy, übergeben am 3. Juli, in dem er Horthy drängte, die Deportationen zu stoppen. Neben Botschaften des Papstes und der amerikanischen Regierung trug dieser Brief dazu bei, Horthy am 7. Juli zur Aussetzung der Deportationen zu bewegen; das verschaffte den noch nicht festgenommenen Juden in Budapest eine Atempause. Zwei Tage später traf Raoul Wallenberg in der ungarischen Hauptstadt ein. Er setzte fort, was die schwedischen Diplomaten begonnen hatten, und rettete damit nach Horthys Sturz am 15. Oktober 1944 Tausenden Juden das Leben. Diese heroischen Bemühungen waren der Höhepunkt eines zwei Jahre währenden Prozesses, in dem Schweden seine Verpflichtung zu handeln nach und nach anerkannte, ein Prozess, den es so praktisch in keinem anderen Land gab.

Das soll nicht heißen, dass die schwedischen Diplomaten als Einzige versuchten, den Holocaust in Ungarn aufzuhalten. Von der Schweiz aus unternahm George Mantello, ein rumänischer jüdischer Flüchtling, der als Erster Sekretär im Konsulat von El Salvador in Genf arbeitete, ähnliche Anstrengungen.[96] 1943 begann er, mit Unterstützung seiner Vorgesetzten kostenlos salvadorianische Ausweispapiere an 20 000 bis 30 000 überwiegend jüdische Antragsteller in Ungarn und Rumänien auszugeben, und verhinderte so ihre Deportation. Im späten Frühjahr 1944 schickte er einen Gesandten nach Budapest, der Abschriften von zwei Augenzeugenberichten über die Vorgänge in Auschwitz und den Umfang der Deportationen aus Ungarn erhielt. Diese Dokumente ließ Mantello umgehend Schweizer Zeitungen zukommen, und mit der Hilfe von vier prominenten Schweizer Theologen initiierte er eine Pressekampagne, in der die Morde angeprangert wurden. Zu behaupten, damit sei er »der Mann, der die Züge nach Auschwitz stoppte«, wie der Titel einer kürzlich erschienenen Untersuchung seines Handelns lautet, geht zu weit, aber der Aufschrei, den er provozierte, hatte sicher Anteil daran, dass Admiral Horthy im Juli die Deportationen aussetzte. Als sie im Herbst weitergingen, wurden die Papiere, die Mantello ausgegeben hatte, wieder wichtig, nicht weil er erneut handelte, sondern weil Carl Lutz vom schweizerischen Konsulat die Vertretung der salvadorianischen Interessen in Ungarn übernahm und das neue Regime der Pfeilkreuzler dazu brachte, die Dokumente anzuerkennen. Sie wurden ergänzt um Tausende ähnlicher Papiere, die Vertreter Portugals und des Vatikans in Budapest ausstellten sowie ein bemerkenswerter Italiener namens Giorgio Perlasca, der in der spanischen Botschaft in Budapest politisches Asyl gefunden hatte. Von November 1944 bis Januar 1945 gab er sich als spanischer Diplomat aus und erstellte in dieser Eigenschaft Tausende Dokumente für sicheres Geleit, angeblich auf der Grundlage eines spanischen Gesetzes, das Nachfahren der im 15. Jahrhundert aus Spanien vertriebenen Juden die spanische Staatsbürgerschaft zusprach.[97] Von den 140 000 bis 150 000 Juden, die den Holocaust in Budapest überlebten, verdankten rund 120 000 ihr Leben zumindest zu einem großen Teil den Schutzpapieren, die sie von salvadorianischen, spanischen, schwedischen und Schweizer Diplomaten bekommen hatten.

## KAPITEL 8

# Nachspiel:
# Welches Erbe? Welche Lehren?

DIE TRAGÖDIE DES Holocaust endete nicht mit Deutschlands Kapitulation Anfang Mai 1945. Die Bedingungen auf den Todesmärschen aus aufgegebenen Lagern in solche, die bis zur Ankunft der Alliierten weiterfunktionierten, waren so furchtbar, dass Zehntausende Juden auch nach dem Mai 1945 noch starben. Die Zahl der Toten in Bergen-Belsen zeigt das exemplarisch: 35 000 Häftlinge starben in den letzten Kriegswochen, darunter Anne Frank, weitere 14 000 starben nach der Befreiung, manche an Krankheiten, die meisten jedoch, weil ihre Körper die Nahrung nicht mehr aufnehmen konnten, die ihnen nun zur Verfügung stand.[1] In der Folge lebten Mitte 1945 nur noch rund 200 000 Juden aus den Lagern, etwa 100 000 davon waren zum einen oder anderen Zeitpunkt in Auschwitz gewesen.

## Rückkehr, Repatriierung, Rache und Restitution

Selbst diese Zahl war für die unvorbereiteten Alliierten zu viel. Sie hatten 1943 die United Nations Relief and Rehabilitation Administration (UNRRA) eingerichtet, aber weder diese Organisation noch die Militäreinheiten, die 1945 die Lager befreiten, waren auf das vorbereitet, was sie vorfanden. Die amerikanischen Soldaten, die Ende April 1945 Dachau befreiten, waren so schockiert, dass einige Amok liefen und zwischen 40 und 122 Wachpersonen töteten, die sie im Lager entdeckten.[2] Zwei Wochen zuvor hatten britische Einheiten in Bergen-Belsen die verbliebenen deutschen Wachen mit Bajonetten und Gewehrkolben gezwungen, die auf dem Lagergelände verstreuten Leichen einzusammeln und zu beerdigen. Ein Journalist, der die Soldaten begleitete, schrieb über ihren Umgang mit den Wachen: »Ihre Bestrafung entsprach bester nationalsozialistischer Tradition, und nur wenige überlebten sie; aber es machte einen nachdenklich, zu sehen, wie britische Soldaten Männer und Frauen schlugen und herumstießen, selbst angesichts einer solchen Provokation.«[3]

Doch der Abscheu der Alliierten wandte sich bald schon von den Tätern ab und den Opfern zu, denn viele Lagerinsassen waren durch das, was sie erlebt hatten, im doppelten Sinn des Wortes demoralisiert und verhielten sich nun auf eine Art und Weise, die bei ihren Befreiern eher Abneigung als Mitgefühl weckte.[4] Der Befehlshaber der US-Truppen in Süddeutschland, General George Patton, sprach angesichts solchen Verhaltens davon, dass »der jüdische Typus der Displaced Person ... eine untermenschliche Spezies ganz ohne die kulturellen und sozialen Verfeinerungen unserer Zeit« sei.[5] Aber Patton war ein Fanatiker und ein notorisches Großmaul und hielt nach solchen Gelegenheiten förmlich Ausschau. Die Nürnberger Prozesse gegen die nationalsozialistischen Kriegsverbrecher bezeichnete er später als einen »semitischen« Vorgang. Außerdem behauptete er, die amerikanische Presse stehe unter »semitischem Einfluss«, dessen Ziel es sei, »den Kommunismus einzuführen«.

Patton trug seinen Antisemitismus offener zur Schau als die meisten, aber Vorurteile waren verbreitet und führten dazu, dass Amerikaner und Briten anfangs kein Verständnis für die Unterschiede zwischen den zwei Millionen Displaced Persons in Deutschland Ende 1945 hatten. Viele waren Überlebende der nationalsozialistischen Arbeitslager, viele aber auch Flüchtlinge, die mit den deutschen Armeen aus Osteuropa gekommen waren, allein aus den baltischen Ländern 600 000 Menschen, darunter zahlreiche ehemalige NS-Kollaborateure. Wieder einmal wurden die Juden als nur eine verfolgte Gruppe unter vielen behandelt. Anfänglich wurden alle Displaced Persons in 2500 Einrichtungen der UNRRA, häufig an Orten, an denen die Nationalsozialisten Menschen eingesperrt hatten, unterschiedslos zusammengepfercht, egal ob sie Opfer oder Handlanger der Nationalsozialisten waren. Die daraus entstehenden Spannungen waren zwischen den Juden und den sehr viel zahlreicheren christlichen Flüchtlingen aus Osteuropa besonders groß, die die Rückkehr in ihre mittlerweile sowjetisch besetzten Heimatländer fürchteten.

Mitte 1945 waren die Bedingungen in den Flüchtlingslagern so schlimm, dass Earl Harrison, den Präsident Harry S. Truman zur Inspektion der Lager entsandt hatte, einen vernichtenden Bericht vorlegte. Er enthielt eine im Rückblick erstaunliche Passage: »Nach Lage der Dinge behandeln wir die Juden anscheinend genauso, wie die Nationalsozialisten sie behandelt haben, mit der Ausnahme, dass wir sie nicht vernichten. Sie stehen in Konzentrationslagern in großer Zahl unter unserer militärischen Bewachung anstatt der der SS-Truppen. Man fragt sich, ob das deutsche Volk, wenn es das sieht, nicht vermutet, dass wir der nationalsozialistischen Politik folgen oder sie zumindest billigen.«[6] Truman wies General Eisenhower, den Oberbefehlshaber der amerikanischen Streitkräfte in Europa, an, die Situation der jüdischen Displaced Persons zu verbessern. Daraufhin gab es einige Fortschritte, unter anderem wurden 13 separate Lager nur für Juden eingerichtet, allein zwölf davon in der amerikanischen Besatzungszone. Aber die amerikanische Politik blieb durch ihre wichtigsten Ziele in ihrer Handlungsfähigkeit eingeschränkt: Erstens sollten Insassen der Lager abgeschottet werden, um die Masse der deutschen Bevölkerung, die sie fürchtete, nicht vor den Kopf zu stoßen; und zweitens sollten die Verhältnisse in den Lagern so unbequem sein, dass die Displaced Persons freiwillig in ihre Herkunftsländer zurückkehrten.

Die Rückkehr war für viele Juden wegen Vorfällen wie dem Pogrom im polnischen Kielce im Juli 1946 und wegen der Härten, die

die sowjetische Herrschaft in Osteuropa mit sich brachte, nur ein kurzes Intermezzo. In der Folge verschärfte sich das Problem der jüdischen Flüchtlinge nach 1945 noch. Während im Dezember 1945 nur 18 000 jüdische Überlebende in Lagern der UNRRA in Deutschland und Österreich saßen, schwoll diese Zahl bis Dezember 1946 auf 97 000 und Ende 1947 auf mehr als 167 000 an.[7] Viele davon waren polnische Juden, die 1941 den Nationalsozialisten entkommen waren, indem sie sich Sowjettruppen auf dem Rückzug angeschlossen hatten; 1945 und 1946 waren sie nach Polen zurückgekehrt und hatten sich dann zur Flucht nach Westen entschlossen. Andere waren ungarische und rumänische Juden, die die Verfolgung im eigenen Land überlebt und nun die erste Gelegenheit ergriffen hatten, um das Land zu verlassen. Wieder andere waren Juden aus der Ukraine, die 1941 mit der Roten Armee geflohen und 1944 mit ihr zurückgekehrt waren; sie erlebten nun genau wie viele andere an anderen Orten, dass die neuen Bewohner ihrer ehemaligen Wohnungen sich weigerten, sie wieder freizugeben.[8] Es wurde zunehmend teurer, die vielen Menschen zu unterstützen – die UNRRA gab Ende der 1940er Jahre fast vier Milliarden Dollar für die Flüchtlinge aus, eine damals atemberaubende Summe, die größtenteils von den Vereinigten Staaten getragen wurde.[9] Aber wie es aussah, konnten die Flüchtlinge nirgendwo sonst hingehen. Weil die Vereinigten Staaten an ihren Einwanderungsquoten festhielten, konnten von Mai 1945 bis Juni 1947 nur 15 000 jüdische Displaced Persons einreisen. Großbritannien und seine Dominions zeigten sich unterdessen gastfreundlicher gegenüber nichtjüdischen Flüchtlingen aus Osteuropa als gegenüber Juden; nur Australien machte teilweise eine Ausnahme. In Palästina setzten die Briten weiter die Obergrenze ihres Weißbuchs von 15 000 jüdischen Einwanderern pro Jahr durch.

Am Ende des Zweiten Weltkriegs hatte Großbritannien hohe Schulden bei den Vereinigten Staaten. Diese versuchten nun, den britischen Premierminister Clement Attlee zu bewegen, für 100 000 jüdische Flüchtlinge den Weg nach Palästina zu öffnen, aber Attlee stellte zwei Bedingungen: Erstens sollten die Vereinigten Staaten für den Transport und Unterhalt der Flüchtlinge bezahlen, und zweitens sollten die jüdischen Kämpfer, die damals versuchten, die Briten aus Palästina zu vertreiben, ihre Waffen niederlegen. Da beide Seiten die Bedingungen ablehnten, kam keine Einigung zustande. Außerdem wurde das Thema gegenstandslos, als die Briten Anfang 1947 beschlossen, die Lösung der Palästinafrage der jungen Organisation der Vereinten Nationen zu übertragen. Sie stimmte neun Monate später für eine Aufteilung des Gebiets zwischen Juden und Arabern. Von 1945 bis 1951 gelangten durch eine Kombination legaler und illegaler Wege zwischen 133 000 und 200 000 jüdische Flüchtlinge aus Europa in das Gebiet, das 1948 zum Territorium des Staates Israel wurde. Oft wurden sie wenig sensibel empfangen – entweder verdächtigte man sie, ihr Überleben durch Kollaboration mit den Nationalsozialisten erkauft zu haben, oder sie wurden als Überbleibsel einer schwachen, gescheiterten Diaspora bemitleidet.[10] So oder so galten sie als der lebende Beweis, dass der Zionismus und ein unabhängiger, selbstständiger Judenstaat notwendig waren.

Unterdessen schwächte sich in den Vereinigten Staaten der Widerstand gegen die Einwanderung von Displaced Persons etwas ab, weil die öffentliche Anteilnahme mit ihrer Not wuchs und amerikanische Verantwortliche zunehmend einsahen, dass ihre anhaltende Präsenz auf deutschem Boden politisch ungünstig und belastend war. Der Preis für mehr Offenheit war in jedem Fall die Bereitschaft, zu ignorieren, dass viele von den Zehntausenden nichtjüdischer Insassen deutscher Flüchtlingslager aus Lettland, Litauen und der Ukraine einstmals mit den Nationalsozialisten kollaboriert hatten. Das galt auch für die Volksdeutschen, denen auf der Grundlage des Displaced Persons Act von 1948 und der 1950 verabschiedeten Ergänzungen die Einreise in die Vereinigten Staaten erlaubt wurde.[11] Diese Menschen, die man nun als vermeintliche Flüchtlinge vor dem Kommunismus bewunderte, waren viel zahlreicher als die Juden, die nach dem neuen Gesetz nach Amerika gelangten. Insgesamt ließen die Vereinigten Staaten bis 1953 zwischen 80 000 und 137 000 jüdische Displaced Persons ins Land, eine nicht unbeträchtliche Zahl, aber ungefähr der gleiche Anteil an der Gesamtzahl der Juden wie der, der in den 1930er Jahren insgesamt weltweit Zuflucht gefunden hatte. Halten wir fest:

Die Vereinigten Staaten waren in relativen Zahlen ausgedrückt von 1945 bis 1953 nicht offener für jüdische Immigranten als von 1933 bis 1939. Natürlich lebten die meisten Juden nach dem Zweiten Weltkrieg nicht mehr in tödlicher Gefahr, insofern könnte man sagen, dass ihre Not weniger schlimm war, aber der Großteil war heimat- und mittellos.

Nach ihrer Ankunft in Amerika wurde den jüdischen Displaced Persons genauso wenig Verständnis für das, was sie hinter sich hatten, entgegengebracht wie zuvor von den amerikanischen Militärbefehlshabern in Deutschland.[12] Die meisten Amerikaner konnten sich einfach nicht vorstellen, was sie durchlitten hatten. Zwei Strategien der wohlmeinenden jüdischen Wohlfahrtsorganisationen verstärkten das Gefühl der Isolierung, das viele empfanden, noch weiter. Die erste war die bewusste Entscheidung, die jüdischen Überlebenden auf unterschiedliche jüdische Gemeinden zu verteilen, die ihre Hilfe anboten. Viele jüdische Überlebende fanden sich so an Orten wie Columbia, South Carolina oder Denver in Colorado wieder, die Welten von ihrer Heimat trennten. Dort angekommen, wurden sie mit einer zweiten bewussten Entscheidung konfrontiert, zu der die Wohlfahrtsorganisationen die Helfer ermunterten: Sie sollten die Überlebenden dazu bringen, »weiterzumachen« und nicht in der Vergangenheit bei ihren Verlusten zu verweilen und darüber zu sprechen. Während die Überlebenden ihr materielles Leben wieder aufbauten, blieb viel emotionaler und seelischer Schmerz unaufgearbeitet.

Es stimmt natürlich nicht, dass der Holocaust in den 1950er und 1960er Jahren vergessen war. Als ich 1964 die Highschool abschloss, nahm das Thema bereits einen prominenten Platz in der amerikanischen Populärkultur ein. Ich erfuhr vom Holocaust zum ersten Mal in der Mittelstufe Ende der 1950er Jahre durch die Lektüre von Leon Uris' Roman *Exodus*, dem größten Bestseller in den Vereinigten Staaten seit *Vom Winde verweht*. Dieser stark fiktionale Bericht über die Fahrt des gleichnamigen echten illegalen Flüchtlingsschiffs nach Palästina gab die Grundlage für einen Film mit Paul Newman ab. Ich sah den Film, ebenso *Das Tagebuch der Anne Frank* (1959). In meiner Highschool-Zeit war *Das Urteil von Nürnberg* mit Spencer Tracy ein großer Erfolg an den Kinokassen, ebenso *Der Pfandleiher* mit Rod Steiger, der in meinem ersten Studienjahr in die Kinos kam. Aber der Holocaust ragte damals noch nicht als Monstrosität aus der gewaltigen Katastrophe des Zweiten Weltkriegs heraus. Das ist ein Beispiel für das, was ich die Optik der Geschichte nenne. Die meisten Amerikaner dachten nach 1945, die wahre Geschichte des Zweiten Weltkriegs sei die, an der sie teilgehabt hatten – der Krieg im Pazifik und die Invasionen in Europa, nicht das, was in Polen und der Ukraine passiert war. In meiner Familie erzählte man sich, dass der Zweite Weltkrieg für meinen Vater auf der Insel Tinian endete, nachdem er 1944 und 1945 in New Mexico dafür ausgebildet worden war, eine Atombombe über Japan abzuwerfen. Glücklicherweise kam es nicht dazu, denn es standen nur zwei Bomben für fünf trainierte Crews zur Verfügung. Aber als Heranwachsender habe ich sehr viel mehr darüber gehört, wie Japan besiegt wurde, als über die Kämpfe gegen die Nationalsozialisten, obwohl fast doppelt so viele Amerikaner im Krieg gegen Deutschland fielen als auf dem pazifischen Kriegsschauplatz. Zudem dämpfte der Kalte Krieg die Aufmerksamkeit für den Holocaust, weil die meisten Deutschen nun Verbündete Amerikas waren und es politisch ratsam schien, nicht in der Vergangenheit herumzustochern. Jahrzehnte mussten vergehen, bis die Überlebenden den Eindruck hatten, dass es Menschen gab, die ihre Erinnerungen anhören wollten.

Die Nachkriegspolitik bremste auch eine allzu massive Rache an den Tätern und Restitutionsforderungen der Opfer, aber in beiden Fällen gilt das Gleiche wie für den Mythos vom angeblichen Schweigen über den Holocaust nach dem Krieg: Es passierte sehr viel mehr als das, woran man sich heute in der Regel erinnert. Es ist einfach falsch, dass viele maßgebliche Täter der Bestrafung entgangen sein sollen, genauso wie es falsch ist, dass die Deutschen, besonders die in der Osthälfte, wenig oder gar nicht dafür bezahlten, was ihr Land getan hatte. Beide Legenden sind das Gegenteil der Realität. Deutschland war 1945 ein schwer zerstörtes Land und blieb das auch lange, trotz des »Wirtschaftswunders« der 1950er Jahre. Bei meinem ersten Besuch in Deutschland an Weihnachten 1968 und im Frühjahr 1969 sah ich zahllose leere, ausgebombte Grundstücke in Düsseldorf, Bäume, die aus dem Dach der Frankfurter Oper wuchsen, und die beiden zerbombten Kirchen auf dem Gendarmenmarkt in Berlin. All diese Gebäude waren 24 Jahre nach dem Ende des Zweiten Weltkriegs immer noch Ruinen.

Die Legende, die Täter seien der Bestrafung entgangen, hält sich so hartnäckig, dass die Menschen, die sie dauernd wiederholen, wohl blind sein müssen für das, was vor ihren Augen liegt. Ein Beispiel dafür ist Donald McKales Studie *Nazis after Hitler: How Perpetrators of the Holocaust Cheated Justice and Truth* (Nationalsozialisten nach Hitler: Wie die Täter des Holocaust die Justiz täuschten und die Wahrheit verdrehten), eine wortreiche Anklageschrift darüber, wie sich Nationalsozialisten angeblich nach dem Krieg der Bestrafung entzogen und Selbstrechtfertigungen verbreiteten, die der Leugnung des Holocaust Vorschub leisteten. Doch aus dem Text selbst geht hervor, dass von den 31 Personen, auf die sich der Autor bei seiner Argumentation konzentriert, zwölf für ihre Taten hingerichtet wurden, zwei Selbstmord begingen, vier in Gefangenschaft starben, zwei zu Tode kamen, als sie verhaftet und vor Gericht gestellt werden sollten, einer auf der Flucht starb und vier ins Gefängnis kamen. Nur sechs blieben straflos. 1962, als Adolf Eichmann in Jerusalem hingerichtet wurde, lag die Sterblichkeit der Täter bei zwei Dritteln.

Tatsächlich wurde in den ersten Nachkriegsjahren intensiv Vergeltung geübt.[13] Europäische Gerichte verurteilten insgesamt fast 100 000 Deutsche und Österreicher wegen Verbrechen während des Kriegs. Die vier Siegermächte urteilten noch einmal 8812 Deutsche und Österreicher in Verfahren ab, die im besetzten Deutschland stattfanden. Amerikanische Verfahren der Jahre 1945 bis 1947 gegen 1030 Verantwortliche und Aufseher in Konzentrationslagern wegen Gräueltaten endeten mit 885 Verurteilungen; von den 432 Personen, die wegen solcher Verbrechen oder weil sie amerikanischen Militärangehörigen Schaden zugefügt hatten, zum Tode verurteilt wurden, wurden letztlich 261 hingerichtet. Die Hinrichtung von 48 deutschen Mitarbeitern des Konzentrationslagers Mauthausen am 27. und 28. Mai 1947 durch den Strang war die größte Massenexekution in der amerikanischen Geschichte. Ebenfalls von den Vereinigten Staaten hingerichtet wurden Paul Blobel, der Befehlshaber des Sonderkommandos 1005, der Einheit, die den Auftrag hatte, in Bełżec, Sobibór und Treblinka die Leichen aller Opfer der Lager auszugraben, zu verbrennen und sämtliche Spuren des Geschehenen zu beseitigen; Otto Moll, der unter anderem mehrere Vergasungseinrichtungen und das Sklavenarbeiterlager bei den mörderischen Gruben der IG Farben nahe Auschwitz geleitet hatte; sowie Oswald Pohl, der Leiter des SS-Wirtschafts- und Verwaltungshauptamts und in dieser Eigenschaft Architekt des Arbeitslagersystems der SS. Die Briten stellten 989 Personen wegen Kriegsverbrechen vor Gericht und hängten elf Angehörige der Lagerverwaltung in Belsen.[14] Zu den Hingerichteten gehörten Franz Hößler, der für die erste Gaskammer in Auschwitz zuständig gewesen war und später die Exhumierung und Verbrennung von 100 000 Leichen dort überwacht hatte, sowie zwei Geschäftsleute, die der SS Zyklon verkauft hatten. Die Sowjets hängten 1946 Friedrich Jeckeln, den SS-Mann, der das Massaker in Babi Yar überwacht hatte, auf dem Gelände des Ghettos von Riga. Sie richteten außerdem noch vor Kriegsende sechs ehemalige »Hiwis« aus Sobibór hin und zehn weitere nach einem Prozess im Jahr 1962. Insgesamt verurteilten sowjetische Gerichte fast 26 000 Deutsche und Österreicher und rund 11 000 lokale Kollaborateure.[15]

Die Polen führten zwischen 1945 und 1957 Verfahren gegen 5358 deutsche Staatsbürger durch. Hingerichtet wurden Rudolf Höß, der am längsten Kommandant des Konzentrations- und Vernichtungslagers Auschwitz gewesen war; Jürgen Stroop, der SS-Befehlshaber, der den Aufstand im Warschauer Ghetto niedergeschlagen hatte; Hans Biebow, der deutsche Verwalter des Ghettos von Łódź; Amon Göth, der sadistische Kommandant des Konzentrationslagers Płaszów, der durch den Film *Schindlers Liste* berühmt wurde; Arthur Greiser, der nationalsozialistische Gouverneur des Warthegaus; die beiden obersten Beamten des Generalgouvernements; die vier höchsten Verantwortlichen im besetzten Warschau; Heinrich Josten, der Kommandeur der SS-Wachmannschaften in Auschwitz; Erwin von Helmersen, SS-Arzt in Birkenau; Werner Händler, der für die Nahrungsmittelversorgung der Insassen von Auschwitz und Birkenau verantwortlich war; und Maximilian Grabner, von 1940 bis 1943 Leiter der Politischen Abteilung der Lagerverwaltung von Auschwitz-Birkenau, die für Folter und Hinrichtungen zuständig war. Polen verurteilte auch zwei Männer, die in den Gaskammern das Zyklon einfüllten, zu langen Haftstrafen; einer starb 1955 in seiner Zelle, der andere wurde 1958 freigelassen.[16]

Arthur Seyß-Inquart, der Reichskommissar der besetzten Niederlande, wurde in den Nürnberger Prozessen zum Tode verurteilt und hingerichtet. Die Holländer exekutierten danach weitere vierzig NS-Vertreter und Kollaborateure, darunter Hanns Rauter, den SS-Chef von Amsterdam.[17] Die Todesurteile gegen Ferdinand aus der Fünten, der die Deportationen aus Holland geleitet hatte, und Willy Lages, den Chef des Sicherheitsdiensts in Amsterdam, wurden 1951 in lebenslange Freiheitsstrafen umgewandelt. Lages verbrachte 15 Jahre im Gefängnis und starb fünf Jahre nach seiner Entlassung. Aus der Fünten saß 39 Jahre ein, bis die Holländer ihn wegen seines schlechten Gesundheitszustands freiließen; er starb zwei Monate später. Albert Gemmeker, der Kommandant des Lagers Westerbork, von dem aus die meisten holländischen Juden in den Tod geschickt wurden, kam vergleichsweise glimpflich mit einer zehnjährigen Gefängnisstrafe davon und verbrachte bis zu seiner Entlassung 1955 sechs Jahre hinter Gittern.

Im Allgemeinen standen die Chancen gut, dass hochrangige Täter bestraft wurden. Nehmen wir das Schicksal der 16 Personen, die zum einen oder anderen Zeitpunkt selbstständig ein Vernichtungslager geleitet hatten: 13 kamen in den 1940er Jahren auf die eine oder andere Art zu Tode, einer wurde 1954 zum Tod verurteilt und starb daraufhin an einem Herzanfall, zwei entzogen sich eine Zeitlang der Justiz, wurden aber letzten Endes doch verhaftet und zu lebenslangen Haftstrafen verurteilt. Bei den 14 Kommandeuren von Einsatzgruppen sehen die Zahlen ähnlich aus: Sieben kamen während des Kriegs ums Leben, zwei begingen in Haft Selbstmord, und drei wurden hingerichtet, das heißt zwölf von 14 starben. Die restlichen zwei erhielten Gefängnisstrafen, die sich allerdings als kurz erwiesen. Sowohl von den Lagerkommandanten wie auch von den Kommandeuren der Einsatzgruppen kam niemand ungeschoren davon. Von den 42 Personen, die jemals eines der 13 am meisten gefürchteten Lager leiteten – Bergen-Belsen, Buchenwald, Dachau, Mittelbau-Dora, Flossenbürg, Groß-Rosen, Mauthausen, Natzweiler, Neuengamme, Ravensbrück, Sachsenhausen, Stutthof und Theresienstadt –, starben 14 vor Kriegsende, 18 wurden hingerichtet oder begingen Selbstmord, vier erhielten Gefängnisstrafen und nur sechs (14 Prozent) wurden nicht bestraft oder waren nach dem Krieg vermisst. Nikolaus Wachsmann, der 2015 eine umfassende Geschichte der nationalsozialistischen Konzentrationslager vorgelegt hat, schreibt, 1950 seien nur sieben der Lagerkommandanten noch am Leben gewesen, die während des Kriegs eines der 27 Hauptlager der SS geleitet hatten.[18] Die Bilanz ist nicht makellos, aber ganz sicher nicht beschämend.

Bei den Verantwortlichen für die Euthanasiemorde und die Sklavenarbeit sieht die Bilanz ähnlich aus. Die drei Haupttäter der »Aktion T4«, Philipp Bouhler, Viktor Brack und Karl Brandt, starben kurz nach dem Krieg, Bouhler durch Selbstmord nach seiner Festnahme 1945, Brack und Brandt 1948 durch den Strang, nachdem ein amerikanisches Militärgericht sie zum Tod verurteilt hatte. Albrecht Schmelt, der das System entwickelt hatte, zu welchen Bedingungen die SS unterschiedliche Kategorien von Juden als Sklavenarbeiter auslieh, und Hans Kammler, der SS-Mann, der für die Sklavenarbeiter in Mittelbau-Dora und den anderen Fabriken des Jägerstab-Programms zuständig gewesen war, starben bei Kriegsende.

Außerdem verurteilten Gerichte in ihren jeweiligen Heimatländern den Ministerpräsidenten der Vichy-Regierung, Pierre Laval, und den rumänischen Diktator Ion Antonescu zum Tod; beide hatten Juden an die Nationalsozialisten ausgeliefert und es sich dann wieder anders überlegt. Der Staatschef des Vichy-Regimes, Philippe Pétain, entging diesem Schicksal nur, weil Charles de Gaulle sein Todesurteil in eine lebenslange Haftstrafe umwandelte; er starb im Gefängnis. Der Ministerpräsident der norwegischen Kollaborationsregierung, Vidkun Quisling, wurde durch ein Erschießungskommando hingerichtet; der slowakische Staatspräsident Jozef Tiso starb durch den

Strang, genau wie der ungarische Diktator Ferenc Szálasi, der Ende 1944 die Macht an sich riss und die Deportationen von Juden wieder aufnahm. Mit Szálasi wurden drei Verantwortliche aus dem ungarischen Innenministerium hingerichtet, die die massenhaften Deportationen früher im selben Jahr organisiert hatten. Sämtliche deutschen Abgesandten in Kroatien, der Slowakei, Ungarn, Bulgarien und Rumänien, die während des Kriegs die dortigen Regierungen gedrängt hatten, Juden umzubringen oder zu deportieren, kamen entweder bei ihrer Festnahme ums Leben oder starben nach Gerichtsverfahren in den Jahren 1945 bis 1947.

Schließlich verfolgten auch die Deutschen selbst zahlreiche Kriegsverbrecher. Westdeutschland verhängte von 1945 bis 1986 gegen 6479 Personen Gefängnisstrafen, Ostdeutschland von 1945 bis 1976 gegen 12 861 Personen. Allerdings gab es bemerkenswerte Versäumnisse und Nachlässigkeiten, insbesondere in den 1950er Jahren. Nur etwa zehn Prozent der Deutschen, die jemals in Auschwitz Dienst getan hatten, mussten sich irgendwann nach dem Krieg vor Gericht verantworten,[19] und die Mitarbeiter der mittleren und unteren Ränge in den meisten Lagern blieben entweder unbehelligt oder erhielten, wenn sie vor Gericht gestellt wurden, nur geringe Strafen – zumindest nach amerikanischen Maßstäben. Von den 50 000 Angehörigen der Polizeibataillone, die im besetzten Osteuropa rund eine halbe Million Menschen umbrachten, wurden nur 64 Männer jemals angeklagt und 41 verurteilt. Die meisten SS-Offiziere, die kurz nach dem Krieg ins Gefängnis kamen, waren 1958 wieder frei. Aber es gab auch Ausnahmen: Hermann Krumey, der eine Schlüsselrolle bei den Deportationen aus Ungarn gespielt hatte, wurde in den 1960er Jahren zu lebenslanger Haft verurteilt und saß tatsächlich bis kurz vor seinem Tod 1981 im Gefängnis. Hermann Höfle, Globocniks Stabschef während der »Aktion Reinhardt« und der Mann, der im Jahr 1942 die grauenvolle Tötungsstatistik erstellt hatte, entging bis 1961 der Festnahme und brachte sich im Jahr darauf um. 1969 richtete die DDR Josef Blösche hin, den SS-Mann, der während des Aufstands im Warschauer Ghetto mit einem Maschinengewehr auf den Jungen mit der Stoffmütze gezielt hatte (siehe Kapitel 5, Abbildung 6).[20] Zwar kamen die meisten NS-Verwalter auf Bezirksebene, die im General-gouvernement die Deportationen überwachten, straflos davon, zwei wurden jedoch in den 1960er Jahren ermittelt und brachten sich um. Nur wenige hochrangige SS-Angehörige in Auschwitz entgingen ih-rer Bestrafung, darunter Josef Mengele, der Arzt, der die Selektionen an der Rampe und grausame Experimente an Lagerinsassen durch-führte; er versteckte sich in Südamerika, wo er 1979 ertrank. Wilhelm Boger, der berüchtigte Verhöroffizier in der Politischen Abteilung des Lagers Auschwitz, hatte nicht so viel Glück. Nach seiner Flucht aus amerikanischem Gewahrsam 1947 schaffte er es, bis 1959 auf freiem Fuß zu bleiben, dann verhafteten ihn die Deutschen. Er wurde 1965 zu einer lebenslangen Freiheitsstrafe verurteilt und starb nach zwölf Jahren im Gefängnis.

Bei den 121 Männern der »Aktion T4«, die in den Reinhardt-La-gern Dienst taten, ist die Bilanz ebenfalls gemischt, aber durchaus ansehnlich.[21] 42 (das heißt mehr als ein Drittel) starben während des Kriegs, in sowjetischer Gefangenschaft oder unmittelbar nach 1945, meist von eigener Hand. 22 wurden nach dem Krieg verurteilt, neun zu lebenslangen Haftstrafen, zwölf zu befristeten Freiheitsstrafen zwischen drei und zwölf Jahren und einer zum Tod; er starb durch Selbstmord. Ein weiterer Verantwortlicher der »Aktion T4« brachte sich während der Vorbereitungen zu seinem Prozess 1965 um. Zu den verhafteten und verurteilten gehörte Erich Hermann Bauer, der sich selbst als der »Gasmeister« von Sobibór bezeichnet hatte. Bauer wurde 1950 zum Tod verurteilt, aber durch die Abschaffung der To-desstrafe in Westdeutschland gerettet. Er saß eine lebenslange Frei-heitsstrafe in der Westberliner Justizvollzugsanstalt Tegel ab, wo er 1980 starb. Dennoch entkamen 57 (47 Prozent) dieser Mordgehilfen der Bestrafung. Wie Michael Bryant schreibt, der erst vor Kurzem ihre Strafverfolgung mit größter Sorgfalt untersucht hat, hätten deut-sche Gerichte noch einmal 21 in den Jahren 1963 bis 1966 als Mittäter bei Morden in drei aufeinanderfolgenden Prozessen gegen Wachen der Reinhardt-Lager und in einem weiteren Prozess gegen Personal von Majdanek 1966 bis 1971 verurteilen können, wenn es mehr Au-genzeugenberichte gegeben hätte, von denen sich die Gerichte im

Allgemeinen sehr beeindrucken ließen. Wo wichtige Überlebende, die einzelne Wachpersonen eindeutig mit Gräueltaten und Morden in Verbindung bringen konnten, jedoch knapp waren, hatten die Gerichte nach den westdeutschen Gesetzen keine andere Wahl, als im Zweifel für die Angeklagten zu entscheiden, die behaupteten, sie hätten »inneren Widerstand« gegen das Handeln der Nationalsozialisten geleistet und mit den Vergasungen nichts zu tun gehabt.

Natürlich entging eine Reihe dieser niederträchtigen Personen der Bestrafung, viele durch die Bemühungen einer Institution, die auch während des Holocaust den Juden nicht konsequent geholfen hatte: die römisch-katholische Kirche. Aufgrund der Ansicht, dass jeder Verbündete gegen den Kommunismus Hilfe verdiene, entwickelten Katholiken mehrere Fluchtrouten für Nationalsozialisten und ihre europäischen Verbündeten, umgangssprachlich als »Rattenlinien« bezeichnet.[22] All diese Wege führten über Südtirol, das deutschsprachige Gebiet im nordöstlichen Italien, aus Deutschland heraus und dann entweder direkt in die Hafenstadt Genua oder zuerst nach Rom und von dort weiter nach Genua. Von Genua aus gingen die Fluchtrouten entweder direkt nach Buenos Aires oder über Barcelona nach Spanien unter Franco und teils weiter nach Argentinien unter Juan Perón. Unterwegs versorgten das Internationale Komitee vom Roten Kreuz und die Pontificia Commissione di Assistenza, das Vatikanische Hilfskomitee für Flüchtlinge unter der Leitung von Monsignore Giovanni Montini, dem späteren Papst Paul VI., die Flüchtlinge mit neuen Ausweis- und Reisedokumenten, und Giuseppe Siri, der Erzbischof von Genua, stellte Unterkunft und Verpflegung zur Verfügung. Der Großteil der Kosten der Operation, nach damaligem Geldwert rund fünf Millionen Dollar, wurde auf Anregung des New Yorker Kardinals Francis Spellman aus Spenden an das National Catholic Welfare Committee in den Vereinigten Staaten finanziert, ohne dass die Spender erfuhren, wohin ihr Geld floss.

Ein Teil des amerikanischen Geldes ging auch an einen Sympathisanten der Nationalsozialisten in Rom, einen österreichischen Bischof namens Alois Hudal, Rektor eines deutschen Priesterkollegs.[23] Zu den berüchtigten NS-Verbrechern, denen Hudal zur Flucht verhalf, gehörten Josef Mengele, Adolf Eichmann, Gerhard Bohne, der maßgeblich an der Organisation der »Aktion T4« mitgewirkt hatte, und Eduard Roschmann, der brutale Kommandant des Ghettos von Riga, der von 1948 bis Juli 1977 in Argentinien lebte. Um der drohenden Auslieferung zu entgehen, reiste Roschmann weiter nach Paraguay, wo er einen Monat nach seiner Ankunft starb. Ein weiterer Nutznießer von Hudals Hilfe war Erich Priebke, der ein Massaker an 335 Italienern während des deutschen Rückzugs aus Rom befehligt hatte; er lebte fünfzig Jahre in Argentinien, bevor er schließlich 1995 an Italien ausgeliefert, vor Gericht gestellt und lebenslang unter Hausarrest gestellt wurde. Er starb 2013 im Alter von 100 Jahren. Außerdem versteckte Bischof Hudal Franz Stangl, den ehemaligen Kommandanten der Vernichtungslager Sobibór und Treblinka, in seinem Priesterkolleg, bis Stangl nach Syrien und später nach Brasilien entkommen konnte. Er wurde schließlich 1967 festgenommen, nach Westdeutschland ausgeliefert und 1970 zu einer lebenslangen Freiheitsstrafe verurteilt. Stangls Flucht und die eines seiner Stellvertreter in Sobibór, Gustav Wagner, war das Werk eines weiteren alten Nationalsozialisten, der von Hudals Priesterkolleg aus agierte, Walther Rauff, der Erfinder der Gaswagen, die Menschen mit Abgasen töteten. Wagner und Rauff flohen ebenfalls zuerst nach Syrien, aber im Gegensatz zu Stangl lebten sie weiter unbehelligt, Wagner in Brasilien, wo er 1980 starb, und Rauff in Chile, wo er im Mai 1984 einem Lungenkrebsleiden erlag.

Eine ähnliche Rattenlinie ging von einem Kolleg für kroatische Priester in Rom aus. Von dort schleuste Pater Krunoslav Draganović das verbliebene Geld des brutalen Ustascha-Regimes zur Vatikanbank und Tausende ehemaliger Ustascha-Kämpfer und ein paar Nationalsozialisten ins sichere Ausland. Zu seinen berüchtigten Erfolgen zählen Klaus Barbie, bekannt als »der Schlächter von Lyon« wegen seiner Rolle als SS-Folterknecht in der Kriegszeit, und Ante Pavelić, der ehemalige kroatische Staatsführer, der die Ermordung Tausender Juden, Sinti und Roma sowie Serben zugelassen hatte.[24] Die Justiz konnte sich Klaus Barbies erst 1983 bemächtigen, bis dahin schützten ihn amerikanische und westdeutsche Geheimdienste sowie wechselnde Militärherrscher in Bolivien. Als Bolivien 1983 zu demokratischen Verhältnissen zurückkehrte, ließ die neue Regierung Barbie festnehmen und nach Frankreich ausliefern, wo er vier Jahre später zu einer lebenslangen Haftstrafe verurteilt wurde. 1991 starb er im Gefängnis an Krebs. Ante Pavelić entkam der Vergeltung nicht so lange, obwohl auch er Hilfe von einem westlichen Geheimdienst erhielt, in seinem Fall vom britischen. 1957 wurde in Argentinien ein von der jugoslawischen Geheimpolizei veranlasstes Attentat auf Pavelić verübt, bei dem er beinahe ums Leben gekommen wäre. Er floh daraufhin weiter nach Chile und dann nach Spanien, wo er zwei Jahre später an den Spätfolgen der Verletzungen starb.

Wenn es nach dem Willen der katholischen Kirchenführer gegangen wäre, hätten noch mehr Nationalsozialisten und Verbündete der Nationalsozialisten entkommen können. Pius XII. sprach sich wiederholt dafür aus, Gnade gegenüber verurteilten Kriegsverbrechern walten zu lassen, sowohl im Allgemeinen wie auch in konkreten Fällen. Er hielt damit an der Theorie der pastoralen Verantwortung fest, der er schon während des Zweiten Weltkriegs gefolgt war, einer Theorie, die, wie der Historiker Jacques Kornberg gezeigt hat, der Verurteilung von Sünde weniger Gewicht beimisst als der Ermöglichung von Vergebung und Erlösung.[25] Die meisten deutschen Bischöfe, auch Clemens von Galen, der Mann, der das Euthanasieprogramm kritisiert hatte, gingen sogar noch weiter und bezeichneten die Kriegsverbrecherprozesse als Unrecht.[26] Das tat auch Bischof (und später Kardinal) Aloisius Muench, der antisemitische, deutschsprachige Sohn bayerischer Einwanderer in die Vereinigten Staaten, der als Verbindungsbeauftragter der US-Militärregierung für religiöse Angelegenheiten und als päpstlicher Gesandter im besetzten Deutschland wirkte. Er schrieb einen Hirtenbrief, in dem er »Christi Gesetz der Liebe« dem »mosaischen Gedanken des Auge um Auge« entgegensetzte.[27] Aber als der Papst und führende deutsche Katholiken John McCloy, von 1949 bis 1952 amerikanischer Hoher Kommissar für Deutschland, drängten, die gegen Otto Ohlendorf, den Leiter einer Einsatzgruppe und einer Abteilung des Reichssicherheitshauptamts, verhängte Todesstrafe in eine Haftstrafe umzuwandeln, war das sogar für Muench zu viel. Ruhig, aber bestimmt riet er den deutschen Geistlichen und dem Vatikan, von dem Vorhaben abzurücken, damit es nicht publik würde und die Kirche in Verlegenheit brächte.[28]

Eine weitere berühmte Gruppe, die lange im Verdacht stand, Kriegsverbrechern die Flucht ermöglicht zu haben, die Organisation der ehemaligen SS-Angehörigen, bekannt unter dem Akronym ODESSA, scheint weitgehend ein Mythos zu sein.[29] Das hinderte den berühmten »Nazi-Jäger« Simon Wiesenthal jedoch nicht, an ihre Existenz zu glauben, und ebenso wenig den Romanautor Frederick Forsyth, die Organisation und den bereits erwähnten Eduard Roschmann in den Mittelpunkt eines packenden Thrillers mit dem Titel *Die Akte Odessa* zu stellen. 1974 wurde das Buch unter demselben Titel verfilmt und zu einem Kinohit mit Jon Voight in der Hauptrolle. ODESSA war zwar Stoff für eine fesselnde Geschichte, aber die Art von Fantasie, die die aufgewühlte Vorstellungswelt der Nachkriegszeit hervorbrachte. Dass die Gruppe real nicht existierte, erklärt, warum letztlich doch nur wenige NS-Kriegsverbrecher entkamen. Eine unabhängige Historikerkommission, die Ende der 1990er Jahre mit einer gründlichen Erforschung der Aktivitäten von Nationalsozialisten in Argentinien beauftragt wurde, durchkämmte die Archive dort und in Europa und kam zu dem Ergebnis, dass nur 180 mutmaßliche Kriegsverbrecher und Kollaborateure in das südamerikanische Land gelangt waren, darunter etwa 100 Franzosen und Belgier, fünfzig Kroaten und nur 23 Deutsche und Österreicher.[30] Die Schätzung wird durch eine aktuelle detaillierte Untersuchung über Aribert Heim bestätigt, einen SS-Arzt, der Häftlinge in Mauthausen umbrachte, floh und 1992 in Kairo eines natürlichen Todes starb. Die Verfasser, zwei investigative Journalisten, argumentieren, wenn Menschen wie Heim sich erfolgreich der Verhaftung entziehen konnten, hätten sie dies mehr den Bemühungen ihrer Freunde und Familienangehörigen zu verdanken gehabt als der Unterstützung durch eine Organisation.[31] Eine Besonderheit, die dazu beitrug, war ein westdeutsches Gesetz in der Nachkriegszeit, das verbot, nahestehende Familienangehörige von Verdächtigen wegen Unterstützung und Beihilfe zur Flucht zu belangen. Auf dessen Grundlage konnten die nächsten Angehörigen sich weigern, mit Ermittlern zu kooperieren, ohne dass sie eine Strafe zu fürchten hatten.

Dass die Westmächte nicht mehr Personen zur Verantwortung zogen, hing zum Teil mit dem Kalten Krieg zusammen. In der Auseinandersetzung mit der Sowjetunion wollten die Vereinigten Staaten den Sachverstand einiger Belasteter nutzen, nicht nur von Männern wie Barbie und Pavelić, sondern auch von Wissenschaftlern wie Wernher von Braun, der an der Entwicklung der deutschen V2-Raketen mitgearbeitet hatte. Brauns Verbindung zum Einsatz von Sklavenarbeitern in Mittelbau-Dora schien Amerika nach 1945 weniger wichtig zu sein als seine Fähigkeit, ballistische Raketen zu konstruieren und schließlich auch das Raumfahrzeug, das John Glenn in die Erdumlaufbahn brachte. Generell planten die Vereinigten Staaten, Westdeutschland in den Westen und die NATO zu integrieren, und betrachteten vor diesem Hintergrund Strafverfolgungen als kontraproduktiv. Aber Nachsicht entsprach auch dem Kurs der Demokratisierung, den Deutschland selbst verfolgte. Konrad Adenauer, der erste westdeutsche Nachkriegskanzler, ein Mann mit einer makellosen Vergangenheit als Gegner der Nationalsozialisten, hielt die Integration ehemaliger Nationalsozialisten in die neue politische Ordnung für den besten Weg, um sie mit dem demokratischen System und dem Bündnis mit dem Westen zu versöhnen. Er wollte verhindern, dass sich bei den Deutschen ein ähnliches Gefühl des Opferseins wie nach dem Ersten Weltkrieg entwickelte. Deshalb akzeptierte er, dass nur die Täter strafrechtlich verfolgt wurden, die eindeutig Verbrechen begangen hatten, und plädierte ansonsten für Nachsicht und eine Art kollektiver Amnesie, wenn es darum ging, wie weit die Deutschen den nationalsozialistischen Führer unterstützt und seine Hassvorstellungen geteilt hatten. Adenauer sorgte dafür, dass ehemalige Täter und ihre Witwen staatliche Pensionen bekamen, einige konnten sogar in Positionen in der westdeutschen Regierung zurückkehren. Seine eigene rechte Hand war in den 1950er Jahren Hans Globke, Mitverfasser des Kommentars zu den Nürnberger Gesetzen.

Adenauers Strategie war in politischer Hinsicht weitgehend erfolgreich, in historischer Hinsicht jedoch nur vorübergehend. Ab Ende der 1950er Jahre und verstärkt danach wuchs der Druck in Westdeutschland, der Vergangenheit und in manchen Fällen auch den Tätern ins Auge zu sehen, als die ostdeutsche Propaganda die fragwürdige Vergangenheit etlicher Amtsträger offenlegte. Außerdem wurde die nach dem Krieg geborene Generation erwachsen und begann, schmerzhafte Fragen zu stellen. Als sie das tat, waren die demokratischen Institutionen stark genug, um die Forderung nach einem ehrlichen Umgang mit der Vergangenheit auszuhalten. Seit den 1970er Jahren gehörte Offenheit im Umgang mit dem, was Deutschland getan hatte, und mit der Realität des Holocaust zum deutschen »Verfassungspatriotismus«, und heute erinnern Gedenkstätten nicht nur in Berlin, sondern auch in den meisten großen Städten des Landes daran, wozu die Deutschen fähig gewesen waren.

Die Entschädigung der Opfer des Holocaust folgte in Deutschland einem ähnlichen Kurs von anfänglichem Zögern hin zu Zustimmung am Ende. Von 1945 an gaben die Deutschen zu, dass sie etwas zu bezahlen hatten als Entschädigung oder Wiedergutmachung für all das Leid, das sie verursacht hatten, aber sie wollten die Rechnung so niedrig wie möglich halten. In der Folge war jedes Zugeständnis eine Reaktion auf Druck von außen und diente dazu, ihn zu vermindern. Aber er hörte nie ganz auf, und am Ende stand eine enorme Summe. Seit 1945 beliefen sich die Zahlungen an Überlebende, ihre Erben und den Staat Israel auf insgesamt mehr als 100 Milliarden Dollar, dabei ist der Wert der zurückgegebenen Objekte wie etwa Kunstwerke nicht mit eingerechnet.[32] Doch bestimmte Kategorien von Opfern profitierten überdurchschnittlich, und manche erhielten gar nichts, weil sie starben, bevor sie in die Entschädigungsregelungen einbezogen wurden. Letztlich summierten sich die von Deutschland angerichteten Schäden auch auf weit mehr als 100 Milliarden Dollar.

Am besten kamen jüdische Deutsche weg, die es geschafft hatten, vor Beginn des Holocaust aus dem Land zu fliehen, oder die irgendwie in Deutschland überlebt hatten.[33] Nach den Verordnungen der alliierten Besatzer und nach den Gesetzen, die der junge deutsche Staat Anfang der 1950er Jahre verabschiedete, hatten diese Personen Anspruch auf Rückgabe ihres ehemaligen Besitzes, wie Häuser, Betriebe, Möbel, Juwelen und andere Vermögenswerte, oder auf eine entsprechende Geldzahlung. Bis Mitte der 1960er Jahre wurden für nachweislich verlorenes Eigentum insgesamt 7,5 Milliarden D-Mark als Entschädigung gezahlt, nach damaligem Geldwert fast zwei Milliarden Dollar. Deutsche Juden, deren berufliches Fortkommen durch die Vertreibung aus Deutschland beeinträchtigt worden war, bekamen pauschal 10 000 D-Mark für »Ausbildungsschäden«, und all jenen, die aus juristischen oder akademischen Berufen herausgedrängt worden waren, wurden lebenslange Pensionen in der Höhe zugesprochen, die man in der jeweils höchsten Besoldungsstufe erreichte. Hannah Arendt lebte komfortabel in New York teilweise von solchem Einkommen. Zu Beginn des 21. Jahrhunderts erhalten weltweit noch rund 100 000 Personen entsprechende Zahlungen.

Andere Kategorien von Opfern bekamen sehr viel weniger oder überhaupt nichts.[34] Jüdische Flüchtlingsorganisationen erhielten deutsche Vermögenswerte im Ausland im Wert von 120 Millionen D-Mark, um in den ersten Nachkriegsjahren jüdischen Überlebenden bei der Neuansiedlung zu helfen, außerdem die Erlöse aus der Raffination und dem Verkauf des Goldes, das aus den Vernichtungslagern in Polen nach Berlin gebracht, aber bis Kriegsende noch nicht eingeschmolzen worden war. Israel wurden im Luxemburger Abkommen von 1952 drei Milliarden D-Mark für die Unterstützung von Überlebenden zugesprochen und weitere 450 Millionen D-Mark der Jewish Claims Conference für den gleichen Zweck. Von 1958 bis 1961 unterzeichnete die Bundesrepublik entsprechend dem völkerrechtlichen Grundsatz, dass nur Länder und nicht Einzelpersonen Wiedergutmachung von anderen Ländern beziehen können, Verträge mit 16 nicht kommunistischen europäischen Regierungen und stellte ihnen 2,5 Milliarden D-Mark zur Entschädigung der Holocaust-Opfer in ihren Ländern zur Verfügung.

Das waren durchaus erhebliche Summen, aber große Gruppen von Überlebenden hauptsächlich in Osteuropa gingen leer aus. Die Westdeutschen beharrten darauf, dass sie bis zur Wiedervereinigung 1990 nur für Überlebende zuständig waren, die zwei Kriterien erfüllten: Erstens mussten sie zwischen 1933 und 1945 in Deutschland in den Grenzen von 1937 gelebt haben oder zwischen 1945 und 1952 in die westlichen Besatzungszonen oder nach Westberlin umgezogen sein und zweitens aktuell in der Bundesrepublik oder einem Land leben, das diplomatische Beziehungen zur Bundesrepublik unterhielt. Die zweite Regel schloss bis in die 1970er Jahre die meisten Überlebenden in Osteuropa aus, weil ihre Heimatländer bis dahin nur diplomatische Beziehungen zur DDR hatten. Und die erste Regel sonderte von vornherein viele Überlebende in Osteuropa aus dem Kreis der Empfangsberechtigten aus.

Eine zweite große Kategorie von Überlebenden, die nicht entschädigt wurden, waren die Menschen, die Sklavenarbeit für deutsche Privatunternehmen geleistet hatten. Viele Jahre lang lehnten es deutsche Gerichte ab, deutsche Firmen zu Zahlungen an ehemalige Sklavenarbeiter zu verpflichten, mit der Begründung, die Firmen hätten auf Anweisung der Regierung gehandelt und der richtige Adressat für derartige Forderungen sei der Staat, nicht die Privatwirtschaft. Einige wenige Firmen, die um ihren Ruf auf ausländischen Märkten bangten, leisteten Alibizahlungen an ehemalige Sklavenarbeiter als Geste des guten Willens, nicht aus Anerkennung einer Pflicht oder Schuld.[35] Die Rechtsnachfolger der IG Farben, außerdem Krupp, Siemens, AEG und Rheinstahl zahlten von 1957 bis 1962 zusammen 51,5 Millionen D-Mark an die Jewish Claims Conference zur Unterstützung der rund 15 000 Juden, die im Zweiten Weltkrieg für diese Unternehmen Sklavenarbeit geleistet hatten; für den einzelnen Empfänger ergab sich daraus der kümmerliche Betrag von umgerechnet 850 Dollar. Zwei Jahrzehnte später handelten Daimler-Benz und Volkswagen ähnlich.

Beide Lücken im deutschen System der Wiedergutmachung wurden in den 1990er Jahren geschlossen. Zuerst bezog die deutsche Regierung auch Überlebende in die Entschädigungen ein, die nach 1965 aus Osteuropa geflohen waren, sowie schwer betroffene Überlebende, die noch dort lebten. 1999 handelte Deutschland dann eine Vereinbarung mit den Vereinigten Staaten aus. Darin erklärte sich Amerika bereit, die Verfahren aufgrund von Sammelklagen vor amerikanischen Gerichten – legalen Versuchen, deutsche Vermögenswerte in den Vereinigten Staaten zu beschlagnahmen, um damit Überlebende zu entschädigen – auszusetzen im Gegenzug für die Einrichtung eines Fonds, aus dem ihre Ansprüche beglichen werden sollten. Der Fonds sollte mit zehn Milliarden D-Mark ausgestattet werden, die je zur Hälfte von der deutschen Regierung und von deutschen Unternehmen kommen sollten. Ein Teil des Geldes der sogenannten deutschen Stiftungsinitiative floss an nichtjüdische osteuropäische Zwangsarbeiter, aber drei Milliarden D-Mark (oder rund 1,5 Milliarden Dollar nach damaligem Geldwert) gingen an jüdische Überlebende als Wiedergutmachung für einstige Sklavenarbeit und konfiszierte Vermögenswerte, insbesondere Ansprüche aus Versicherungen.[36]

Kurzum, die Geschichte der deutschen Wiedergutmachung für die Verbrechen des Holocaust ist ambivalent. Befördert durch den außerordentlichen wirtschaftlichen Aufschwung nach dem Krieg und motiviert durch das Eigeninteresse in der unmittelbaren Nachkriegszeit, Teil der NATO und des neuen Europas zu werden, erklärte sich Deutschland auf der einen Seite bereit, in einem Umfang Entschädigungen für die Holocaust-Opfer zu zahlen, wie es 1945 niemand für denkbar gehalten hätte. Auf der anderen Seite wird die Bilanz dadurch getrübt, dass die einzelnen Betroffenen sehr unterschiedliche Unterstützungen erhielten und die Wiedergutmachungsleistungen nur zögerlich und widerwillig ausgeweitet wurden, was bedeutete, dass Hunderttausende Opfer starben, bevor sie an der Reihe waren.

In anderen europäischen Ländern sah es ähnlich aus. In Osteuropa war die Bilanz natürlich viel schlechter, weil die kommunistischen Regierungen Eigentum nicht zurückgaben, sondern verstaatlichten, und die verbliebenen Juden meist rasch vertrieben. 90 Prozent der Juden, die noch in Bulgarien lebten, flohen bis 1949, und bis in die 1960er Jahre verließen fast alle Juden Rumänien und Polen. Nach dem Zusammenbruch des Kommunismus knüpften die meisten Länder die Restitution von konfisziertem Besitz, meistens Grund und Boden, an Forderungen hinsichtlich Wohnsitz und Staatsbürgerschaft. Praktischerweise bedeutete dies in der Regel, dass sie nichts zurückgeben mussten, weil nur wenige Juden zurückkehren wollten und die meisten mit der Emigration ihre Staatsbürgerschaft automatisch verloren hatten.

In Westeuropa wich anfänglicher Wirbel um die Rückgabe von Wohnungen und materiellem Besitz bald Gefühllosigkeit und Gleichgültigkeit, die bis in die 1990er Jahre anhielten. Mit Unterstützung des Vatikans lehnten es religiöse Einrichtungen und Waisenhäuser in Holland und Frankreich vielfach ab, jüdische Kinder, deren Eltern tot waren, an andere Verwandte oder Einrichtungen der jüdischen Gemeinden herauszugeben.[37] Sogenannte erbenlose Vermögen, deren Eigentümer nicht mehr zurückgekehrt waren, insbesondere Tausende von Kunstwerken, blieben in den Händen der Personen oder Institutionen, die sie bei Kriegsende besessen hatten. Erst in den 1990er Jahren wurden die Versäumnisse der Nachkriegszeit aufgearbeitet. Zum Beispiel stellte der holländische Staat Entschädigungen für die Aktien und Anleihen zur Verfügung, die man holländischen Juden in den 1940er Jahren weggenommen und an holländische Staatsbürger verkauft hatte, und die französische Regierung stattete die Fondation pour la Mémoire du Shoah (Stiftung zur Erinnerung an die Shoah) mit 2,5 Milliarden Francs aus, einer Summe, die vermeintlich den Wert des ehemaligen Besitzes von Juden in Frankreich deckte, auf den nach dem Krieg niemand Anspruch erhoben hatte.[38]

Die Schweiz war bei der Restitution ein besonders schwieriger Fall. Einerseits war sie im Zweiten Weltkrieg formell neutral gewesen, andererseits hatte sie beträchtliche Mengen von Raubgold vom Dritten Reich gekauft und als Umschlagplatz für einen Großteil der Kunstwerke, Pelze, Juwelen und Schatzwechsel gedient, die die Nationalsozialisten Juden gestohlen hatten. Überdies wurden Schweizer Banken verdächtigt, die Guthaben zahlreicher »schlafender« Konten von Juden, die später im Holocaust ums Leben kamen, für sich behalten zu haben. In der unmittelbaren Nachkriegszeit wurden diese Themen überwiegend unter den Teppich gekehrt. Die Vereinigten Staaten und die Schweiz schlossen 1946 das Washingtoner Abkommen. Darin versprach die Schweiz, eingefrorene deutsche Vermögen in ihrem Land zu liquidieren, die Hälfte des Erlöses an einen Fonds für staatenlose Opfer der Nationalsozialisten zu übertragen und ein

Sechstel des Goldes, das sie von NS-Deutschland erhalten hatte, abzugeben als Gegenleistung für ihre Rehabilitierung als Handelspartner. Zwar erließ die Regierung der Schweiz 1946 ein Gesetz, das die Restitution gestohlener Kunstwerke auch dann anordnete, wenn der Kauf in gutem Glauben erfolgt war, aber das Zeitfenster, um solche Ansprüche geltend zu machen, war sehr klein, und das Gesetz galt nur für Kunstwerke, die nach 1939 in besetzten Gebieten erworben worden waren, nicht in Deutschland selbst.

In den 1990er Jahren gelang es dem Jüdischen Weltkongress, die öffentliche Aufmerksamkeit auf die Verstrickungen der Schweiz mit dem NS-Regime zu lenken, insbesondere auf die Themen Raubgold, schlafende Konten, Produktion von Kriegsmaterial und Feindseligkeit gegen Flüchtlinge. Mehrere Untersuchungskommissionen wurden eingesetzt, insbesondere eine unter dem Vorsitz von Paul Volcker zum Verhalten der Schweizer Banken und eine weitere unter dem Vorsitz von Jean-François Bergier zum umfassenden Thema der Politik und der Aktivitäten der Schweiz im Zweiten Weltkrieg. Die jeweiligen Forschungsteams wiesen nach, dass die Zahl der von Juden während der NS-Zeit eröffneten Bankkonten, auf die nach dem Krieg niemand Anspruch erhob und die von den Banken durch Gebühren entleert wurden, geringer war als von den Kritikern behauptet, dass aber die Schweizer Banken sich zusammengetan hatten, um gemeinsam Nachforschungen nach diesen Konten zu behindern. Die Bergier-Kommission fand außerdem heraus, dass die Schweizerische Nationalbank wissentlich Raubgold des NS-Regimes angenommen und später wiederholt ihre Politik und ihr Verhalten falsch dargestellt, mit anderen Worten, darüber gelogen hatte.

Als diese Erkenntnisse publik wurden, spielten sie eine wichtige Rolle für die Einigungsbedingungen in einem Verfahren eines amerikanischen Gerichts gegen die Schweizer UBS im Jahr 1999. Dabei verpflichtete sich die Bank, 1,25 Milliarden Dollar an einen von der Jewish Claims Conference verwalteten Fonds zu zahlen: 800 Millionen Dollar für die Restitution schlafender Bankkonten, 100 Millionen Dollar als Entschädigung für geraubte Vermögenswerte und 325 Millionen Dollar an ehemalige Sklavenarbeiter in Fabriken im besetzten Europa, die Schweizern gehört hatten, oder an deutsche Firmen, die ihre Einnahmen bei Schweizer Banken angelegt hatten, sowie an Flüchtlinge, die von Schweizer Beamten schlecht behandelt worden waren. Bis zum Ende des Jahres 2015 hatte die Claims Conference die ganze Summe ausbezahlt, hauptsächlich an die beiden erstgenannten Empfängergruppen.[39]

Rückblickend hat sich das wiederholte Bemühen um Entschädigung für die Opfer des Holocaust als gleichzeitig unmöglich und notwendig erwiesen – als unmöglich, weil so viel von dem Verlorenen immateriell und unersetzlich war, als notwendig, weil so viel von dem, was hätte zurückgegeben oder entschädigt werden müssen, in den unmittelbaren Nachkriegsjahren unbezahlbar war, als die europäischen Länder hauptsächlich mit ihrem Wiederaufbau beschäftigt waren. Und weil Tausende von Opfern starben, bevor sie in den Genuss einer Entschädigung kamen, wurde schließlich auch nur eine unvollständige Gerechtigkeit erreicht. Überdies ist die finanzielle Entschädigung von Verlusten immer nur teilweise möglich und umso weniger, je mehr Zeit bis zur Wiedergutmachung vergeht. Viele Länder, in denen die Raubzüge besonders schlimm waren, allen voran Polen und Rumänien, müssen sich ihren Verpflichtungen erst noch stellen.

Trotz enormer Aufwendungen klaffen darum immer noch Lücken zwischen dem Ausmaß an Leid, das Menschen erfahren haben, und dem, was sie als Entschädigung erhielten, sowie zwischen dem, was die Verursacher des Leids taten oder gewannen, und was sie letztlich dafür bezahlten. Jedes größere Abkommen über Restitution und Wiedergutmachung seit 1950 war ein Fall von »ausgehandelter Gerechtigkeit«,[40] bei dem die zur Verfügung gestellten Beträge weniger das widerspiegelten, was echte Entschädigung erforderte oder echtes verbrecherisches Handeln verdiente, sondern vielmehr die aktuelle Verhandlungsmacht der beteiligten Parteien. Das galt für die Summen, die nach dem Luxemburger Abkommen von 1952 verteilt wurden, ebenso wie für das Geld, das die deutsche Stiftungsinitiative im Jahr 2000 zusammenbrachte. Politische Realitäten erklären auch, warum die Schweiz niemals weder Einzelpersonen noch juristische Personen für die Abkommen entschädigen musste, die sie kurz nach dem Zweiten Weltkrieg mit den Regierungen von Polen und Ungarn geschlossen hatte. Die Abkommen erlaubten der Schweiz, die nachrichtenlosen Vermögen toter polnischer und ungarischer Staatsbürger in der Schweiz, mehrheitlich Juden, zu beschlagnahmen als Kompensation für die Verstaatlichung von schweizerischem Eigentum in den kommunistisch gewordenen Ländern.

Darüber hinaus ging es bei Abkommen, die Unternehmen betrafen, oft ungerecht zu. Die Unternehmen erkauften sich wertvolle Vorteile, indem sie willkürlich festgelegte Summen bezahlten oder solche, die in keinerlei Verhältnis zu ihrem früheren Verhalten standen, und manche, die sehr große Schuld auf sich geladen hatten, kamen ungeschoren davon. Die UBS erkaufte sich das Recht, eine Fusion in den Vereinigten Staaten abzuschließen und dort weiter Geschäfte zu machen, mit einer Zahlung, die den Wert aller im Zusammenhang mit dem Holocaust stehenden schlafenden Konten und Goldbestände bei den Geschäftsbanken des Landes überstieg. Aber die Schweizerische Nationalbank, Empfängerin von 92 Prozent des Goldes, das aus NS-Deutschland in die Schweiz gelangt war, konnte es sich leisten, viel weniger zu bezahlen als im Washingtoner Abkommen vereinbart, weil sie keine Geschäftsinteressen in den Vereinigten Staaten hatte, die später hätten in Gefahr geraten können.[41] Deutsche Unternehmen sind nicht verpflichtet, zur Stiftungsinitiative beizutragen, unabhängig von ihrer Verwicklung in Sklavenarbeit oder andere Aspekte des Holocaust, und die Höhe der freiwilligen Beiträge hängt von den letzten Umsätzen des Unternehmens ab, nicht davon, wie sehr es sich schuldig gemacht hat; außerdem sind die Zahlungen steuerlich absetzbar.

Das sind nicht die einzigen Schönheitsfehler bei den Entschädigungsbemühungen. Anwälte, die Kläger in Restitutionsverfahren vertraten, haben zahlreiche deutsche Firmen dazu veranlasst, ihre Archive zu öffnen, und damit viele wichtige historische Studien ermöglicht. Aber sie haben auch reichlich falsche Vorstellungen über Ursprung und Wert unterschiedlicher Formen der Ausplünderung in die Welt gesetzt. Die Historiker werden noch lange damit beschäftigt sein, dies alles zu korrigieren. Auch die voller Bewunderung verfassten Berichte über Verfahren wegen Sammelklagen, die veröffentlicht wurden, verdienen Kritik, nicht zuletzt weil mehrere Anwälte in diesen und anderen Restitutionsverfahren in den 1990er Jahren sich als schreckliche Vorbilder für ihre Kollegen erwiesen.[42] Etliche wurden gemaßregelt, verloren ihre Zulassung bei Gericht, mussten ihre Stellungen aufgeben oder wurden in den Folgejahren wegen juristischen oder finanziellen Fehlverhaltens zu Gefängnisstrafen verurteilt. Und schließlich haben Vereinbarungen aus jüngster Zeit in der jüdischen Gemeinschaft weltweit alte Wunden aufgerissen im Zusammenhang mit der Frage, ob es statthaft ist, Geld als Entschädigung für Tote anzunehmen, und ob die ausgezahlten finanziellen Mittel ausschließlich an Überlebende gehen sollen oder nicht zumindest zum Teil auch an jüdische Kulturprojekte.

Alles in allem haben Hunderttausende Überlebende und ihre Erben von der Beharrlichkeit von Menschen profitiert, die sich weigerten, es mit der ersten Runde von Rückgabe und Entschädigung in der unmittelbaren Nachkriegszeit bewenden zu lassen. Und was die unermüdliche Verfolgung der letzten noch in Freiheit befindlichen NS-Kriegsverbrecher angeht, wurde viel erreicht. Der entscheidende Punkt ist, dass es für Massenmord und Diebstahl in gigantischem Umfang keine Verjährung gibt. Früher oder später kehren die Unterdrückten wieder, und entgegen dem juristischen Diktum ist aufgeschobene Gerechtigkeit nicht unbedingt verweigerte Gerechtigkeit.

## Legenden und Lehren

*Warum?* hat ein Thema untersucht, das viel Schmerz in sich birgt: den Schmerz von Trennung und Exil, von Verfolgung und Folter, von Erniedrigung und Mord und den Schmerz des qualvollen, ruhelosen Überlebens. Wer sich mit dem Holocaust beschäftigt, riskiert enorme Desillusionierung über die Menschen und große Angst, wie schrecklich Dinge in dieser Welt schiefgehen können. Wie können wir zusammenfassen, was wir daraus lernen können und sollen, wenn wir uns auf diese Erfahrung einlassen? Was sind die Lehren und das Vermächtnis dieses Themas?

Auf der Suche nach einer Antwort auf diese weitgespannte Frage sollten wir vielleicht mit der Frage beginnen, warum überhaupt jemand den Holocaust studieren sollte. Die Antwort liegt nicht auf der Hand, und viele Menschen kritisieren die Faszination unserer Kultur für dieses Thema. Peter Novick behauptet in seinem Bestseller *Nach dem Holocaust. Der Umgang mit dem Massenmord*, dass wir so gut wie nichts Nützliches aus dem menschlichen Verhalten in einer solchen geschichtlichen Extremsituation lernen können. Andernorts hat man Spezialisten für das Thema vorgeworfen, sie beteiligten sich an der »Holocaust-Industrie«, und Seminare wie das, welches ich viele Jahre lang an der Northwestern University über den Holocaust anbot, wurden als Argumentation mit einem Sonderfall abgetan, die das Leiden der Juden über das vieler anderer Bevölkerungsgruppen stelle, die ebenfalls schlimme Angriffe hätten erdulden müssen. Im Wesentlichen betonen die meisten Antworten auf diese Kritik, das, was den Holocaust von anderen Beispielen des Massenmords im 20. Jahrhundert unterscheide, seien der Ort, an dem er begangen wurde (ein fortgeschrittenes und augenscheinlich zivilisiertes Land), und die Ursache, die ihn auslöste (die ethnische Herkunft, das drängendste Thema unserer Zeit, nicht nur in einem vielsprachigen Land wie den Vereinigten Staaten, sondern in der globalisierten Welt insgesamt). Mit anderen Worten: Man sollte den Holocaust studieren, weil sein Schauplatz und sein Motor für die heutige Welt höchst relevant sind.

Die implizite Konsequenz dieses Arguments ist, dass der Holocaust ein tödlicher Präzedenzfall war (schließlich kann alles, was schon einmal passiert ist, wieder passieren), also müssen wir uns mit ihm beschäftigen, um zu verhindern, dass die Ereignisse sich wiederholen. Das praktische Argument kann in einer universellen oder einer auf die Juden fokussierten Variante daherkommen. Einige Belege stützen die universelle Variante, die betont, dass Wissen den Genozid verhindern kann, denn die Erinnerung an den Holocaust bewog Amerikaner und Europäer zu intervenieren, wenn auch spät, um in den 1990er Jahren das Töten in Bosnien und im Kosovo zu stoppen. Aber Beispiele von außerhalb Europas sprechen dafür, dass Wissen im wahrsten Sinn des Wortes seine Grenzen hat. Es hatte eindeutig keine Auswirkungen auf den Verlauf der Ereignisse in Ruanda in den 1990er Jahren, nur geringe in Darfur nach der Jahrtausendwende und hat derzeit sehr wenig Einfluss auf das, was seit einigen Jahren in Syrien passiert. Die zweite Variante der praktischen Rechtfertigung für die Beschäftigung mit dem Holocaust – der eine Warnung an die Juden ist, sich nicht von anderen abhängig zu machen – hatte im guten wie im schlechten Sinn deutlichere Konsequenzen. Sie stärkte die Entschlossenheit der Bürger eines jüdischen Staates in einer feindlichen Umwelt, aber sie bekräftigte auch eine herablassende Haltung gegenüber den Juden in der Diaspora und eine Einstellung nach dem Motto »Wir allein gegen die Welt«, die zu einer sich selbst erfüllenden Prophezeiung zu werden droht.

Eine damit verwandte wichtige Frage vorab lautet: Wie sollten wir den Holocaust studieren? Ich habe versucht darzulegen, dass meines Erachtens die Antwort »gewissenhaft und nüchtern« heißen muss, mit einer Mischung aus Präzision und Gefühl und ohne Sentimentalität oder Verklärung. Leider ist ein gewisses Maß an Verklärung in dem Wort »Holocaust« enthalten, das auf einen alten griechischen Begriff zurückgeht, der »eine vollständig vom Feuer verzehrte Gabe« bedeutet – mit anderen Worten, ein religiöses Opfer. Aber viele der Getöteten würden es wohl ablehnen, mit ihrem Tod eine religiöse Bedeutung zu verbinden. Um zu verhindern, dass einem Massenmord eine solche Bedeutung oder sogar Heiligkeit zugeschrieben wird, wäre wahrscheinlich das hebräische Wort »Shoah« vorzuziehen, das »Zerstörung« bedeutet. Aber die biblische Verwendung dieses Wortes ist ebenfalls religiös gefärbt. Auf jeden Fall scheiden sich die Geister, was die richtige Begrifflichkeit anbelangt. Trotzdem hoffe ich, dass die Leser von *Warum?* das, was passiert ist, als historische Ereignisse ansehen, die man mit den üblichen historischen Mitteln aufdecken, untersuchen und verstehen kann. Wir dürfen uns dem Thema weder in Ehrfurcht noch mit Zorn nähern, wenn wir hoffen, etwas Wertvolles zu erfahren und nicht nur zu erleben, dass unsere

Vorurteile bestätigt werden und unser Gerechtigkeitsgefühl aufgerüttelt wird.

Ja, das Thema strapaziert unsere Verständnismöglichkeiten, aber das hängt mit unserer Abneigung zusammen. Reflexhaft bezeichnen wir den Holocaust als unvorstellbar und unglaublich, um uns selbst davon zu distanzieren und unseren Abscheu auszudrücken. Trotzdem ist die *Shoah* in der gleichen Weise verstehbar wie jede andere katastrophale kollektive oder individuelle menschliche Erfahrung: mit Schwierigkeiten, Geduld und Hingabe an die Aufgabe. Zu sagen, das Thema entziehe sich unserem Verständnis, bedeutet, zu verzweifeln, aufzugeben, zuzugeben, dass wir zu bequem sind, um die große Anstrengung zu unternehmen, und, am schlimmsten, dass wir uns vor der Herausforderung drücken, die es für unsere liebgewordenen Illusionen über uns selbst und unsere Mitmenschen bedeutet, wenn wir in den Abgrund blicken, den dieses Thema eröffnet. Die Alternative zum Nachvollzug, wie und warum der Holocaust passiert ist, wäre die Kapitulation vor der Annahme, dass allein Schicksal, göttliche Vorsehung oder schierer Zufall im Leben regieren.

*Warum?* hat sich dem Problem des Begreifens in der Weise genähert, dass es das Thema auf vier Hauptfragen heruntergebrochen hat:

*Warum die Juden?* Weil ihre Emanzipation im 19. Jahrhundert nach Jahrhunderten strikter Beschränkungen hinsichtlich Wohnorten und Berufsausübung eine Gegenreaktion auslöste, die einem schimärischen Hass neuen Auftrieb und eine neue Form gab – der Überzeugung, dass die Juden die einzige Ursache für all das seien, was andere ablehnten und fürchteten.

*Warum die Deutschen?* Weil eine schwere, vielschichtige nationale Krise, ein perfekter Sturm aus wirtschaftlichem, politischem, kulturellem und sozialem Aufruhr, den Trägern dieses Hasses den Weg ebnete, die Macht in Deutschland zu übernehmen und andere in derartigen Ansichten zu bestärken oder sie damit zu indoktrinieren.

*Warum Mord und warum mit diesen Mitteln?* Weil die Problemlösung sich schleichend ausweitete, eine kumulative Radikalisierung der Politik stattfand, als immer rigorosere Bemühungen, die Juden vom deutschen Staatsgebiet zu »entfernen«, sich als unzureichend oder nicht praktikabel erwiesen und immer extremere Methoden der »Eliminierung« in den Blick gerieten.

*Warum war die vollständige Vernichtung der Juden beinahe erfolgreich, resultierend im Tod von zwei Dritteln der Juden in Europa und mindestens drei Vierteln aller in der Reichweite der Nationalsozialisten?* Weil Gleichgültigkeit und Eigeninteresse erst in Deutschland und dann in den besetzten Ländern und Satellitenregimes während des Zweiten Weltkriegs den Weg für die Träger des Hasses frei machten; weil die Logistik des Mordens sich als unkompliziert erwies und sich selbst finanzierte; weil der wütende Angriff der Nationalsozialisten seinen Höhepunkt parallel zu ihren größten militärischen Erfolgen erreichte und weil der Großteil der Morde zu einer Zeit geschah, als die gegen Deutschland verbündeten Mächte sie weder beobachten noch unterbinden konnten.

Bei der Beschäftigung mit diesen Fragen haben wir eine Reihe von Mythen entlarvt oder zumindest hinterfragt. Vor einigen Jahren arbeitete ich einen Vortrag aus, in dem es um die Kluft ging zwischen dem, was die Experten über den Holocaust wissen, und dem, was der Großteil der Öffentlichkeit glaubt. Ich war nicht der Einzige, der dieses Problem registriert hatte. Paul Levine stellte ebenfalls eine wachsende »Kluft zwischen wissenschaftlicher Erkenntnis und öffentlicher Erinnerung« fest und sprach von einem regelrechten »Zusammenprall von ›Öffentlichkeit‹ und ›Hörsaal‹«.[43] In meinem Vortrag zählte ich neun verbreitete Mythen und Irrtümer über den Holocaust auf und versuchte zu erklären, warum sie falsch sind. Wenn ich nun die ersten acht falschen Vorstellungen zitiere, wird der Leser bemerken, dass es ein Anliegen dieses Buchs war, sie zu widerlegen:

Erstens, dass der Antisemitismus die wichtigste oder entscheidende Rolle dabei spielte, Hitler an die Macht zu bringen: Das war nicht der Fall. Der Antisemitismus unterhöhlte und zerstörte das Gefühl der Solidarität zwischen jüdischen und nichtjüdischen Deutschen, aber der Glaube an eine internationale jüdische Verschwörung oder die Notwendigkeit, die Juden aus dem deutschen Staatswesen zu »entfernen«, war in Deutschland nie so stark und nie so verbreitet, dass er ausgereicht hätte, Hitler an die Spitze der Macht zu befördern. Ohne die Weltwirtschaftskrise und die Unterstützung konservativer Politiker, die Hitler für ihre Zwecke zu nutzen gedachten, wäre er nicht so weit nach oben gekommen.

Zweitens, dass Hitler die Ermordung der Juden von dem Tag an plante, als er Reichskanzler wurde, wenn nicht schon zuvor: Soviel die Historiker wissen, tat er das nicht. Massenmord war immer als Möglichkeit in der nationalsozialistischen Ideologie enthalten, aber nur schrittweise wurde er zur semi-expliziten Politik des deutschen Staates – als Ergebnis des Zusammenpralls der ethnischen Arithmetik von Hitlers Streben nach Lebensraum mit seiner Überzeugung, dass der militärische Sieg davon abhing, dass die Juden aus seinem Herrschaftsbereich verschwanden.

Drittens, dass die Alliierten viel mehr hätten tun können, um das Töten zu stoppen, als es begonnen hatte: Angesichts der Tatsache, wo und wann der Großteil des Mordens stattfand, hätten sie nichts tun können. Denn es geschah im nordöstlichen Quadranten des europäischen Kontinents und in den 18 Monaten nach der deutschen Invasion der Sowjetunion, als das Reich sich dauerhaft in der Offensive befand und Siege verzeichnete. Wie David Cesarani gezeigt hat,[44] gab es nur zwei Möglichkeiten, wie Deutschlands Gegner das Morden hätten aufhalten können: wenn die Briten und/oder die Sowjets 1941 den Krieg verloren hätten und damit die Aussicht bestanden hätte, die Juden anderswohin zu deportieren, oder wenn die Alliierten 1942/43 den Krieg gewonnen hätten, wozu sie eindeutig nicht in der Lage waren.

Viertens, dass mehr passiver oder aktiver Widerstand der Juden die Zahl der Opfer signifikant hätte verringern können: Das ist nicht realistisch. Ein solches Verhalten hätte ein geradezu unvorstellbares Ausmaß an Hellsichtigkeit auf Seiten der Juden vorausgesetzt, ein ebenso unvorstellbares Ausmaß an Solidarität und ein ganz anderes Kräfteverhältnis zwischen den Juden und ihren nationalsozialistischen Verfolgern.

Fünftens, dass das Überleben in erster Linie von der Einstellung der Bevölkerung gegenüber den Juden abhing und weniger von politischen Strukturen und Interessen: Das kann man pauschal nicht sagen. Hätten die Nichtjuden mehr Mut aufgebracht, Juden zu helfen, hätte es mehr Überlebende gegeben, aber nicht annähernd so viele, wie durch die zynischen politischen und persönlichen Kalküle von Kollaborationsregimes in Europa am Leben blieben.

Sechstens, dass der Holocaust Ressourcen von den deutschen Kriegsanstrengungen abzog und sie signifikant schwächte: Das war nicht der Fall. Deutschland schickte 1941 pro Tag mehr Züge (2500) an die Schauplätze des Unternehmens Barbarossa, der Invasion der Sowjetunion, als die SS während des gesamten Holocaust für den Transport von Juden in die Lager einsetzte (2000);[45] die Deportationen belasteten die Kapazitäten der Reichsbahn eindeutig nicht. Der Einsatz von Zwangs- und Sklavenarbeit wäre genauso chaotisch, ineffizient und insuffizient gewesen, wenn die Juden nicht ermordet worden wären, wie er es ohne sie war.

Siebtens, dass der Motor des Systems der Sklavenarbeit in erster Linie Gier war: So war es nicht. Die Nationalsozialisten hatten ein Regime geschaffen, dem die Bevölkerung fehlte, die es gebraucht hätte, um den gewaltigen Krieg zu führen, den Deutschland begonnen hatte, und dem auch die Vorstellungskraft und Großzügigkeit fehlten, um genügend andere Europäer auf seine Seite zu ziehen.

Achtens, dass die meisten Haupttäter des Holocaust nach dem Zweiten Weltkrieg der Bestrafung entgingen: Tatsächlich war die große Mehrheit der schlimmsten Verbrecher 1945 bereits tot oder wurde kurz danach gefangen genommen und abgeurteilt. Ohne Zweifel hätten die Deutschen und die Siegermächte des Zweiten Weltkriegs sich noch mehr anstrengen können, die Mörder aufzuspüren, die davonkamen, und sich nicht so schnell damit zufriedengeben dürfen, diejenigen bestraft zu haben, die die Befehle erteilt, und weniger diejenigen, die in den Lagern und Erschießungskommandos die Befehle ausgeführt hatten. Aber die Auseinandersetzung mit dem Holocaust nach 1945 war viel umfassender als mit jedem anderen Beispiel eines Völkermords in der Neuzeit.

Die einzelnen Kapitel von *Warum?* enthalten detaillierte Belege, die jede einzelne dieser Behauptungen widerlegen. Trotzdem erwarte ich nicht, dass sie fortan nicht mehr auftauchen. Manchmal ist die Arbeit des Historikers eine Sisyphusaufgabe.

Bisher habe ich noch wenig über einen verbreiteten neunten Irrglauben gesagt. Gemeint ist die in den viel gelesenen Büchern von Zygmunt Bauman und Detlev Peukert propagierte Vorstellung, der Holocaust sei ein Produkt der Moderne und ihrer Gefahren gewesen. Das vorherrschende Bild ist das vom automatisierten Töten, zusammengefasst in der allgegenwärtigen Formulierung »Todesfabriken«. Aber obwohl Auschwitz ein mörderisches Fließband war, ähnelte es doch mehr einem Schlachthaus des 19. Jahrhunderts als einer modernen Fabrik, und die anderen Vernichtungslager waren mit der teilweisen Ausnahme von Majdanek weitgehend improvisiert. Die meisten Lager töteten mit einem einfachen Gerät aus der Frühzeit der Industrialisierung: dem Benzinmotor. Selbst die Auswahl der Opfer erfolgte auf altmodische Weise: Deportationslisten wurden mit Tinte auf Papier geschrieben, eine Tätigkeit, die üblicherweise an jüdische Organisationen in Westeuropa und Deutschland und an die Judenräte in den Ghettos delegiert wurde, sofern sie überhaupt erfolgte. Im besetzten Russland und in der besetzten Ukraine zeigten die nichtjüdischen Bewohner die Juden einfach an. Schließlich starb fast die Hälfte der Opfer durch Hunger und Kälte oder wurde zu Tode geprügelt oder erschossen – kurzum, auf eher primitive Weise.

Auch die allgemeinere Gleichsetzung von Holocaust und Moderne ist nicht zutreffend – die Behauptung, der Holocaust zeige, dass die moderne Welt den Anspruch und die Mittel besitze, Sozialtechnologie in großem Stil zu betreiben. Das Bestreben, eine ganze Gruppe von Menschen auszulöschen, ist nicht spezifisch modern: Es ist so alt wie die Ausrottung der Amalekiter durch die Hebräer und die Vernichtung der Karthager durch Rom; beide Völkermorde waren vollständiger als der Massenmord der Nationalsozialisten an den Juden, obwohl die Täter nur Feuer und Schwert besaßen. Zudem war die pseudowissenschaftliche Lehre, die dem Versuch der »rassischen Säuberung« ihren modernen Anstrich gab, die Eugenik, alles andere als modern. Es war die Übertragung der Gesetze der Tierzucht auf die menschliche Gesellschaft, die Behauptung, dass Menschen wie

Rennpferde gezüchtet und Nationalitäten wie Tierrassen betrachtet werden können und sollten. Der nationalsozialistische Rassismus wurzelte in einer agrarischen Welt, nicht in einer industriellen, und in einem Verständnis von Genetik, das dem der mittelalterlichen oder vormodernen Zeit nahe kam. Außerdem war die Eugenik in wissenschaftlicher Hinsicht ein Betrug. Der Holocaust war weder in der Vorstellung noch in den Mitteln modern, sondern vielmehr Ausbruch einer außerordentlich primitiven Gesinnung, die passende Hervorbringung einer Ideologie, die glaubte, alles Leben würde durch das Gesetz des Dschungels regiert. Wie Dan Stone scharfsichtig festgestellt hat: »Die Moderne war weniger die treibende Kraft des Holocaust als der Rahmen dafür.«[46]

Schließlich haben wir den größten Mythos im Zusammenhang mit dem Holocaust noch nicht erörtert: die Behauptung, er habe gar nicht stattgefunden. Dieses Buch kann nicht enden, ohne zu diskutieren, wie lächerlich diese Behauptung ist und warum sie doch immer wieder vorgebracht wird. Was die Lächerlichkeit anbetrifft, so muss erst einmal deutlich betont werden, dass der Holocaust schlichtweg eines der am besten dokumentierten Ereignisse der Weltgeschichte ist. Natürlich mussten die Historiker einige Jahrzehnte graben, bis sie zu einem so vollständigen Bild der Geschehnisse gelangten, wie wir es heute haben, und auf dem Weg dahin veränderten sich mit dem Stand unseres Wissens auch die Deutungen. Schließlich gaben sich die Täter große Mühe, die Beweise für ihre Taten zu vernichten; allerdings waren die Beweise glücklicherweise zu umfangreich, um sie alle zu beseitigen. Um nur die bedeutsamsten Beispiele zu nennen: Wir haben immer noch viele Passagierlisten von Deportationszügen, die Todeslisten der Häftlinge von Auschwitz und Mauthausen, einige Lieferscheine für Zyklon, die meisten Berichte der Einsatzgruppen, in denen die Toten einzeln aufgeführt und kategorisiert werden, Fotos von den Bergen, zu denen man das Hab und Gut der Opfer in Babi Yar, Łódź und Birkenau aufgeschichtet hatte, das Protokoll der Wannsee-Konferenz, Höfles Bilanz der Toten in den Lagern der »Aktion Reinhardt«, den Bericht des SS-Statistikers Richard Korherr aus dem Frühjahr 1943 über den Stand der Endlösung zu diesem Zeitpunkt, eine Vinylaufzeichnung von Himmlers Rede in Posen 1943, Joseph Goebbels' ausführliche Tagebücher, Alfred Rosenbergs eher episodische Aufzeichnungen sowie Nachkriegsbekenntnisse von Rudolf Höß und zahlreichen anderen Mördern und vieles mehr.

Doch eine lautstarke Gruppe von Leugnern behauptet immer noch, die Gaskammern habe es nicht gegeben und Völkermord sei im Dritten Reich nicht vorgekommen; die Zahl der Juden, die im Zweiten Weltkrieg starben, sei gering und ein zufälliges Ergebnis der Kampfhandlungen; die oben zitierten Beweise seien Erfindungen oder erzwungene Aussagen; Juden und Kommunisten hätten nach dem Zweiten Weltkrieg gemeinsam die »Mär« vom Holocaust ausgeheckt, um Deutschland zu diskreditieren, Geld von den Deutschen zu erpressen und Unterstützung für einen Judenstaat in Palästina zu gewinnen. Diese Holocaust-Leugner, die sich selbst als »Revisionisten« bezeichnen, schmücken sich mit den Insignien der Wissenschaftlichkeit, aber ihre abenteuerlichen Argumente erinnern so deutlich an die Verschwörungstheorien, die den Antisemitismus des 19. Jahrhunderts befeuerten, dass deren Rolle als die wahre Triebkraft hinter der Leugnung durchscheint.

Ein britischer Richter prüfte im Jahr 2000 in einem Verleumdungsprozess die Behauptungen von David Irving, dem wohl bekanntesten Holocaust-Leugner der letzten Jahrzehnte, und bezeichnete sie als gezielte Verfälschungen historischer Tatsachen.[47] Noch aktueller hat Bettina Stangneth in ihrem Buch *Eichmann vor Jerusalem* gezeigt, wie eine Gruppe ausgewanderter Nationalsozialisten und Sympathisanten in Argentinien den Großteil der Kernargumente, die der Leugnung des Holocaust zugrunde liegen, zusammentrug und 1954 unter Pseudonym in der deutschen Emigrantenzeitschrift *Der Weg* veröffentlichte. Ihr Artikel mit dem Titel »Auf den Straßen der Wahrheit«, der mit der Autorzeile eines fiktiven amerikanischen Journalisten namens Warwick Hester erschien, von dem die Revisionisten später behaupteten, es sei der (gleichfalls erfundene) »amerikanische Jurist Stephen F. Pinter«, zirkuliert immer noch im Internet. Stangneth hält diesen Artikel für »die Hauptquelle« der Holocaust-Leugner.[48] Mit Menschen zu argumentieren, die diesen Unsinn glauben, ist fruchtlos, weil die wahre Quelle ihrer Überzeugung nicht Beweise und Vernunft sind, sondern nicht zu korrigierende, zirkuläre Fantasien über Macht und Bosheit der Juden.

Eva Hoffman, Tochter von Holocaust-Überlebenden, die nach Kanada auswanderten, hat ein schönes Buch geschrieben mit dem Titel *After Such Knowledge*. Eine Möglichkeit, das vorliegende Buch zu beenden, besteht darin, den Titel in die Form einer Frage zu kleiden: Was sollen wir tun »nach solchem Wissen«? Was sind die Implikationen all dessen, was wir über den Holocaust erfahren haben? Wohl nur wenige Themen verlangen mehr nach einem Versuch, ihren »Sinn« oder ihre »Botschaft« zu ergründen, und wenige Themen haben die Wirkung, dass man sich, wenn man derartige Schlüsse formulieren möchte, so unzulänglich fühlt. Raul Hilberg hat oft gesagt, er habe Angst, die großen Fragen im Zusammenhang mit der Shoah anzupacken, weil er fürchte, zu kleine Antworten zu haben. Können wir aus unserer Untersuchung dieser furchtbaren Ereignisse dennoch größere Schlussfolgerungen ziehen, trotz aller bei diesem Versuch gebotenen Vorsicht?

Ich denke, wir können es, aber bevor ich es versuche, möchte ich auf drei Merkmale unserer Welt eingehen, die sich seit dem Ende des Zweiten Weltkriegs grundlegend verändert haben und die Einfluss auf die Wahrscheinlichkeit haben, dass es zu einem erneuten Ausbruch des Antisemitismus kommt.

Erstens herrschte in der europäischen Welt in der ersten Hälfte des 20. Jahrhunderts eine Art von Bürgerkrieg zwischen Ideologien einerseits, die den Individualismus priesen, das Diskutieren und die Selbstverwirklichung – wie der Liberalismus, die repräsentative Regierungsform und das freie Unternehmertum –, und Ideologien andererseits, die dem Kollektivismus, der Unterordnung unter Gruppenziele und der Unterwerfung unter eine Autorität den Vorzug gaben: zum Beispiel Faschismus, Nationalsozialismus, Kommunismus und damals die meisten Formen des Christentums. Viele Gefahren für die Juden erwuchsen daraus, wie sie in diesem Konflikt instrumentalisiert wurden, ob als Symbole des Individualismus, des

Wohlstands, des Kommunismus oder des Freidenkertums und Unglaubens. Diese Zeiten sind weitgehend vorbei. Die westlichen Länder sind heute fast alle individualistisch, säkular und kapitalistisch. Es ist schwierig, Juden als Bedrohung darzustellen, weil die Ideologien, die mit ihnen in Verbindung gebracht wurden, entweder triumphiert haben und heute zur allgemeinen Weltanschauung geworden sind oder aber wie der Kommunismus untergegangen sind. Das heißt nicht, dass der Antisemitismus verschwunden ist, sondern nur, dass er zumindest gegenwärtig in der westlichen Welt weitgehend machtlos ist.

In anderen Teilen der Welt verhält es sich indes anders. Wo Individualismus, religiöser und ethnischer Pluralismus und Unternehmertum weiterhin ideologisch verdächtig sind oder als fremdartig wahrgenommen werden, sind die Juden wie alle anderen Minderheiten nach wie vor in Gefahr. Die abstoßenden Lügen der *Protokolle der Weisen von Zion* zirkulieren immer noch und werden geglaubt wie gegenwärtig in Russland und vielen vorwiegend muslimischen Gebieten sowie unter nichtjüdischen Immigranten aus solchen Ländern und Regionen. Genau wie im 19. und 20. Jahrhundert in Mittel- und Osteuropa ist heute im Rest der Welt die Sicherheit der Juden wie der meisten Minderheiten dort am meisten gefährdet, wo die liberalen Werte der Toleranz, Koexistenz und Offenheit für Wandel am schwächsten ausgeprägt sind. Um einen neuen Holocaust zu verhindern, reicht es nicht aus, den Antisemitismus zu bekämpfen; man muss auch für diese umfassenderen Werte eintreten, und das nicht nur im eigenen Land. Das ist eine zentrale Erkenntnis der viel geschmähten Europäischen Union: Sie beharrt auf einem besonderen Schutz von Minderheitenrechten, insbesondere für Roma und homosexuelle Menschen, als Vorbedingung für die Mitgliedschaft. In einer zunehmend globalisierten Welt ist die Verpflichtung, engstirniges Denken und Intoleranz zu reduzieren und zu bekämpfen, eine zunehmend globale Aufgabe.

Zweitens geraten selbst in Westeuropa und in Nordamerika die Lehren, die man nach 1945 aus der Verfasstheit der Welt, die den Holocaust hervorbrachte, und die ergriffenen Gegenmaßnahmen heute unter Beschuss. In wirtschaftlich schwierigen Zeiten erlebt Europa ein verbreitetes Wiederaufleben des Nationalismus in Form von Fremdenfeindlichkeit, insbesondere gegenüber Immigranten und den Bürokraten der Europäischen Union, und einen Rückzug aus wohlfahrtsstaatlichen Aufgaben unter dem Vorwand, die Staaten müssten Schulden abbauen. Die gegenwärtige politische Situation in Griechenland und Ungarn vermittelt uns einen Eindruck, was wir zu erwarten haben, wenn diese Tendenzen sich fortsetzen und verstärken: Neofaschistische Parteien werden einen Aufschwung erleben und die Energie junger, oft arbeitsloser Männer in Brutalität lenken. Zur Erinnerung: Der Antisemitismus steigt und fällt in umgekehrter Bewegung zu den Börsenkursen. Zudem wächst in den Vereinigten Staaten wie in Europa die wirtschaftliche Ungleichheit, weil die Vertreter einer bestimmten Version des marktwirtschaftlichen Kapitalismus immer mehr den impliziten Vertrag aus dem Blick verlieren, den die meisten westlichen Länder als Reaktion auf den Zweiten Weltkrieg mit ihren Bevölkerungen geschlossen haben. Dieser Vertrag beinhaltete das Versprechen, dass die Regierungen grundlegende Leistungen und Sicherheit zur Verfügung stellen als Gegenleistung dafür, dass die Bürger auf politischen Extremismus verzichten. Kommunismus und Faschismus waren Ausgeburten von Gesellschaften mit einer massiv ungleichen Verteilung von Wohlstand und Chancen, und die Nachkriegsarchitekten der europäischen Einigung und der sozialen Sicherungsnetze wussten, dass die Verminderung von Ungleichheit die entscheidende Vorbedingung für sozialen Frieden war. Wenn die Staaten ihren Teil dieses Handels nicht mehr erbringen, laden sie die Bürger ein, auch ihren Teil zu kündigen, und dann wird keine Minderheit (und vielleicht keine Demokratie) mehr sicher sein. Deshalb ist die Art der politischen Rhetorik, die Menschen in »Leistungsträger« und »Leistungsempfänger« spaltet und oft impliziert, letztere Gruppe bestehe überwiegend aus Immigranten, ein höchst gefährlicher und ignoranter Rückfall in eine zerstörerische Ära.

Drittens hat sich noch etwas anderes in den letzten sechzig Jahren verändert, das Anlass zur Sorge geben kann. Ironischerweise ist das nichts anderes als die Existenz eines jüdischen Staats. Heute droht die Feindseligkeit gegen die Existenz und die Politik des Staates Israel in manchen Kreisen in Feindseligkeit gegen die Juden generell und eine Wiederbelebung bösartiger Stereotype umzuschlagen. In Europa (und in geringerem Ausmaß auch in den Vereinigten Staaten) gibt es ein Potenzial für wachsenden Antisemitismus, die Versuchung, die Juden wieder einmal als fremdartige Menschen darzustellen, die andere Ziele und Prioritäten verfolgen als die nichtjüdischen Bürger, weil eine Kluft zwischen europäischen und israelischen Interessen und Empfindlichkeiten besteht.

Für Nichtjuden in Europa hat nicht das Überleben eines jüdischen Staates die höchste Priorität im Nahen Osten; höchste Priorität haben politische Ruhe, Zugang zu Öl und eine ausreichende wirtschaftliche Entwicklung der Region, sodass die stark wachsende, überwiegend junge Bevölkerung nicht die schrumpfende, alternde Bevölkerung Europas überschwemmt. Nichtjüdischen Europäern wäre es am liebsten, wenn das Problem, wer welche Teile des Gebiets bekommt, das einmal Palästina war, einfach verschwinden würde, weil das Problem nicht nur eine Kriegsgefahr vor ihrer Haustür bedeutet, sondern auch Militanz und Unruhe unter den Millionen muslimischen Immigranten schürt, die sich bereits in Europa befinden. Gleichzeitig denken viele amerikanische und europäische Juden aus emotionalen und praktischen Gründen, auch aus der Erinnerung an den Holocaust und der Überzeugung heraus, dass Israel im Fall neuer Ausbrüche von Antisemitismus eine letzte potenzielle Zuflucht sein könnte, dass sie sich derartige Gleichgültigkeit nicht leisten können.

In diesen unterschiedlichen Interessen liegt eine Gefahr, dass Demagogen den Juden vorwerfen könnten, ihre Loyalität sei gespalten und sie würden den Staat, dem sie angehören, in Konflikte hineinziehen, bei denen für sie mehr auf dem Spiel stehe als für den jeweiligen Staat. Sollte zum Beispiel eine Situation ähnlich der in den 1930er Jahren eintreten, werden Antisemiten sich zu Wort melden, und die inklusiven, liberalen Werte werden auf eine harte Probe gestellt. Mit anderen Worten: Die Existenz eines jüdischen Staates, insbesondere eines solchen, in dem die isoliertesten Gruppen der Bevölkerung eine immer wichtigere Rolle spielen, birgt für Juden andernorts gleichzeitig Vorteile und Gefahren. 2003 löste Tony Judt, ein renommierter Historiker jüdischer Abstammung, eine brisante Debatte aus, als er in der *New York Review of Books* implizit die Frage stellte »Ist Israel gut für die Juden?« und sie mehr oder weniger mit Nein beantwortete.[49] Peter Beinart, Autor von *Die amerikanischen Juden und Israel. Was falsch läuft* und selbst orthodoxer Jude, hat sich mittlerweile Judts Standpunkt zu eigen gemacht und den Blick auf die Kluft zwischen vielen israelischen Verhaltensweisen und den liberalen Werten, die Juden anderswo schützen, gelenkt. Er drängt die Juden, den Konsequenzen ins Auge zu sehen, die sich daraus ergeben, einmal aus Prinzip, dann auch aus Vorsicht.

Kurzum, die Situation heute unterscheidet sich in hoffnungsvoller und in besorgniserregender Weise von der, die den Holocaust hervorbrachte. Welche Implikationen hat das Gelernte dann also heute für all jene von uns, die das Glück haben, in relativ freien Gesellschaften zu leben? Ich denke, der Holocaust enthält zwei wichtige Lektionen für Minderheiten in den Vereinigten Staaten im Allgemeinen und für Juden im Besonderen.

Lektion eins: Seid wachsam, aber seid nicht furchtsam. Ein gewisses Maß an Antisemitismus ist für die absehbare Zukunft unausrottbar; der Antisemitismus hat eine zu lange Geschichte und ist zu sehr die Kehrseite von Andersartigkeit und normalen gesellschaftlichen Reibungen, als dass er verschwinden dürfte. Aber er ist nicht immer gefährlich; er machte Hitler möglich, aber nicht seinen Erfolg. Eine Ironie der Geschichte des Antisemitismus ist, dass diese Ideologie, die Juden als Parasiten darstellte, selbst von jeher parasitär ist. Um Erfolg zu haben, braucht sie einen Wirt, den sie ausbeuten kann – ein verbreitetes Gefühl von Krise und Zurücksetzung, das angeblich gewaltsame Gegenwehr rechtfertigt. Das ist die wesentliche Vorbedingung für die Dämonisierung der Juden, und eine solche generalisierte Krise brachte Hitler an die Macht.

Wir können festhalten, dass die Rezession nach dem Platzen der Immobilienblase 2007 Amerika schwer in Mitleidenschaft gezogen hat und sich trotzdem nicht das ganze Land auf die Suche nach einem Sündenbock machte, aus mehreren Gründen: Erstens haben wir das Beispiel des Holocaust, das als Warnung dient, was passiert, wenn eine derartige Dämonisierung triumphiert. Wenn das Studium des Holocaust einen prophylaktischen Wert hat, dann besteht er wahrscheinlich darin, dass es Impulse dämpft, Juden zu attackieren, indem es die Zahl der Anti-Antisemiten vergrößert. Zweitens könnte es sein, dass mehr Bildung und differenziertere Vorstellungen von kausalen Zusammenhängen mehr Menschen gegen simplifizierende Schuldzuweisungen gefeit haben. Ich hoffe, dass es so ist. Drittens profitieren wir von der Freiheit der Medien, Stereotype zu entlarven, aber mit der Fragmentierung der Nachrichtenquellen und Marktsegmente in immer stärker abgeschottete Lager könnte dieser Schutz womöglich schwinden. Viertens und vor allem ist die Vielfalt unserer amerikanischen Kultur eine Form des Schutzes vor Dämonisierung. Wir haben keinen vorherrschenden Glauben und keine dominierende ethnische Gruppe mehr – in gewisser Weise gehört jeder von uns einer Minderheit an. In der Folge verhalten sich viele oder vielleicht sogar die meisten von uns wie die Gruppen während des Holocaust, deren eigener Minderheitenstatus sie dazu brachte, mit den Juden mitzufühlen.

Denken wir daran, was im Hinblick auf Juden in den letzten Jahren in den Vereinigten Staaten *nicht* passiert ist. Im Zentrum der drei spektakulärsten Korruptionsfälle in jüngster Zeit standen drei Juden, Andrew Fastow im Enron-Skandal, Jack Abramoff im Skandal um die Bestechung von Kongressabgeordneten und Bernard Madoff, der das größte Schneeballsystem aller Zeiten betrieben hatte. Überdies waren die meisten Chefs der großen Banken und Aktienhandelsfirmen, die rücksichtslos Derivate und hypothekenbesicherte Wertpapiere verkauften und damit die jüngste Rezession auslösten, Juden. Doch abgesehen von einigen neonazistischen Websites war niemand so dumm, den Satz zu formulieren, diese Menschen seien typisch für die amerikanischen Juden, und keine politische Bewegung ist aufgetaucht, die sich auf die Fahnen geschrieben hat, die Wall Street zu reformieren, indem man sie und das ganze Land von den Juden »säubert«. Die Strousberg- und die Panama-Affäre des späten 19. Jahrhunderts haben wir weit hinter uns gelassen.

Manche Kommentatoren haben darauf hingewiesen, dass einige prominente Befürworter des unnötigen und enorm kostspieligen Irakkriegs Juden waren wie Paul Wolfowitz, Scooter Libby und der ehemalige Senator Joseph Lieberman. Ihre Rolle gab Anlass zu leisen Andeutungen, sie seien durch den Wunsch motiviert, Israel zu schützen, und zu Debatten hinter vorgehaltener Hand über die Frage, welchen Einfluss proisraelische Lobbygruppen wie AIPAC (American Israel Public Affairs Committee) in den Vereinigten Staaten angeblich bei der Unterdrückung von Diskussionen über die israelische Politik in den besetzten Gebieten haben. Aber keines dieser Themen ist virulent geworden oder hat gar zu Gewalt geführt. Wichtiger noch: Es ist keine politische Bewegung entstanden, die das Verhalten einer Person als Ausdruck gruppenspezifischer und nicht individueller Überzeugungen und Irrtümer dargestellt hat.

Und dann ist da noch die Situation der amerikanischen Minderheit, die sich in gewisser Weise am ehesten mit den Juden in Deutschland vor 1933 vergleichen lässt: der homosexuellen Menschen. Auch sie lehnen bestimmte fundamentale Überzeugungen ab – in ihrem Fall betreffen sie Geschlechterrollen; auch sie sind zahlenmäßig eine so kleine Gruppe, dass sie leicht anzugreifen wären; auch sie wurden als degeneriert und verdorben gebrandmarkt – bestimmte Passagen der Bibel werden immer wieder zitiert, um homosexuelle Menschen zu stigmatisieren, genau wie das Johannesevangelium und die Osterliturgie herangezogen wurden, um Juden an den Pranger zu stellen. Auch die homosexuellen Menschen werden verspottet, weil sie angeblich zugleich unter sich bleiben und sich mit der Gesellschaft vermischen wollen, und vor allem werden Schwule wie die Juden oft als gefährlich hingestellt – man bringt sie mit der Belästigung von Kindern und mit Aids in Verbindung, so wie die Juden einst mit Ritualmorden und der Pest. Sie werden als Menschen verunglimpft, die so unrein sind, dass sie mit ihrem Wunsch zu heiraten die Ehe pervertieren und beschmutzen. Doch das »schimärische« Bild homosexueller Menschen hat sich in den Vereinigten Staaten nicht durchgesetzt, und der Widerstand gegen die angebliche »homosexuelle Agenda« scheint selbst seine primäre Funktion einzubüßen, die religiöse Rechte zu mobilisieren, nachdem der »gottlose Kommunismus« als Feind nicht mehr zur Verfügung steht. Die Ablehnung der Homoehe und die heuchlerische, gefühllose Politik des amerikanischen Militärs, Menschen zur Verleugnung ihrer Homosexualität zu zwingen, gehören der Vergangenheit an.

Trotzdem dürfen wir nicht erwarten, dass der Fanatismus verschwindet, als hätte es ihn nie gegeben. Denken wir nur daran, wie sich in den letzten Jahren in Amerika Ressentiments gegen Immigranten entwickelt haben. Vieles ist ein Echo der Rhetorik der nativistischen Know-Nothing Party aus dem 19. Jahrhundert, nur dass heute nicht Iren, Italiener und Juden angegriffen werden, sondern Latinos, Muslime und Farbige. Es wird dauern, diese hässlichen Wiederholungen amerikanischer Fremdenfeindlichkeit zu überwinden, aber es wird geschehen, und zwar auf die gleiche Weise wie immer in der Vergangenheit: durch die schiere Macht der Zahlen. Die erste Lektion aus der Beschäftigung mit dem Holocaust für alle Minderheitengruppen in Amerika lautet darum: »Seid wachsam, aber seid nicht furchtsam.« Die allgemeine Entwicklung in Amerika geht in Richtung Pluralismus, Freiheit und Jeffersons Recht auf »das Streben nach Glück« für jeden Mann und jede Frau auf seine oder ihre Weise. Wir alle tragen die Verantwortung, dafür zu sorgen, dass diese Entwicklung sich fortsetzt; ihr Gegenteil wären Unterdrückung, Stillstand und die Homogenität, die der Nationalsozialismus pries.

Lektion zwei aus dem Holocaust für Minderheitengruppen in Amerika im Allgemeinen und Juden im Besonderen: Seid unabhängig, aber isoliert euch nicht. Das bedeutet, mit zwei heute sehr gefährlichen und sehr verbreiteten Wörtern vorsichtig umzugehen: Erinnerung und Identität. Wir neigen dazu, sie mit Ausrufen wie »nie wieder« und »niemals vergessen« und Beteuerungen unseres Erbes und unserer Loyalitäten zu glorifizieren, kaum dass sie ausgesprochen worden sind. Beides hat dunkle Seiten.

Es mag seltsam, geradezu ketzerisch klingen, wenn ausgerechnet ein Historiker dies schreibt, aber in jeder Kultur wie in jedem individuellen Leben gibt es so etwas wie zu viel Erinnerung. Die Erinnerung kann das Lernen, die Veränderung und das Vertrauen blockieren. Dauernd zurückzuschauen kann scheinbar endlose Bitterkeit und Fatalismus rechtfertigen. Wie Susan Sontag geschrieben hat: »Frieden schließen heißt vergessen.«[50] Die Annahme, dass die Zukunft nichts besser machen, sondern so sein wird wie die Vergangenheit, dass die Menschen, die mich früher gehasst haben, mich immer hassen werden, wirkt oft wie eine sich selbst erfüllende Prophezeiung. George Mitchell, der Architekt des Karfreitagsabkommens, das Nordirland den Frieden brachte, schreibt in seinen Memoiren, am Tag vor der Unterzeichnung des Abkommens hätten 83 Prozent der Menschen in Nordirland eine Lösung ihres Bürgerkriegs für unmöglich gehalten.[51] Unter manchen Umständen ist es eine der wertvollsten Fähigkeiten im Leben, sich im Denken von den Fesseln der Vergangenheit zu befreien, wie Mitchell es tat. Natürlich ist es nicht immer so, aber manchmal, und das Studium der Geschichte verfolgt unter anderem das Ziel, ein Gefühl dafür zu vermitteln, wann es angebracht ist und wann nicht.

In jeder Kultur und in jedem individuellen Leben gibt es auch so etwas wie zu viel Stolz auf das, was die eigenen Leute waren oder gerade sind, statt stolz auf das zu sein, was sie zusammen mit anderen erreichen können. Die Geschichte des Holocaust spricht dafür, dass es für Minderheiten riskant ist, sich zu sehr auf andere zu verlassen, weil die anderen im Allgemeinen durch ihr Eigeninteresse geleitet werden. Aber sich von den anderen abzuschotten birgt auch Gefahren, die vielleicht genauso groß sind. Gruppen wie Individuen können ihren Weg nicht alleine gehen, sie brauchen Freunde.

Von diesen beiden Lektionen mit besonderer Bedeutung für Minderheitengruppen abgesehen, glaube ich, dass das Studium des Holocaust drei große Implikationen für alle Staatsbürger hat, ob sie Minderheiten angehören oder nicht. Erstens wirft der Holocaust ein Schlaglicht darauf, wie wichtig es ist, situationsbezogene Ursachen zu vermeiden. Der Firnis der Zivilisation ist dünn, die Herrschaft des Gesetzes ist zerbrechlich, und die Vorbedingung für beides ist wirtschaftliche und politische Ruhe. Das bedeutet, dass Politik wichtig ist, und keiner von uns kann es sich erlauben, an verantwortlicher Politik nicht mitzuwirken. Der Nationalsozialismus ging aus dem deutschen Rassismus hervor, aber diese Ideologie wäre nie zur deutschen Politik geworden, wenn es nicht eine wirtschaftliche, nationale und ideologische Krise gegeben hätte, die Demagogie und Verantwortungslosigkeit förderte. In einer anständigen Gesellschaft muss jeder und jede in erster Linie bemüht sein, nicht zu einer solchen Krise und zu solchen Antworten beizutragen. Zur Erinnerung: Mehr Deutsche wurden Antisemiten, weil sie Nationalsozialisten wurden, als umgekehrt. Einige wurden vor 1933 Nationalsozialisten wegen des Chaos und der Ausweglosigkeit in ihrem Land, und noch mehr schlossen sich später den Nationalsozialisten an, weil sie scheinbar erfolgreich Macht ausübten.

Für mich ist es eine der großen Ungerechtigkeiten der Nürnberger Prozesse, dass Franz von Papen freigesprochen wurde, der Mann, der mehr zu Hitlers Ernennung zum deutschen Reichskanzler beigetragen hat als jeder andere, mit der Begründung, er habe kein Kriegsverbrechen begangen. Das stimmt zwar, aber er hat alle Kriegsverbrechen möglich gemacht. Das Gericht befand, politisch falsch zu urteilen sei keine kriminelle Handlung, und diesen Punkt gestehe ich zu. Aber die Historiker klagen völlig zu Recht von Papen an, sein Name wird für immer mit Schande bedeckt sein. Etwas Ähnliches gilt auch für die Finanziers und Bankiers, deren Skrupellosigkeit den Börsenkrach von 1929 herbeiführte und den Zusammenbruch der deutschen Banken 1931. Wie von Papen sind sie eine beständige Mahnung, dass es unsere erste Bürgerpflicht ist, egal, welcher Gesellschaftsschicht wir angehören, keinen Schaden anzurichten. Das heißt nicht, dass wir passiv sein sollten. *Warum?* hat gezeigt, wie viel Schaden Nichtstun verursachen kann. Es ist ein Plädoyer für ein Handeln auf der Grundlage von Ernsthaftigkeit, Vorsicht, Zurückhaltung und Selbstlosigkeit. Das waren nicht die hervorstechendsten Eigenschaften von Franz von Papen und ebenso wenig der deutschen Finanzjongleure der 1920er Jahre oder im Übrigen auch der amerikanischen im ersten Jahrzehnt unseres Jahrhunderts.

Zweitens illustriert der Holocaust, wie grundlegend wichtig und wie schwierig zugleich individueller Mut und Fantasie sind. Diese furchtbare Geschichte zeigt, dass es unerlässlich ist, sich dem Schubladendenken und der Verbreitung von Verschwörungstheorien zu widersetzen und vor Diffamierungen Augen und Ohren nicht zu verschließen. Wenn es um die grundlegenden Menschenrechte geht, können keine Unterschiede zwischen Bürgern gemacht werden, kann es keine Haarspalterei geben, wem sie zustehen und wem nicht. Tatsächlich sind solche Rechte gerade für die Menschen gemacht, die wir nicht mögen oder die wir fürchten, weil das die Menschen sind, die sie brauchen. Aber diese schreckliche Geschichte zeigt auch, dass es mit Kosten verbunden sein kann, das Richtige zu tun, und dass die Kosten dadurch noch um ein Vielfaches steigen, dass die meisten Menschen sich weigern, sie auf sich zu nehmen. Tapferkeit ist deshalb nicht genug – auch Scharfsinn, Gewieftheit, ein scharfes Urteilsvermögen, Beharrlichkeit und kreative Antworten auf die Frage, wie man dem Bösen die Stirn bieten kann, sind unerlässlich. Widerstand ist nie leicht und selten bequem, und Mitgefühl muss geübt werden, damit es da ist, wenn es darauf ankommt. Sich dieser Herausforderung zu stellen beginnt damit, dass man sich nicht einschüchtern lässt, und dann gilt es, Chancen zu erkennen. Wie der Philosoph Philip Hallie festgestellt hat, der vor mehreren Jahrzehnten ein eindrucksvolles Buch über die Bewohner des Dorfs Le Chambon-sur-Lignon schrieb, glaubte ihr wichtigster Anführer, Pastor André Trocmé, »daß sich, wenn man sich nur erst einmal fest entschlossen hatte, dem Übel Widerstand zu leisten, auch überall gangbare Wege für diesen Widerstand auftun würden. Seine Phantasie erweckte auch die der anderen.«[52]

Drittens beweist der Holocaust, wie wichtig es ist, zwischen Mitteln und Zielen zu unterscheiden. Antinomismus – die Vorstellung, dass moralische Einschränkungen für uns nicht gelten, weil unsere Ziele vermeintlich so besonders edel oder zwingend sind – ist der fatale Köder, den die Nationalsozialisten auslegten, und die verhängnisvolle Rationalisierung, die sie verwendeten. Diese Vorstellung ist immer noch weit verbreitet und wird immer von Angst gespeist. In Zeiten einer extremen Krise, das zeigt die Geschichte des Holocaust, können die höchsten moralischen Verpflichtungen eines Menschen – gegenüber seiner Familie, seinem Glauben, seiner Gemeinschaft, seinem Land, gegenüber einer Organisation, einer Partei oder einem Prinzip – so gedreht und gewendet und zutiefst korrumpiert werden, als wären es Gründe, großen Schaden zuzufügen. Franz Neumann, ein Pionier der Erforschung des Nationalsozialismus, hat betont, wie geschickt diese Ideologie darin war, »jede Perfidie mit dem Heiligenschein des Idealismus zu umgeben«.[53] Die schrecklichen Ereignisse des Holocaust sollten uns daran erinnern, dass Forderungen nach Selbstverteidigung und Vergeltung zu den Idealen gehören, die sich am leichtesten korrumpieren lassen. William Pitt, der britische Premierminister Mitte des 18. Jahrhunderts, warnte: »Die Notwendigkeit ist die Ausrede für jede Verletzung der menschlichen Freiheit. Sie ist das Argument der Tyrannen und der Glaube der Sklaven.« Die Politik von Separation und Alarmismus, von Einschüchterung und Wut – die Politik, die sagt, dass verzweifelte Zeiten tödliche Gewalt zur Selbstverteidigung erlauben – verdient immer Kritik und Widerstand, weil genau diese Politik aus dem Ruder zu laufen droht.

Der Holocaust war nicht mysteriös und unergründlich, er war das Werk von Menschen, die menschliche Schwächen und Motive ausnutzten: verletzten Stolz, Angst, Selbstgerechtigkeit, Vorurteile und Ehrgeiz, um nur die offensichtlichsten zu nennen. Sobald die Verfolgung jedoch Fahrt aufgenommen hatte, war sie ohne den Tod von Millionen Menschen, die Ausgabe gewaltiger Geldsummen und die weitgehende Zerstörung des europäischen Kontinents nicht mehr aufzuhalten. Darum bestätigt vielleicht kein Ereignis der Geschichte besser die überaus schwierige Warnung des Sprichworts, das die Essenz formuliert, die die Leser dieses Buches hoffentlich mitnehmen werden: *Wehret den Anfängen!*

Das Sprichwort kommt mir jedes Mal in den Sinn, wenn ich bei öffentlichen Veranstaltungen gefragt werde, wann und wie meiner Meinung nach der Holocaust hätte verhindert oder aufgehalten werden können. Als Antwort auf solche Fragen nenne ich präzise Zeit und Ort: vom 1. bis 5. April 1933 in Berlin. Der 1. April ist bekannt als der Tag, an dem die Nationalsozialisten zum Boykott jüdischer

Geschäfte in Deutschland aufriefen. Aber an dem Tag passierte noch etwas anderes: Ein Trupp SS-Männer besetzte das Büro des Reichsverbandes der Deutschen Industrie. Dessen Präsident Gustav Krupp von Bohlen und Halbach leitete außerdem ein Rüstungs- und Stahlunternehmen. Die Schläger verkündeten, dass sie so lange bleiben und die Arbeit des Reichsverbandes blockieren würden, bis er alle seine Angestellten entlassen hätte, die Juden waren oder anderen politischen Parteien als der nationalsozialistischen angehörten. Krupp, ein sehr mächtiger und prominenter Mann, versuchte, Hitler dazu zu bringen, dass er seine Bluthunde zurückpfiff, aber Hitler lehnte einfach ab und erklärte, er könne den Eifer von Menschen nicht bremsen, die bei seinem Aufstieg zur Macht mit ihm durch dick und dünn gegangen seien. Krupp gab nach, entließ am 5. April alle, die den Nationalsozialisten nicht genehm waren, und brach auf diese Weise seine Verträge mit ihnen.

Ein Präsidiumsmitglied des Reichsverbands, Georg Müller-Oerlinghausen, verfasste acht Tage später ein prophetisches Protestschreiben an Krupp: Seine Handlungsweise laufe darauf hinaus, vor Einschüchterung zu kapitulieren, und beraube den Verband jeder Grundlage, sich künftig Forderungen der Nationalsozialisten zu widersetzen. Wenn die deutschen Industriellen nicht für die vertraglichen Rechte ihrer Beschäftigten einträten, wer würde sich dann für sie einsetzen und auf welcher Grundlage?[54] Er hatte recht; je mächtiger die Nationalsozialisten wurden, desto deutlicher zeigte es sich.

Darum: Wehret den Anfängen.

# Danksagung

Natürlich verdankt ein Buch, das über dreißig Jahre hinweg Gestalt angenommen hat, sehr vielen Menschen sehr viel, zu vielen Menschen, um sie alle namentlich zu nennen. Ich habe das Privileg, in einem überaus anregenden Umfeld arbeiten zu dürfen mit lauter unermüdlichen, intelligenten Forschern, von denen ich jeden Tag etwas Neues lernen konnte. Deshalb danke ich allen Wissenschaftlern, auf deren Veröffentlichungen ich mich in meinem Buch explizit und implizit stütze. Ich danke auch den vielen tausend Studenten an der Northwestern University, die zwischen 1987 und 2015 den Kurs »History 349« besucht haben. Ihre Neugier und ihr Lerneifer haben mich jedes Jahr aufs Neue motiviert, meine Darstellung der Fakten und meine Schlussfolgerungen daraus noch klarer und stringenter zu präsentieren. Viele Kollegen und graduierte Studenten haben beim Workshop der geschichtswissenschaftlichen Fakultät in Evanston im Mai 2015 wichtige Erkenntnisse zu Kapitel 3 beigesteuert. Ich danke ganz besonders Professor Amy Stanley für die Anregung, ein kleineres und ein größeres Problem noch einmal zu durchdenken, und Professor Robert Lerner für den Hinweis auf eine wichtige Lücke.

Mein Dank geht auch an die Teilnehmer des Silberman Seminar am United States Holocaust Memorial Museum im Juni 2015. Sie hörten diese Kapitel als Vorträge und gaben mir wertvolle Rückmeldungen. Mehrere großzügige Kollegen und Freunde haben das Manuskript gelesen und durch zahlreiche Vorschläge verbessert: Christopher Browning, Benjamin Frommer, Richard Levy, Wendy Lower, Thomas Lys und Michael Marrus. Die Jewish Foundation for the Righteous und Oxford University Press erlaubten freundlicherweise, mehrere Passagen nachzudrucken, die ich als Einführungen zu den einzelnen Kapiteln von *How Was It Possible? A Holocaust Reader* (2015) und zu Kapitel 35 von *The Oxford Handbook of Holocaust Studies* (2010) geschrieben hatte. Mein Agent Peter Bernstein und mein Lektor John Glusman erkannten in dem Manuskript genau die Stärken, die ich hatte hineinlegen wollen, und das half mir, über die Ziellinie zu kommen. Alle Genannten verdienen und besitzen meine Dankbarkeit, aber für sämtliche Fehler und Unzulänglichkeiten bin ich allein verantwortlich.

Ein besonderer Dank geht noch an Volt und die Hunde: Sie ließen mich die Schrecken vergessen, mit denen ich mich beschäftigte, und brachten Freude in jeden Tag.

# Abbildungen

# Anmerkungen

## Warum noch ein Buch über den Holocaust?

1 Judt, *Geschichte Europas*, S. 965.

## Ziele: Warum die Juden?

1 Er drückte es eleganter aus mit der Formulierung, »dass der Antisemitismus ein ganzes Bündel von Verhaltensweisen mit einem einzigen Namen war«. Gay, *Freud*, S. 34.
2 Motadel, *Islam*, S. 56–60.
3 Langmuir, *Definition of Antisemitism*, S. 306, 328–352.
4 Lindemann und Levy (Hg.), *Antisemitism*, S. 38ff.; Tacitus, *Historien*, Buch V, 5, S. 517.
5 Hand und Katz (Hg.), *Post-Holocaust France*, S. 177–184.
6 Lindemann und Levy (Hg.), *Antisemitism*, S. 64f.; Bauer, *History*, S. 9.
7 Lindemann und Levy (Hg.), *Antisemitism*, S. 68ff., 74.
8 Nirenberg, *Anti-Judaismus*, S. 260, 268, 272.
9 Lindemann, *Esau's Tears*, S. xiv.

10 Stern, *Kulturpessimismus*, S. 176.

11 Weitz, *Century*, S. 33ff.; Arvidsson, *Aryan Idols*, S. 26–30.

12 Burleigh und Wippermann, *Racial State*, S. 29, 32.

13 Beller, *Antisemitism*, S. 33f.; Meyer (Hg.), *German-Jewish History*, Bd. 2, S. 16f.

14 Hochstadt (Hg.), *Sources*, S. 24.

15 Mitchell, *Statistics*, S. 3–15.

16 Slezkine, *Das jüdische Jahrhundert*, S. 67–70; Pulzer, *Entstehung*, S. 78; Hamann, *Hitlers Wien*, S. 469ff.; Elon, *Zu einer anderen Zeit*, S. 255.

17 Elon, *Zu einer anderen Zeit*, S. 269.

18 Lindemann, *The Jew Accused*, passim.

19 Ebenda, S. 60.

20 Ebenda, S. 126.

## Angreifer: Warum die Deutschen?

1 Herder, *Ideen zur Philosophie*, Bd. 1, S. 331, Bd. 2, S. 232; ders., *Auch eine Philosophie*, S. 40; Burleigh und Wippermann, *Racial State*, S. 25; Smith (Hg.), *Handbook*, S. 242f.; Arvidsson, *Aryan Idols*, S. 26, 29, 74f.

2 Fichte, *Werke 1791–1974*, S. 292; Katz, *Vorurteil*, S. 61ff.; Smith (Hg.), *Handbook*, S. 245f.

3 Smith (Hg.), *Handbook*, S. 263.

4 Katz, *Darker Side*, S. 33–46.

5 Hoffmann u.a. (Hg.), *Exclusionary Violence*, S. 23–42.

6 Aly, *Warum die Deutschen?*, S. 84.

7 Katz, *Vorurteil*, S. 259.

8 Ebenda, S. 261.

9 Ebenda, S. 264.

10 Treitschke, »Unsere Aussichten«, S. 575.

11 Levy (Hg.), *Antisemitism*, Bd. 1, S. 21.

12 Pulzer, *Entstehung*, S. 137.

13 Ritter (Hg.), *Wahlgeschichtliches Arbeitsbuch*, S. 39.

14 Pulzer, *Entstehung*, S. 218f.; Lindemann und Levy (Hg.), *Antisemitism*, S. 130.

15 Levy, *Downfall*, S. 58.

16 Ritter (Hg.), *Wahlgeschichtliches Arbeitsbuch*, S. 40f., 146.

17 Zimmermann, *Wilhelm Marr*, S. 103.

18 Ritter (Hg.), *Wahlgeschichtliches Arbeitsbuch*, S. 133ff. (Preußen), 164ff. (Sachsen).

19 Lindemann, *Esau's Tears*, S. 149.

20 Richarz (Hg.), *Jüdisches Leben*, Bd. 2, S. 12–23.

21 Ebenda, S. 23–34.

22 Ebenda, S. 18f.

23 Elon, *Zu einer anderen Zeit*, S. 252.

24 Vital, *A People Apart*, S. 135.

25 Richarz (Hg.), *Jüdisches Leben*, Bd. 2, S. 32.

26 Volkov, *Germans*, S. 115.

27 Vgl. Smith, *Geschichte*.

28 Elon, *Zu einer anderen Zeit*, S. 260f.

29 Ebenda, S. 286; Levy, *Downfall*, S. 250.

30 Gay, *Freud*, S. 36.

31 Levy (Hg.), *Antisemitism*, Bd. 1, S. 371f.; Pulzer, *German State*, S. 205f.; Elon, *Zu einer anderen Zeit*, S. 326–329; Rosenthal, »*Ehre*«, passim.

32 Hitler, *Mein Kampf*, Bd. 2, S. 344 (Kritische Edition S. 1719).

33 Tooze, *Sintflut*, S. 172f.; Liulevicius, *Kriegsland*, S. 246f.

34 Falter u. a. (Hg.), *Wahlen*, S. 44.

35 Siehe Walter, *Kriminalität*, und Hecht, *Juden*.

36 Segel, *A Lie*, S. 65–69; Bronner, *Gerücht*, S. 81–91.

37 Hitler, *Mein Kampf*, Bd. 1, S. 325 (Kritische Edition S. 799).

38 Tooze, *Sintflut*, S. 459, 554f.; Balderston, *Economics*, S. 20f.

39 Hoffmann u. a. (Hg.), *Exclusionary Violence*, S. 123–140.

40 Einer von Hitlers ideologischen Vorläufern in Wien, Jörg Lanz von Liebenfels, prägte den Begriff als Titel eines 1904 veröffentlichten Buchs.

41 Konrad Heiden, zitiert bei Rees, *Hitler's Charisma*, S. 28.

42 Aly, *Warum die Deutschen?*, S. 21.

43 Hamann, *Hitlers Wien*, S. 302.

44 Arendt, *Eichmann*, S. 57; vgl. auch Stangneth, *Eichmann*, S. 264f., 283ff.

45 Rauschning, *Gespräche mit Hitler*, S. 210.

46 Vgl. http://www.dfg-vk-darmstadt.de/Lexikon_Auflage_2/NSDAP_25_Punkte_Programm.pdf.

47 Adam, *Judenpolitik*, S. 26–31.

48 Fest, *Hitler*, S. 303; Kershaw, *Hitler*, Bd. 2, S. 627.

49 Allen, *Machtergreifung*, S. 143; Wistrich, *Hitler*, S. 70f.

50 Fest, *Gesicht*, S. 398.

51 Zu Hirschfeld siehe Beachy, *Das andere Berlin*, S. 141–189; zu Fromm siehe Aly und Sontheimer, *Fromms*.

52 Balderston, *Economics*, S. 79; Overy, *Recovery*, S. 20, und James, *Deutschland*, S. 341.

53 Bracher, *Deutsche Diktatur*, S. 159, 162, 165ff.

54 In der deutschen Ausgabe ist es der fiktive Ort »Thalburg« (A.d.Ü.).

55 Allen, *Machtergreifung*, S. 88f., 128, 143.

56 Noakes und Pridham (Hg.), *Nazism*, Bd. 1, S. 84.

57 Mühlberger, *Social Bases*, S. 71–80.

58 Stibbe, *Women*, S. 17.

59 *Simplicissimus*, Jg. 37 (1932/33), H. 41 vom 8. Januar 1933. Online verfügbar unter: http://www.simplicissimus.info/index.php?id–5.

60 Allen, *Machtergreifung*, S. 84.

# Eskalation: Warum Mord?

1 Barkai, *Boykott*, Kapitel 2.

2 Kaplan, *Mut*, S. 14

3 Barkai, *Boykott*, S. 119ff., und Bajohr, »*Arisierung*«, S. 143f.

4 Tooze, *Ökonomie*, S. 264.

5 Jacobsen und Jochmann (Hg.), *Ausgewählte Dokumente*, Hoßbach-Niederschrift, ohne Paginierung.

6 Ebenda.

7 Cesarani, »*Endlösung*«, S. 216f.

8 Siehe Steinweis, *Kristallnacht*, und zum Hintergrund Wildt, *Volksgemeinschaft*, Kapitel 5–7.

9 Wünschmann, *Before Auschwitz*, S. 197, 204.

10 Feldman, *Allianz*, S. 254, 260f.

11 Hayes (Hg.), *How was it possible?*, S. 172f.

12 Adam, *Judenpolitik*, S. 235.

13 Breitman und Lichtman, *FDR*, S. 120.

14 Browning, *Entfesselung*, S. 137; Gerwarth, *Reinhard Heydrich*, S. 223ff.; Cesarani, »*Endlösung*«, S. 373f.

15 Breitman, »*Architekt*«, S. 158.

16 Roseman, *Wannsee-Konferenz*, S. 56.

17 Burds, *Holocaust*, S. 20f.

18 http://www.ns-archiv.de/krieg/untermenschen/reichenau-befehl.php#anweisung sowie Megargee, *Annihilation*, S. 125.

19 Browning, *Entfesselung*, S. 481–499.

20 Hayes (Hg.), *How was ist possible?*, S. 111–117.

21 Berenbaum und Peck (Hg.), *Holocaust*, S. 198f.

22 Hayes, *Degussa*, S. 58.

23 Hill (Hg.), *Weizsäcker-Papiere*, Bd. 2, S. 70f.

24 Hayes, *Degussa*, S. 46.

25 Ebenda, S. 5.

26 Haffner, *Geschichte*, S. 149.

27 Ebenda, S. 285.

28 Zitiert bei Bracher, *Deutsche Diktatur*, S. 293; Noakes und Pridham (Hg.), *Nazism*, Bd. 2, S. 252.

29 Fulbrook, *Dissonant Lives*, S. 103–113.

30 Kershaw, *Hitler*, Bd. 1, S. 665.

31 Fulbrook, *Dissonant Lives*, S. 136–139.

32 Hayes, *Degussa*, S. 107ff., 111–117, Zitat S. 109.

33 Bankier, *Öffentliche Meinung*, S. 97f.

34 Kulka und Jäckel (Hg.), *Juden*, S. 161.

35 Stephenson, *Home Front*, S. 139f.

36 Schrafstetter und Steinweis (Hg.), *Germans*, S. 9, 60, 67f.

37 Kulka und Jäckel (Hg.), *Juden*, S. 450.

38 Ebenda, S. 456–460.

39 Browning, *Entfesselung*, S. 558.

40 Ebenda; Stargardt, *Der deutsche Krieg*, S. 294f.; Bajohr und Pohl, *Holocaust*, S. 56.

41 Moorhouse, *Berlin*, S. 168, 171.

42 Büttner, *Not*, S. 11–71; Tent, *Im Schatten*, S. 25–47; Meyer, *Balancing Act*, S. 346, und Gruner, *Widerstand*, S. 178–189.

43 Bauer, *My Brother's Keeper*, S. 128f.; Barkai, *Boykott*, S. 61–64, 111–115; ders., »German Interests«, S. 245, 251, 261–266; Yisraeli, »Third Reich«, S. 139, 141f., 147.

44 Barkai, *Boykott*, S. 66, 161f.; Kaplan, *Mut*, S. 96–111; Richarz (Hg.), *Jüdisches Leben*, Bd. 3, S. 49, 51f.; Wasserstein, *On the Eve*, S. 417.

45 Bauer, *My Brother's Keeper*, S. 105–137, 257f.; Barkai, *Boykott*, S. 96–111; Barkai, *Centralverein*, S. 307–317; Richarz (Hg.), *Jüdisches Leben*, Bd. 3, S. 42–47; Benz, *Juden*, Kapitel 4.

46 Meyer, *Balancing Act*, Kapitel 1–2; Richarz (Hg.), *Jüdisches Leben*, Bd. 3, S. 58–64; Benz, *Juden*, S. 71–74.

47 Rabinovici, *Eichmann's Jews*, S. 2f., 119, 129ff.

48 Meyer, *Balancing Act*, S. 158–161; Moorhouse, *Berlin*, S. 268–271.

49 Cesarani, »Endlösung«, S. 277.

50 Caron, *Uneasy Asylum*, S. 196–200; McCullough und Wilson (Hg.), *Violence*, S. 54–69.

51 Ebenda, S. 144.

52 Doherty, *Hollywood*, S. 38.

53 Meyer, *Balancing Act*, S. 127.

54 Wachsmann, *KL*, S. 523.

55 Turner, *General Motors*, S. 75ff., 138–161.

56 Ford Motor Company Archives, *Research Findings*, S. 35–40.


# Vernichtung: Warum so schnell und so radikal?

1 Browning, *Ganz normale Männer*, S. 11; Hilberg, *Vernichtung*, Bd. III, S. 1300; Stargardt, *Kinder*, S. 22; Dwork, *Kinder*, S. 307.

2 Roseman, *Wannsee-Konferenz*, S. 66f.; Rhodes, *Die deutschen Mörder*, S. 231–237, 257ff., 338–346.

3 Bryant, *Nazi Euthanasia*, S. 37f.

4 Proctor, *Racial Hygiene*, S. 181–185.

5 Bryant, *Nazi Euthanasia*, S. 27.

6 Ebenda, S. 43f.

7 Browning, *Fateful Months*, S. 59.

8 Wachsmann, *KL*, S. 292–304.

9 Morsch und Perz (Hg.), *Studien*, S. 241, 338ff.

10 Browning, *Entfesselung*, S. 511, 527.

11 Griech-Polelle, *Bishop von Galen*, S. 107f., 113f., 118, 150f.

12 Berger, *Experten*, S. 30, 34ff.; Bryant, *Eyewitness*, S. 3, 54, 78, 151, 159, 161; Arad, *Belzec*, S. 17ff.

13 Reitlinger, *Endlösung*, S. 144f.; Hilberg, *Vernichtung*, Bd. 2, S. 937f.

14 Browning, *Entfesselung*, S. 521–526; siehe auch Witte u. a., *Dienstkalender*, S. 233f.

15 Montague, *Chelmno*, S. 49–53.

16 Browning, *Fateful Months*, S. 57–62; Cüppers, *Walther Rauff*, S. 109–118.

17 Hayes, *Degussa*, S. 283f.

18 Ebenda, S. 306, 309f.

19 Arad u. a., *Documents*, S. 153f.

20 Cesarani, *»Endlösung«*, S. 551f.

21 Jacobsen und Jochmann (Hg.), *Ausgewählte Dokumente*, Protokoll der »Besprechung über die Endlösung der Judenfrage«. Online verfügbar unter: http://www.ghwk.de/ghwk/deut/protokoll.pdf.

22 Ebenda; Browning, *Entfesselung*, S. 577f.; Matthäus und Bajohr (Hg.), *Alfred Rosenberg*, S. 574–578, Zitat S. 577.

23 Fritzsche, *»The Holocaust«*, S. 604.

24 Hilberg, *Vernichtung*, Bd. 1, S. 56–66.

25 Montague, *Chelmno*, S. 185–188.

26 Berger, *Experten*, S. 49, 96; Arad, *Belzec*, S. 25, Kuwalek, *Belzec*, S. 61f., 66f.

27 Berger, *Experten*, S. 9, 52, 64, 116, 140f., 177, 252–255, 272, 276, 388; Bryant, *Eyewitness*, S. 5ff., 99, 110, 113, 125; Arad, *Belzec*, S. 84, 87, 99, 127–130, 258–269, 341–348; Schelvis, *Sobibór*, S. 238–241; Kuwalek, *Belzec*, S. 14, 170, 225ff., 244f.

28 Gruner, *Arbeitseinsatz*, S. 257–272; Gutman und Berenbaum (Hg.), *Anatomy*, S. 114; Hayes, *Industry*, S. 347–360; Dlugoborski und Piper, *Auschwitz*, Bd. II, S. 122–167; Megargee (Hg.), *Encyclopedia*, Bd. IB, S. 875–888; Morsch und Perz (Hg.), *Studien*, S. 219–227; Mailänder, *Gewalt*, S. 310–312.

29 Hayes, »Capital«, S. 330.

30 Mailänder, *Gewalt*, S. 91f.

31 Wachsmann, *KL*, S. 194–197, 254; Morsch und Perz (Hg.), *Studien*, S. 126ff., 244–259; Caplan und Wachsmann (Hg.), *Concentration Camps*, S. 131; Jardim, *Mauthausen Trial*, S. 54ff.; Megargee (Hg.), *Encyclopedia*, Bd. IB, S. 900–907; Horwitz, *Shadow*, S. 17f.

32 Brandon und Lower (Hg.), *Shoah*, S. 190–223, 432.

33 Hayes, »Capital«, S. 337; Hochstadt (Hg.), *Sources*, S. 170–178; Arad, *Belzec*, S. 154–164; Berger, *Experten*, S. 180; Montague, *Chelmno*, S. 88.

34 Dean, *Robbing the Jews*, S. 285.

35 Montague, *Chelmno*, S. 76–84.

36 Dwork und van Pelt, *Auschwitz*, S. 207f.

37 Vgl. verschlüsselte Karten in Arad, *Belzec*, S. 34f., 38f.

38 Hayes, *Degussa*, S. 309.

39 Dlugoborski und Piper, *Auschwitz*, Bd. V, S. 91.

40 Hagen, *German History*, S. 343.

41 Berger, *Experten*, S. 138, 218; Arad, *Belzec*, S. 19, 22.

42 Black, »Foot Soldiers«, S. 7.

43 Berger, *Experten*, S. 329f.

44 Bryant, *Nazi Euthanasia*, S. 39.

45 Mierzejewski, *Asset*, Bd. 2, S. 117f.; Hilberg, *Sonderzüge*, S. 59, 81f., 86; Gerlach und Aly, *Das letzte Kapitel*, S. 273; Lichtenstein, *Tod*, S. 22, 34, 51ff., 96, 105, 135.

46 Mierzejewski, *Asset*, Bd. 2, S. 127, 166; Gall und Pohl (Hg.), *Eisenbahn*, S. 228, 239; Lichtenstein, *Tod*, S. 14; Pätzold und Schwarz, *Bahnhof*, S. 104ff.

47 Hilberg, *Sonderzüge*, S. 208–212; Arad, *Belzec*, S. 52, 65f.; Mierzejewski, *Asset*, Bd. 2, S. 117; Lichtenstein, *Tod*, S. 67.

48 Siehe Bryant, *Eyewitness*, S. 92ff.

49 Siehe Newman und Erber (Hg.), *Understanding Genocide*, S. 52ff.

50 Breitman, »Architekt«, S. 259.
51 Lower, *Hitlers Helferinnen*, S. 124.
52 Westermann, *Hitler's Police Battalions*, S. 15.
53 Kühne, *Belonging*, S. 59, 87, 167.
54 Beorn, *Marching Darkness*, S. 241.
55 Römer, *Kameraden*, S. 465.
56 Welzer, *Täter*, S. 31.
57 Berger, *Experten*, S. 312.
58 Mierzejewski, *Asset*, Bd. 2, S. 125f.
59 Rees, *Auschwitz*, S. 221–225.
60 Hayes, »Capital«, S. 336. Zur Überzahl von Volksdeutschen und Hi- wis unter den Wachen in Majdanek siehe Mailänder, *Gewalt*, S. 130f., 269f.
61 Lower, *Hitlers Helferinnen*, S. 19f., 37f.
62 Ebenda, S. 147. Zur Neigung der KZ-Wärterinnen in Majdanek zu Gewalttätigkeit siehe Mailänder, *Gewalt*, S. 137ff., 484–491.
63 Lower, *Hitlers Helferinnen*, S. 200.
64 Hayes (Hg.), *How was it possible?*, S. 658–674.
65 Wette, *Feldwebel*, S. 234f.
66 Ebenda, S. 139–142.
67 Segev, *Soldaten*, S. 261.
68 Wildt, *Generation*, S. 45f.
69 Berger, *Experten*, S. 292f.
70 Wildt, *Generation*, S. 72–89. Siehe auch Ingrao, *Hitlers Elite*, S. 15– 32, und Perz, »Austrian Connection«, S. 418f.
71 Berger, *Experten*, S. 302ff., 316ff.
72 Hitler, *Monologe*, S. 62.
73 Tooze, *Ökonomie*, S. 28–31, und Fritzsche, »The Holocaust«, S. 601.
74 Mann, *Dunkle Seite*, S. 406, 409.
75 Breitman, »Architekt«, S. 13.
76 Smelser und Zitelmann (Hg.), *Braune Elite*, S. 100.
77 Ebenda, S. 105.
78 Fest, *Gesicht*, S. 142, 155.
79 Smelser und Zitelmann (Hg.), *Braune Elite*, S. 111.
80 Berger, *Experten*, S. 79ff.; Arad, *Belzec*, S. 44f.
81 Cesarani, *Adolf Eichmann*, Kapitel 2; Rabinovici, *Eichmann's Jews*, S. 35f.
82 Stangneth, *Eichmann*, S. 289–300, 313–364, 390–396.
83 Fest, *Gesicht*, S. 374, 384.
84 Smelser und Zitelmann (Hg.), *Braune Elite*, S. 167.
85 Ebenda, S. 163; Mann, *Dunkle Seite*, S. 357.
86 Smelser und Zitelmann (Hg.), *Braune Elite*, S. 163.

87 Die beste Darstellung dieser Männer bietet Allen, *Business,* passim. Die gründlichsten Untersuchungen des Wirtschaftsimperiums der SS liefern Kaienburg, *Wirtschaft,* und Naasner, *SS-Wirtschaft.*

88 Online verfügbar in der Bayerischen Staatsbibliothek unter: http://www.1000dokumente.de/pdf/dok_0008_pos_de.pdf.

89 Kurt Tucholsky an Arnold Zweig, zitiert bei Craig, *Deutsche Geschichte,* S. 561.

90 Bajohr und Pohl, *Holocaust,* S. 59–72; Longerich, *Die Deutschen,* S. 223–240.

91 McKale (Hg.), *Rewriting History,* S. 11.

92 Klemperer, *Zeugnis,* Bd. 2, S. 47, 68, 259, 606.

93 Fritzsche, *Life,* S. 286.

94 Bajohr und Pohl, *Holocaust,* S. 57; Friedländer, *Das Dritte Reich,* S. 304, 365f.

95 Longerich, *Die Deutschen,* S. 201.

96 Ebenda, S. 325f.

97 Schneider, »Saving Konrad Latte«, S. 52–57.

98 Moorhouse, *Berlin,* S. 180, 295.

99 Bajohr, »Arisierung«, S. 333ff.; Aly, *Hitlers Volksstaat,* S. 151–154. Siehe auch Mierzejewski, *Asset,* Bd. 2, S. 127; Fritzsche, *Life,* S. 258f.

100 Aly, *Hitlers Volksstaat,* S. 114–177.

101 Gruner, *Widerstand,* S. 139, 200. Siehe auch Friedländer, *Das Dritte Reich,* Bd. 2, S. 453.

102 Das klassische Beispiel ist der holländische Generalstreik 1941, der das Vorgehen gegen die Juden beschleunigte; siehe Moore, *Victims,* S. 72f.; Presser, *Ashes,* S. 56f.

103 Hayes (Hg.), *How was it possible?,* S. 315–330.

104 Tooze, *Ökonomie,* S. 534–537; Spoerer, *Zwangsarbeit,* S. 183–190; Hayes, *Degussa,* S. 270ff., 278–282; Wachsmann, *KL,* S. 521f.

105 Hayes, *Degussa,* S. 278ff.

106 Neander, *Mittelbau-Dora,* S. 59.

107 Overy, *War,* S. 291–311.

108 Barkai, *Boykott,* S. 173–176.

109 Browning, *Judenmord,* S. 61–65.

110 Gruner, *Arbeitseinsatz,* S. 250–272; Gutterman, *Narrow Bridge,* S. 43–55.

111 Pohl, *Philipp Holzmann,* S. 264f.

112 Mommsen, *Volkswagenwerk,* S. 433–441, 496–515, und Hayes, *Industry,* S. 347–353.

113 Pohl, *Philipp Holzmann,* S. 266f.; Gutterman, *Narrow Bridge,* Kapitel 8.

114 Deak, *Europe,* S. 59.

115 Hayes, »Capital«, S. 337.

116 Wachsmann, *KL*, S. 467f.; Tooze, *Ökonomie*, S. 722.

117 Dlugoborski und Piper, *Auschwitz*, Bd. II, S. 215–217; Gutman und Berenbaum (Hg.), *Anatomy*, S. 466; Wachsmann, *KL*, S. 409f., 525, 548–551.

118 Browning, *Remembering Survival*, passim.

119 Siehe Ofer und Weitzman (Hg.), *Women*, S. 285–309.

120 Karay, *Death Camps*, S. 70.

121 Sellier, *Zwangsarbeit*, S. 45f., 583–587; Neander, *Konzentrationslager Mittelbau*, S. 179–184, 189–195; Allen, *Business*, S. 222–232; Neufeld, *Rakete*, S. 252–257, 270–275; Wachsmann, *KL*, S. 513–516, und Neander, *Mittelbau-Dora*, passim.

122 Wachsmann, *KL*, S. 522ff., und Sellier, *Zwangsarbeit*, S. 484, 490f. Zu den zusätzlichen mörderischen Effekten der V2-Produktion in Mauthausen siehe Horwitz, *Shadow*, S. 20f.

123 Allen, *Business*, S. 232–239; Tooze, *Ökonomie*, S. 718–726; Wachsmann, *KL*, S. 517–521.

124 Buggeln, *Arbeit*, S. 42–50 und Anhang 6–11.

125 Gregor, *Stern und Hakenkreuz*, S. 294–298, 332–377.

126 Hayes, »Capital«, S. 347.

127 Neander, *Konzentrationslager Mittelbau*, S. 55.

128 Wachsmann, *KL*, S. 473.

129 Blatman, *Todesmärsche*, S. 134–173; Rees, *Auschwitz*, S. 356; Wachsmann, *KL*, S. 638–643.

130 Blatman, *Todesmärsche*, S. 182–205.

131 Morsch und Perz (Hg.), *Studien*, S. 25; Stangneth, *Eichmann*, S. 85; Bessel, *Germany 1945*, S. 50; Blatman, *Todesmärsche*, S. 208–216; Buggeln, *Arbeit*, S. 52f.

132 Blatman, *Todesmärsche*, S. 216–221; Rees, *Auschwitz*, S. 358–361; Stone, *Liberation*, S. 83.

133 Blatman, *Todesmärsche*, S. 89f.; Wachsmann, *KL*, S. 659–663.

134 Blatman, *Todesmärsche*, S. 250f., 294; siehe auch Wachsmann, *KL*, S. 667.

135 Blatman, *Todesmärsche*, S. 252–291; Wachsmann, *KL*, S. 667f.

136 Blatman, *Todesmärsche*, S. 247.

137 Bessel, *Germany 1945*, S. 52.

138 Blatman, *Todesmärsche*, S. 320–353; Jardim, *Mauthausen Trial*, S. 59f.

139 Blatman, *Todesmärsche*, S. 392.

## Die Opfer:
## Warum leisteten nicht mehr Juden mehr Gegenwehr?

1 Henry, *Resistance*, S. 51.
2 Arad, *Belzec*, S. 98f.
3 Henry, *Resistance*, S. 129f.; Gilbert (Hg.), *Holocaust*, S. 574f.
4 Gutman und Krakowski, *Unequal Victims*, S. 106.
5 Arendt, *Eichmann*, S. 208f.
6 Bauer, *Dunkle Seite*, S. 154.
7 Hilberg, *Vernichtung*, Bd. III, S. 1101.
8 Henry, *Resistance*, S. xix, xxv, xxvii, xxxiii, 142–157, 168–175, 201–219, 432–437; Bauer, *Dunkle Seite*, S. 173ff.
9 Müller, *Heer und Hitler*, Dokument 46, Zitat S. 669.
10 Rabinovici, *Eichmann's Jews*, S. 40.
11 Dobroszycki (Hg.), *Chronicle*, S. xlvi; Trunk, *Judenrat*, S. 23; ders., *Lodz Ghetto*, S. xxxiii, 34.
12 Trunk, *Lodz Ghetto*, S. 16.
13 Dobroszycki (Hg.), *Chronicle*, S. xxxix, aber Horwitz, *Ghettostadt*, S. 335, nennt 163 777 und Trunk, *Lodz Ghetto*, S. xxx, »rund 164 000«.
14 Engelking und Leociak, *Warsaw Ghetto*, S. 49; Gutman, *Jews of Warsaw*, S. 63.
15 Perechodnik, *Bin ich ein Mörder?*, S. 106.
16 Silberklang, *Gates*, S. 29, 212ff.
17 Browning, *Weg*, S. 37–65.
18 Redner, *Policeman*, S. 86, 106.
19 Dobroszycki (Hg.), *Chronicle*, S. xxxix, lxvi, 50, 52, 107, 193, 314, 352, 444, 519; Trunk, *Lodz Ghetto*, S. xlvif.
20 Adelson (Hg.), *Diary*, S. 176f.
21 Trunk, *Judenrat*, S. 29–35; Corni, *Ghettos*, S. 172–189; Wasserstein, *Ambiguity*, S. 154.
22 Lensky, *Physician*, S. 163.
23 Redner, *Policeman*, S. 127f.
24 Hayes, *Lessons I*, S. 11.
25 Perechodnik, *Bin ich ein Mörder?*, S. 40f. Siehe auch Redner, *Policeman*, S. 175.
26 Zum Beispiel Horwitz, *Ghettostadt*, S. 283f.; Wasserstein, *Ambiguity*, S. 141f.; Redner, *Policeman*, S. 166.
27 Dawidowicz, *Krieg*, S. 281; Dobroszycki (Hg.), *Chronicle*, S. 125, 164f.; Horwitz, *Ghettostadt*, S. 277ff.; Corni, *Ghettos*, S. 69; Wasserstein, *Ambiguity*, S. 141.

28  Moore, *Victims*, S. 91–97, 109; Wasserstein, *Ambiguity*, S. 138f., 193, 195.

29  Bauer, *Dunkle Seite*, S. 109.

30  Wasserstein, *Ambiguity*, S. 174ff.

31  Ebenda, S. 251.

32  Trunk, *Lodz Ghetto*, S. 272–275.

33  Ebenda, S. 38, 40, 44; Gutman (Hg.), *Enzyklopädie*, Bd. III, S. 1534; Engelking und Leociak, *Warsaw Ghetto*, S. 409. Siehe auch Corni, *Ghettos*, S. 74.

34  Trunk, *Judenrat*, S. 475–494, 498–501, 552f., Gutman, *Jews of Warsaw*, S. 88ff., 237–240; Corni, *Ghettos*, S. 107–111; Perechodnik, *Bin ich ein Mörder?*, S. 154.

35  Redner, *Policeman*, S. 130–135, 155–160.

36  Moore, *Victims*, S. 220f.; Wasserstein, *Ambiguity*, S. 190f.; Cesarani, *»Endlösung«*, S. 809f., 812ff.

37  Cesarani, *»Endlösung«*, S. 343.

38  Gutman (Hg.), *Enzyklopädie*, Bd. III, S. 1534. Die höhere Zahl nennt Bauer, *History*, S. 170.

39  Perechodnik, *Bin ich ein Mörder?*, S. 308.

40  Gutman, *Jews of Warsaw*, S. 64.

41  Engelking und Leociak, *Warsaw Ghetto*, S. 51; Henry, *Resistance*, S. 31 (Hilberg, *Vernichtung*, Bd. III, S. 1101, nennt etwas geringere Zahlen für die Deutschen, ebenso Friedländer, *Das Dritte Reich*, Bd. 2, S. 554).

42  Bender, *Jews of Bialystok*, S. 258–265.

43  Arad, *Belzec*, S. 363f.; Schelvis, *Sobibór*, S. 200f., 207, 284–295.

44  Silberklang, *Gates*, S. 402–407.

45  Czerniakow, *Tagebuch*, S. 209; Cesarani, *»Endlösung«*, S. 531f.

46  Siehe Kassow, *Ringelblums Vermächtnis*.

47  Dobroszycki (Hg.), *Chronicle*.

48  Bauer, *History*, S. 157–167; Polonsky, *Jews*, Bd. III, S. 479–500.

49  Silberklang, *Gates*, S. 440.

50  Arendt, *Eichmann*, S. 210.

51  Vagi u. a., *Holocaust*, S. 256.

52  Paxton, *Vichy France*, S. 294f.

53  Wasserstein, *Ambiguity*, S. 143; Romijn u. a., *Persecution*, S. 13–26.

54  Engelking und Leociak, *Warsaw Ghetto*, S. 50f.; Gutman, *Jews of Warsaw*, S. 270f.

55  Das schreibt Yisrael Gutman in Laqueur (Hg.), *Holocaust Encyclopedia*, S. 693.

56  Trunk, *Judenrat*, S. 553ff.; Jokusch und Finder (Hg.), *Jewish Honor Courts*, S. 107–136; Wasserstein, *Ambiguity*, S. 254f.

57  Segev, *Siebte Million*, Teil V: »Politik: Die Affäre Kastner«, Zitate S. 376f. und 408.

58  Anonymous, *Clandestine History*, S. xv; Meyer, *Balancing Act*, S. 359.

59  Segev, *Siebte Million*, S. 391.

60  Jockusch und Finder, *Honor*, S. 320f.

61  Pelt, »Nazi Ghettos«, S. 150.

62  Wachsmann, *KL*, S. 727.

63  Schätzungen ebenda, S. 891.

64  Montague, *Chelmno*, S. 126–141, 195; Arad, *Belzec*, S. 258–269; Bryant, *Eyewitness*, S. 35, 42f.; Kuwalek, *Belzec*, S. 14, 170, 225ff.

65  Orth, *System*, S. 57–61; Wachsmann, *KL*, S. 148–162.

66  Langbein, *Menschen in Auschwitz*, S. 27ff.

67  Hayes und Roth (Hg.), *Oxford Handbook*, S. 275–281; Lewy, »Rückkehr nicht erwünscht«, S. 368–378; Hayes (Hg.), *How was it possible?*, S. 495–505; Weiss-Wendt (Hg.), *Genocide*, S. 2, 16f.; ders., *Murder*, S. 144–148; Bryant, *Eyewitness*, S. 41; Deletant, *Forgotten Ally*, S. 187–196.

68  Hayes und Roth (Hg.), *Oxford Handbook*, S. 281ff.; Jellonnek, *Homosexuelle*, S. 19–36, 327–332; Longerich, *Heinrich Himmler*, S. 241–250; Gellately und Stoltzfus (Hg.), *Outsiders*, S. 233–255; Berenbaum und Peck (Hg.), *Holocaust*, S. 338–357; Wachsmann, *KL*, S. 154f., 769.

69  Hayes und Roth (Hg.), *Oxford Handbook*, S. 283–287.

70  Gigliotti, *Train Journey*, insbesondere Kapitel 4 und 5.

71  Marrus, *History*, S. 147.

72  Langbein, *Menschen in Auschwitz*, S. 532.

73  Henry, *Resistance*, S. 584.

74  Blatman, *Todesmärsche*, S. 663f.; Horwitz, *Shadow*, S. 124–143.

75  Bryant, *Eyewitness*, S. 42f.; Arad, *Belzec*, S. 258–269; Schelvis, *Sobibór*, S. 161–170; Hayes, »Capital«, S. 340; Wachsmann, *KL*, S. 534ff.

76  Confino, *World*, S. 203.

77  Levi, *Ist das ein Mensch?*, S. 31.

78  Henry, *Resistance*, S. 587.

79  Hayes, »Capital«, S. 330, 332.

80  Rosenberg, *Aufenthalt*, S. 128.

81  Des Pres, *Der Überlebende*, S. 71.

82  Henry, *Resistance*, S. 566f.

83  Kertész, *Galeerentagebuch*, S. 29.

# Die Heimatländer:
# Warum waren die Überlebensraten so unterschiedlich?

1 Bauer, *History*, S. 286; ders., *Tod des Schtetls*, S. 179–182, 203–206, 213; Engelmann, *Im Gleichschritt*, S. 128–136; Henry, *We Only*, S. 9–40.

2 Petrow, *Bitter Years*, S. 116; Todorov, *Fragility*, S. 9, 25, 97–101; Bar-Zohar, *Beyond Hitler's Grasp*, S. 167–177; Rhodes, *Papst*, S. 276; Marrus und Paxton, *Vichy France*, S. 271ff.; Dwork und van Pelt, *Auschwitz*, S. 332f.

3 Tec, *Light*, S. 152ff., 188–191; Oliner, *Altruistic Personality*, Kapitel 6.

4 Moorhouse, *Berlin*, S. 297.

5 Libionka, »Polish Literature«, S. 61f.

6 Gutman (Hg.), *Enzyklopädie*, Bd. III, S. 1339f.

7 Hayes (Hg.), *How was it possible?*, S. 648–657.

8 Wyman, *Paper Walls*, S. 142.

9 Unabhängige Expertenkommission, *Schlussbericht*, S. 111; Bauer, *American Jewry*, S. 276; Wasserstein, *Ambiguity*, S. 165.

10 Käppner, *Berthold Beitz*, S. 47–113.

11 Fulbrook, *Kleine Stadt*, S. 227ff.

12 Moorhouse, *Berlin*, S. 296.

13 Pavlowitch, *Disorder*, S. 58f.; Mazower, *Griechenland*, S. 41–46; Müller, *Wehrmacht*, S. 159, 168f., 174.

14 Dean, *Robbing the Jews*, S. 283; Moore, *Victims*, S. 209f.; Presser, *Ashes*, S. 354, 366, 392f.

15 Benz (Hg.), *Dimension*, S. 124, 127f., 132f., 135.

16 Ward, *Priest*, S. 224–235.

17 Friedländer, *Das Dritte Reich*, Bd. 2, S. 248; Polonsky, *Jews*, Bd. III, S. 409ff.

18 Kosmala und Verbeeck, *Catastrophe*, S. 79; Barkan u. a., *Shared History*, S. 380f.

19 Bauer, *Tod des Schtetls*, S. 80ff.

20 Snyder, *Bloodlands*, S. 201–205; Gitelman (Hg.), *Bitter Legacy*, S. 67.

21 Petrovsky-Shtern und Polonsky (Hg.), *Polin 26*, S. 26, 339; Lower, *Empire-Building*, S. 94f.; Redner, *Policeman*, S. 34–37; Bartov und Weitz (Hg.), *Shatterzone*, S. 371ff.

22 Dieckmann, *Besatzungspolitik*, S. 252f.; siehe auch Kühne, *Belonging*, S. 81; Polonsky, *Jews*, Bd. III, S. 406.

23 Struve, *Herrschaft*, passim.

24 Cesarani, »Endlösung«, S. 469.

25 Ebenda, S. 483.

26 Marrus und Paxton, *Vichy France*, S. 364.

27 Benz (Hg.), *Dimension*, S. 127, 133f.; Paxton, »Jews«, S. 40–43.

28 Marrus und Paxton, *Vichy France*, S. 372.

29 Braham, *Politics*, S. 153, 251; Wachsmann, *KL*, S. 530f.

30 Braham, *Studies*, S. 71–78, 86.

31 Kenez, *Coming of the Holocaust*, S. 250.

32 Wachsmann, *KL*, S. 530.

33 Buggeln, *Arbeit*, S. 44–47.

34 Braham, *Politics*, S. 20–25; Vagi u. a., *Holocaust*, S. xxxviii–xliv.

35 Vagi u. a., *Holocaust*, S. 368f.

36 Braham, *Politics*, S. 59.

37 Hayes (Hg.), *How was it possible?*, S. 445–465, eine Zusammenfassung der grundlegenden Untersuchung von Ancel; Ioanid, *Romania*, insbesondere S. 271–281; Deletant, *Forgotten Ally*, S. 209–214.

38 Moore, *Victims*, S. 73, 79–90; Presser, *Ashes*, S. 56f.; Friedländer, *Das Dritte Reich*, Bd. 2, S. 437f.

39 Lidegaard, *Die Ausnahme*, S. 71–75, 89–102, 124–133, 170f., 250f., 451f., 509ff., 523f.; Friedländer, *Das Dritte Reich*, Bd. 2, S. 574ff.

40 Knox, »Das faschistische Italien«, S. 56, 61, 65, 79; Schlemmer und Woller, »Der italienische Faschismus«, S. 182–187.

41 Zimmerman, *Italy*, S. 247–251.

42 Bess, *Choices*, S. 81.

43 Sarfatti, *Juden*, S. 35f.; Zuccotti, *Italians*, S. 20.

44 Gross, *Nachbarn*, S. 59–78; Bikont, *Crime*, S. 521–524; David-Fox u. a., *Holocaust*, S. 19f.; Browning, *Remembering Survival*, S. 50.

45 Matthäus u. a. (Hg.), *Einsatzgruppen*, S. 11; Rossino, *Hitler*, S. 234; Snyder, *Bloodlands*, S. 141f., 166f.; Gross, *Nachbarn*, S. 17f.

46 Libionka, »Church Hierarchy«, S. 86, siehe auch Phayer, *Pius XII*, S. 23f., und Huener, »Nazi *Kirchenpolitik*«, S. 113–116, 128f.

47 Winstone, *Dark Heart*, S. 115.

48 Ebenda, S. 118f.

49 Geiss (Hg.), *Deutsche Politik*, S. 44.

50 Zitiert bei Welzer, *Täter*, S. 267.

51 Winstone, *Dark Heart*, S. 50, 53.

52 Paulsson, *Secret City*, S. 1.

53 Snyder, *Bloodlands*, S. 407.

54 Ebenda, S. 359f., 409; Gross, *Fear*, S. 4.

55 Paulsson, *Secret City*, S. 2, 5, 229ff.

56 James Comey, »Why I Require FBI Agents to Visit the Holocaust Museum«, *Washington Post* vom 16. April 2015.

57 Vgl. zum Beispiel die Besprechungen von Dan Diner in *Contemporary European History*, Jg. 21 (2012), S. 125–131, und von Omer Bar-

tov in *Slavic Review*, Jg. 71 (2012), S. 424–428.

58 Bauer, *My Brother's Keeper*, S. 194; Polonsky, *Jews*, Bd. III, S. 80f., 85–88; Blobaum (Hg.), *Antisemitism*, S. 158–170; Mendelsohn, *Jews*, S. 71–76; Zimmerman, *Underground*, S. 16–20; Watt, *Bitter Glory*, S. 361–366.

59 Wasserstein, *On the Eve*, S. 40, 359; Hamerow, *Why We Watched*, S. 62.

60 Bauer, *My Brother's Keeper*, S. 193; Zimmerman (Hg.), *Memories*, S. 22f.; Hamerow, *Why We Watched*, S. 62, 87.

61 Snyder, *Black Earth*, S. 84–87, 281f.

62 Polonsky, *Jews*, Bd. III, S. 81–84; Libionka, »Church Hierarchy«, S. 77–86.

63 Blobaum (Hg.), *Antisemitism*, S. 261.

64 Libionka, »Church Hierarchy«, S. 81.

65 Wasserstein, *On the Eve*, S. 224, 330.

66 Mendelsohn, *Jews*, S. 23–32, 42f.; Bauer, *My Brother's Keeper*, S. 180–189; Watt, *Bitter Glory*, S. 365.

67 Paulsson, *Secret City*, S. 229ff., 236.

68 Hamerow, *Why We Watched*, S. 44.

69 Gross, *Fear*, S. 195ff.

70 Bauer, *Tod des Schtetls*, S. 75–87; Zimmerman (Hg.), *Memories*, S. 61–68.

71 Perechodnik, *Bin ich ein Mörder?*, S. 24.

72 Polonsky, *Jews*, Bd. III, S. 421, 425; Bauer, *Tod des Schtetls*, S. 179–230; Zimmerman, *Underground*, S. 95–98; Barkan u.a., *Shared History*, S. 306, 316.

73 Kosmala und Verbeeck, *Catastrophe*, S. 66.

74 Zitiert bei Stargardt, *Kinder*, S. 178. Siehe auch Polonsky, *Jews*, Bd. III, S. 408; Zimmerman, *Underground*, S. 74f.

75 Schelvis, *Sobibór*, S. 217.

76 Mazurek und Skibinska, »Barwy Biale«, S. 433–480; Zimmerman, *Underground*, S. 290.

77 Polonsky, *Jews*, Bd. III, S. 450.

78 Grabowski, *Hunt*, S. 101–120.

79 Ebenda, S. 61.

80 Ebenda, S. 58.

81 Ebenda, S. 135–148.

82 Fleming, *Auschwitz*, S. 27; Zimmerman, *Underground*, S. 84, 129ff., 134–139, 141–150, 154–160, 162, 224, 227, 264, 300ff.; Polonsky, *Jews*, Bd. III, S. 461.

83 Zimmerman, *Underground*, S. 54, 161, 167f., 179, 197–209, 214–217, 241; Fleming, *Auschwitz*, S. 254f.; Polonsky, *Jews*, Bd. III, S. 463,

511f.; Friedländer, *Das Dritte Reich*, Bd. 2, S. 551.

84 Zimmerman, *Underground*, S. 251–256, 262, 267–286, 297f., 417f.

85 Ebenda, S. 175–178, 184, 303–312; Bauer, *American Jewry*, S. 332f.

86 Polonsky, *Jews*, Bd. III, S. 445.

87 Langbein, *Schlachtbank*, S. 154, und ders., *Menschen in Auschwitz*, S. 96f.

88 Gross und Gross, *Golden Harvest*, S. 28–38.

89 Tec, *Leben*, S. 218.

90 David-Fox u.a., *Holocaust*, S. 13.

91 Gross, *Nachbarn*, S. 95; Polonsky, *Jews*, Bd. III, S. 424.

92 Bryant, *Eyewitness*, S. 35; Gross, *Nachbarn*, S. 105–118; Grabowski, *Hunt*, S. 86. Vgl. Kuwalek, *Belzec*, S. 315ff.

93 Gross, *Fear*, S. 220ff., 226–231.

94 Ebenda, S. 30; Judt, *Geschichte Europas*, S. 962.

95 Gutman und Krakowski, *Unequal Victims*, S. iii; Kassow, *Ringelblums Vermächtnis*, S. 568–573, 598ff.

96 Wette, *Feldwebel*, S. 154; Grabowski, *Hunt*, S. 56, schreibt, die polnischen Forscher seien auf »etwas über 700« Fälle gekommen.

97 Snyder, *Bloodlands*, S. 408.


## Zuschauer: Warum kam nur so wenig Hilfe von außen?

1 Caron, *Uneasy Asylum*, S. 28–33.

2 Hamerow, *Why We Watched*, S. 72–89; Weber, *Hollow Years*, S. 87–110; Caron, *Uneasy Asylum*, S. 187–205.

3 Wasserstein, *On the Eve*, S. 218.

4 McCullough und Wilson (Hg.), *Violence*, S. 59.

5 Bauer, *My Brother's Keeper*, S. 170ff., 177, 243, 267; Hamerow, *Why We Watched*, S. 61.

6 Unabhängige Expertenkommission, *Schlussbericht*, S. 107ff., S. 131ff.; Caestecker und Moore (Hg.), *Refugees*, S. 82–102; Bauer, *My Brother's Keeper*, S. 172–176, 239f., 267f.

7 David-Fox u.a., *Holocaust*, S. 37.

8 London, *Whitehall*, Kapitel 3–5; Hamerow, *Why We Watched*, S. 90–119, 156–161; McCullough und Wilson (Hg.), *Violence*, S. 108–150; Abella und Troper, *None Is Too Many*, S. xx, 6–9, 48f.

9 Dwork und van Pelt, *Flight*, S. 28–51; Bauer, *History*, S. 127f.; Wasserstein, *On the Eve*, S. 339, 363, 413.

10 Hamerow, *Why We Watched*, S. 104, 112, 114ff.; Caestecker und Moore (Hg.), *Refugees*, S. 64; London, *Whitehall*, S. 95.

11   Wistrich, *Hitler*, S. 49; Hamerow, *Why We Watched*, S. 63; London, *Whitehall*, S. 91.

12   Bauer, *My Brother's Keeper*, S. 163.

13   Breitman und Kraut, *Refugee Policy*, S. 74.

14   Friedländer, *Das Dritte Reich*, Bd. 2, S. 798, spricht von 211 000 Ende 1943; London, *Whitehall*, S. 12, schreibt »nicht mehr als 250 000 in den Jahren 1933–1945«. Wyman, *Paper Walls*, S. 218f., kalkuliert, bis Herbst 1944 seien knapp über 250 000 »Flüchtlinge vor dem Nationalsozialismus« in die Vereinigten Staaten gelangt, aber nicht alle waren Juden.

15   Breitman und Lichtman, *FDR*, S. 317.

16   London, *Whitehall*, S. 11f., 103, 115–118, 131–134, 141; Bauer, *My Brother's Keeper*, S. 270f.

17   Wyman, *Paper Walls*, S. 3–9; Breitman und Kraut, *Refugee Policy*, S. 11–17, 21f., 33–37, 49f.; siehe Hamerow, *Why We Watched*, S. 252f.

18   Breitman und Kraut, *Refugee Policy*, S. 58; Breitman und Lichtman, *FDR*, S. 116.

19   Wyman, *Paper Walls*, S. 17ff., 22; Breitman und Lichtman, *FDR*, S. 75ff.; Hamerow, *Why We Watched*, S. 251 (über den Jew Deal).

20   Hamerow, *Why We Watched*, S. 281; Breitman und Kraut, *Refugee Policy*, S. 112–145.

21   Wasserstein, *Ambiguity*, S. 110.

22   Breitman und Kraut, *Refugee Policy*, S. 222–235.

23   Wasserstein, *Ambiguity*, S. 118.

24   Bauer, *My Brother's Keeper*, S. 157–166.

25   Hochstadt, *Exodus*, insbesondere Kapitel 3 und 4; Caestecker und Moore (Hg.), *Refugees*, S. 109–121.

26   Wasserstein, *On the Eve*, S. 360, 403.

27   Vincent, »Voyage«, S. 255, 270f., 274, 288; Breitman und Lichtman, *FDR*, S. 138.

28   Bauer, *My Brother's Keeper*, S. 194, 249.

29   Wolf, *Pope*, S. 230, 268; Kornberg, *Dilemma*, S. 228f.; Godman, *Vatikan*, S. 152–157, 189, 207–225.

30   Kertzer, *Stellvertreter*, S. 315–323.

31   Ebenda, S. 223, 299ff.

32   Kertzer, *Päpste*, S. 371, sowie ders., *Stellvertreter*, S. 362.

33   Kertzer, *Päpste*, S. 372ff.; Wolf, *Pope*, S. 206–212; Passelecq und Suchecky, *Unterschlagene Enzyklika*, passim.

34   Wolf, *Pope*, S. 265–268.

35   Kertzer, *Stellvertreter*, S. 376–389; Ventresca, *Soldier*, S. 130ff., 134f.

36   Ventresca, *Soldier*, S. 7–18, 38–65, 72–84.

37   Wolf, *Pope*, S. 170–178.

38 Kornberg, *Dilemma*, S. 4ff., 255–267; Godman, *Vatikan*, S. 123f.

39 Hayes und Roth (Hg.), *Oxford Handbook*, S. 238–241; Phayer, *Catholic Church*, S. 67–81.

40 Kornberg, *Dilemma*, S. 3f., 272f.; Spicer, *Third Reich*, S. 6–9.

41 Bauer, *American Jewry*, S. 66.

42 Straumann und Wildmann, *Schweizer Chemieunternehmen*, S. 116–120.

43 Breitman, *Staatsgeheimnisse*, S. 121–131.

44 Kornberg, *Dilemma*, S. 81.

45 Phayer, *Catholic Church*, S. 47f.

46 Siehe Hamerow, *Why We Watched*, S. 410; Stone, *Liberation*, S. 68.

47 Breitman und Laqueur, *Breaking*, passim; Riegner, *Niemals verzweifeln*, S. 59–67, 78.

48 Friedländer, *Das Dritte Reich*, Bd. 2, S. 487–490; Riegner, *Niemals verzweifeln*, S. 75–78.

49 Longerich, *Die Deutschen*, S. 240–245.

50 Friedländer, *Das Dritte Reich*, Bd. 2, S. 507f.

51 Aronson, *Hitler*, passim; Hamerow, *Why We Watched*, S. 398, 400–403, 409, 411f., 414.

52 David-Fox u. a., *Holocaust*, S. 31–36.

53 Orbach und Solonin, »Indifference«, S. 90–113.

54 Wasserstein, *Britain*, S. 307–320; Neufeld und Berenbaum (Hg.), *Bombing of Auschwitz*, S. 261–271.

55 Siehe Wasserstein, *Britain*, S. 340f.

56 Ofer, *Holocaust*, S. 319.

57 Fleming, *Auschwitz*, S. 167–218.

58 Wasserstein, *Britain*, S. 28f., 71, 79f.

59 Motadel, *Islam*, S. 41ff., 87–92, 96f., 107f., 113f., 188–194, 226–235, 250, 274–282; Nicosia, *Nazi Germany*, S. 71, 267, 276–279.

60 Motadel, *Islam*, S. 43f.; Nicosia, *Nazi Germany*, S. 242–257; Achcar, *Arabs*, S. 150–173.

61 Phayer, *Catholic Church*, S. 57–66; Kornberg, *Dilemma*, S. 253.

62 Marrus und Paxton, *Vichy France*, S. 262.

63 Zuccotti, *Père Marie-Benoît*, S. 127f.; Ventresca, *Soldier*, S. 199f.

64 Phayer, *Catholic Church*, S. 43, 46, 49.

65 Ebenda, S. 104–109; Phayer, *Pius XII*, S. 91ff.

66 »Pius XII«, S. 16; Ventresca, *Soldier*, S. 174.

67 Bess, *Choices*, S. 86.

68 Petrovsky-Shtern und Polonsky (Hg.), *Polin 26*, S. 347ff.

69 Friedländer, *Das Dritte Reich*, Bd. 2, S. 448.

70 Ward, *Priest*, S. 225–228, 232–239; Kornberg, *Dilemma*, S. 78–86.

71 Moore, *Survivors*, S. 276–295.

72  Schlemmer und Woller, »Der italienische Faschismus«, S. 195.

73  Ventresca, *Soldier*, S. 162–170, 174ff.

74  Kornberg, *Dilemma*, S. 253.

75  Wasserstein, *Ambiguity*, S. 244.

76  Griech-Polelle, *Bishop von Galen*, S. 217; Spicer, *Third Reich*, S. 137.

77  Hayes und Roth (Hg.), *Oxford Handbook*, S. 239; Spicer, *Third Reich*, S. 171–182.

78  Kornberg, *Dilemma*, S. 266.

79  Dinnerstein, *Anti-Semitism*, S. 128–149; Wyman, *Volk*, S. 26f.; Dinnerstein, *Survivors*, S. 6; Hamerow, *Why We Watched*, S. 311.

80  Bauer, *American Jewry*, S. 66.

81  Wyman, *Volk*, S. 463f.

82  Karski, *Bericht*, S. 473–493, 539f., 611f.

83  Bauer, *American Jewry*, S. 407.

84  Rosenberg, *Aufenthalt*, S. 168ff., 181f.

85  Hamerow, *Why We Watched*, S. 402–418; Neufeld und Berenbaum (Hg.), *Bombing of Auschwitz*, passim, aber insbesondere S. 249–260, 271–280.

86  Rees, *Auschwitz*, S. 335f.

87  Czech, *Kalendarium*, S. 701, 821.

88  Steinbacher, *Auschwitz*, S. 124.

89  Wachsmann, *KL*, S. 674f.; Hayes, *Degussa*, S. 268.

90  Hamerow, *Why We Watched*, S. 269, 345; Riegner, *Niemals verzweifeln*, S. 105f.

91  Bauer, *American Jewry*, S. 52.

92  Porat, *Stars*, S. 251, 256ff., 261f.; Ofer, *Holocaust*, S. 23–31, 318f.

93  Unabhängige Expertenkommission, *Schlussbericht*, S. 116.

94  Ebenda, S. 112, 119.

95  Hayes (Hg.), *How was it possible?*, S. 735–752, gibt eine Zusammenfassung des grundlegenden Werks von Paul Levine.

96  Kranzler, *Man*, Kapitel 7–11.

97  Levine, *Raoul Wallenberg*, S. 310f., 324–348.

## Nachspiel: Welches Erbe? Welche Lehren?

1  Stone, *Liberation*, S. 83ff., 107f., 111f.

2  Abzug, *Vicious Heart*, S. 93; Bessel, *Germany 1945*, S. 162ff.

3  Stone, *Liberation*, S. 100.

4  Fritz, *Endkampf*, S. 53–56, 227–238; Abzug, *Vicious Heart*, S. 154f.

5   Ebenda, S. 157.

6   Brenner, *Holocaust*, S. 11; Fritz, *Endkampf*, S. 236f.

7   Wyman, *DP*, S. 149.

8   Petrovsky-Shtern und Polonsky (Hg.), *Polin* 26, S. 368–379.

9   Gutman (Hg.), *Enzyklopädie*, Bd. III, S. 1473.

10  Hayes (Hg.), *How was it possible?*, S. 775–887.

11  Douglas, *Man*, S. 28; Dinnerstein, *Survivors*, S. 251–271.

12  Cohen, *Case*, passim.

13  Frei (Hg.), *Vergangenheitspolitik*, S. 31f.; Heberer und Matthäus (Hg.), *Atrocities*, S. 49–71; Jardim, *Mauthausen Trial*, S. 1, 197.

14  Wachsmann, *KL*, S. 700.

15  Frei (Hg.), *Vergangenheitspolitik*, S. 193; Bazyler und Tuerkheimer, *Forgotten Trials*, S. 40f.

16  Wachsmann, *KL*, S. 700f.

17  Wasserstein, *Ambiguity*, S. 223f.; Deak, *Europe*, S. 204.

18  Wachsmann, *KL*, S. 704.

19  Dlugoborski und Piper, *Auschwitz*, Bd. V, S. 91f., 98ff., 108 (789 von insgesamt vielleicht 7200 Deutschen, die jemals dort eingesetzt gewesen waren).

20  Raskin, *Child*, S. 94–98.

21  Berger, *Experten*, S. 363–371; Bryant, *Eyewitness*, S. 13–19.

22  Phayer, *Pius XII*, S. 173–194; ders., *Catholic Church*, S. 165–175; Stangneth, *Eichmann*, S. 115, 130f., 377f.

23  Phayer, *Pius XII*, S. 195–207.

24  Ebenda, S. 208–251; Deak, *Europe*, S. 217f.

25  Kornberg, *Dilemma*, S. 235, 255–274.

26  Phayer, *Catholic Church*, S. 139, 162f.

27  Brown-Fleming, *Holocaust*, S. 5f.

28  Phayer, *Pius XII*, S. 165.

29  Stangneth, *Eichmann*, S. 128f.

30  Schneppen, *Odessa*, S. 208f. Zu Hinweisen, dass hochrangige kroatische Verbrecher nach Südamerika gelangten, siehe Phayer, *Pius XII*, S. 246.

31  Kulish und Mekhennet, *Dr. Tod*, S. 95ff., 105–109, 258–262.

32  Marrus, *Measure*, S. 68–76; Dean u. a., *Robbery*, S. 99–133; Goschler, *Schuld*, S. 474f., 539.

33  Hayes und Roth (Hg.), *Oxford Handbook*, S. 548ff.

34  Ebenda, S. 551–554.

35  Ferencz, *Lohn*, S. 233f.

36  Spiliotis, *Verantwortung*, passim; Eizenstat, *Unvollkommene Gerechtigkeit*, S. 308–351; Dean u. a., *Robbery*, S. 128.

37  Marrus, »Vatican«, S. 378–403; Ventresca, *Soldier*, S. 222–227.

38  Dean u. a., *Robbery*, S. 139.
39  Eizenstat, *Unvollkommene Gerechtigkeit*, S. 120–237; Unabhängige Expertenkommission, *Schlussbericht*, S. 281–287, 462–470.
40  Barkan, *Völker*, S. 350.
41  Spiliotis, *Verantwortung*, S. 54; Unabhängige Expertenkommission, *Schlussbericht*, S. 243, 258ff.
42  Marrus, *Measure*, S. 124ff.; Petropoulos und Roth (Hg.), *Gray Zones*, S. 7ff.; Bazyler und Alford (Hg.), *Restitution*, S. 197–204; Eizenstat, *Unvollkommene Gerechtigkeit*, S. 232f.
43  Levine, *Raoul Wallenberg*, S. 12f.
44  Cesarani, »*Endlösung*«, passim.
45  Gall und Pohl (Hg.), *Eisenbahn*, S. 227.
46  Stone, *Histories*, S. 126.
47  Lipstadt, *History*, passim; Evans, *Geschichtsfälscher*, S. 138–192; Pelt, *Case*, S. 488–506.
48  Stangneth, *Eichmann*, S. 203f., siehe auch S. 191ff.
49  Judt, *Facts*, S. 115–123; siehe auch ders., *Das vergessene 20. Jahrhundert*, S. 283–291.
50  Sontag, *Leiden*, S. 134.
51  Mitchell, *Negotiator*, S. 315.
52  Hallie, *Blut*, S. 99.
53  Neumann, *Behemoth*, S. 440.
54  James und Tanner, *Enterprise*, S. 28.

# Auswahlbibliografie

Abella, Irving, und Harold Troper, *None Is Too Many. Canada and the Jews of Europe, 1933–1948*, Toronto 2012.

Abzug, Robert H., *Inside the Vicious Heart. Americans and the Liberation of the Concentration Camps*, New York 1987.

Ders., *America Views the Holocaust 1933–1945*, Boston 1999.

Achcar, Gilbert, *The Arabs and the Holocaust*, New York 2009.

Adam, Uwe Dietrich, *Judenpolitik im Dritten Reich*, Königstein 1979.

Adelson, Alan (Hg.), *The Diary of Dawid Sierakowiak. Five Notebooks from the Lodz Ghetto*, New York 1996.

Ders. und Robert Lapides (Hg.), *Lodz Ghetto. Inside a Community under Siege*, New York 1989.

Allen, Michael Thad, *The Business of Genocide*, Chapel Hill 2002.

Allen, William Sheridan, *»Das haben wir nicht gewollt!« Die nationalsozialistische Machtergreifung in einer Kleinstadt*, Gütersloh 1965.

Aly, Götz, *Endlösung. Völkerverschiebung und der Mord an den europäischen Juden*, Frankfurt am Main 1995.

Ders., *Warum die Deutschen? Warum die Juden? Gleichheit, Neid und Rassenhass 1800–1933*, Frankfurt am Main 2011.

Ders., *Hitlers Volksstaat*, 3. Aufl., Frankfurt am Main 2015.

Ders., Peter Chroust und Christian Pross, *Cleansing the Fatherland. Nazi Medicine and Racial Hygiene*, Baltimore 1994.

Ders. und Susanne Heim, *Vordenker der Vernichtung*, Hamburg 1991.

Ders. und Michael Sontheimer, *Fromms. Wie der deutsche Kondomfabrikant Julius F. unter die deutschen Räuber fiel*, Frankfurt am Main 2007.

Ancel, Jean, *The History of the Holocaust in Romania*, Lincoln 2011.

Anonymous, *The Clandestine History of the Kovno Jewish Ghetto Police*, Bloomington 2014.

Arad, Yitzhak, *Belzec, Sobibor, Treblinka. The Operation Reinhard Death Camps*, Bloomington 1987.

Ders., Israel Gutman und Abraham Margaliot (Hg.), *Documents on the Holocaust*, Lincoln 1999.

Ders., *The Holocaust in the Soviet Union*, Lincoln 2009.

Arendt, Hannah, *Eichmann in Jerusalem. Ein Bericht von der Banalität des Bösen*, 10. Aufl., München, Zürich 2000.

Aronson, Shlomo, *Hitler, the Allies, and the Jews*, New York, 2004.

Arvidsson, Stefan, *Aryan Idols. Indo-European Mythology as Ideology and Science*, Chicago 2006.

Bajohr, Frank, *»Arisierung« in Hamburg*, Hamburg 1997.

Ders. und Dieter Pohl, *Der Holocaust als offenes Geheimnis*, München 2006.

Balderston, Theo, *Economics and Politics in the Weimar Republic*, Cambridge 2002.

Bankier, David, *Die öffentliche Meinung im Hitler-Staat. Die »Endlösung« und die Deutschen*, Berlin 1995.

Ders. (Hg.), *Probing the Depths of German Antisemitism*, New York 2000.

Barkai, Avraham, *Vom Boykott zur »Entjudung«. Der wirtschaftliche Existenzkampf der Juden im Dritten Reich 1933–1943*, Frankfurt am Main 1988.

Ders., »German Interests in the Haavara-Transfer Agreement 1933–1939«, *Leo Baeck Yearbook*, Jg. 35 (1990), S. 245–266.

Ders., »*Wehr Dich!« Der Centralverein deutscher Staatsbürger jüdischen Glaubens 1893–1938*, München 2002.

Barkan, Elazar, *Völker klagen an. Eine neue internationale Moral*, Düsseldorf 2002.

Ders., Elizabeth A. Cole und Kai Struve (Hg.), *Shared History – Divided Memory. Jews and Others in Soviet-Occupied Poland, 1939–1941*, Leipzig 2007.

Barnett, Victoria J., *Bystanders. Conscience and Complicity During the Holocaust*, Westport 1999.

Baron, Lawrence, »Tarnishing Tinseltown. Hollywood's Responses to Nazi Germany«, *Journal of Jewish Identities*, Jg. 7 (2014), S. 61–80.

Bartov, Omer, *Hitlers Wehrmacht. Soldaten, Fanatismus und die Brutalisierung des Kriegs*, Reinbek bei Hamburg 1999.

Ders. und Eric D. Weitz (Hg.), *Shatterzone of Empires. Coexistence and Violence in the German, Habsburg, Russian, and Ottoman Borderlands*, Bloomington 2013.

Bar-Zohar, Michael, *Beyond Hitler's Grasp. The Heroic Rescue of Bulgaria's Jews*, Holbrook 1998.

Bauer, Jehuda, *My Brother's Keeper. A History of the American Jewish Joint Distribution Committee, 1929–1939*, Philadelphia 1974.

Ders., *American Jewry and the Holocaust. The American Jewish Joint Distribution Committee, 1939–1945*, Detroit 1981.

Ders., *A History of the Holocaust*, New York 1982.

Ders., *Die dunkle Seite der Geschichte. Die Shoah in historischer Sicht*, Frankfurt am Main 2001.

Ders., *Der Tod des Schtetls*, Frankfurt am Main 2013.

Bazyler, Michael J., und Roger P. Alford (Hg.), *Holocaust Restitution. Perspectives on the Litigation and Its Legacy*, New York 2006.

Ders., und Frank M. Tuerkheimer, *Forgotten Trials of the Holocaust*, New York 2014.

Beachy, Robert, *Das andere Berlin. Die Erfindung der Homosexualität. Eine deutsche Geschichte 1867–1933*, München 2015.

Beller, Steven, *Antisemitism. A Very Short Introduction*, New York 2007.

Bender, Sara, *The Jews of Bialystok during World War II and the Holocaust*, Hanover 2008.

Benz, Wolfgang, *Die Juden in Deutschland 1933–1945*, München 1989.

Ders. (Hg.), *Dimension des Völkermords. Die Zahl der jüdischen Opfer des Nationalsozialismus*, München 1991.

Beorn, Waitman, *Marching Into Darkness. The Wehrmacht and the Holocaust in Belarus*, Cambridge 2014.

Berenbaum, Michael (Hg.), *A Mosaic of Victims*, New York 1990.

Ders. und Abraham J. Peck (Hg.), *The Holocaust and History*, Bloomington 1998.

Berger, Sara, *Experten der Vernichtung. Das T4-Reinhardt-Netzwerk in den Lagern Belzec, Sobibor und Treblinka*, Hamburg 2013.

Berger, Stefan, *Germany. Inventing the Nation*, London 2004.

Bess, Michael, *Choices Under Fire. Moral Dimensions of World War II*, New York 2006.

Bessel, Richard, *Germany 1945. From War to Peace*, New York 2009.

Bikont, Anna, *The Crime and the Silence: Confronting the Massacre of Jews in Wartime Jedwabne*, New York 2015.

Black, Peter, »Foot Soldiers of the Final Solution. The Trawniki Training Camp and Operation Reinhard«, *Holocaust and Genocide Studies*, Jg. 25 (2011), S. 1–99.

Blatman, Daniel, *Die Todesmärsche 1944/45. Das letzte Kapitel des nationalsozialistischen Massenmords*, Reinbek bei Hamburg 2011.

Blatt, Thomas Toivi, *Nur die Schatten bleiben. Der Aufstand im Vernichtungslager Sobibór*, Berlin 2000.

Blobaum, Robert (Hg.), *Antisemitism and its Opponents in Modern Poland*, Ithaca 2005.

Boehling, Rebecca, und Uta Larkey, *Life and Loss in the Shadow of the Holocaust*, New York 2011.

Bracher, Karl Dietrich, *Die deutsche Diktatur. Entstehung, Struktur, Folgen des Nationalsozialismus*, Köln, Berlin 1969.

Braham, Randolph, *The Politics of Genocide. The Holocaust in Hungary*, Detroit 2000.

Ders., *Studies on the Holocaust*, Boulder 2000.

Ders. (Hg.), *The Geographical Encyclopedia of the Holocaust in Hungary*, 3 Bände, Evanston 2013.

Brandon, Ray, und Wendy Lower, *The Shoah in Ukraine*, Bloomington 2008.

Breitman, Richard, *Der »Architekt« der Endlösung. Himmler und die Vernichtung der europäischen Juden*, Paderborn 1996.

Ders., *Staatsgeheimnisse. Die Verbrechen der Nazis – von den Alliierten toleriert*, München 1999.

Ders. und Alan M. Kraut, *American Refugee Policy and European Jewry: 1933–1945*, Blooomington 1987.

Ders. und Walter Laqueur, *Breaking the Silence. The German Who Exposed the Final Solution*, New York 1986.

Ders. und Allan J. Lichtman, *FDR and the Jews*, Cambridge 2013.

Brenner, Michael, *After the Holocaust: Rebuilding Jewish Lives in Postwar Germany*, Princeton 1997.

Bronner, Stephen Eric, *Ein Gerücht über die Juden. Die »Protokolle der Weisen von Zion« und der alltägliche Antisemitismus*, Berlin 1999.

Brown-Fleming, Suzanne, *The Holocaust and Catholic Conscience. Cardinal Aloisius Muench and the Guilt Question in Germany*, South Bend 2005.

Browning, Christopher R., *Fateful Months. Essays on the Emergence of the Final Solution*, New York 1991.

Ders., *Ganz normale Männer. Das Reserve-Polizeibataillon 101 und die »Endlösung« in Polen*, Reinbek bei Hamburg 1993.

Ders., *Der Weg zur »Endlösung«. Entscheidungen und Täter*, Bonn 1998.

Ders., *Judenmord. NS-Politik, Zwangsarbeit und das Verhalten der Täter*, Frankfurt am Main 2001.

Ders., *Die Entfesselung der »Endlösung«. Nationalsozialistische Judenpolitik 1939–1942*, München 2003.

Ders., *Remembering Survival. Inside a Nazi Slave-Labor Camp*, New York 2010.

Bryant, Michael S., *Confronting the »Good Death«. Nazi Euthanasia on Trial, 1945–1953*, Boulder 2005.

Ders., *Eyewitness to Genocide. The Operation Reinhard Death Camp Trials, 1955–1966*, Knoxville 2014.

Buggeln, Marc, *Arbeit und Gewalt. Das Außenlagersystem des KZ Neuengamme*, Göttingen 2009.

Büttner, Ursula, *Die Not der Juden teilen. Christlich-jüdische Familien im Dritten Reich*, Hamburg 1988.

Burds, Jeffrey, *Holocaust in Rovno. The Massacre at Sosenski Forest, November 1941*, New York 2013.

Burleigh, Michael, *Tod und Erlösung. Euthanasie in Deutschland 1900–1945*, Zürich, München 2002.

Ders. und Wolfgang Wippermann, *The Racial State: Germany 1933–1945*, Cambridge 1991.

Burrin, Philippe, *Hitler und die Juden. Die Entscheidung für den Völkermord*, Frankfurt am Main 1993.

Ders., *Warum die Deutschen? Antisemitismus, Nationalsozialismus, Genozid*, Berlin 2004.

Caestecker, Frank, und Bob Moore (Hg.), *Refugees from Nazi Germany and the Liberal European States*, New York 2010.

Caplan, Jane, und Nikolaus Wachsmann (Hg.), *Concentration Camps in Nazi Germany*, New York 2010.

Caron, Vicki, *Uneasy Asylum. France and the Jewish Refugee Crisis, 1933–1942*, Palo Alto 1999.

Cesarani, David, *Adolf Eichmann. Bürokrat und Massenmörder*, Berlin 2004.

Ders., »*Endlösung*«. *Das Schicksal der Juden 1933 bis 1948*, Berlin 2016.

Cohen, Beth, *Case Closed. Holocaust Survivors in Postwar America*, New Brunswick 2007.

Cohn, Norman, »*Die Protokolle der Weisen von Zion*«. *Der Mythos von der jüdischen Weltverschwörung*, Baden-Baden 1998.

Confino, Alon, *A World Without Jews. The Nazi Imagination from Persecution to Genocide*, New Haven 2014.

Conze, Eckart, Norbert Frei, Peter Hayes und Moshe Zimmermann, *Das Amt und die Vergangenheit. Deutsche Diplomaten im Dritten Reich und in der Bundesrepublik*, München 2010.

Corni, Gustavo, *Hitler's Ghettos*, London 2002.

Craig, Gordon A., *Deutsche Geschichte 1966–1945. Vom Norddeutschen Bund bis zum Ende des Dritten Reiches*, München 1989.

Cüppers, Martin, *Walther Rauff – In deutschen Diensten. Vom Naziverbrecher zum BND-Spion*, Darmstadt 2013.

Czech, Danuta, *Kalendarium der Ereignisse im Konzentrationslager Auschwitz-Birkenau 1939–1945*, Hamburg 1989.

Czerniakow, Adam, *Das Tagebuch des Adam Czerniakow*, München 2013.

David-Fox, Michael, Peter Holquist und Alexander M. Martin (Hg.), *The Holocaust in the East. Local Perpetrators and Soviet Responses*, Pittsburgh 2014.

Dawidowicz, Lucy S., *Der Krieg gegen die Juden, 1933–1945*, München 1979.

Deak, Istvan, *Essays on Hitler's Europe*, Lincoln 2001.

Ders., *Europe on Trial. The Story of Collaboration, Resistance, and Retribution During World War II*, Philadelphia 2015.

Dean, Martin, *Robbing the Jews. The Confiscation of Jewish Property in the Holocaust, 1933–1945*, New York 2008.

Ders., Constantin Goschler und Philipp Ther (Hg.), *Robbery and Restitution. The Conflict over Jewish Property in Europe*, New York 2007.

Deletant, Dennis, *Hitler's Forgotten Ally. Ion Antonescu and His Regime, Romania 1940–1944*, New York 2006.

Des Pres, Terrence, *Der Überlebende. Anatomie der Todeslager*, Stuttgart 2008.

Dieckmann, Christoph, *Deutsche Besatzungspolitik in Litauen 1941–1944*, 2 Bände, Berlin 2011.

Dinnerstein, Leonard, *America and the Survivors of the Holocaust*, New York 1982.

Ders., *Anti-Semitism in America*, New York 1994.

Dlugoborski, Waclaw, und Franciszek Piper, *Auschwitz 1940–1945. Studi-*

en zur Geschichte des Konzentrations- und Vernichtungslagers Auschwitz, 5 Bände, Staatliches Museum Auschwitz-Birkenau 1999.

Dobroszycki, Lucjan (Hg.), The Chronicle of the Lodz Ghetto 1941–1944, New Haven 1984.

Doherty, Thomas, Hollywood and Hitler, 1933–1939, New York 2013.

Douglas, Lawrence, The Right Wrong Man. John Demjanjuk and the Last Great Nazi War Crimes Trial, Princeton 2016.

Dwork, Deborah, Kinder mit dem gelben Stern. Europa 1933–1945, München 1994.

Dies., Flight from the Reich. Refugee Jews, 1933–1946, New York 2009.

Dies. und Robert Jan van Pelt, Auschwitz. Von 1270 bis heute, Zürich, München 1998.

Earl, Hilary, The Nuremberg SS-Einsatzgruppen Trial, 1945–1958, New York 2009.

Eizenstat, Stuart E., Unvollkommene Gerechtigkeit. Der Streit um die Entschädigung der Opfer von Zwangsarbeit und Enteignung, München 2003.

Eksteins, Modris, Walking since Daybreak: A Story of Eastern Europe, World War II, and the Heart of our Century, Boston 1999.

Elon, Amos, Zu einer anderen Zeit. Porträt der jüdisch-deutschen Epoche 1743–1933, München, Wien 2003.

Engel, David, The Holocaust. The Third Reich and the Jews, Harlow 2000.

Engelking, Barbara, und Jacek Leociak, The Warsaw Ghetto. A Guide to the Perished City, New Haven 2009.

Engelmann, Bernt, Im Gleichschritt marsch. Wie wir die Nazizeit erlebten 1933–1939, Köln 1982.

Epstein, Catherine, Model Nazi. Arthur Greiser and the Occupation of Western Poland, New York 2010.

Evans, Richard J., Der Geschichtsfälscher. Holocaust und historische Wahrheit im David-Irving-Prozess, Frankfurt am Main 2001.

Ders., Das dritte Reich, Bd. 3: Krieg, München 2009.

Falter, Jürgen u. a. (Hg.), Wahlen und Abstimmungen in der Weimarer Republik, München 1986.

Fattorini, Emma, Hitler, Mussolini, and the Vatican. Pope Pius XI and the Speech That Was Never Made, Cambridge 2011.

Favez, Jean-Claude, Das Internationale Rote Kreuz und das Dritte Reich. War der Holocaust aufzuhalten?, München 1989.

Feldman, Gerald D., Die Allianz und die deutsche Versicherungswirtschaft. 1933–1945, München 2001.

Ferencz, Benjamin B., *Lohn des Grauens. Die verweigerte Entschädigung für jüdische Zwangsarbeiter. Ein Kapitel deutscher Nachkriegsgeschichte*, Frankfurt am Main, New York 1981.

Fest, Joachim, *Hitler. Eine Biographie*, Frankfurt am Main, Berlin, Wien 1973.

Ders., *Das Gesicht des Dritten Reiches. Profile einer totalitären Herrschaft*, München, Zürich 1997.

Fichte, Johann Gottlieb, *Werke 1791–1794*, hg. von Reinhard Lauth und Hans Jacob, Stuttgart 1964.

Fleming, Michael, *Auschwitz, the Allies and the Censorship of the Holocaust*, Cambridge 2014.

Ford Motor Company Archives, *Research Findings about Ford-Werke under the Nazi Regime*, Dearborn 2001.

Frei, Norbert, *Vergangenheitspolitik. Die Anfänge der Bundesrepublik und die NS-Vergangenheit*, München 2003.

Ders. (Hg.), *Transnationale Vergangenheitspolitik: Der Umgang mit deutschen Kriegsverbrechern in Europa nach dem Zweiten Weltkrieg*, Göttingen 2006.

Friedlander, Henry, *Der Weg zum NS-Genozid. Von der Euthanasie zur Endlösung*, Berlin 1997.

Friedländer, Saul, *Das Dritte Reich und die Juden*, 2 Bände, München 2008.

Friedman, Jonathan C. (Hg.), *The Routledge History of the Holocaust*, New York 2011.

Fritz, Stephen G., *Endkampf. Soldiers, Civilians, and the Death of the Third Reich*, Lexington 2004.

Fritzsche, Peter, »The Holocaust and the Knowledge of Murder«, *Journal of Modern History*, Jg. 80 (2008), S. 594–613.

Ders., *Life and Death in the Third Reich*, Cambridge 2008.

Fulbrook, Mary, *Dissonant Lives. Generations and Violence through the German Dictatorships*, New York 2011.

Dies., *Eine kleine Stadt bei Auschwitz. Gewöhnliche Nazis und der Holocaust*, Essen 2015.

Gall, Lothar, und Manfred Pohl (Hg.), *Die Eisenbahn in Deutschland*, München 1999.

Gay, Peter, *Freud, Juden und andere Deutsche. Herren und Opfer in der modernen Kultur*, München 1989.

Ders., *Meine deutsche Frage. Jugend in Berlin 1933–1939*, 2. Aufl., München 1999.

Geiss, Imanuel (Hg.), *Deutsche Politik in Polen 1939–1945. Aus dem Diensttagebuch von Hans Frank, Generalgouverneur in Polen*, Opladen 1980.

Gellately, Robert, und Nathan Stoltzfus (Hg.), *Social Outsiders in Nazi Germany*, Princeton 2001.

Gerlach, Christian, *Kalkulierte Morde. Die deutsche Wirtschafts- und Vernichtungspolitik in Weißrußland 1941 bis 1944*, Hamburg 1999.

Ders. und Götz Aly, *Das letzte Kapitel. Der Mord an den ungarischen Juden*, Stuttgart 2002.

Gerwarth, Robert, *Reinhard Heydrich. Biographie*, München 2011.

Gigliotti, Simone, *The Train Journey. Transit, Captivity, and Witnessing in the Holocaust*, New York 2009.

Gilbert, Martin, *The Holocaust: A History of the Jews in Europe during the Second World War*, New York 1985.

Ders. (Hg.), *Surviving the Holocaust. The Kovno Ghetto Diary of Avraham Tory*, Cambridge 1990.

Ginsberg, Benjamin, *How the Jews Defeated Hitler. Exploding the Myth of Jewish Passivity in the Face of Nazism*, Lanham 2013.

Gitelman, Zvi (Hg.), *Bitter Legacy. Confronting the Holocaust in the USSR*, Bloomington 1997.

Glazar, Richard, *Die Falle mit dem grünen Zaun. Überleben in Treblinka*, Frankfurt am Main 1992.

Godman, Peter, *Der Vatikan und Hitler. Die geheimen Archive*, München 2005.

Gordon, Sarah, *Hitler, Germans, and the »Jewish Question«*, Princeton 1984.

Goschler, Constantin, *Schuld und Schulden: Die Politik der Wiedergutmachung für NS-Verfolgte seit 1945*, Göttingen 2005.

Gottwaldt, Alfred, und Diana Schulle, *Die »Judendeportationen« aus dem Deutschen Reich 1941–1945*, Wiesbaden 2005.

Gould, Stephen Jay, *Der falsch vermessene Mensch*, 3. Aufl., Frankfurt am Main 1999.

Grabowski, Jan, *Hunt for the Jews. Betrayal and Murder in German-Occupied Poland*, Bloomington 2013.

Gregor, Neil, *Stern und Hakenkreuz. Daimler-Benz im Dritten Reich*, Berlin 1997.

Ders., *How to Read Hitler*, New York 2005.

Griech-Polelle, Beth A., *Bishop von Galen: German Catholicism and National Socialism*, New Haven 2002.

Gross, Jan T., *Nachbarn. Der Mord an den Juden von Jedwabne*, München 2001.

Ders., *Fear. Anti-Semitism in Poland after Auschwitz*, New York 2006.

Ders. und Irena Grudzinska Gross, *Golden Harvest*, New York 2012.

Gruner, Wolf, *Der geschlossene Arbeitseinsatz deutscher Juden. Zur Zwangs-arbeit als Element der Verfolgung 1938–1943*, Berlin 1997.

Ders., *Widerstand in der Rosenstraße. Die Fabrik-Aktion und die Verfolgung der »Mischehen« 1943*, Frankfurt am Main 2005.

Gutman, Yisrael, *The Jews of Warsaw 1939–1943*, Bloomington 1982.

Ders. (Hg.), *Enzyklopädie des Holocaust. Die Verfolgung und Ermordung der europäischen Juden*, 3 Bände, München, Zürich 1993.

Ders. und Michael Berenbaum (Hg.), *Anatomy of the Auschwitz Death Camp*, Bloomington 1994.

Ders. und Shmuel Krakowski, *Unequal Victims. Poles and Jews During World War II*, New York 1986.

Ders., Ezra Mendelsohn, Jehuda Reinharz und Chone Shmeruk (Hg.), *The Jews of Poland Between Two World Wars*, Hanover 1989.

Gutterman, Bella, *A Narrow Bridge to Life. Jewish Forced Labor and Survival in the Gross-Rosen Camp System 1940–1945*, New York 2008.

Haffner, Sebastian, *Geschichte eines Deutschen. Die Erinnerungen 1914–1933*, München 2002.

Hagen, William H., *German History in Modern Times*, New York 2012.

Hallie, Philip P., … *Daß nicht unschuldig Blut vergossen werde. Die Geschich-te des Dorfes Le Chambon und wie dort Gutes geschah*, Neukirchen-Vluyn 1983.

Hamann, Brigitte, *Hitlers Wien. Lehrjahre eines Diktators*, 3. Aufl., München 2000.

Hamerow, Theodore S., *Why We Watched. Europe, America, and the Holo-caust*, New York 2008.

Hand, Sean, und Steven T. Katz (Hg.), *Post-Holocaust France and the Jews*, New York 2015.

Hayes, Peter, *Lessons and Legacies I. The Meaning of the Holocaust in a Changing World*, Evanston 1991.

Ders., *Industry and Ideology. IG Farben in the Nazi Era*, New York 2001.

Ders., »Industry under the Swastika«, in: *Enterprise in the Period of Fascism in Europe*, hg. von Harold James und Jakob Tanner, Burlington 2002, S. 26–37.

Ders., »Auschwitz: Capital of the Holocaust«, *Holocaust and Genocide Studies*, Jg. 17 (2003), S. 330–350.

Ders., *Die Degussa im Dritten Reich. Von der Zusammenarbeit zur Mittäter-schaft*, München 2004.

Ders. (Hg.), *How Was It Possible? A Holocaust Reader*, Lincoln 2015.

Ders. und John K. Roth (Hg.), *The Oxford Handbook of Holocaust Studies*, New York 2010.

Heberer, Patricia, *Children During the Holocaust*, Lanham 2011.

Dies. und Jürgen Matthäus (Hg.), *Atrocities on Trial*, Lincoln 2008.

Hecht, Cornelia, *Deutsche Juden und Antisemitismus in der Weimarer Republik*, Bonn 2003.

Hedgepeth, Sonia M., und Rochelle G. Seidel (Hg.), *Sexual Violence against Jewish Women during the Holocaust*, Lebanon 2010.

Henry, Patrick, *We Only Know Men. The Rescue of Jews in France during the Holocaust*, Washington 2007.

Ders. (Hg.), *Jewish Resistance against the Nazis*, Washington 2014.

Herbert, Ulrich, *Best. Biographische Studien über Radikalismus, Weltanschauung und Vernunft, 1903–1989*, Bonn 1996.

Ders., *Fremdarbeiter. Politik und Praxis des »Ausländer-Einsatzes« in der Kriegswirtschaft des Dritten Reiches*, Bonn 1999.

Ders. (Hg.), *Nationalsozialistische Vernichtungspolitik 1933–1945. Neue Forschungen und Kontroversen*, 4. Aufl., Frankfurt am Main 2001.

Herder, Johann Gottfried, *Ideen zur Philosophie der Geschichte der Menschheit*, Bd. 1, Berlin, Weimar 1965.

Ders., *Auch eine Philosophie der Geschichte zur Bildung der Menschheit*, Frankfurt am Main 1967.

Herf, Jeffrey, *Zweierlei Erinnerung. Die NS-Vergangenheit im geteilten Deutschland*, Berlin 1998.

Ders., *The Jewish Enemy. Nazi Propaganda during World War II and the Holocaust*, Cambridge 2006.

Hilberg, Raul, *Sonderzüge nach Auschwitz*, Frankfurt am Main 1987.

Ders., *Die Vernichtung der europäischen Juden*, 3 Bände, Frankfurt am Main 1990.

Hill, Leonidas (Hg.), *Die Weizsäcker-Papiere*, 2 Bände, Berlin 1974, 1982.

Hitler, Adolf, *Hitlers zweites Buch. Ein Dokument aus dem Jahr 1928*, Stuttgart 1961.

Ders., *Monologe im Führerhauptquartier*, hg. von Werner Jochmann, Hamburg 1980.

Ders., *Mein Kampf. Eine kritische Edition*, hg. von Christian Hartmann, Thomas Vordermayer, Othmar Plöckinger und Roman Töppe, München, Berlin 2016.

Hochstadt, Steve (Hg.), *Sources of the Holocaust*, New York 2004.

Ders., *Exodus to Shanghai. Stories of Escape from the Third Reich*, New York 2012.

Hoffman, Eva, *After Such Knowledge. Memory, History, and the Legacy of the Holocaust*, New York 2004.

Hoffmann, Christhard, u. a. (Hg.), *Exclusionary Violence. Antisemitic Riots in Modern German History*, Ann Arbor 2002.

Horwitz, Gordon J., *In the Shadow of Death. Living Outside the Gates of Mauthausen*, New York 1990.

Ders., *Ghettostadt. Lodz and the Making of a Nazi City*, Cambridge 2008.

Huener, Jonathan, »Nazi *Kirchenpolitik* and Polish Catholicism in the Reichsgau Wartheland, 1939–1941«, *Central European History*, Jg. 47 (2014), S. 105–137.

Ingrao, Christian, *Hitlers Elite. Die Wegbereiter des nationalsozialistischen Massenmords*, Berlin 2012.

Ioanid, Radu, *The Holocaust in Romania*, Chicago 2000.

Jäckel, Eberhard, *Hitlers Herrschaft. Vollzug einer Weltanschauung*, Stuttgart 1986.

Ders., *Hitlers Weltanschauung. Entwurf einer Herrschaft*, Stuttgart 1986.

Jacobsen, Hans-Adolf, und Werner Jochmann (Hg.), *Ausgewählte Dokumente zur Geschichte des Nationalsozialismus 1933–1945*, Bielefeld 1961.

James, Harold, *Deutschland in der Weltwirtschaftskrise 1924 bis 1936*, Stuttgart 1988.

Ders. und Jakob Tanner (Hg.), *Enterprise in the Period of Fascism in Europe*, Burlington 2002.

Jardim, Tomaz, *The Mauthausen Trial. American Military Justice in Germany*, Cambridge 2012.

Jaskot, Paul B., *The Architecture of Oppression. The SS, Forced Labor and the Nazi Monumental Building Economy*, New York 2000.

Jellonnek, Burkhard, *Homosexuelle unter dem Hakenkreuz*, Paderborn 1990.

Jockusch, Laura, und Gabriel N. Finder (Hg.), *Jewish Honor Courts. Revenge, Retribution, and Reconciliation in Europe and Israel after the Holocaust*, Detroit 2015.

Judt, Tony, *Die Geschichte Europas seit dem Zweiten Weltkrieg*, Bonn 2006.

Ders., *Das vergessene 20. Jahrhundert. Die Rückkehr des politischen Intellektuellen*, München 2010.

Ders., *When the Facts Change. Essays 1995–2010*, New York 2015.

Kaienburg, Hermann, *Die Wirtschaft der SS*, Berlin 2003.

Kaplan, Marion, *Der Mut zum Überleben. Jüdische Frauen und ihre Familien in Nazideutschland*, Berlin 2001.

Käppner, Joachim, *Berthold Beitz. Die Biographie*, Berlin 2010.

Karay, Felicja, *Death Comes in Yellow. Skarzysko-Kamienna Slave Labor Camp*, London 2004.

Karski, Jan, *Mein Bericht an die Welt*, München 2011.

Kassow, Samuel, *Ringelblums Vermächtnis. Das geheime Archiv des Warschauer Ghettos*, Reinbek bei Hamburg 2010.

Katsh, Abraham I., *Buch der Agonie. Das Warschauer Tagebuch des Chaim A. Kaplan*, Frankfurt am Main 1967.

Katz, Jacob, *Vom Vorurteil bis zur Vernichtung. Der Antisemitismus, 1700–1933*, München 1969.

Ders., *The Darker Side of Genius. Richard Wagner's Anti-Semitism*, Hanover 1986.

Kenez, Peter, *The Coming of the Holocaust*, New York 2013.

Kershaw, Ian, *Popular Opinion and Political Dissent in the Third Reich. Bavaria 1933–1945*, Oxford 1983.

Ders., *Hitler*, 3 Bände, Stuttgart 1998, 2000, 2001.

Kertész, Imre, *Galeerentagebuch*, Reinbek bei Hamburg 1993.

Kertzer, David I., *Die Päpste gegen die Juden. Der Vatikan und die Entstehung des modernen Antisemitismus*, Berlin, München 2001.

Ders., *Der erste Stellvertreter. Pius XI. und der geheime Pakt mit dem Faschismus*, Darmstadt 2016.

Kevles, Daniel J., *In the Name of Eugenics*, Berkeley 1986.

Klemperer, Victor, *Ich will Zeugnis ablegen bis zum letzten*, 2 Bände, 4. Aufl., Berlin 1995.

Knox, MacGregor, »Das faschistische Italien und die ›Endlösung‹ 1942/43«, *Vierteljahrshefte für Zeitgeschichte*, Jg. 55 (2007), S. 53–92.

Koehl, Robert E., *RKFDV. German Resettlement and Population Policy 1939–1945*, Cambridge 1957.

Koonz, Claudia, *The Nazi Conscience*, Cambridge, MA 2003.

Kornberg, Jacques, *The Pope's Dilemma*, Toronto 2015.

Kosmala, Beate, und Georgi Verbeeck, *Facing the Catastrophe. Jews and Non-Jews in Europe during World War II*, New York 2011.

Kranzler, David, *The Man Who Stopped the Trains to Auschwitz. George Mantello, El Salvador, and Switzerland's Finest Hour*, Syracuse 2000.

Kühne, Thomas, *Belonging and Genocide. Hitler's Community, 1918–1945*, New Haven 2010.

Kulish, Nicholas, und Souad Mekhennet, *Dr. Tod. Die lange Jagd nach dem meistgesuchten NS-Verbrecher*, München 2015.

Kulka, Otto Dov, und Ernst Jäckel (Hg.), *Die Juden in den geheimen NS-Stimmungsberichten 1933–1945*, Düsseldorf 2004.

Kuwalek, Robert, *Das Vernichtungslager Belzec*, Berlin 2014.

Langbein, Hermann, *Menschen in Auschwitz*, Wien 1972.

Ders., *... nicht wie die Schafe zur Schlachtbank. Widerstand in den nationalsozialistischen Konzentrationslagern*, Frankfurt am Main 1994.

Langmuir, Gavin I., *Toward a Definition of Antisemitism*, Berkeley 1990.

Laqueur, Walter (Hg.), *The Holocaust Encyclopedia*, New Haven 2001.

Lensky, Mordechai, *A Physician Inside the Warsaw Ghetto*, Jerusalem 2009.

Levi, Primo, *Ist das ein Mensch?*, 10. Aufl., München 2001.

Levine, Paul A., *From Indifference to Activism. Swedish Diplomacy and the Holocaust, 1938–1944*, Uppsala 1998.

Ders., *Raoul Wallenberg in Budapest. Myth, History and Holocaust*, Portland 2010.

Levy, Richard S., *The Downfall of the Anti-Semitic Political Parties in Imperial Germany*, New Haven 1975.

Ders., *Antisemitism in the Modern World*, Lexington 1991.

Ders. (Hg.), *Antisemitism. A Historical Encyclopedia of Prejudice and Persecution*, 2 Bände, Santa Barbara 2005.

Lewy, Guenter, *»Rückkehr nicht erwünscht«. Die Verfolgung der Zigeuner im Dritten Reich*, München, Berlin 2001.

Libionka, Dariusz, »Polish Church Hierarchy and the Holocaust – an Essay from a Critical Perspective«, *Holocaust Studies and Materials 2010*, Warschau 2010, S. 76–127.

Ders., »Polish Literature on Organized and Individual Help to the Jews (1945–2008)«, *Holocaust Studies and Materials 2010*, Warschau 2010, S. 11–75.

Lichtenstein, Heiner, *Mit der Reichsbahn in den Tod. Massentransporte in den Holocaust*, Köln 1985.

Lidegaard, Bo, *Die Ausnahme. Oktober 1943. Wie die dänischen Juden mithilfe ihrer Mitbürger der Vernichtung entkamen*, München 2013.

Lindemann, Albert S., *The Jew Accused. Three Anti-Semitic Affairs (Dreyfus, Beilis, Frank), 1894–1915*, New York 1991.

Ders., *Esau's Tears. Modern Anti-Semitism and the Rise of the Jews*, New York 1997.

Ders. und Richard S. Levy (Hg.), *Antisemitism. A History*, New York 2010.

Lipstadt, Deborah E., *Beyond Belief. The American Press and the Coming of the Holocaust 1933–1945*, New York 1986.

Dies., *Betrifft: Leugnen des Holocaust*, Zürich 1994.

Dies., *History on Trial. My Day in Court with a Holocaust Denier*, New York 2005.

Dies., *The Eichmann Trial*, New York 2011.

Liulevicius, Vejas Gabriel, *Kriegsland im Osten. Eroberung, Kolonisierung und Militärherrschaft im Ersten Weltkrieg*, Hamburg 2002.

Livingston, Michael A., *The Fascists and the Jews of Italy. Mussolini's Race Laws, 1938–1943*, New York 2014.

London, Louise, *Whitehall and the Jews 1933–1948*, Cambridge 2000.

Longerich, Peter, *Politik der Vernichtung. Eine Gesamtdarstellung der national-sozialistischen Judenverfolgung*, München, Zürich 1998.

Ders., *»Davon haben wir nichts gewusst!« Die Deutschen und die Judenverfolgung 1933–1945*, München 2006.

Ders., *Heinrich Himmler. Biographie*, München 2008.

Lower, Wendy, *Nazi Empire-Building and the Holocaust in Ukraine*, Chapel Hill 2005.

Dies., *The Diary of Samuel Golfard and the Holocaust in Galicia*, Lanham 2011.

Dies., *Hitlers Helferinnen. Deutsche Frauen im Holocaust*, Hanser 2014.

Ludi, Regula, *Reparations for Nazi Victims in Postwar Europe*, New York 2012.

Mahoney, Kevin A., *»An American Operational Response to a Request to Bomb Rail Lines to Auschwitz«, Holocaust and Genocide Studies*, Jg. 25 (2011), S. 438–446.

Mailänder, Elissa, *Gewalt im Dienstalltag. Die SS-Aufseherinnen des Konzentrations- und Vernichtungslagers Majdanek*, Hamburg 2009.

Mallmann, Klaus-Michael, und Gerhard Paul (Hg.), *Karrieren der Gewalt. Nationalsozialistische Täterbiographien*, Darmstadt 2011.

Mann, Michael, *Die dunkle Seite der Demokratie. Eine Theorie der ethnischen Säuberung*, Hamburg 2007.

Marrus, Michael R., *The Holocaust in History*, Hanover 1987.

Ders., *»The Vatican and the Custody of Jewish Child Survivors after the Holocaust«, Holocaust and Genocide Studies*, Jg. 21 (2007), S. 378–403.

Ders., *Some Measure of Justice. The Holocaust Era Restitution Campaign of the 1990s*, Madison 2009.

Ders. und Robert O. Paxton, *Vichy France and the Jews*, New York 1981.

Mason, Tim, *Nazism, Fascism and the Working Class*, Cambridge 1995.

Matthäus, Jürgen, und Frank Bajohr (Hg.), *Alfred Rosenberg. Die Tagebücher von 1934 bis 1944*, Frankfurt am Main 2015.

Ders., Jochen Böhler und Klaus-Michael Mallman (Hg.), *Einsatzgruppen in Polen. Darstellung und Dokumentation*, Darmstadt 2008.

Mazower, Mark, *Hitlers Imperium. Europa unter der Herrschaft des Nationalsozialismus*, München 2009.

Ders., *Griechenland unter Hitler. Das Leben während der deutschen Besatzung*, Frankfurt am Main 2016.

Mazurek, Jerzy, und Alina Skibinska, »›Barwy Biale‹ on Their Way to Aid Fighting Warsaw. The Crimes of the Home Army against the Jews«, *Holocaust Studies and Materials 2013*, Warschau 2013, S. 433–480.

McCullough, Colin, und Nathan Wilson (Hg.), *Violence, Memory, and History. Western Perceptions of Kristallnacht*, New York 2015.

McKale, Donald M. (Hg.), *Rewriting History. The Original and Revised World War II Diaries of Curt Prüfer, Nazi Diplomat*, Kent 1988.

Ders., *Nazis after Hitler. How Perpetrators of the Holocaust Cheated Justice and Truth*, Lanham 2012.

Megargee, Geoffrey P., *War of Annihilation. Combat and Genocide on the Eastern Front, 1941*, Lanham 2006.

Ders. (Hg.), *The United States Holocaust Memorial Museum Encyclopedia of Camps and Ghettos 1933–1945*, 2 Bände, Bloomington 2009, 2012.

Mendelsohn, Ezra, *The Jews of East Central Europe Between the World Wars*, Bloomington 1983.

Meyer, Beate, *A Fatal Balancing Act. The Dilemma of the Reich Association of Jews in Germany, 1939–1945*, New York 2013.

Meyer, Michael (Hg.), *German-Jewish History in Modern Times*, 4 Bände, New York 1996–1998.

Michman, Dan, *Angst vor den »Ostjuden«. Die Entstehung der Ghettos während des Holocaust*, Frankfurt am Main 2011.

Mierzejewski, Alfred C., *The Most Valuable Asset of the Reich. A History of the German National Railway*, Bd. 2: *1933–1945*, Chapel Hill 2000.

Miller, Judith, *One By One, By One. Facing the Holocaust*, New York 1990.

Mitchell, B. R., *European Historical Statistics 1750–1970*, London 1978.

Mitchell, George J., *The Negotiator. A Memoir*, New York 2015.

Mommsen, Hans, und Manfred Grieger, *Das Volkswagenwerk und seine Arbeiter im Dritten Reich*, Düsseldorf 1996.

Montague, Patrick, *Chelmno and the Holocaust*, Chapel Hill 2012.

Moore, Bob, *Victims and Survivors. The Nazi Persecution of the Jews in the Netherlands 1940–1945*, London 1997.

Ders., *Survivors. Jewish Self-Help and Rescue in Nazi-Occupied Western Europe*, Oxford 2010.

Moorhouse, Roger, *Berlin at War*, New York 2010.

Morsch, Günter, und Bertrand Perz (Hg.), *Neue Studien zu nationalsozialistischen Massentötungen durch Giftgas*, Berlin 2012.

Mosse, George, *Ein Volk, ein Reich, ein Führer*, Königstein 1979.

Mosse, W. E., *Jews in the German Economy. The German-Jewish Economic Elite 1820–1935*, Oxford 1987.

Ders., *The German-Jewish Economic Elite 1820–1935*, Oxford 1989.

Motadel, David, *Islam and Nazi Germany's War*, Cambridge 2014.

Mühlberger, Detlef, *The Social Bases of Nazism 1919–1933*, Cambridge 2003.

Muller, Jerry Z., *Capitalism and the Jews*, Princeton 2010.

Müller, Klaus-Jürgen, *Das Heer und Hitler. Armee und nationalsozialistisches Regime 1933–1940*, Stuttgart 1969.

Müller, Rolf-Dieter, *An der Seite der Wehrmacht. Hitlers ausländische Helfer beim »Kreuzzug gegen den Bolschewismus«*, Berlin 2007.

Naasner, Walter, *SS-Wirtschaft und SS-Verwaltung*, Düsseldorf 1998.

Neander, Joachim, *Das Konzentrationslager Mittelbau in der Endphase der NS-Diktatur*, Clausthal-Zellerfeld 1997.

Ders., *»Hat in Europa kein annäherndes Beispiel«. Mittelbau-Dora – ein KZ für Hitlers Krieg*, Berlin 2000.

Neufeld, Michael J., *Die Rakete und das Reich. Wernher von Braun, Peenemünde und der Beginn des Raketenzeitalters*, Berlin 1997.

Ders. und Michael Berenbaum (Hg.), *The Bombing of Auschwitz. Should the Allies Have Attempted It?*, New York 2000.

Neumann, Franz, *Behemoth. Struktur und Praxis des Nationalsozialismus 1933–1944*, Köln u. a. 1977.

Newman, Leonard S., und Ralph Erber (Hg.), *Understanding Genocide. The Social Psychology of the Holocaust*, New York 2002.

Nicosia, Francis R., *Nazi Germany and the Arab World*, New York 2015.

Niewyk, Donald L., *The Jews in Weimar Germany*, Baton Rouge 1980.

Nirenberg, David, *Anti-Judaismus. Eine andere Geschichte des westlichen Denkens*, München 2015.

Noakes, Jeremy, und Geoffrey Pridham (Hg.), *Nazism 1919–1945*, 4 Bände, Exeter 1998–2001.

Novick, Peter, *Nach dem Holocaust. Der Umgang mit dem Massenmord*, Stuttgart, München 2001.

Ofer, Dalia, *Escaping the Holocaust. Illegal Immigration to the Land of Israel 1939–1944*, New York 1990.

Dies. und Lenore J. Weitzman (Hg.), *Women in the Holocaust*, New Haven 1998.

Oliner, Samuel P. und Pearl M., *The Altruistic Personality. Rescuers of Jews in Nazi Europe*, New York 1988.

Orbach, Danny, und Mark Solonin, »Calculated Indifference. The Soviet Union and Requests to Bomb Auschwitz«, *Holocaust and Genocide Studies*, Jg. 27 (2013), S. 90–113.

Orth, Karin, *Das System der nationalsozialistischen Konzentrationslager*, Hamburg 1999.

Overy, R. J., *The Nazi Economic Recovery 1932–1938*, London 1982.

Ders., *War and Economy in the Third Reich*, Oxford 1994.

Ders., *Die »Neuordnung« Europas. NS-Wirtschaftspolitik in den besetzten Gebieten*, Berlin 1997.

Passelecq, Georges, und Bernard Suchecky, *Die unterschlagene Enzyklika. Der Vatikan und die Judenverfolgung*, München 1997.

Patch, William, »The Catholic Church, the Third Reich, and the Origins of the Cold War. On the Utility and Limitations of Historical Evidence«, *Journal of Modern History*, Jg. 82 (2010), S. 396–433.

Pätzold, Kurt, und Erika Schwarz, »*Auschwitz war für mich nur ein Bahnhof*«. *Franz Novak – Der Transportoffizier Adolf Eichmanns*, Berlin 1994.

Paulsson, Gunnar S., *Secret City. The Hidden Jews of Warsaw 1940–1945*, New Haven 2002.

Pavlowitch, Stevan K., *Hitler's New Disorder. The Second World War in Yugoslavia*, New York 2008.

Paxton, Robert O., *Vichy France. Old Guard and New Order*, New York 1972.

Ders., »Jews: How Vichy Made It Worse«, *New York Review of Books*, 6. März 2014.

Pelt, Robert Jan van, *The Case for Auschwitz. Evidence from the Irving Trial*, Bloomington 2002.

Ders., »Nazi Ghettos and Concentration Camps: The Benefits and Pitfalls of an Encyclopedic Approach«, *German Studies Review*, Jg. 37 (2014), S. 149–159.

Perechodnik, Calel, *Bin ich ein Mörder? Das Testament eines jüdischen Ghetto-Polizisten*, Lüneburg 1997.

Perz, Bertrand, »The Austrian Connection. SS and Police Leader Odilo Globocnik and His Staff in the Lublin District«, *Holocaust and Genocide Studies*, Jg. 29 (2015), S. 400–430.

Petropoulos, Jonathan, und John K. Roth (Hg.), *Gray Zones. Ambiguity and Compromise in the Holocaust and its Aftermath*, New York 2005.

Petrovsky-Shtern, Yohanan, und Antony Polonsky (Hg.), *Polin* 26: *Jews and Ukrainians*, Oxford 2014.

Petrow, Richard, *The Bitter Years. The Invasion and Occupation of Denmark and Norway April 1940–May 1945*, New York 1979.

Phayer, Michael, *The Catholic Church and the Holocaust*, Bloomington 2000.

Ders., *Pius XII, the Holocaust, and the Cold War*, Bloomington 2008.

»Pius XII and the Holocaust«. Letters, *Commentary*, 113 (Januar 2002), S. 11–16.

Pohl, Manfred, *Philipp Holzmann. Geschichte eines Bauunternehmens 1849–1999*, München 1999.

Polonsky, Antony, *The Jews in Poland and Russia*, Bd. 3: *1914–2008*, Oxford 2012.

Ders. und Joanna B. Michlic (Hg.), *The Neighbors Respond. The Controversy over the Jedwabne Massacre in Poland*, Princeton 2004.

Porat, Dina, *The Blue and the Yellow Stars of David. The Zionist Leadership in Palestine and the Holocaust, 1939–1945*, Harvard 1990.

Presser, J[acob], *Ashes in the Wind. The Destruction of Dutch Jewry*, Detroit 1988.

Proctor, Robert N., *Racial Hygiene. Medicine under the Nazis*, Cambridge 1998.

Pulzer, Peter, *Jews and the German State. The Political History of a Minority, 1848–1933*, Oxford 1992.

Ders., *Die Entstehung des politischen Antisemitismus in Deutschland und Österreich 1867 bis 1914*, Göttingen 2004.

Rabinovici, Doron, *Eichmann's Jews. The Jewish Administration of Holocaust Vienna, 1938–1945*, Malden 2011.

Rahden, Till van, *Juden und andere Breslauer. Die Beziehungen zwischen Juden, Protestanten und Katholiken in einer deutschen Großstadt von 1860 bis 1925*, Göttingen 2000.

Raskin, Richard, *A Child at Gunpoint*, Aarhus 2004.

Rauschning, Hermann, *Gespräche mit Hitler*, Wien 1973.

Redner, Ben Z., *A Jewish Policeman in Lvov. An Early Account 1941–1943*, Jerusalem 2015.

Rees, Laurence, *Auschwitz. Geschichte eines Verbrechens*, Berlin 2007.

Ders., *Hitler's Charisma*, New York 2012.

Reitlinger, Gerald, *Die Endlösung. Hitlers Versuch der Ausrottung der Juden Europas 1939–1945*, 7. Aufl., Berlin 1992.

Rhodes, Anthony, *Der Papst und die Diktatoren. Der Vatikan zwischen Revolution und Faschismus*, Wien u. a. 1980.

Rhodes, Richard, *Die deutschen Mörder. Die SS-Einsatzgruppen und der Holocaust*, Bergisch Gladbach 2006.

Richarz, Monika (Hg.), *Jüdisches Leben in Deutschland*, Bd. 2: *Im Kaiserreich* und Bd. 3: *1918–1945*, Stuttgart 1979, 1982.

Riegner, Gerhart M., *Niemals verzweifeln. Sechzig Jahre für das jüdische Volk und die Menschenrechte*, Gerlingen 2001.

Ritter, Gerhard A. (Hg.), *Wahlgeschichtliches Arbeitsbuch. Materialien zur Statistik des Kaiserreichs 1871–1918*, München 1980.

Rittner, Carol, und John K. Roth (Hg.), *Different Voices. Women and the Holocaust*, New York 1993.

Dies. (Hg.), *Pope Pius XII and the Holocaust*, London 2002.

Römer, Felix, *Kameraden. Die Wehrmacht von innen*, München 2012.

Romijn, Peter, u. a., *The Persecution of the Jews in the Netherlands, 1940–1945*, Amsterdam 2012.

Roseman, Mark, *Die Wannsee-Konferenz. Wie die NS-Bürokratie den Holocaust organisierte*, Berlin 2002.

Rosenberg, Göran, *Ein kurzer Aufenthalt*, Berlin 2013.

Rosenfeld, Oskar, *Wozu noch Welt. Aufzeichnungen aus dem Getto Lodz*, Frankfurt am Main 1994.

Rosenthal, Jacob, *»Die Ehre des jüdischen Soldaten«. Die Judenzählung im Ersten Weltkrieg und ihre Folgen*, Frankfurt am Main 2007.

Rossino, Alexander B., *Hitler Strikes Poland. Blitzkrieg, Ideology, and Atrocity*, Lawrence 2003.

Safrian, Hans, *Die Eichmann-Männer*, Wien, Zürich 1993.

Sarfatti, Michele, *Die Juden im faschistischen Italien. Geschichte, Identität, Verfolgung*, Berlin 2014.

Schelvis, Jules, *Vernichtungslager Sobibór*, Berlin 1998.

Schlemmer, Thomas, und Hans Woller, »Der italienische Faschismus und die Juden 1922 bis 1945«, *Vierteljahrshefte für Zeitgeschichte*, Jg. 53 (2005), S. 165–201.

Schmidt, Ulf, *Hitlers Arzt Karl Brandt*, Berlin 2009.

Schneider, Peter, »Saving Konrad Latte«, *New York Times Magazine*, 13. Februar 2000.

Schneppen, Heinz, *Odessa und das Vierte Reich. Mythen der Zeitgeschichte*, Berlin 2007.

Schrafstetter, Susanna, und Alan E. Steinweis (Hg.), *The Germans and the Holocaust*, New York 2016.

Sebastian, Mihail, *Journal 1935–1944*, Chicago 2000.

Segel, Binjamin W., *A Lie and a Libel: The History of the Protocols of the Elders of Zion*, Lincoln 1995.

Segev, Tom, *Die siebte Million. Der Holocaust und Israels Politik der Erinnerung*, Reinbek bei Hamburg 1995.

Ders., *Die Soldaten des Bösen. Zur Geschichte der KZ-Kommandanten*, Reinbek bei Hamburg 1995.

Ders., *Simon Wiesenthal. Die Biographie*, München 2010.

Sellier, André, *Zwangsarbeit im Raketentunnel. Geschichte des Lagers Dora*, Lüneburg 2000.

Shapiro, Paul, *The Kishinev Ghetto 1941–1942*, Tuscaloosa 2015.

Shneiderman, S. L. (Hg.), *The Diary of Mary Berg. Growing up in the Warsaw Ghetto*, London 2007.

Silberklang, David, *Gates of Tears. The Holocaust in the Lublin District*, Jerusalem 2013.

Slezkine, Yuri, *Das jüdische Jahrhundert*, Göttingen 2006.

Smelser, Ronald, und Rainer Zitelmann (Hg.), *Die Braune Elite*, Darmstadt 1989.

Dies. (Hg.), *Die Braune Elite II*, Darmstadt 1993.

Smith, Helmut Walser, *Die Geschichte des Schlachters. Mord und Antisemitismus in einer deutschen Kleinstadt*, Göttingen 2002.

Ders., *Fluchtpunkt 1941. Kontinuitäten der deutschen Geschichte*, Stuttgart 2010.

Ders. (Hg.), *The Oxford Handbook of Modern German History*, New York 2011.

Snyder, Timothy, *Bloodlands. Europa zwischen Hitler und Stalin*, München 2014.

Ders., *Black Earth. Der Holocaust und warum er sich wiederholen kann*, München 2015.

Sontag, Susan, *Das Leiden anderer betrachten*, 3. Aufl., Frankfurt am Main 2010.

Spicer, Kevin P., *Resisting the Third Reich. The Catholic Clergy in Hitler's Berlin*, DeKalb 2004.

Ders., *Hitler's Priests. Catholic Clergy and National Socialism*, DeKalb 2008.

Spiliotis, Susanne-Sophia, *Verantwortung und Rechtsfrieden. Die Stiftungsinitiative der deutschen Wirtschaft*, Frankfurt am Main 2003.

Spoerer, Mark, *Zwangsarbeit unter dem Hakenkreuz*, Stuttgart 2001.

Stangneth, Bettina, *Eichmann vor Jerusalem*, Zürich 2011.

Stargardt, Nicholas, *Kinder in Hitlers Krieg*, München 2008.

Ders., *Der deutsche Krieg 1939–1945*, Frankfurt am Main 2015.

Staudinger, Hans, *The Inner Nazi. A Critical Analysis of Mein Kampf*, Baton Rouge 1981.

Steinlauf, Michael C., *Bondage to the Dead. Poland and the Memory of the Holocaust*, Syracuse 1997.

Steinweis, Alan E., *Kristallnacht 1938. Ein deutscher Pogrom*, Stuttgart 2011.

Stephenson, Jill, *Hitler's Home Front. Württemberg under the Nazis*, London 2006.

Stern, Fritz, *Kulturpessimismus als politische Gefahr. Eine Analyse nationaler Ideologie in Deutschland*, Stuttgart 2005.

Stibbe, Matthew, *Women in the Third Reich*, London 2003.

Stone, Dan, *Histories of the Holocaust*, New York 2010.

Ders., *The Liberation of the Camps*, New Haven 2015.

Straumann, Lukas, und Daniel Wildmann, *Schweizer Chemieunternehmen im »Dritten Reich«*, Zürich 2001.

Streit, Christian, *Keine Kameraden. Die Wehrmacht und die sowjetischen Kriegsgefangenen 1941–1945*, Bonn 1991.

Stroop, Jürgen, *Es gibt keinen jüdischen Wohnbezirk in Warschau mehr!*, Neuwied u. a. 1960 (= Der Stroop-Bericht).

Struve, Kai, *Deutsche Herrschaft, ukrainischer Nationalismus, antijüdische Gewalt: Der Sommer 1941 in der Westukraine*, Berlin 2015.

Tacitus, Publius Cornelius, *Historien*, hg. von Joseph Borst, 7. Aufl., Mannheim 2010.

Tal, Uriel, *Christians and Jews in Germany. Religion, Politics, and Ideology in the Second Reich, 1870–1914*, Ithaca 1975.

Tec, Nechama, *When Light Pierced the Darkness. Christian Rescue of Jews in Nazi-Occupied Poland*, New York 1986.

Dies., *Eine Art Leben. Eine jüdische Kindheit im besetzten Polen*, Hamburg 1998.

Tent, James F., *Im Schatten des Holocaust. Schicksale deutsch-jüdischer »Mischlinge« im Dritten Reich*, Köln u. a. 2007.

Todorov, Tzvetan, *The Fragility of Goodness. Why Bulgaria's Jews Survived the Holocaust*, Princeton 1999.

Tooze, Adam, *Ökonomie der Zerstörung. Die Geschichte der Wirtschaft im Nationalsozialismus*, München 2007.

Ders., *Sintflut. Die Neuordnung der Welt 1916–1931*, München 2015.

Treitschke, Heinrich von, »Unsere Aussichten«, *Preußische Jahrbücher*, Jg. 44 (1879), S. 559–576.

Trunk, Isaiah, *Judenrat. The Jewish Councils in Eastern Europe under Nazi Occupation*, New York 1972.

Ders., *Lodz Ghetto. A History*, Bloomington 2006.

Tschuy, Theo, *Dangerous Diplomacy. The Story of Carl Lutz, Rescuer of 62,000 Hungarian Jews*, Grand Rapids 2000.

Turner, Henry Ashby Jr., *Die Großunternehmer und der Aufstieg Hitlers*, Berlin 1985.

Ders., *Hitlers Weg zur Macht. Der Januar 1933*, München 1997.

Ders., *General Motors und die Nazis. Das Ringen um Opel*, Berlin 2006.

Unabhängige Expertenkommission Schweiz – Zweiter Weltkrieg, *Die Schweiz, der Nationalsozialismus und der Zweite Weltkrieg. Schlussbericht*, Zürich 2002.

United States Holocaust Memorial Museum, *Historical Atlas of the Holocaust*, New York 1996.

Vagi, Zoltan, u. a., *The Holocaust in Hungary*, Lanham 2013.

Ventresca, Robert, *Soldier of Christ. The Life of Pope Pius XII*, Cambridge 2012.

Vincent, C. Paul, »The Voyage of the St. Louis Revisited«, *Holocaust and Genocide Studies*, Jg. 25 (2011), S. 252–289.

Vital, David, *A People Apart. The Jews in Europe 1789–1939*, Oxford 1999.

Volkov, Shulamit, *Germans, Jews, and Antisemites*, New York 2006.

Wachsmann, Nikolaus, *KL. Die Geschichte der nationalsozialistischen Konzentrationslager*, München 2016.

Waller, James, *Becoming Evil. How Ordinary People Commit Genocide and Mass Killing*, New York 2002.

Walter, Dirk, *Antisemitische Kriminalität und Gewalt. Judenfeindschaft in der Weimarer Republik*, Bonn 1999.

Ward, James Mace, *Priest, Politician, Collaborator. Josef Tiso and the Making of Fascist Slovakia*, Ithaca 2013.

Wasserstein, Bernard, *Britain and the Jews of Europe, 1939–1945*, London, Oxford 1979.

Ders., *On the Eve. The Jews of Europe Before the Second World War*, New York 2012.

Ders., *The Ambiguity of Virtue. Gertrude van Tijn and the Fate of the Dutch Jews*, Cambridge 2014.

Watson, Alexander, *Ring of Steel. Germany and Austria-Hungary in World War I*, New York 2014.

Watt, Richard M., *Bitter Glory. Poland and Its Fate 1918–1939*, New York 1979.

Weber, Eugen, *The Hollow Years. France in the 1930s*, New York 1994.

Weikart, Richard, *Hitler's Ethic. The Nazi Pursuit of Evolutionary Progress*, New York 2009.

Weiss-Wendt, Anton, *Murder Without Hatred. Estonians and the Holocaust*, Syracuse 2009.

Ders. (Hg.), *The Nazi Genocide of the Roma*, New York 2013.

Weitz, Eric D., *A Century of Genocide. Utopias of Race and Nation*, Princeton 2003.

Welzer, Harald, *Täter. Wie aus ganz normalen Menschen Massenmörder werden*, Frankfurt am Main 2007.

Westermann, Edward B., *Hitler's Police Battalions*, Lawrence 2005.

Wette, Wolfram, *Karl Jäger. Mörder der litauischen Juden*, Frankfurt am Main 2011.

Ders., *Feldwebel Anton Schmidt. Ein Held der Humanität*, Frankfurt am Main 2013.

Whiteside, Andrew G., *Georg Ritter von Schönerer. Alldeutschland und sein Prophet*, Graz 1981.

Wildt, Michael, *Generation des Unbedingten. Das Führungskorps des Reichssicherheitshauptamtes*, Hamburg 2002.

Ders., *Volksgemeinschaft als Selbstermächtigung. Gewalt gegen Juden in der deutschen Provinz 1919 bis 1939*, Hamburg 2007.

Winstone, Martin, *The Dark Heart of Hitler's Europe. Nazi Rule in Poland under the General Government*, New York 2015.

Wistrich, Robert S., *Antisemitism. The Longest Hatred*, New York 1991.

Ders., *Hitler und der Holocaust*, Berlin 2003.

Witte, Peter, u. a., *Der Dienstkalender Heinrich Himmlers 1941/42*, Hamburg 1999.

Wolf, Hubert, *Pope and Devil. The Vatican's Archives and the Third Reich*, Cambridge 2010.

Wünschmann, Kim, *Before Auschwitz. Jewish Prisoners in the Prewar Concentration Camps*, Cambridge 2015.

Wyman, David S., *Paper Walls. America and the Refugee Crisis, 1938–1941*, New York 1985.

Ders., *Das unerwünschte Volk. Amerika und die Vernichtung der europäischen Juden*, Ismaning bei München 1986.

Wyman, Mark, *DP. Europe's Displaced Persons, 1945–1951*, Ithaca 1998.

Yisraeli, David, »The Third Reich and the Transfer Agreement«, *Journal of Contemporary History*, Jg. 6 (1971), S. 129–148.

Zimmerman, Joshua D. (Hg.), *Contested Memories. Poles and Jews during the Holocaust and Its Aftermath*, New Brunswick 2003.

Ders., *The Jews in Italy under Fascist and Nazi Rule, 1922–1945*, New York 2005.

Ders., *The Polish Underground and the Jews, 1939–1945*, New York 2015.

Zimmermann, Moshe, *Wilhelm Marr. The Patriarch of Antisemitism*, New York 1986.

Zuccotti, Susan, *The Italians and the Holocaust*, New York 1987.

Dies., *Under His Very Windows. The Vatican and the Holocaust in Italy*, New Haven 2000.

Dies., *Père Marie-Benoît and Jewish Rescue*, Bloomington 2013.

# Personenregister

Spellman, Francis 350

Stalin, Josef 105f., 109, 221, 316f., 319

Stangl, Franz 351

Stangneth, Bettina 176, 372

Stepinac, Aloysius 323

Stern, Samu 222

Stoecker, Adolf 59f.

Stone, Dan 371

Strasser, Gregor 83

Strauß, David Friedrich 40

Streicher, Julius 119

Stroop, Jürgen 224, 345

Strousberg, Bethel Henry 57

Sugihara, Chiune 251

Suhard, Emmanuel Célestin 323

Szálasi, Ferenc 348

Szeryński, Józef 216

Tacitus 18, 55

Tec, Nechama 250, 286, 288

Théas, Pierre 249

Tijn, Gertude van 252

Tiso, Jozef 324, 347

Treitschke, Heinrich von 59

Trocmé, André 383

Trotzki, Leon 72

Truman, Harry S. 339

Tuchman, Barbara 47

Tucholsky, Kurt 179

Uris, Leon 342

Valeri, Valerio 323

Vazsonyi, Adam 46

Volcker, Paul 360

Volkov, Shulamit 68

Voltaire 20, 27

Vrba, Rudolf 240

Wachsmann, Nikolaus 347

Wagner, Gustav 351

Wagner, Richard 55

Wałęsa, Lech 287

Wallenberg, Raoul 328, 334

Wasserstein Bernard 306

Weidt, Otto 253

Weiss, Theodore Zev 200, 241

Weizmann, Chaim 306

Weizsäcker, Ernst von 103, 112f.

Welzer, Harald 163f.

Westermann, Edward 162f.

Wiesenthal, Simon 235, 353

Wildt, Michael 170

Wilhelm II., deutscher Kaiser 70

Wilhelmina, Königin der Niederlande 325

Wilmanns, Karl 58

Wilson, Woodrow 73

Winstone, Martin 272

Wirth, Christian 143

Wise, Stephen 305, 331

Wistrich, Robert 16

Wolfowitz, Paul 379

Wolski, Mieczysław 288

Yaffe, Moshe 220

Zimbardo, Philip 161, 179

Zola, Émile 48

Zwartendijk, Jan 251